BRASIL: A NOVA AGENDA SOCIAL

O GEN | Grupo Editorial Nacional reúne as editoras Guanabara Koogan, Santos, LTC, Forense, Método e Forense Universitária, que publicam nas áreas científica, técnica e profissional.

Essas empresas, respeitadas no mercado editorial, construíram catálogos inigualáveis, com obras que têm sido decisivas na formação acadêmica e no aperfeiçoamento de várias gerações de profissionais e de estudantes de Administração, Direito, Enfermagem, Engenharia, Fisioterapia, Medicina, Odontologia, Educação Física e muitas outras ciências, tendo se tornado sinônimo de seriedade e respeito.

Nossa missão é prover o melhor conteúdo científico e distribuí-lo de maneira flexível e conveniente, a preços justos, gerando benefícios e servindo a autores, docentes, livreiros, funcionários, colaboradores e acionistas.

Nosso comportamento ético incondicional e nossa responsabilidade social e ambiental são reforçados pela natureza educacional de nossa atividade, sem comprometer o crescimento contínuo e a rentabilidade do grupo.

BRASIL: A NOVA AGENDA SOCIAL

Edmar Lisboa Bacha
Simon Schwartzman

(Organizadores)

André Medici
André Portela de Souza
Antonio Carlos Coelho Campino
Claudio Beato
Denis Mizne
Fabio Giambiagi
Fernando Veloso
Kenya Noronha
Leandro Piquet Carneiro
Marcelo Abi-Ramia Caetano
Mônica Viegas Andrade
Naercio Aquino Menezes Filho
Paulo Tafner
Reynaldo Fernandes
Samuel de Abreu Pessoa
Sergio Guimarães Ferreira

Os autores e a editora empenharam-se para citar adequadamente e dar o devido crédito a todos os detentores dos direitos autorais de qualquer material utilizado neste livro, dispondo-se a possíveis acertos caso, inadvertidamente, a identificação de algum deles tenha sido omitida.

Não é responsabilidade da editora nem dos autores a ocorrência de eventuais perdas ou danos a pessoas ou bens que tenham origem no uso desta publicação.

Apesar dos melhores esforços dos autores, do editor e dos revisores, é inevitável que surjam erros no texto. Assim, são bem-vindas as comunicações de usuários sobre correções ou sugestões referentes ao conteúdo ou ao nível pedagógico que auxiliem o aprimoramento de edições futuras. Os comentários dos leitores podem ser encaminhados à LTC – Livros Técnicos e Científicos Editora Ltda.

Direitos exclusivos para a língua portuguesa
Copyright © 2011 by
Instituto de Estudos de Política Econômica – Casa das Garças
Copyright © 2011 by
Instituto de Estudos do Trabalho e Sociedade
Copyright © 2011 by
LTC – Livros Técnicos e Científicos Editora Ltda.
Uma editora integrante do GEN | Grupo Editorial Nacional

Reservados todos os direitos. É proibida a duplicação ou reprodução deste volume, no todo ou em parte, sob quaisquer formas ou por quaisquer meios (eletrônico, mecânico, gravação, fotocópia, distribuição na internet ou outros), sem permissão expressa da editora.

Travessa do Ouvidor, 11
Rio de Janeiro, RJ – CEP 20040-040
Tels.: 21-3543-0770 / 11-5080-0770
Fax: 21-3543-0896
ltc@grupogen.com.br
www.ltceditora.com.br

Capa: Máquina Voadora DG
Editoração Eletrônica: Máquina Voadora DG

CIP-BRASIL. CATALOGAÇÃO-NA-FONTE
SINDICATO NACIONAL DOS EDITORES DE LIVROS, RJ

B83

Brasil : a nova agenda social / Edmar Lisboa Bacha, Simon Schwartzman (organizadores). André Cezar Medici ... [et al.] - Rio de Janeiro : LTC, 2011.
il. ; 24cm

Inclui bibliografia e índice
ISBN 978-85-216-0596-6

1. Política pública - Brasil. 2. Brasil - Política social. 3. Política de saúde - Brasil. 4. Previdência social - Brasil. 5. Assistência social - Brasil. I. Bacha, Edmar Lisboa, 1943-. II. Schwartzman, Simon, 1939-. III. Medici, André Cezar.

| 11-2384. | CDD: 361.60981 |
| | CDU: 364.6(81) |

Prefácio

Este livro é o resultado de uma série de seminários organizados pelo Instituto de Estudos do Trabalho e Sociedade (IETS) e pelo Instituto de Estudos de Política Econômica – Casa das Garças (IEPE/CdG) ao longo do ano de 2010 com o objetivo de aprofundar e ampliar o entendimento e os debates sobre as questões pendentes no campo das políticas públicas na área social, que tendem a ficar em segundo plano em relação às urgências de natureza econômica e de impacto mais imediato sobre a opinião pública.

Há um paradoxo aqui, que é a contradição entre a complexidade crescente dessas políticas, por um lado, e as simplificações que ocorrem sempre que esses temas sociais entram de maneira mais intensa no debate público. No debate público, as discussões tendem para dicotomias simples, invariavelmente em termos da "generosidade" do setor público em distribuir benefícios: mais escolas, mais universidades, mais bolsas, mais atendimento médico gratuito, melhores aposentadorias, mais casas populares, etc. Além dos óbvios limites financeiros dessas políticas distributivas, estas simplificações impedem que o país desenvolva a inteligência e a competência necessárias para que elas sejam implementadas de forma efetiva. O resultado é a péssima qualidade dessas políticas – a educação não melhora de patamar, o sistema do SUS não consegue atender à demanda de serviços de saúde, a violência urbana não se reduz, o sistema previdenciário tende à insolvência. Isto não significa que não existam experiências importantes que mostram resultados promissores, e que precisariam ser melhor conhecidas e aprofundadas, nas diferentes áreas.

Cada área de política social tem suas características e problemas próprios, mas todas elas têm em comum a contradição entre as necessidades e aspirações da população, em grande parte consagradas como direitos subjetivos na Constituição de 1988, a serem proporcionados pelos governos, e as limitações gerenciais, legais e financeiras do setor público. Esta contradição gera, por um lado, mecanismos alternativos de atendimento a estas necessidades, seja por iniciativa do setor empresarial privado, seja por intervenções de instituições não governamentais do "terceiro setor", seja pelo desenvolvimento de mercados informais, cujo relacionamento com o setor público tende a ser pouco claro, e muitas vezes questionável do ponto de vista legal; e, por outro, a aceitação, por parte da sociedade, de níveis de atendimento precários do ponto de vista dos valores de uma sociedade moderna e das necessidades da população; e leva, também, à conformidade com a baixa produtividade de uso dos recursos públicos despendidos.

Os seminários tiveram como ponto de partida um conjunto de textos centrais sobre os temas de saúde, educação, previdência social, políticas de renda e violência urbana, que foram apresentados e discutidos com a participação de um ou mais comentadores especialmente convidados. Tanto quanto possível, cada um dos textos centrais procurou cobrir cinco pontos que nos pareceram centrais:

- Um diagnóstico dos problemas principais da área, do ponto de vista da cobertura e da produtividade. Em que medida ela consegue atender às necessidades e aspirações da população? Em que medida esta situação se constitui ou não em uma crise, seja do ponto de vista financeiro, do ponto de vista político, de um ponto de vista normativo?

- Quais são as principais instituições e agências – públicas, privadas, ONGs, federais, estaduais ou municipais – responsáveis pelo provimento dos benefícios? Qual o peso relativo de cada uma delas? Como se dá a concorrência ou a divisão de tarefas entre essas instituições e com que nível de eficiência elas atendem a seus objetivos?
- Marco legal – em que medida a legislação existente permite ou dificulta a implementação dessas políticas, e a atuação e cooperação das diversas instituições e agências envolvidas?
- Custos e mecanismos de financiamento – quais são os custos atuais das políticas e suas fontes de financiamento; quais seriam os custos necessários para uma melhoria adequada de cobertura e atendimento; quais seriam as fontes possíveis de recursos, públicas e privadas; e quais seriam as possibilidades e custos de focalização dos gastos públicos em setores e questões mais críticas e prioritárias. Como formas gerenciais alternativas poderiam alterar a estrutura de incentivos na provisão de serviços, de modo a aumentar sua produtividade.
- Sugestões do ponto de vista institucional, gerencial, legal e financeiro para o setor.

Os comentaristas, além de contribuírem para aprimorar as primeiras versões dos trabalhos, muitas vezes desenvolveram e aprofundaram aspectos específicos, considerados merecedores de mais atenção, preparando textos que também foram incorporados ao livro na forma de artigos independentes.

Este projeto contou, desde o início, com o apoio e o estímulo de Dionisio Dias Carneiro, que, infelizmente, não pôde acompanhar seu desenvolvimento até o fim, mas cuja contribuição gostaríamos de registrar. Gostaríamos de registrar e agradecer também o apoio administrativo da equipe da Casa das Garças, Juliana Rezende e Fernando Barbosa, e o trabalho de revisão e preparação dos originais feito por Tatiana Amaral e Fabrícia Ramos, do IETS. Finalmente, este livro não estaria hoje nas mãos dos leitores sem o trabalho competente e persistente da equipe editorial do Grupo Gen – Grupo Editorial Nacional: Carla Nery, Munich Abreu e Raquel Barraca. A todos e todas, o nosso muito obrigado.

Edmar Lisboa Bacha
Simon Schwartzman

SUMÁRIO

INTRODUÇÃO   1

Edmar Lisboa Bacha e Simon Schwartzman

PARTE 1 – POLÍTICAS DE SAÚDE   21

1. PROPOSTAS PARA MELHORAR A COBERTURA, A EFICIÊNCIA E A QUALIDADE
NO SETOR SAÚDE   23

André Medici

1 Introdução   23

2 A Trajetória do SUS   26

    2.1 O SUS como Promessa (1988-1994)   26

    2.2 Inovações no SUS (1994-2002)   30

    2.3 A Implantação do SUS a partir de 2003   40

    2.4 A Trajetória do Programa de Saúde da Família (PSF)   41

3 O Financiamento da Saúde no Brasil   44

    3.1 O Brasil no Contexto Internacional   44

    3.2 Fontes e Usos no Financiamento do SUS   46

    3.3 Estimativas da Magnitude do Gasto em Saúde no Brasil   49

    3.4 Gastos com Planos Privados de Saúde no Brasil   50

4 Problemas de Agenda Pendente em Saúde   52

    4.1 Problemas de Cobertura, Qualidade e Resolutividade dos Serviços   52

    4.2 Problemas de Organização e Eficiência dos Serviços de Saúde   57

    4.3 Problemas de Equidade   62

5 Propostas para Agenda Pendente em Saúde   69

    5.1 Viabilizando os Princípios Constitucionais do SUS   69

    5.2 Aperfeiçoando a Regulação e a Governabilidade do Setor Saúde   74

    5.3 Melhorando a Articulação entre o SUS e o Sistema de Saúde Suplementar   77

    5.4 Melhorando o Acesso e a Qualidade dos Serviços   83

    5.5 Monitoramento e Avaliação dos Resultados em Saúde   86

    5.6 Melhorando a Eficiência do Financiamento Setorial   86

    5.7 Síntese da Agenda Pendente em Saúde   87

    Glossário   88

2. UMA NOTA SOBRE O PRINCÍPIO DA INTEGRALIDADE DO SUS   94

Mônica Viegas Andrade e Kenya Noronha

1 Introdução   94

2 Tipologia Internacional de Arranjos de Elegibilidade, Financiamento e Escopo
da Cobertura de Serviços   94

3 O Sistema de Saúde Brasileiro: Contradições e Consequências   96

    3.1 Evidências sobre a Equidade   98

    3.2 Em Busca da Equidade: Alteração da Isenção Fiscal   102

3.3 Em Busca da Equidade: A Definição do Escopo de Serviços e a Criação de uma
Agência de Avaliação de Tecnologias em Saúde 103

3. GASTOS CATASTRÓFICOS, INIQUIDADE E PROPOSTA DE REFORMULAÇÃO DO SISTEMA DE SAÚDE 104

Antonio Carlos Coelho Campino

1 Introdução 104

2 Gastos Catastróficos e Iniquidades no Sistema de Saúde no Brasil 104

3 Proposta de Reformulação do Sistema de Saúde 106

PARTE 2 – PREVIDÊNCIA SOCIAL E POLÍTICAS DE RENDA 109

4. PREVIDÊNCIA SOCIAL: UMA AGENDA DE REFORMAS 111

Paulo Tafner e Fabio Giambiagi

1 Introdução 111

2 Gastos Previdenciários e Assistenciais: Uma Breve Perspectiva Internacional 113

3 Sistema Previdenciário e Assistencial Brasileiro – Características e Evolução Recente 114

4 Desempenho Demográfico 119

4.1 Demografia Brasileira em Perspectiva Comparada 120

4.2 Demografia no Brasil: o que Esperar para o Futuro? 123

4.3 Sobrevida Pós-Benefícios 131

5 Fatores que Elevam o Custo Previdenciário 134

5.1 Regras de Acesso à Aposentadoria 134

5.2 Regras de Acesso à Pensão por Morte 138

5.3 Regras de Acesso e Fixação do Valor do Benefício Assistencial 140

5.4 Igualdade de Pisos 143

5.5 Indexação ao Salário-Mínimo 145

5.6 Os Benefícios Previdenciários e Assistenciais e Seu Impacto sobre a Pobreza 148

6 Impacto da Mudança Demográfica sobre os Gastos Previdenciários 153

7 Agenda de Reformas 156

7.1 Critérios Básicos 157

7.2 Detalhamento da Agenda de Reformas 157

5. POLÍTICAS DE DISTRIBUIÇÃO DE RENDA NO BRASIL E O BOLSA FAMÍLIA 166

André Portela de Souza

1 Introdução 166

2 Os Programas Assistenciais de Distribuição de Renda no Brasil 167

2.1 Custos, Cobertura e Focalização dos Programas 169

2.2 Impactos Distributivos dos Programas 173

3 O Programa Bolsa Família 174

3.1 O Custo Fiscal do Bolsa Família 174

3.2 Impactos de Curto Prazo sobre Pobreza e Desigualdade 175

3.3 Impactos de Longo Prazo na Formação do Capital Humano: Educação e Saúde 177

3.4 Impactos de Segunda Ordem: Trabalho Infantil, Fecundidade e Oferta de Trabalho 178

4 Propostas para o Bolsa Família e os Programas Sociais em Geral   181

   4.1 Ações de Implementação e Gestão   181

   4.2 Ações de Aprimoramento dos Programas Atuais   185

6. REFORMAS INFRACONSTITUCIONAIS NAS PREVIDÊNCIAS PRIVADA E PÚBLICA: POSSIBILIDADES E LIMITES   187

Marcelo Abi-Ramia Caetano

1 Introdução   187

2 A Previdência Complementar   187

3 Os Custos Administrativos da Previdência Social   190

4 Reformas Administrativas Recentes na Previdência Brasileira   192

5 Possibilidades a Explorar na Esfera Administrativa   194

6 A Previdência dos Servidores Públicos   194

7 A Previdência dos Servidores Públicos e as Questões de Equidade   195

8 Prós e Contras da Previdência Complementar para os Servidores Públicos   197

9 Reformas dos RPPS Dentro dos Limites Impostos pela Legislação Federal   199

10 Economias de Escala na Previdência   201

Glossário   203

7. O CONTRATO SOCIAL DA REDEMOCRATIZAÇÃO   204

Samuel de Abreu Pessoa

1 Introdução   204

2 Evolução do Gasto Público   204

3 O Contrato Social   206

4 Limitações à Transição para um Novo Contrato Social   209

5 Conclusão   210

PARTE 3 – POLÍTICAS DE EDUCAÇÃO   213

8. A EVOLUÇÃO RECENTE E PROPOSTAS PARA A MELHORIA DA EDUCAÇÃO NO BRASIL   215

Fernando Veloso

1 Introdução   215

2 O Quadro Educacional no Brasil   216

3 Determinantes do Desempenho Educacional no Brasil   219

4 Lições das Experiências de Reforma Educacional   221

   4.1 *Accountability*   222

   4.2 Escolha e Competição   224

   4.3 Descentralização e Autonomia Escolar   226

5 Sistema Educacional Brasileiro   229

   5.1 Sistema Nacional de Avaliação da Educação Básica   230

   5.2 Financiamento e Gasto Público em Educação   232

   5.3 Participação do Setor Privado e Organizações Não Governamentais   238

   5.4 Experiências Recentes de Reforma Educacional no Brasil   241

6 Recomendações de Política Educacional ... 244

   6.1 Experimentação e Inovação ... 245

   6.2 Formação, Seleção e Retenção de Professores de Qualidade ... 248

   6.3 Planejamento e Gestão ... 250

   6.4 Políticas Específicas para Alunos e Escolas com condições Socioeconômicas
   Desfavoráveis ... 252

9. O Viés Acadêmico na Educação Brasileira ... 254

Simon Schwartzman

1 Introdução ... 254

2 Viés Acadêmico, Diferenciação e Bens Posicionais em Educação ... 255

3 A Crise de Qualidade e o Viés Acadêmico do Ensino Médio ... 257

4 A Disfuncionalidade do ENEM ... 261

5 O Viés Acadêmico na Educação Técnica e Profissional ... 263

6 O Viés Acadêmico na Educação Superior ... 264

7 O Viés Acadêmico da Pós-Graduação ... 268

8 Conclusão ... 269

10. Pré-Escola, Horas-Aula, Ensino Médio e Avaliação ... 270

Naercio Aquino Menezes Filho

1 Introdução ... 270

2 As Causas dos Avanços Recentes ... 270

3 As Recentes Melhorias de Desempenho ... 271

4 Os Resultados Positivos do Chile e de Xangai ... 272

5 Como Acelerar o Desempenho Educacional Brasileiro ... 272

11. As Avaliações e os Desafios do Ensino Médio ... 276

Reynaldo Fernandes

1 Introdução ... 276

2 Desafios do Ensino Médio: Avaliação e Organização ... 278

3 Conclusão ... 283

Parte 4 – POLÍTICAS DE SEGURANÇA PÚBLICA ... 285

12. Segurança Pública nas Grandes Cidades ... 287

Sergio Guimarães Ferreira

1 Introdução ... 287

2 A Dimensão da Violência no Brasil ... 290

3 Efeitos Econômicos e Sociais da Violência Urbana ... 294

4 Governança Corporativa na Polícia: Experiências Bem-Sucedidas ... 297

5 Estratégias de Policiamento em Base Local ... 303

6 Defesa Social: Programas Intersetoriais com Foco em Redução da Violência ... 310

7 Conclusão e Digressões sobre o Papel do Governo Federal no Combate à Violência
   nas Cidades ... 313

13. REGIONALIZAÇÃO E DIVERSIDADE DA CRIMINALIDADE 319

Claudio Beato

1 Regionalização e Diversidade 319

2 Urbanização e Violência 322

3 O que Pode Ser Útil no Desenho de Políticas Públicas de Segurança? 323

4 Transversalidade e Gestão em Redes nas Políticas Públicas 324

5 É Possível um Programa de Segurança sem Reforma das Polícias? 324

6 Empiria e Políticas Públicas 325

14. MEDIDAS FRACAS EM TEMPO DE CRISE: AS POLÍTICAS DE SEGURANÇA PÚBLICA NO BRASIL 326

Leandro Piquet Carneiro

1 Introdução: Um Sistema de Justiça Criminal Fraco e Pouco Atuante 326

2 O Crime Organizado como Principal Ameaça à Segurança 329

3 O Vetor das Drogas 330

4 Armas 331

5 As Políticas Nacionais de Segurança 332

6 Observações Finais 334

15. FASES E TENDÊNCIAS NO DEBATE SOBRE POLÍTICAS PÚBLICAS DE SEGURANÇA NO BRASIL 335

Denis Mizne

1 Introdução 335

2 Evolução do Debate 335

3 Detalhando Aspectos da "Agenda Pendente" 337

4 Vontade Política 338

5 Prevenção do Crime 339

6 Controle de Armas e Munições 341

7 Reforma das Polícias 342

8 Reforma da Justiça Criminal 343

BIBLIOGRAFIA 345

ÍNDICE 358

SOBRE OS AUTORES 364

Material Suplementar

Este livro conta com materiais suplementares.

O acesso é gratuito, bastando que o leitor se cadastre em http://gen-io.grupogen.com.br.

GEN-IO (GEN | Informação Online) é o repositório de material suplementar e de serviços relacionados com livros publicados pelo GEN | Grupo Editorial Nacional, o maior conglomerado brasileiro de editoras do ramo científico-técnico-profissional, composto por Guanabara Koogan, Santos, LTC, Forense, Método e Forense Universitária.

INTRODUÇÃO[1]

Edmar Lisboa Bacha
Simon Schwartzman

O Brasil vive, desde os anos 1930, um processo quase ininterrupto de desenvolvimento econômico, modernização social e participação política. Apesar de suas limitações, esse processo gerou uma visão de que somos realmente o país do futuro e, mais ainda, de que esse futuro está ao alcance das mãos. Nessa visão rósea, os períodos autoritários e as dificuldades econômicas — como os anos de ditadura de Getúlio Vargas e do governo militar, assim como a hiperinflação dos anos 1980 e os programas de ajuste dos anos 1990 — teriam sido apenas episódios passageiros, acidentes de percurso que não afetaram a marcha do progresso e da modernização. O crescimento da economia e a transferência maciça da população rural para as cidades, além da evolução favorável dos dados socioeconômicos mais básicos ao longo de várias décadas, pareceram confirmar esse otimismo. A expansão do setor público também fez parte dessa tendência, não só por seu papel crescente como provedor e gestor das políticas sociais, como também pelas oportunidades de renda e ocupação que tem proporcionado, através da criação de empregos diretos estáveis e bem remunerados, das transferências do governo federal a estados e municípios e dos negócios privados que se beneficiam dos gastos e empréstimos do setor público.

Não faltou quem advertisse, em diversos momentos, sobre a iniquidade desse processo — que ainda faz do Brasil um dos países mais desiguais do mundo —, revelando como esse desenvolvimento beneficiou muito mais a uns do que a outros. As classes médias e altas adotaram rapidamente os padrões de consumo e as instituições de proteção social dos países mais desenvolvidos, mas deles a maioria dos brasileiros ficou excluída.[2]

Na visão otimista, entretanto, as evidentes desigualdades de condições de vida e benefícios sociais não deveriam ser corrigidas com o redirecionamento dos gastos públicos ou com transferências de renda dos mais ricos para os mais pobres, mas sim pela expansão dos gastos e a extensão dos direitos e benefícios já conquistados por uns poucos, considerados direitos adquiridos, para os demais. Dessa forma, além de preservar as vantagens já conquistadas por alguns, todos os demais seriam beneficiados, evitando conflitos distributivos e mantendo a tradição brasileira de baixos enfrentamentos sociais. A Constituição de 1988, que consagrou os direitos sociais universais à saúde, educação de qualidade e previdência social, e a responsabilidade do Estado de prové-los, bem expressa essa visão. Mais recentemente, a expansão da economia, facilitada pelo ordenamento macroeconômico logrado nos anos 1990 e a expansão do comércio internacional na última década, fez com que essa visão rósea fosse reforçada.

---

[1] Sem responsabilizá-los pelos resultados, agradecemos os comentários de Albert Fishlow, André Medici, André Portela de Souza, Antonio Campino, Fabio Giambiagi, Fernando Veloso, Paulo Tafner, Ricardo Redisch, Rogério Werneck e Sergio Guimarães Ferreira a esta introdução.

[2] A desigualdade social, que tornou incompleta a transição do Brasil de uma sociedade predominantemente agrícola para uma sociedade industrial e urbana após a Segunda Guerra Mundial, é o tema recorrente da coletânea de artigos *A Transição Incompleta: Brasil desde 1945* (Bacha e Klein, 1986).

No entanto, existem sinais cada vez mais fortes de que o Brasil está encontrando dificuldades crescentes em suas políticas sociais mais importantes. Há uma nova classe média surgindo, trazendo consigo demandas crescentes por serviços e benefícios sociais e pressionando cada vez mais o setor público, mas este parece ter chegado ao limite de sua capacidade de arrecadar mais impostos e aumentar sua rede de serviços. As áreas da saúde, previdência, políticas de renda, educação e segurança pública correm o risco de estagnação ou retrocesso, mesmo se a economia continuar crescendo, e alguns desses setores poderão enfrentar grandes dificuldades, se esse crescimento não ocorrer. Isso se deve não somente ao aumento das demandas, mas ao fato de as políticas sociais se tornarem cada vez mais caras à medida que os níveis mais básicos de atendimento são atingidos. No passado, quando a estagnação ou a recessão econômica afetavam a arrecadação de impostos, a expansão dos gastos públicos era financiada pela inflação, por aperfeiçoamentos da arrecadação tributária ou pela dívida pública. Hoje, com os impostos aproximando-se dos 40% do PIB e aceita a necessidade de se manterem as contas públicas e a inflação sob controle, essas saídas estão mais difíceis. O crescimento do PIB tem suprido as necessidades até agora, mas ele mesmo se encontra ameaçado por gastos sociais crescentes, inclusive pelo envelhecimento da população, os quais subtraem recursos dos necessários investimentos públicos em infraestrutura.

Além de mais caras, as políticas sociais agora necessárias são muito mais complexas do que no passado, requerendo conhecimentos aprofundados e capacidade de gestão de que o setor público muitas vezes não dispõe. Administrar institutos de previdência para uns poucos privilegiados num país jovem era uma coisa; gerir previdência básica e complementar de forma equitativa para uma população que rapidamente envelhece é algo totalmente diferente. Reduzir a mortalidade infantil e controlar as doenças infecciosas é relativamente simples, mas proporcionar atendimento médico de qualidade à população adulta é muito mais difícil, além de mais caro; criar escolas de educação fundamental e contratar professores é relativamente fácil, mas garantir um ensino médio e formação profissional de qualidade é mais complicado. Os problemas de criminalidade e segurança urbana, que no passado eram de pequena monta, hoje adquirem grandes dimensões, afetando direta e indiretamente a vida e a sobrevivência de milhões de pessoas. Até os anos 1970, a melhora das condições de vida da população em situações de extrema pobreza no campo se dava de forma espontânea pelas migrações para as cidades e, depois, por programas públicos de distribuição de renda como a aposentadoria rural, a LOAS e o Bolsa Família. Incorporar de forma efetiva essas pessoas ao mercado de trabalho é tarefa muito mais complexa. Além dos custos mais altos e da maior complexidade, as políticas que agora se fazem necessárias podem requerer que se contrariem interesses estabelecidos e tenham por isso custos políticos que os governantes prefiram evitar. Está, pois, na hora de desenvolver uma nova agenda social para o Brasil, que seja equânime, ao privilegiar o acesso dos mais pobres à seguridade social; realista, ao reconhecer a restrição orçamentária; e eficaz, ao lidar com a complexidade das tarefas à frente com uma gestão responsável e consequente dos recursos públicos.

Este livro reúne trabalhos de especialistas em quatro áreas de inequívoca prioridade — saúde, previdência social e políticas de renda, educação básica e violência urbana. Os textos foram apresentados e discutidos em vários seminários organizados pelo Instituto de Estudos de Política Econômica/Casa das Garças e o Instituto de Estudos do Trabalho e Sociedade do Rio de Janeiro. Cada um dos textos básicos está complementado por textos adicionais preparados também por especialistas dos diferentes temas.

Além das questões próprias de cada uma dessas áreas, foi pedido aos autores que analisassem com especial atenção dimensões que, de uma forma ou de outra, estão presentes em todos os casos. Primeiro, os direitos legalmente associados a cada uma dessas políticas. No Brasil, como em outros países, todos têm direito a saúde, educação, previdência social, segurança pessoal e renda mínima para a sobrevivência com dignidade. No entanto, existem grandes diferenças na forma e precisão em que esses direitos estão definidos em lei e quanto à responsabilidade do setor público em garanti-los. Isso afeta de forma muito direta a maneira pela qual são estabelecidos os sistemas e mecanismos de garantia desses direitos, em particular a participação relativa do setor público, do setor privado e das organizações da sociedade civil no provimento dos serviços para atender esses direitos. Esse é o segundo aspecto das políticas sociais que queremos analisar.

Quando se fala em setor público, normalmente se pensa no governo federal. Nas áreas de previdência social e políticas de renda, de fato o governo federal é o principal agente, atuando diretamente na distribuição dos benefícios. Nas áreas de educação básica, segurança pública e saúde, no entanto, a principal responsabilidade tem sido dos governos estaduais e municipais, cuja capacidade técnica e financeira varia enormemente entre regiões e estados. Cabem ao governo federal, em princípio, funções de regulação, monitoramento e avaliação dos resultados, assim como de complementação financeira para estados e cidades com menores recursos. Essa divisão de tarefas, no entanto, nem sempre é tão clara, e existem fortes argumentos para fortalecer a autonomia e capacidade de regulação, gestão e avaliação das agências locais.

Em nenhuma dessas áreas o setor público, em seus diversos níveis, é o único provedor, mas o grau e as formas de participação do setor privado variam muito de uma área para outra. Em saúde, como em educação, a participação do setor privado se dava, originalmente, através de instituições de caridade e sem fins lucrativos como as Santas Casas de Misericórdia e as escolas e universidades católicas ou comunitárias. Hoje, ao lado de instituições não lucrativas da sociedade civil que vêm se expandindo rapidamente, existem empresas nacionais e estrangeiras que veem essas áreas como importantes oportunidades de negócio. A previdência social tem uma longa tradição de associações mútuas de pecúlio, hoje substituídas em grande parte pela previdência complementar proporcionada pelo setor financeiro ou pelos fundos de pensão. Diferentemente dos Estados Unidos, por exemplo, o Brasil não desenvolveu um setor de serviços privados de segurança de grande porte, mas ele não deixa de existir, e são notórias as formas pouco ortodoxas, para não dizer ilegais, de contratação pelo setor privado de policiais em folga para fazer a segurança de seus próprios interesses. Finalmente, embora as políticas diretas de transferência de renda sejam da alçada do setor público, o setor privado é também chamado a participar através das obrigações criadas pelo salário-mínimo e os encargos trabalhistas. O setor privado traz para essas políticas investimentos, recursos, capacidade gerencial e flexibilidade que o setor público muitas vezes não tem; por outro lado, ele pode afetar de forma negativa a equidade que as políticas sociais não podem perder de vista.

O terceiro aspecto é o dos resultados das políticas. Dados os direitos estabelecidos e as aspirações da população, o que de fato está sendo feito e quais são as limitações observadas? Em cada uma das áreas, encontramos uma combinação de sucessos e fracassos. A cobertura da saúde pública aumentou muito nos últimos anos, mas o acesso ao atendimento médico é precário e com muita iniquidade. A educação fundamental se universalizou, mas a qualidade do aprendizado é muito ruim. As políticas de previdência e de distribuição de renda beneficiaram muita gente, mas as grandes desigualdades persistem. Apesar de algumas experiências inovadoras e bem-sucedidas, os problemas de segurança, sobretudo nas áreas urbanas do país, não parecem melhorar.

Em muitos casos, os resultados insatisfatórios das políticas não se explicam pela falta de recursos, mas por seu mau uso. Em outros casos, a falta de recursos realmente coloca limites em relação ao que é possível fazer. Esses são os outros dois aspectos que, com mais ou menos intensidade, afetam todas as áreas de política social: ineficiência e escassez de recursos. Arranjos institucionais adequados, com a incorporação de conhecimentos sobre as boas práticas nacionais e internacionais em áreas como educação, saúde pública e segurança social, podem levar a resultados muito melhores do que os que têm sido conseguidos até agora. Nas áreas de previdência e saúde os constrangimentos financeiros são mais evidentes, embora eles existam também, e de forma crescente, nos demais setores. Basta considerar, por exemplo, os custos de colocar todas as crianças da rede pública em escolas de tempo completo, ou de efetivamente erradicar a miséria com as políticas de renda.

Em todas as áreas de política social existirá sempre uma grande distância entre os direitos consagrados na legislação e presentes nas aspirações da população e o que pode ser feito com os recursos humanos, institucionais e financeiros disponíveis. A solução para essa dificuldade não pode ser enganosa nem fantasiosa, proclamando resultados que de fato não existem, ou promessas que não serão cumpridas. Embora não seja possível fazer tudo de que gostaríamos, existe um espaço importante, em cada uma das áreas, para obter melhores resultados com os recursos existentes e mobilizar outros recursos — públicos e privados, organizacionais e institucionais — para avançar. É no espaço entre o que existe hoje e o que gostaríamos para o futuro que se colocam os artigos deste livro.

AGENDA PENDENTE NA SAÚDE

A área da saúde talvez seja a que melhor dramatize a contradição entre os ideais igualitários consagrados na Constituição e a profunda desigualdade do país. A Constituição brasileira de 1988 prescreve que a "saúde é direito de todos e dever do Estado" e privilegia a adoção de um sistema público único de saúde com "acesso universal e igualitário", financiado por "toda a sociedade" com recursos dos orçamentos públicos. Aos princípios de acesso universal e gratuidade, o Sistema Único de Saúde adotado no Brasil incorpora o princípio da integralidade, ou seja, de que todos têm direito ao melhor atendimento médico disponível. Isso torna o sistema brasileiro, no papel, um dos mais completos e abrangentes do mundo, semelhante ao do Canadá e de alguns países europeus onde prevalecem o gasto público e o acesso universal; mas, na prática, mais próximo do dos Estados Unidos, onde dominam os gastos privados e os planos de saúde.

Estima-se que em 2006 o gasto total com saúde no Brasil representava 8,8% do PIB, dos quais 57% eram gastos privados e 43%, públicos. A saúde pública brasileira tem melhorado em muitos aspectos, sobretudo na área preventiva, através, por exemplo, das campanhas de vacinação e do Programa de Saúde da Família, assim como de programas especiais como o Programa Nacional de AIDS. No entanto, as diferenças de atendimento médico entre grupos sociais continuam elevadas. Em termos de cobertura populacional, a PNAD de 2008 revela que 24% da população (geralmente de renda mais alta) estava coberta por planos privados de saúde, enquanto os demais dependiam exclusivamente do acesso aos serviços do SUS. Apesar de os mais ricos usarem muito menos o SUS do que os mais pobres, eles têm mais acesso a atendimento público de alto custo e complexidade, muitas vezes só disponíveis nos estados mais desenvolvidos, e muitas vezes também mediante recurso a mandados judiciais. Como mostra André Medici no texto básico sobre o tema, as famílias situadas nos três décimos de renda mais pobres recebem proporcionalmente menos recursos do SUS do que as famílias nos décimos de renda superiores; as famílias nos décimos de renda mais elevada financiam suas necessidades de saúde com os planos de saúde pagos pelas empresas, em proporção mais elevada que as famílias mais pobres, que têm que dedicar maiores parcelas de seus orçamentos para a saúde, sobretudo na compra de medicamentos, do que as famílias mais ricas. Como mostra Antonio Carlos Coelho Campino em seu texto, os mais pobres, embora apresentando maiores índices de enfermidades crônicas não transmissíveis como doenças coronarianas e certos tipos de câncer, têm menos acesso a consultas médicas e estão mais sujeitos a situações médicas catastróficas em termos de renda familiar.

Não é de estranhar, assim, que nas pesquisas anuais da Datafolha desde 2007 a saúde tenha se tornado de longe a principal preocupação dos brasileiros entre todas as políticas públicas. Refletindo essa preocupação, os principais jornais e revistas do país têm dedicado espaços crescentes para a discussão da política de saúde. Essa discussão, no entanto, acaba sendo paralisada pela constatação do enorme fosso existente entre as demandas crescentes por serviços de saúde (que são, como mostrado no texto de Mônica Viegas Andrade e Kenya Noronha, por definição, insaciáveis) e os limitados recursos com que contam os governos para dar conta dessas demandas. A recusa do Congresso Nacional de prorrogar a CPMF em 2007 ilustrou de forma dramática esse conflito — embora a insatisfação com o atendimento público à saúde seja grande, há pouca disposição no país para maior carga tributária, ainda que em tese direcionada para a saúde.[3]

---

[3] Quando o Ministério da Saúde tinha os recursos da CPMF, o governo reduziu os recursos de outras fontes que eram alocados à saúde (como a CSLL). Assim, os recursos disponíveis para a saúde não aumentaram em um valor equivalente ao da CPMF, como concebido originalmente.

O texto de André Medici deslinda didaticamente o emaranhado das questões da saúde pública, delineando a trajetória do SUS desde a Constituição de 1988 até os dias atuais e caracterizando as fontes de financiamento do atendimento à saúde no país.Comparações internacionais mostram que tanto o gasto total como o gasto público em saúde correspondem ao nível de renda do Brasil, assim como os resultados das políticas de saúde em termos de expectativa de vida saudável. Não quer dizer que a situação possa ser considerada satisfatória, e Medici identifica os principais problemas do SUS. Por um lado, deficiência de cobertura (quase 1/3 da população brasileira sem nenhuma consulta médica anual), falta de qualidade (os serviços de saúde nem certificados são) e baixa resolutividade (além de filas longas, não solução dos problemas de saúde que as pessoas apresentam); por outro lado, problemas de organização e baixa eficiência, como falta de autonomia das instituições de saúde e de transparência na transferência de recursos, corrupção e interferência crescente do Judiciário. Finalmente, problemas de equidade, associados, entre outros fatores, a ser o gasto público majoritariamente com procedimentos de média e alta complexidade, em detrimento do atendimento básico ao conjunto da população.

Medici indica seis áreas de atuação para lidar com a agenda pendente em saúde:

- Resolução de questões jurídicas relacionadas ao acesso igualitário e ao atendimento integral. Medici propõe que se entenda o conceito constitucional de "acesso igualitário" como similar a "acesso equitativo" — o que permitiria dar prioridade de atendimento no SUS aos mais pobres.[4] Propõe também uma definição explícita, aceitável para o Judiciário, do conceito constitucional de integralidade, que permitisse deter a maré montante de recursos judiciais através dos quais pessoas mais ricas estão conseguindo deslocar parcela importante dos recursos públicos para o atendimento de seus casos pessoais.

- Aperfeiçoamento da governabilidade do SUS, através da implantação de redes regionais integradas de saúde e da criação de instituições que tenham autonomia administrativa e das quais se possa cobrar eficiência no atendimento à saúde (como as Organizações da Sociedade Civil de Interesse Público — OSCIPs —, as organizações sociais e as parcerias público-privadas).

- Melhor articulação entre o SUS e os planos privados de saúde, de forma a evitar duplicações e direcionar os recursos públicos para a população sem acesso aos planos privados.

- Melhoria do acesso e da qualidade dos serviços do SUS, ampliando sua cobertura, certificando as instituições de atendimento e avançando na qualificação dos recursos humanos.

- Monitoramento e avaliação dos resultados em saúde, por parte de instituições avaliadoras externas independentes, cujos conceitos tenham implicações para a política de distribuição de recursos públicos.

---

[4] Em seu artigo 193, de disposição geral sobre a ordem social, a Constituição Federal (CF) estabelece ter essa ordem como objetivo "o bem-estar e a justiça sociais". Em seu artigo 194, que trata das disposições gerais da seguridade social, abrangendo os direitos relativos à saúde, à previdência e à assistência social, a CF estabelece que o Poder Público deva organizar a seguridade social com base, entre outros princípios, na "seletividade e distributividade da prestação de serviços" e na "equidade na forma de participação no custeio". O acesso igualitário às ações e serviços de saúde é prescrito no artigo 196 da CF, que fala conjuntamente em "acesso universal e igualitário". A universalidade quer dizer que os serviços públicos de saúde devam estar disponíveis para todos. A junção do termo "igualitário" ao "universal" pode perfeitamente ser entendida, nesse caso, como significando que o acesso aos serviços públicos da saúde deva ser equitativo, dando curso ao que prescrevem os artigos 193 e 194.

- Ampliação do financiamento setorial. Mas, como enfatiza Medici, ao dotar a saúde com mais recursos, é preciso resolver os inúmeros problemas de gerenciamento do setor, para que os recursos utilizados gerem melhores resultados para a população.

Antonio Campino traz evidências adicionais sobre a iniquidade do sistema de saúde do Brasil e apresenta uma série de sugestões sobre como melhorar o funcionamento do sistema sem tocar em seus pressupostos básicos de atendimento universal, integral e gratuito. Trata-se, essencialmente, de ampliar e aperfeiçoar o Programa de Saúde da Família, que tem um impacto claro sobre as condições gerais da população do país, e também da ampliação e melhor funcionamento das Unidades Básicas de Saúde, destinadas a atender os que precisem ir além do atendimento inicial, a partir do exemplo do estado de São Paulo, que opera essas unidades através de Organizações Sociais. Mônica Viegas Andrade e Kenya Noronha mostram como existe uma contradição insanável entre os princípios da universalidade e da integralidade que, para ser resolvida, exige que ou o atendimento deixe de ser universal, concentrando-se nas pessoas com limitações de recursos, ou deixe de ser integral, concentrando-se em uma "cesta básica" de procedimentos considerados prioritários e de eficácia comprovada. De uma forma ou de outra, o sistema público precisaria ser complementado pelo sistema privado, com uma clara separação entre pessoas e procedimentos que podem ser atendidos por cada um. O que existe hoje, no entanto, é uma duplicidade em que ambos os sistemas oferecem os mesmos serviços, o que aumenta a iniquidade, já que pessoas com mais recursos podem pagar por atenção médica de rotina e usar o sistema público para procedimentos de alta complexidade, enquanto os mais pobres ficam restritos às filas de espera e dificuldades de atendimento do setor público. A separação correta entre os setores público e privado exigiria mexer nas deduções do imposto de renda de gastos de saúde de quem utiliza o sistema público, assim como cobrar dos planos de saúde privados o atendimento eventual que seus clientes recebem do setor público. Essas medidas, entre outras, requereriam a implantação de um sistema unificado de cadastro de saúde da população, o cartão SUS. Elas exigiriam, também, normas claras e adequação de valores nos pagamentos feitos pelo SUS aos hospitais e outras entidades com ele conveniadas, que são hoje fonte de constantes contenciosos e corrupção.

Em conjunto, os autores mostram que existe muito espaço para aperfeiçoar o sistema de saúde brasileiro dentro do marco constitucional atual, mas também que esse marco precisa ser alterado. Tomando em consideração o fato incontornável de que recursos sempre serão escassos, é preciso identificar com clareza as prioridades de atendimento do setor público, além de legitimar e fazer uso adequado do setor privado.

AGENDAS PENDENTES DA PROTEÇÃO SOCIAL: PREVIDÊNCIA E POLÍTICAS DE RENDA

O sistema previdenciário público no Brasil, analisado no texto básico de Paulo Tafner e Fabio Giambiagi, concebido em uma época em que a população era jovem, a expectativa de vida era baixa e o setor formal da economia muito reduzido, é bastante generoso nos benefícios que concede a muitos de seus beneficiários, mas com problemas sérios de iniquidade e um grande potencial de insolvência a médio prazo.

Os gastos previdenciários brasileiros têm crescido consistentemente acima do PIB desde o final da década de 1980. Correspondem, atualmente, a cerca de 11,2% do PIB. Trata-se de um valor extraordinariamente elevado para um país de renda média e com uma população ainda relativamente jovem. Num estudo comparativo recente, Roberto Rocha e Marcelo Abi-Ramia Caetano (2008) usam uma amostra de 77 países para mostrar que há uma relação positiva entre as despesas previdenciárias e a proporção de idosos na população. Nessa comparação, o Brasil destaca-se como um país "fora da curva", pois o gasto previdenciário do país, com uma população relativamente jovem, equivale à de um país idoso. Nações com estrutura demográfica similar à brasileira gastam com previdência em torno de 4% do PIB, enquanto países com despesa previdenciária da magnitude do Brasil têm uma proporção de idosos na população quase três vezes superior à brasileira.

Dos 11,2% do PIB que o setor público gasta com previdência, 7,2% referem-se ao regime geral de previdência social (também conhecido como INSS), que paga mensalmente 24,3 milhões de benefícios a aposentados e pensionistas do setor privado; 2% referem-se aos regimes de previdência dos funcionários públicos federais, que pagam, mensalmente, 1,1 milhão de benefícios; e 2%, a cerca de 2 milhões de benefícios previdenciários pagos por estados e municípios a seus ex-funcionários e pensionistas.[5] Praticamente 90% dos aposentados e pensionistas brasileiros são pagos pelo INSS, mas seus benefícios correspondem a menos de 2/3 das despesas públicas com aposentadorias e pensões, gerando um déficit de 1,4% do PIB. Os aposentados e pensionistas do funcionalismo público dos três níveis de governo, que representam pouco mais do que 10% do número de beneficiários, são os destinatários de 1/3 dos gastos públicos com a previdência no país, gerando um déficit de 1,7% do PIB. Além disso, existem os altos subsídios dos sistemas fechados de aposentadoria complementar das empresas públicas, que não figuram na conta do déficit público previdenciário como deveriam. Os altos valores das aposentadorias do setor público não seriam um problema se elas resultassem de poupanças acumuladas ao longo da vida pelos funcionários, mas se tornam inaceitáveis na medida em que seu déficit é coberto pela população como um todo.

A idealização de um único sistema previdenciário para todos os trabalhadores, independentemente de trabalharem no setor público ou privado, é, por esse motivo, um dos mais importantes pontos da agenda de reforma da previdência proposta por Tafner e Giambiagi, assim como por Marcelo Caetano em seu texto complementar. O ponto central dessa agenda, entretanto, é enfrentar preventivamente o chamado risco demográfico que ameaça as contas previdenciárias, assim como as contas da saúde. A população brasileira está envelhecendo rapidamente. Atualmente, as pessoas com 60 anos ou mais são 10% da população; em 2030, serão 20%; em 2050, 30%. Com apenas 10% da população na "terceira idade", o país já gasta mais de 11% do PIB em aposentadorias e pensões. Mantidas as regras atuais com a progres-

---

[5] A estimativa do número de benefícios pagos pela previdência pública dos estados e municípios é de Nicholson (2007), Tabela A, p. 168.

são etária que se avizinha, o financiamento da previdência irá requerer uma parcela ainda maior do PIB no futuro.

Tafner e Giambiagi ilustram o impacto do envelhecimento da população nas contas previdenciárias. Ao contrário do que ocorreu nos últimos anos, quando o valor das aposentadorias cresceu fortemente em termos reais, eles supõem que doravante as aposentadorias cresçam mais moderadamente.[6] Mesmo assim, eles concluem que, nos próximos quinze anos, acompanhando o envelhecimento da população, os gastos públicos com previdência crescerão a uma taxa média de 4,5% por ano. Se, acima dessas projeções, supusermos que a maior parte das aposentadorias continuará atrelada ao salário-mínimo, com ganhos reais proporcionais ao crescimento do PIB, poderemos facilmente concluir que o cenário sem reformas é de um contínuo aumento do gasto previdenciário como proporção do PIB, mesmo a partir dos elevados níveis atuais.[7]

Para justificar as reformas propostas, Tafner e Giambiagi utilizam copiosamente a experiência internacional, identificando cinco aspectos da previdência brasileira que destoam marcadamente, em sua generosidade, das regras internacionais:

- Diferenciação (reduzida com as reformas aprovadas em 2003, mas ainda não plenamente regulamentadas) entre as regras de aposentadorias no setor público e as do setor privado; a essas disparidades se somam outras que beneficiam profissões específicas, como o professorado.
- Ausência de um requisito de idade mínima para a aposentadoria por tempo de contribuição para o INSS. Disso resultam idades médias muito baixas, na comparação internacional, para a obtenção desses benefícios: 54 anos para homens e 52 anos para mulheres. A moda de uma amostra internacional para a idade de aposentadoria é 65 anos, tanto para homens como para mulheres.
- Disparidade entre as regras de aposentadoria por gênero, muito mais favoráveis para mulheres do que para homens no Brasil. Isso também não se verifica na maior parte dos países, especialmente os mais desenvolvidos, onde há igualdade de regras.
- O Brasil é o único país que não impõe nenhuma condição para o recebimento do benefício de pensão por morte: não há redução no valor do benefício, não se limita a idade e não se vincula o valor da pensão à existência de prole. Por isso mesmo, os gastos com pensões no Brasil ascendem a quase 3,5% do PIB (que é o maior valor entre todos os países para os quais há dados), quando a norma internacional apontaria para um valor inferior a 1%.
- Determinação constitucional de que o menor valor de benefício previdenciário e assistencial seja um salário-mínimo, o que implica ganhos reais sempre que o salário-mínimo é reajustado acima da inflação, o que vem ocorrendo sistematicamente desde 1995. Em

---

[6] No cenário aqui considerado, os autores supõem um aumento real de apenas 1% ao ano no valor dos benefícios de um salário-mínimo e um aumento real de apenas 3% a cada cinco anos nos valores dos benefícios acima de um salário-mínimo.

[7] Seja A = a·V o valor das aposentadorias totais, que é igual ao valor da aposentadoria média individual, a, multiplicada pelo número de aposentados, V. Então, a participação das aposentadorias totais no PIB é igual a A/PIB = a·V/PIB . Se o salário-mínimo cresce proporcionalmente ao PIB e o benefício da aposentadoria média, "a", o acompanha nesse movimento, a relação A/PIB cresce à mesma taxa que a do número de aposentados, V.

vários países, como Chile, México, EUA, Canadá, França e Itália, o reajuste dos benefícios previdenciários é feito de acordo com um índice de preços e não com os salários. Conforme salientado anteriormente, manter constante a razão aposentadoria individual/salário-mínimo implica aumentar continuamente a razão aposentadorias totais/PIB na medida em que a população envelhece, se o salário-mínimo cresce de acordo com o PIB, como determina a atual legislação brasileira.

Dessas observações derivam as reformas propostas, a partir do princípio de que todos devem estar sujeitos às mesmas regras, independentemente de gênero, setor ou atividade. Resumidamente, propõe-se um aumento para 67 anos da aposentadoria por idade. Para quem se aposenta por tempo de contribuição, propõe-se uma idade mínima de 65 anos, com 40 anos de contribuição. As pensões seriam reduzidas para 50% do benefício original, acrescido de 25% por filho menor, até o limite de dois filhos. Adicionalmente, seriam limitados os direitos de um mesmo indivíduo acumular benefícios de pensão e aposentadoria. Aposentadorias, pensões e benefícios assistenciais passariam a ser reajustados por índices de preços. Essas regras valeriam para os novos entrantes no mercado de trabalho. Para os que já estiverem no mercado de trabalho haveria regras de transição, tanto para as aposentadorias por idade como para as por tempo de contribuição. São reformas que, além de tornar o sistema previdenciário brasileiro mais equitativo, lhe dariam viabilidade fiscal no contexto do rápido envelhecimento da população brasileira que se avizinha.

Em seu texto, Marcelo Caetano mostra que existe espaço para tornar o sistema previdenciário mais eficiente, reduzindo seus custos operacionais, mas mostra também que medidas administrativas não teriam como solucionar as iniquidades e os custos crescentes do sistema, que se devem às regras existentes de aposentadoria e pensão. Ele analisa, em detalhe, a previdência do setor público (os chamados "regimes próprios"), que, embora não esteja crescendo como a do setor privado, constitui uma das causas mais importantes da iniquidade atual, e cujos problemas são agravados pela multiplicidade de sistemas previdenciários próprios dos diversos poderes e níveis da federação, assim como dos subsídios aos fundos de pensão das empresas estatais, gerando déficits que são transferidos para o público na forma de impostos e redução de investimentos. Para resolver isso, ele propõe a integração administrativa dos múltiplos sistemas públicos, criando economias de escala, e um teto previdenciário comum tanto para o setor público quanto para o privado, envolvendo a criação de um sistema complementar de previdência a ser financiado pelos próprios segurados, que atendesse a ambos os setores, com regras de transição adequadas.

Ao lado do sistema previdenciário propriamente dito, que supõe que as pessoas contribuam ao longo da vida útil para sua aposentadoria, mas que é financiado crescentemente com recursos gerais, o Brasil possui hoje dois grandes sistemas de aposentadoria por idade ou invalidez. Trata-se do programa de Benefício de Prestação Continuada (BPC/LOAS) e da aposentadoria rural, também administrados pelo INSS, os quais, tal como o Bolsa Família, são programas puros de transferência de renda, já que não supõem contrapartida financeira. A ideia de atacar os problemas da pobreza diretamente, sem esperar sua redução pela expansão progressiva dos benefícios das políticas sociais universais, ganhou notoriedade com as políticas de focalização preconizadas como parte dos programas de ajuste macroeconômico da década de 1990. Consolidou-se no Brasil com o programa Bolsa Família, embora o programa de aposentadoria rural date de 1971. Na década de 1990, essas propostas de focalização dos gastos públicos na população mais pobre eram criticadas como conservadoras. Nos últimos anos, entretanto, um programa como o Bolsa Família, iniciado por diferentes prefeituras e pelo governo federal nos anos 1990, foi posteriormente ampliado e é considerado por muitos o mais importante programa social do governo Lula. Assim, políticas de focalização passaram a ser vistas como inovadoras e mesmo revolucionárias, tanto por parte do Banco Mundial, um dos principais promotores das políticas de "transferência condicional de renda" (Bourguignon, Ferreira e Leite, 2003), como pelo governo Lula e todos os candidatos que concorreram às eleições presidenciais brasileiras de 2010. Em seu discurso de posse, Dilma Rousseff elegeu a erradicação da pobreza o seu principal programa de governo.

A principal virtude dessas políticas focalizadas de distribuição de renda, evidenciada com clareza no Brasil, é que os gastos beneficiam efetivamente os mais pobres, ainda que de forma imperfeita, em contraste com a regressividade das políticas universais de previdência, saúde e educação, tendo assim um impacto direto nos índices de desigualdade social. Outras vantagens seriam que elas atuariam diretamente sobre a demanda por serviços, sobretudo de educação, através das condicionalidades, evitando as complicações de lidar com o problema somente do lado da oferta; sua simplicidade, graças aos modernos recursos de informática e o uso da rede bancária para a transferência de recursos diretamente aos necessitados, sem a intervenção da política local; e a possibilidade de monitorar seus resultados, pelo uso das informações cadastrais geradas em sua implantação. Do ponto de vista político, finalmente, elas não requerem que a regressividade dos gastos públicos das demais políticas seja corrigida, gerando pouca resistência e claros dividendos político-eleitorais.

As avaliações desses programas de distribuição de renda[8] em diferentes países começam a mostrar, ao lado de suas virtudes, suas limitações (Draibe, 2009; Rawlings e Rubio, 2005; Reimers, Silva e Trevino, 2006). André Portela Souza, em seu texto básico sobre o tema, faz uma cuidadosa análise da evidência disponível sobre o programa Bolsa Família no Brasil. Ele mostra que o programa, que beneficia cerca de 13 milhões de famílias, é relativamente barato, custando 0,5% do PIB, bem menos do que os programas de Benefício de Prestação Continuada e Renda Mínima Vitalícia, que beneficiam 3,5 milhões de pessoas a um custo de 0,6% do PIB, assim como o de aposentadoria rural, com 8,1 milhões de beneficiários a um custo de 1,7% do PIB. A focalização do programa é razoável, sobretudo na área rural e nos estados mais pobres — 70% dos beneficiados são pobres, ainda que 43,7% dos que seriam elegíveis para o programa dele não se beneficiem. O conceito de pobreza utilizado pelo programa é estritamente monetário, beneficiando as populações rurais em detrimento, por exemplo, das que vivem na periferia das grandes cidades, cuja renda monetária nominal pode ser mais alta, mas que também enfrentam custo de vida mais elevado. Outros estudos mostram o

---

[8] Denominados geralmente *conditional cash transfer programs*, embora a condicionalidade seja muitas vezes precária ou inexistente.

impacto do programa na redução do hiato de pobreza, ou seja, da distância entre renda dos mais pobres e uma linha de pobreza estimada. Estimativas feitas por Paes de Barros e outros (2010), citadas por Portela, mostram que a redução da pobreza no Brasil nos últimos anos se deveu em partes iguais ao aumento da renda do trabalho e ao aumento das transferências sociais. O Bolsa Família contribuiu com 15% do total da queda da percentagem de extremamente pobres na população e com 35% da redução do hiato da extrema pobreza — uma contribuição importante, embora não preponderante.[9]

Se o impacto imediato sobre a redução da pobreza é claramente observável, os impactos de mais longo prazo sobre educação e saúde, que contribuiriam para tirar as pessoas da situação de pobreza, não só "dando o peixe, mas ensinando a pescar", são muito menos claros. Em educação, o programa se mostrou redundante em levar as crianças à escola, dada a quase universalização das matrículas até os 13-14 anos de idade atingida ainda na década de 1990 no país. Isso levou o governo, mais recentemente, a ampliar a bolsa para famílias com jovens até 17 anos de idade. Uma estimativa citada por Portela é que o efeito de 8 anos de Bolsas Família seria o de aumentar a escolaridade da população em 0,2 ano para os beneficiários, em comparação com os demais. Outras estimativas mostram que as bolsas podem estar influenciando positivamente a frequência à escola, reduzindo o abandono escolar e a repetência, mas em valores bem modestos. Não há evidência tampouco de que o programa tenha impactos significativos na melhoria da saúde, na redução do trabalho infantil e na fecundidade, e pode estar tendo um efeito de reduzir oferta de trabalho de mulheres, o que pode ser um resultado positivo, se significar que elas podem se dedicar mais a seus filhos.

Existem duas questões gerenciais importantes, em relação ao Bolsa Família, que ainda precisariam de estudos mais aprofundados. O primeiro refere-se à seleção das pessoas a serem beneficiadas, que é feita através de listas preparadas pelas autoridades municipais. O grande número de pessoas que se qualificariam para o programa mas dele não se beneficiam e o alto número de beneficiados com renda acima do limite mostram que existem problemas nesses cadastros. Para acompanhar esse trabalho e estimular as boas práticas, o Ministério do Desenvolvimento Social (MDS) criou um Índice de Gestão Descentralizada (IGD) que distribui incentivos financeiros aos municípios conforme a qualidade do trabalho cadastral que realizam. O outro problema, com o qual o IGD também procura lidar, é o do acompanhamento das condicionalidades, ou seja, verificar se de fato as famílias que estão recebendo a bolsa estão fazendo uso como deveriam dos serviços de saúde e de educação. Em ambos os casos, a análise da evidência disponível não é positiva. Como concluem os autores que analisaram a questão, "o IGD apresenta problemas de registro, o que pode levar a incentivos perversos para os municípios registrarem apenas os casos bem-sucedidos. Isso torna os aspectos estruturais do Programa Bolsa Família pouco confiáveis e reduz a possibilidade de medir de forma adequada a capacidade dos municípios em garantir o cumprimento das

---

[9] Por intensidade ou hiato da extrema pobreza se entende a diferença em termos percentuais da renda média dos extremamente pobres em relação ao valor da linha de extrema pobreza. Como o Brasil não possui linhas oficiais de pobreza ou extrema pobreza, as estimativas sobre a redução da extrema pobreza variam em função das diversas linhas postuladas pelos diferentes autores. Paes de Barros *et al.* (2010) estimam que a incidência da extrema pobreza passou de 17,4% para 8,8% entre 2001 e 2008. O hiato da extrema pobreza passou de 7,4% para 3,7% no mesmo período.

exigências condicionais previstas, especialmente aquelas relacionadas à saúde" (Estrella e Ribeiro, 2008).

Ao final de seu texto, André Portela sugere seis medidas para melhoria dos programas de transferência de renda:

- Criação de um indicador sintético de pobreza que possa tomar em conta suas diversas manifestações.
- Estabelecimento de metas claras de redução da pobreza em seus diferentes aspectos.
- Utilização do Cadastro Único como base de gestão e acompanhamento dos programas sociais.
- Criação de uma agência independente de gestão do Cadastro Único e de avaliação dos programas (hoje realizados internamente pelo MDS).
- Instituição de uma poupança para os estudantes que completem o ensino médio (como já é feito pela Secretaria de Educação de Minas Gerais).
- Utilização, como no Chile, de "agentes de desenvolvimento familiar" que deem apoio às famílias para que façam melhor uso dos recursos de saúde, educação e previdência social disponíveis, recuperando o papel e a ideia antiga dos profissionais de serviço social.

Em seu texto sobre as políticas sociais, Samuel de Abreu Pessoa argumenta que a expansão dessas políticas desde a Constituição de 1988 foi parte de um "contrato social" para a sustentação da redemocratização do país. A contrapartida da expansão dos gastos sociais foi uma queda da taxa de poupança, especialmente do setor público. Por causa do envelhecimento da população, a perspectiva de um cenário sem reformas é de contínuo aumento vegetativo desses gastos, o que torna diminuta a possibilidade de que a poupança pública cresça muito nos próximos anos. Nesse cenário, por falta de recursos, também não se deve esperar recuperação significativa dos investimentos públicos em infraestrutura — que são essenciais para garantir uma maior taxa de crescimento do PIB. Ou seja, a própria expansão dos gastos sociais nega a possibilidade do crescimento do PIB, que poderia vir a financiá-los através de uma maior arrecadação tributária. A conclusão da necessidade de uma nova agenda para as políticas sociais no país parece inescapável, não somente por motivos de equidade distributiva, mas também de sustentação do crescimento.

AGENDA PENDENTE NA EDUCAÇÃO

O Brasil não é o único país a se defrontar com os problemas de qualidade da educação básica (que, na terminologia brasileira, inclui a educação fundamental, de nove anos, e a educação média, de três), mas, como mostra Fernando Veloso no texto básico sobre o tema, a situação brasileira é particularmente grave, medida seja por comparações internacionais como a da OECD, o PISA, seja pelo sistema de avaliação do governo federal (SAEB/IDEB) e os sistemas dos governos estaduais.

Um par de números resume o problema: ao término do ensino médio, somente 11% dos alunos das escolas públicas do país possuem conhecimentos considerados mínimos em matemática, e somente 29% os têm em língua portuguesa, conforme os critérios estabelecidos pelo movimento "Todos Pela Educação".[10] E esse é um grupo selecionado, já que não inclui aqueles que não completaram o nível médio — 55% da população jovem do país. Nos últimos anos, houve alguma melhora nos indicadores de desempenho da educação, cuja interpretação, no entanto, não é clara.

O Índice de Desenvolvimento da Educação Básica, elaborado pelo Ministério da Educação, e que combina informações sobre fluxo escolar e desempenho dos estudantes em provas de matemática e português, mostra alguma melhoria entre 2005 e 2009, depois de um período de piora no início da década, sobretudo no quinto ano do ensino fundamental. Os resultados mais recentes do PISA, o programa internacional de avaliação da educação realizado pela OECD, e analisado neste volume no texto de Naercio Aquino Menezes Filho, também mostra melhorias no desempenho de jovens brasileiros de 15 anos ao final do ensino médio. Estas melhorias não são suficientes, no entanto, para tirar o país da grave situação em que se encontra, e é improvável que continuem ocorrendo vegetativamente sem políticas específicas para superar os problemas conceituais e institucionais da educação pública do país.

O tema da educação mobiliza cada vez mais a sociedade, cada um tem sua opinião a respeito do que fazer, e por isso é necessário usar a evidência das pesquisas para identificar o que funciona e o que não funciona, tal como faz Fernando Veloso em seu texto. Os Estados Unidos, que têm também sérios problemas com suas escolas, embora mais localizados, têm desenvolvido muitas tentativas de lidar com essas questões, buscando tornar as escolas mais responsáveis pelos seus resultados, fazendo com que as famílias possam escolher as escolas de sua preferência, que precisam competir por alunos, e, para que isso seja possível, descentralizando sua gestão. Além dessas questões que afetam o funcionamento dos sistemas escolares, existem pesquisas sobre o papel da educação pré-escolar, os métodos de alfabetização, a organização dos currículos, o recrutamento e a formação dos professores, cujos resultados, se não podem ser simplesmente transplantados para o Brasil, não podem ser ignorados.

Nos últimos anos, tem havido experiências importantes de reformas educativas em vários estados brasileiros, e o governo federal também tem atuado de forma mais focalizada, como evidenciado em um relatório extremamente detalhado e exaustivo publicado recentemente pelo Banco Mundial (The World Bank, 2010). De diferentes maneiras, o setor privado tem participado da educação, seja através de instituições filantrópicas, que desenvolvem parcerias com escolas públicas, seja vendendo serviços e produtos especializados como sistemas de ensino, livros didáticos e formação pedagógica, seja criando e administrando suas próprias escolas. Aos poucos, alguns resultados vão aparecendo, mas de forma ainda bastante lenta.

As recomendações de Fernando Veloso para a educação básica se baseiam tanto na experiência internacional quanto nas diferentes iniciativas inovadoras que têm ocorrido no Brasil. Em resumo, são as seguintes suas recomendações:

---

[10] http://www.todospelaeducacao.org.br/

- Continuar experimentando e inovando, com o acompanhamento de avaliações rigorosas, para que os resultados obtidos não se percam nem se dispersem.
- Abrir espaço para novas formas de gestão, dando mais autonomia às escolas, definindo metas e estabelecendo contratos de desempenho, e incorporando escolas privadas ao sistema público através de contratos de gestão, de forma semelhante às das *charter schools*.
- Melhorar a qualidade dos professores, proporcionando melhor formação, avaliando seu desempenho e criando mecanismos para que os melhores sejam estimulados a ficar nas escolas e os menos capacitados ou motivados sejam substituídos.
- Desenvolver políticas específicas para alunos e escolas em condições socioeconômicas desfavoráveis.
- Criar incentivos claros para recompensar as escolas e professores que mostrem bons resultados em seu trabalho.

A melhora da educação brasileira deve passar, sem dúvida, por um aumento substancial de investimentos públicos e privados, mas, como na saúde, os custos potenciais da educação de qualidade são altos, e é importante evitar que investimentos adicionais terminem por reproduzir e mesmo perpetuar a situação atual. A evidência internacional mostra que aumentar os gastos em educação não produz necessariamente melhores resultados, e sabemos que, no Brasil, não existe relação entre gastos em educação por município e desempenho dos alunos. Esse fato serve de advertência contra a prática tradicional brasileira de atender às demandas por recursos sem saber como serão utilizados, mas não pode servir de pretexto para não se ampliar os investimentos no setor.

Embora seja possível melhorar muito o desempenho da educação brasileira com o atual nível de gastos, no médio prazo será necessário generalizar a educação de tempo completo, o que vai requerer investimentos expressivos em prédios escolares e contratação de professores. Será necessário, também, tornar a carreira de magistério mais atrativa para pessoas que hoje preferem outras profissões de nível superior. Isso vai requerer níveis salariais maiores do que os praticados atualmente, ainda que os salários e as condições de trabalho de muitos professores de redes públicas estaduais já sejam competitivos em relação à maioria das pessoas com níveis similares de formação. Um uso correto dos recursos públicos exigiria que o governo desse mais prioridade aos investimentos na educação inicial e básica e exigisse mais coparticipação nos custos por parte dos estudantes de nível superior e de pós-graduação nas instituições estatais, seja diretamente, seja através de empréstimos educativos, a serem reembolsados em função de rendimentos futuros.

Reynaldo Fernandes, em seu texto, discute uma questão central da educação brasileira que é a camisa de força do ensino médio, em que existe pouco ou nenhum espaço para escolhas por parte dos alunos. Ao contrário da maioria dos países, o Brasil não oferece opções no nível médio (que, sintomaticamente, ainda é considerado parte da educação básica, e não secundária) e praticamente não desenvolveu o ensino técnico. Este é dificultado, entre outras coisas, pela exigência de que todos os alunos passem pelo mesmo currículo do ensino tradicional, carregado por quatorze ou mais matérias obrigatórias que são dadas de forma inevitavelmente superficial. O mesmo problema existe no ensino superior, em que o ensino denominado "tecnológico", de curta duração, praticamente não se desenvolveu.

Simon Schwartzman analisa essa questão como parte de um problema mais amplo do viés acadêmico (*academic drift)* que permeia a educação brasileira desde o nível médio até a pós-graduação. Esse viés consiste na tendência das instituições de ensino em aumentar seu *status* imitando os modelos organizacionais e conteúdos das de mais prestígio, reduzindo assim a diversidade dos sistemas educacionais, que, em nome da igualdade, se tornam cada vez mais estratificados e hierarquizados. No Brasil essa tendência está incorporada à legislação, que sobrecarrega o currículo do ensino médio, impede que o ensino técnico se desenvolva de forma diferenciada e trata de impor a todo o sistema de educação superior um modelo único de universidade de pesquisa que não tem como se generalizar. A necessidade de diversificação se torna ainda mais evidente pelos achados mais recentes da neurobiologia, sistematizados em diversos trabalhos de Flávio Cunha e James Heckman, citados por Naercio Menezes e Simon Schwartzman. Eles mostram a dificuldade de corrigir na adolescência e na idade adulta as deficiências de formação intelectual e a prioridade que deve ser dada, nesses casos, às habilidades não cognitivas. As análises de Heckman e colaboradores sobre a importância da educação infantil têm sido muito mencionadas no Brasil, mas suas implicações para a política educativa de níveis médio e superior não têm sido devidamente consideradas.[11]

No ensino superior, a tradição brasileira tem sido a de manter um pequeno número de universidades estatais de alto custo, seletivas, gratuitas e de mais difícil acesso, e abrir espaço para um grande mercado de instituições privadas que vivem de mensalidades e atendem como podem à demanda que o setor estatal não cobre. A legislação atual já reconhece a existência de faculdades e centros universitários dedicados exclusivamente ao ensino, mas as avaliações realizadas pelo Ministério da Educação ainda supõem que todos os currículos das diversas áreas devam ser os mesmos. A ideia de que instituições privadas possam desempenhar uma função pública e serem financiadas por isso ainda não é formalmente admitida, embora o governo Lula tenha optado, através do Programa Universidade para Todos (ProUni) por trabalhar com o setor privado, trocando a isenção de matrículas de estudantes mais pobres por isenção fiscal. Em termos internacionais comparados, o ensino superior brasileiro ainda é pequeno, mas seu crescimento está limitado pelo número de pessoas que se graduam a cada ano do ensino médio, o qual é semelhante ao de vagas oferecidas pelo ensino superior.

Para a pós-graduação *stricto sensu* (mestrados e doutorados) existe um sistema de avaliação administrado pela CAPES que considera os cursos de nível mais alto, 7, como de excelência internacional, e descredencia ou não reconhece os de nível 1 ou 2. O Brasil possui hoje o sistema de pós-graduação mais desenvolvido da América Latina, com 11 mil doutores e 39 mil mestres formados em 2009, para um total de 161 mil matriculados, segundo os dados do Ministério da Educação. As avaliações da CAPES fazem uso de critérios acadêmicos, como a produção de artigos em revistas especializadas internacionais, cujo número vem aumentan-

---

[11] Cf., por exemplo, Cunha, Heckman e Schennach (2010).

do consideravelmente. Por outro lado, os indicadores de impacto desses artigos, assim como de produção tecnológica, como patentes, permanecem baixos. A PNAD estima a existência de 330 mil estudantes de pós-graduação no país, o que sugere a existência de um grande número de cursos de especialização e de tipo MBA não regulamentados.

Tanto na educação básica quanto na superior, portanto, é necessário abrir espaço para mais alternativas institucionais e de formação, acompanhadas de sistemas de avaliação claros e com legitimidade. Os resultados dessas avaliações devem servir de referência não somente para a distribuição de recursos pelos governos, mas também para o aprimoramento das escolas e professores e, sobretudo, para ampliar o leque de ensino de qualidade à disposição dos jovens e suas famílias.

AGENDA PENDENTE NA SEGURANÇA

Ao contrário da lenda do pacifismo e cordialidade dos brasileiros, o país sempre conviveu com problemas de criminalidade, violência e insegurança no campo e nas cidades. Nos últimos anos, a criminalidade vem atingindo níveis extremamente elevados, sobretudo nas periferias das grandes aglomerações urbanas. Os determinantes sociais da criminalidade podem ser muito distintos, indo desde a carência de recursos mínimos para a sobrevivência até a falta de oportunidades de mobilidade social legítima, passando por questões de cultura e conflitos intergeneracionais. Da mesma maneira, as políticas públicas que ela requer são muito distintas, indo desde o atendimento às necessidades básicas de sobrevivência da população até as políticas de contenção e repressão do crime organizado, passando por ações voltadas para a reintegração de grupos socialmente marginalizados.

O texto básico de Sergio Guimarães Ferreira lida com um tipo específico de criminalidade, a dos grandes centros urbanos, tendo como referência principal o caso do Rio de Janeiro, a partir de um levantamento bastante amplo das experiências de controle da criminalidade nos Estados Unidos, outros países da América Latina e outras regiões do Brasil. Como mostra Claudio Beato em seu texto, existem diferentes tipos de criminalidade conforme as regiões do país, e os dados disponíveis para análise e comparação das diferentes situações são bastante precários.

A criminalidade urbana, com altas taxas de homicídio, uso de arma de fogo e, como no Rio de Janeiro, controle territorial de partes da cidade, requer ação repressiva imediata, como condição prévia para ações de mais longo prazo de integração e reintegração social e econômica das populações mais afetadas. Em seu texto, Denis Mizne mostra como evoluiu, no Brasil, o debate sobre a questão da criminalidade, que se centrava na questão da proteção aos direitos humanos, ao final do regime militar. Depois aos poucos evoluiu para uma visão muito mais complexa de uma agenda de segurança pública pautada pela democracia, pelo respeito à lei e, não menos importante, pela eficiência de suas medidas na prevenção do crime.

A evidência mostra que os crimes tendem a ocorrer em pontos geográficos bastante concentrados e a ser cometidos por um número relativamente pequeno de pessoas, o que facilita ações focalizadas de grande impacto, desde que os pontos sejam devidamente identificados pelo uso de informações estatísticas georreferenciadas. A evidência também mostra que a violência se reduz quando existe um sistema efetivo de repressão, condenação e encarceramento. Uma das teses centrais de Sergio Guimarães Ferreira é que, com o nível atual de recursos, é possível obter resultados muito melhores do que tem sido possível até agora, pelo uso intensivo de inteligência, pela identificação dos focos de criminalidade, cuja natureza pode variar muito de uma a outra localidade, e por políticas combinadas de repressão, apoio e socialização.

O controle da criminalidade, para ser efetivo, requer a integração e cooperação das diversas agências municipais, estaduais e federais envolvidas com questões de segurança e justiça, assim como entre essas agências e a sociedade civil. A cooperação entre agências tem ocorrido em praticamente todas as experiências bem- sucedidas de controle da criminalidade. A participação da sociedade civil pode se dar de diversas maneiras, desde o envolvimento de empresários no patrocínio de atividades complementares, como pesquisa e reorganização administrativa dos sistemas de segurança, até a ação comunitária de defesa e apoio à população afetada. A polícia, especialmente, precisa ser vista como estando ao lado da população, e não em oposição a ela, evitando a situação desastrosa, mas muito comum, em que a polícia é vista como hostil à população afetada, e muitas vezes de fato o é. Quando isso ocorre, são as organizações criminosas que se apresentam como protetoras, e inclusive provedoras de oportunidades de trabalho e renda. Essa questão passa pelo problema da corrupção policial, que pode ser mais grave do que outras situações de corrupção no setor público, dadas a posse de armas e as oportunidades de ganhos ilícitos que surgem nas situações de combate ao crime organizado. Um dos fenômenos mais graves, nesse contexto, são os grupos e organizações paramilitares, formados por ex-policiais e ex-militares ou mesmo da ativa, que disputam espaço com as quadrilhas pelo controle dos territórios, a venda de proteção e a prática de diversos tipos de extorsão junto à população, ganhando muitas vezes acesso a posições de poder na administração pública em diversos níveis. Sergio Guimarães Ferreira sugere uma mudança da legislação penal que regulamente o crime de milícia e o torne hediondo.

Além dessa, há outras reformas legais importantes que precisam ser enfrentadas. Elas incluem medidas que facilitem a ação conjunta das polícias civil e militar, bem como a definição de turnos de trabalho consistentes com a operação policial. A agilização das decisões judiciais também é premente para o combate eficaz ao crime. A certeza da punição parece ser mais importante para reduzir a criminalidade do que o encarceramento prolongado, que se deveria concentrar em criminosos de alta periculosidade. As leis de encarceramento precisariam, assim, ser alteradas, restringindo ou eliminando a progressão da pena para crimes hediondos (hoje garantida por decisão do STF), reduzindo ou eliminando o encarceramento para crimes menores e eventualmente tornando mais flexíveis as cláusulas de não imputabilidade para crimes violentos de adolescentes.

Tanto Leandro Piquet Carneiro quanto Denis Mizne discutem a necessidade de reformas profundas da política nacional de segurança, com ênfase nos problemas de tráfico de armas e drogas, do crime organizado, do papel do Judiciário, da relação entre polícia civil e polícia militar, assim como das políticas nacionais de segurança e do Programa Nacional de

Segurança Pública com Cidadania, o PRONASCI, visto de maneira bastante crítica. A área de segurança, mais talvez do que as demais áreas de política social, requer mudanças legais e institucionais profundas, a começar pela implantação de um sistema adequado de indicadores compartidos sobre crimes e vitimização, hoje inexistente, e passando pela integração da atuação da União, estados, municípios e suas diversas agências.

Sergio Guimarães Ferreira menciona em suas conclusões outro tema que voltou à agenda depois da ocupação da Vila Cruzeiro e da Favela do Alemão pela polícia do Rio de Janeiro, com o apoio da Marinha e do Exército. Trata-se do papel das Forças Armadas na segurança interna do país. As Forças Armadas estão concebidas, em princípio, para a defesa do país contra inimigos externos. Mas, no caso do Rio de Janeiro, o uso de equipamentos de guerra da Marinha foi decisivo para viabilizar a ocupação dos morros, e a experiência adquirida pelo exército brasileiro no Haiti vem sendo importante para a pacificação do Morro do Alemão. Em termos mais amplos, cabe reconhecer que o crime organizado hoje tem uma dimensão internacional, conforme ilustram as experiências dramáticas vividas atualmente pelo México, na difícil confrontação com o narcotráfico. Internacionalmente, por outro lado, é baixa a probabilidade de que o Brasil tenha que enfrentar, nos próximos anos, uma situação de guerra convencional. Além disso, está muito reduzido o antigo receio de que as Forças Armadas possam se transformar em um fator de instabilidade política interna no país. Em resumo, existem muitas razões para pensar em como melhor usar os recursos humanos, técnicos e financeiros das Forças Armadas em benefício da segurança interna do país, em uma estratégia de longo prazo cujo conteúdo precisa ser aprofundado.

Há finalmente um tema controverso, relacionado à questão da violência urbana, que nos parece particularmente importante, mas que não foi considerado nos seminários que levaram a este livro. As observações que se seguem, portanto, não necessariamente refletem as posições dos demais autores neste livro. Relaciona-se ao tratamento das drogas hoje proibidas como um problema primordialmente de saúde pública[12]. Sergio Guimarães Ferreira apresenta evidências das inter-relações entre a drogadição e a criminalidade. Isso ocorre, também, com o alcoolismo, embora a comercialização do uso do álcool não seja proibida. De maneira geral, pode-se arguir que as consequências negativas associadas às drogas ilegais derivam mais de sua proibição do que do consumo de um bem proibido[13]. Além disso, a divisão legal que hoje existe entre drogas legais, como o cigarro e o álcool, e ilegais, como a maconha e a cocaína, é arbitrária, fruto de acidentes históricos, que pouco ou nada têm a ver com sua periculosidade ou danos que provoquem[14]. A nosso ver, a descriminalização do uso das drogas atualmente proibidas poderia reduzir significativamente a lucratividade do tráfico de drogas, desde que acompanhada da descriminalização de condutos de produção e comercialização, que passariam a ser devidamente regulados. Abriria também espaço público para conter o uso das drogas hoje proibidas e combater suas consequências danosas,

---

[12] Essa é a posição adotada no relatório da Comissão Latino-Americana sobre Drogas e Democracia (CLADD), da qual fizeram parte os ex-Presidentes César Gaviria, da Colômbia, Ernesto Zedillo, do México, e Fernando Henrique Cardoso, do Brasil. Cf. CLADD, 2009.

[13] Cf. Miron e Zwiebel (1995), a respeito da relação entre proibição de drogas e criminalidade.

[14] Cf. Thoumi (2009) e literatura ali citada, a respeito das origens das normas internacionais sobre as drogas.

tal como hoje ocorre com o cigarro e poderia também ocorrer com o álcool. É um tema polêmico, mas que a nosso ver precisa ser considerado, dadas a realidade brasileira, as revisões recentes da legislação sobre drogas em diversos países[15], além das dificuldades enfrentadas pela estratégia americana da "guerra às drogas".

---

[15] Para uma resenha sobre iniciativas legislativas recentes em políticas sobre drogas em diversos países, cf. Jelsma (2009). No final de 2010, foi votada na Califórnia a chamada Proposição 19, também conhecida como a Lei para Regular, Controlar e Taxar a Maconha. Tratou-se de uma iniciativa popular considerada em plebiscito, que foi rejeitada por uma margem estreita de 53,5% de votos contra e 46,5% de votos a favor. Para detalhes, ver: http://en.wikipedia.org/wiki/California_Proposition_19_(2010).

PARTE 1
POLÍTICAS DE SAÚDE

1
PROPOSTAS PARA MELHORAR A COBERTURA, A EFICIÊNCIA
E A QUALIDADE NO SETOR SAÚDE
André Medici

2
UMA NOTA SOBRE O PRINCÍPIO DA INTEGRALIDADE DO SUS
Mônica Viegas Andrade
Kenya Noronha

3
GASTOS CATASTRÓFICOS, INIQUIDADE E PROPOSTA DE REFORMULAÇÃO
DO SISTEMA DE SAÚDE
Antonio Carlos Coelho Campino

Propostas para Melhorar a Cobertura, a Eficiência e a Qualidade no Setor Saúde[1]

André Medici

1 INTRODUÇÃO

Nas últimas três décadas, a incorporação progressiva de direitos sociais, como parte dos atributos de cidadania, tem sido uma constante nas reformas constitucionais da América Latina. De alguma forma tem sido também o pano de fundo para um conjunto de políticas sociais que incorporam direitos de acesso a saúde, proteção financeira e educação para os mais pobres que não estão protegidos pelas políticas bismarckianas voltadas para o mercado formal de trabalho. Muitos países, como o Brasil, têm declarado que o direito a saúde é universal e deve ser garantido pelo Estado. Outros preferem uma via mais progressiva de incorporação de direitos. Independentemente da via utilizada, os avanços no cumprimento desses direitos têm sido muito lentos.[2]

Parte da eterna discussão sobre universalização da saúde está associada a indefinições quanto a duas questões: O que e como universalizar?

Adicione-se a isso a incorporação permanente de novas tecnologias médicas, refletidas em equipamentos, medicamentos e tratamentos caros, e o envelhecimento da população. No primeiro caso, Kotlikoff e Hagist (2005) assinalam, em estudo recente sobre os países da OCDE, que a incorporação de novos procedimentos de saúde baseados em tecnologia tem sido um dos principais fatores de crescimento dos custos em saúde. É por esse motivo que países como a Inglaterra se baseiam cada vez mais em evidência clínica e em estudos de custo-efetividade para definir se e quando incorporar novas tecnologias médicas que invadem diariamente o mercado de saúde.

O envelhecimento populacional tem sido um outro fator responsável pelo crescimento dos gastos em saúde, e muitos países desenvolvidos começaram a discutir fórmulas para reduzir os gastos em saúde associados ao envelhecimento, como o uso mais frequente de programas de promoção de comportamentos saudáveis e prevenção de doenças crônicas (aquelas que crescem associadas ao envelhecimento), introdução de iniciativas para a vida saudável e programas de cuidado domiciliar (*homecare*)[3] como forma de reduzir os custos futuros associados ao envelhecimento. Programas de prevenção levam ao prolongamento da vida em condições saudáveis, enquanto programas de *homecare* têm sido utilizados até mesmo para assistir pacientes

---

[1] O autor agradece aos valiosos comentários de Simon Schwartzman, Edmar Bacha, Mônica Viegas e Antonio Coelho Campino a versões anteriores deste texto, bem como à discussão coletiva sobre o tema nos seminários anteriores realizados nos fóruns de discussão na Casa das Garças na cidade do Rio de Janeiro.

[2] Uma discussão sobre o processo de universalização da saúde na América Latina, passando pela análise dos direitos à saúde nas distintas Constituições, pode ser encontrada em Medici (2006).

[3] Sobre os temas associados ao uso crescente do *homecare* no mercado internacional ver Medici (2010c).

idosos terminais, ao lado de parentes e amigos, em condições menos invasivas e sem os gastos explosivos utilizados em hospitais para pacientes terminais.

As discussões sobre o que universalizar em saúde devem tomar em consideração uma premissa básica: a de que as necessidades de saúde são amplas e mudam constantemente, mas os recursos para prové-las são limitados diante da magnitude e do crescimento progressivo dessas necessidades na percepção individual e coletiva. É preciso, portanto, estabelecer prioridades associadas ao que universalizar e uma estratégia para ampliar o conjunto dessas prioridades na medida em que mais recursos se tornam disponíveis. Mas como definir prioridades?

a) Primeiramente, através de uma análise das condições epidemiológicas da população, hierarquizadas de acordo com a incidência de doenças ou riscos à saúde segundo grupos socioeconômicos, a severidade dessas doenças e riscos e suas consequências na mortalidade ou na qualidade de vida dos sobreviventes. Esse exercício permitiria estabelecer as doenças e riscos que têm mais impacto na saúde das populações em distintos contextos sociais e econômicos.

b) Em segundo lugar se deveriam buscar os meios para a prevenção, o tratamento e a reabilitação dessas doenças e riscos. Obviamente, doenças e riscos que não têm meios para serem prevenidas, tratadas ou reabilitadas não poderiam ser objeto da intervenção de políticas públicas de saúde, até o momento em que esses meios existam. Por exemplo, doenças como a AIDS até pouco tempo não tinham tratamento medicamentoso e portanto estavam fora de viabilidade terapêutica. Outras, como a doença de Alzheimer, não têm cura, ainda que existam avanços recentes que possam levar à superação dessa condição. Assim, deveriam ser consideradas apenas as doenças e riscos para os quais existam conhecimento, tecnologias e avaliação sistemática dos resultados associados à sua prevenção, tratamento e reabilitação.

c) De posse do subconjunto de doenças e riscos para os quais existem técnicas e processos de intervenção com avaliação positiva de seus resultados, se passaria para a fase três: o conhecimento dos custos desses processos e técnicas de intervenção. Esses custos, uma vez agregados de acordo com as metas de cobertura, seriam comparados com a disponibilidade de recursos para seu financiamento de forma a estabelecer a linha de corte do que deveria ser financiado com recursos públicos. Com isso se definiria a lista do que universalizar. Esse exercício deveria ser refeito periodicamente para acompanhar variação nas três variáveis envolvidas — prioridades epidemiológicas, tecnologia disponível e custos associados — e definir um caminho para expandir o conjunto das prioridades, na medida em que mais recursos e tecnologias se tornem disponíveis.

A discussão sobre como universalizar diz respeito a dois temas: quem deve receber a proteção financeira para a universalização e quais são os arranjos para a gestão setorial. Uma vez que as sociedades apresentam desigualdades sociais, a proteção financeira deveria priorizar os que não podem pagar pelo acesso aos sistemas de saúde. Em sociedades latino-americanas, o número de pessoas nessas circunstâncias ainda é bem grande, embora tenha se reduzido fortemente nos últimos anos.

No que diz respeito aos arranjos para a gestão setorial, a discussão passa pelos processos de separação de três funções básicas: o financiamento, a provisão e a regulação dos serviços. Existe uma convergência em torno de que caberiam ao Estado as funções básicas de regulação e de financiamento para os grupos sem capacidade de pagamento, mas somente em condições especiais, tais como epidemias ou catástrofes naturais, se deveria considerar a provisão dos serviços pelo Estado. Serviços de saúde, mesmo quando financiados por recursos públicos, têm sido em muitos países providos com sucesso por instituições privadas e, muitas vezes, estruturados em mecanismos de seguros públicos ou privados de saúde. O importante é que o Estado garanta uma regulação adequada para a redução das assimetrias de informação, das iniquidades no acesso e das ineficiências nos processos de prestação de serviços.

Embora consensos em relação a esses temas venham sendo produzidos,[4] sua implementação esbarra constantemente em barreiras técnicas, e a economia política, para chegar a um consenso quanto a soluções sobre esses princípios, não é trivial. Ela esbarra em pressões corporativas que inibem a busca de soluções eficientes, na inexistência de recursos humanos qualificados, especialmente na gestão de saúde, nas desigualdades regionais e em problemas de distribuição dos recursos para o financiamento da saúde que sempre são complexos, especialmente em países federativos como o Brasil.

Atualmente a universalização da saúde é, implícita ou explicitamente, uma meta de todos os modelos de sistemas de saúde. O movimento internacional pelos direitos humanos cada vez mais zela pelo cumprimento da Declaração Universal de Direitos Humanos, que considera o direito à saúde um dos principais direitos sociais. As discussões, no entanto, variam em relação a que modelos adotar. Em sociedades que não adotaram os modelos beveridgianos[5] de direitos à saúde, como os Estados Unidos, a universalização se daria pela cobertura de grupos de maior fragilidade: os mais pobres, através do Estado (MEDICAID) e os idosos, através de fundos de repartição arrecadados entre aqueles que estão no mercado formal de trabalho (MEDICARE). Mesmo assim, alguns desafios recentes, como o crescimento de jovens que não estão inseridos em mercados que possam garantir um seguro mínimo de saúde, levaram o governo norte-americano, através do Plano Obama, a tornar obrigatória a cobertura de saúde através das empresas e dos indivíduos, havendo sanções tanto para empregados como empregadores que não viabilizem sua inserção em planos de seguro médico.

No caso europeu, as soluções, ainda que beveridgianas, diferenciam-se quanto a temas como gratuidade no acesso, ainda que sejam unânimes quanto à universalização. Na França, por exemplo, somente algumas prestações preventivas de saúde são totalmente gratuitas a todos (isto é, livres de copagamentos). Ao mesmo tempo, somente indigentes teriam acesso gratuito a todos os serviços de saúde.

---

[4] Esses consensos têm sido produzidos desde os anos 1990, como evidencia o Relatório sobre o Desenvolvimento Mundial de 1993 (World Development Report) cujo tema foi "Investindo em Saúde", como Relatório da Organização Mundial de Saúde de 2000 (The World Health Report) cujo tema foi "Melhorando o Desempenho dos Sistemas de Saúde".

[5] Sir Willian Henry Beveridge elaborou as bases para o Estado de bem-estar social na Inglaterra do pós-guerra. Sua obra foi pautada na base de que as contribuições sociais deveriam garantir a todos, trabalhadores ou não, direitos de proteção social em saúde e bem-estar que assegurassem um mínimo existencial.

Para cumprir os requisitos de universalização, os países têm organizado os sistemas de saúde de duas formas: (a) os serviços nacionais de saúde (em que o Estado organiza a prestação de serviços) e (b) os seguros nacionais de saúde (em que o Estado regula instituições asseguradoras que prestam um conjunto de serviços essenciais de saúde à população). O Brasil, quando comparado com os demais países, tem uma característica peculiar. Ainda que seja um sistema de serviço nacional de saúde (como ocorre com Inglaterra, Espanha, Portugal e Itália), estes serviços são totalmente gratuitos, o que implica que o sistema valoriza a igualdade e não a equidade de acesso, na medida em que, ao oferecer serviços gratuitos para todos, não leva em consideração que alguns teriam capacidade de pagar e que, com esses recursos, se poderia melhorar a qualidade do acesso dos que não têm capacidade de pagar.

O objetivo deste artigo é, à luz desses conceitos, delinear qual é a agenda pendente no setor saúde no Brasil. Para tal, ele se estrutura em quatro capítulos que se seguem a esta introdução. No segundo capítulo, faremos uma breve descrição da trajetória do Sistema Único de Saúde (SUS) entre 1988, ano de sua criação, até 2010, destacando as principais instituições e marcos legais que configuram o funcionamento do sistema. No terceiro, falaremos sobre as tendências do financiamento e gasto da saúde no Brasil, com especial destaque para os problemas do financiamento do SUS. No quarto, descreveremos os principais problemas da agenda pendente em saúde para, no quinto, elucubrar sobre possíveis soluções que poderiam fazer parte do arcabouço de políticas de saúde nos próximos anos, para resolver esses problemas.

2 A TRAJETÓRIA DO SUS

2.1 O SUS COMO PROMESSA (1988-1994)

A Constituição de 1988 definiu um conjunto de direitos à saúde para todos os brasileiros, sem explicitar ou definir claramente quando e como alcançá-los, a que custo e com base em que estratégia. O SUS foi criado na Constituição brasileira de 1988, que consagrou o direito universal e gratuito à saúde para todos os residentes no Brasil.

O SUS se alicerça em três princípios básicos: universalidade, cobertura integral e acesso igualitário às ações e serviços de saúde. A Constituição arremata, em seu artigo 198, que o SUS seria financiado totalmente com recursos públicos.

Os princípios de organização por meio dos quais se implementa o SUS são a descentralização, com gestão unificada em cada esfera de governo (federal, estadual e municipal) e a participação social, por meio da representação dos distintos segmentos da população nos Conselhos Nacional (CNS), Estaduais e Municipais de Saúde.[6] Estes teriam como missão aprovar e fiscalizar as ações de saúde do poder Executivo.

---

[6] Os Conselhos de Saúde são órgãos colegiados compostos por representantes do governo, prestadores de serviços públicos e privados, profissionais de saúde e usuários, e esses últimos detêm 50% dos membros dos referidos Conselhos. O Conselhos têm caráter permanente e deliberativo e atuam na formulação de estratégias e no controle da execução da política de saúde na esfera correspondente. Constituem uma rede ascendente, com Conselhos Municipais de Saúde, um Conselho Estadual de Saúde em cada estado e um Conselho Nacional de Saúde.

Entre a promulgação da Constituição em 1988 e 1990 praticamente nada acontece. O arcabouço jurídico do SUS começa a se definir a partir de 1990, quando são dados os seguintes passos:

a) Publicação do Decreto nº. 99.060, de 7 de março de 1990, que transferiu o Instituto Nacional de Assistência Médica da Previdência Social (INAMPS) do Ministério da Previdência para o Ministério da Saúde, extinguindo esse instituto e criando o chamado comando único da saúde na esfera federal de Governo;[7]

b) Promulgação da Lei Orgânica de Saúde (Lei 8.080, de setembro de 1990), que aprofunda e operacionaliza alguns dos princípios definidos na Constituição sobre o SUS, estabelecendo que a universalidade no acesso passa a valer em todos os níveis de assistência;

c) Promulgação da Lei 8.142, de dezembro de 1990, que institui as formas de participação social do SUS, incluindo definições sobre os papéis dos Conselhos de Saúde em todos os níveis de Governo e das Conferências Nacionais de Saúde e os mecanismos de transferência federal de recursos para o financiamento do SUS nas demais esferas de governo, fazendo apenas referência à obrigatoriedade de contrapartida de recursos financeiros por parte dessas esferas. Tal contrapartida é definida como condição para o recebimento dos recursos federais pelos estados e municípios. Também define que os recursos devem ser repassados de forma regular e automática para os municípios, estados e Distrito Federal.

As discussões sobre a implantação do SUS, no início dos anos 1990, tropeçaram nas formas de definição dos arranjos federativos necessários para montar um sistema que mantivesse papéis diferenciados de gestão nas distintas esferas de governo. Isso se deu através de intensos debates e conflitos, tendo em vista o caráter ainda incompleto do processo de democratização no Brasil, as dificuldades em negociar transferências de recursos e definições orçamentárias no contexto nebuloso da hiperinflação, a marcante heterogeneidade política, econômica e social no país, a autonomia limitada dos estados, o excesso de autonomia dos municípios no federalismo brasileiro e as intensas transformações pelas quais o Estado brasileiro vinha passando nas diversas áreas da política econômica e social. Também foi difícil a negociação da passagem da rede de hospitais do antigo INAMPS aos estados e municípios, processo que continuou inconcluso em muitos casos, como no Rio de Janeiro, que ainda detém um conjunto de hospitais federais até hoje.

As tentativas de ordenação desse processo foram conduzidas, no início da década de 1990, pela emissão de Normas Operacionais Básicas (NOB) do SUS, instituídas por meio de portarias ministeriais. Essas Normas buscavam definir as competências de cada esfera de governo e as condições necessárias para que estados e municípios pudessem assumir seus respectivos papéis no processo de implantação do SUS. Dadas as características do federalismo brasileiro instituído pela Constituição de 1988, as NOBs definiam incenti-

---

[7] A extinção do INAMPS só ocorreu de fato em 27 de julho de 1993.

vos para que estados e municípios voluntariamente se habilitassem a receber repasses de recursos do Ministério da Saúde, através do Fundo Nacional de Saúde (FNS), para seus respectivos fundos municipais ou estaduais de saúde. A habilitação para a gestão local, definida nas NOBs, estava condicionada ao cumprimento de uma série de requisitos e ao compromisso de que estados e municípios assumiriam um conjunto de responsabilidades referentes à gestão do sistema de saúde.

Entre 1991 e 1993 foram emitidas três NOBs, através de Portarias do Ministério da Saúde. O conteúdo dessas Portarias era o resultado de negociações entre o Ministério e os representantes do Conselho de Secretários Estaduais de Saúde (CONASS) e do Conselho de Secretários Municipais de Saúde (CONASEMS). Para tanto, foram criadas instâncias de negociação, sendo uma em nível nacional, a Comissão Intergestores Tripartite (CIT — com representação do Ministério da Saúde, do CONASS e do CONASEMS) e, em cada estado, uma Comissão Intergestores Bipartite (CIB), com representação da Secretaria Estadual de Saúde e do Conselho Estadual de Secretários Municipais de Saúde — COSEMS.

As Normas Operacionais condicionavam o repasse dos recursos aos estados e municípios à prestação de serviços e igualavam o pagamento dos serviços para prestadores públicos e privados credenciados no SUS. Pouco se avançou em superar a lógica de financiamento baseada no pós-pagamento que vigorava como sistema de financiamento da saúde desde a época do INAMPS. A maior parte dos serviços (especialmente os hospitalares) continuou a ser prestada por instituições privadas e paga de acordo com tabelas de pagamento para procedimentos hospitalares (AIH) e ambulatoriais, que eram ressarcidos ao prestador após verificadas e autorizadas pelo Ministério da Saúde. No entanto, no caso dos estados e municípios, as NOBs permitiam que estes recebessem diretamente pelos serviços prestados de acordo com programações associadas a quantidades de serviços prestados pelos estabelecimentos públicos próprios dessas esferas de governo.

No que se refere ao financiamento, após um aumento dos gastos públicos em saúde no período anterior à vigência do SUS (1984-1988), ocorreu uma forte queda dos recursos para o setor entre 1988 e 1992, especialmente em função do desempenho do gasto federal que sofreu uma forte contração nesse período, sendo compensado pelo aumento dos gastos municipais.

Num contexto hiperinflacionário, ficava praticamente impossível definir processos de transferências *ex ante* de recursos vinculados ao cumprimento de obrigações cujos custos e mecanismos de sustentabilidade eram obscuros. Assim, houve entre 1988 e 1994 uma grande redução dos recursos reais para o financiamento do SUS e especialmente nas transferências de recursos para os estados, como pode ser visto no Gráfico 1.

O projeto do SUS patinou entre 1988 e 1994, em grande medida em função da instabilidade econômica (hiperinflação, crises e desordem nas receitas e gastos públicos), da falta de uma estratégia para a implementação do novo modelo de financiamento e prestação de serviços e da ineficiência do governo em deliberar corretamente sobre os primeiros passos para o funcionamento do sistema. O SUS entrou em um período de desfinanciamento pela falta de recursos para cumprir as funções definidas pela Constituição Federal e pela Lei Orgânica da Saúde.

GRÁFICO 1

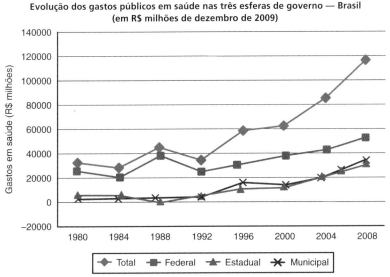

Fonte: Estimativas do autor a partir de séries do IBGE (1980-2004) e SIOPS / Ministério da Saúde (2004-2008).

Os primeiros anos de implantação do SUS demonstraram as dificuldades na definição dos papéis dos diferentes níveis de governo e, de modo especial, na participação dos estados e municípios no financiamento do sistema. Havia conflitos entre gestores estaduais e municipais sobre a quem caberia a gestão dos prestadores de serviços e não havia uma definição das necessidades e uma programação conjunta entre os gastos estaduais e os municipais, os quais muitas vezes não eram nem incluídos na programação dos recursos necessários para o funcionamento do sistema.

A persistência de uma sistemática de financiamento baseada na produção de serviços, particularmente na assistência, levava os governos locais a exacerbar o uso de recursos de custeio para a média e alta complexidade e a minimizar o uso de medidas de atenção primária e de saúde pública, necessárias para a extensão de cobertura e melhoria da qualidade de vida dos mais pobres. Tal processo, além de fracionar as ações de saúde e não assegurar complementaridade entre as ações prestadas pelos níveis de atenção básica, de média e de alta complexidade, reforçava o componente assistencial, particularmente aquele de alta complexidade, em detrimento de ações de atenção básica, promoção e prevenção que certamente poderiam levar a um melhor desempenho do sistema em termos de cobertura e qualidade dos serviços.

Em síntese, entre 1988 e 1994 o SUS começou timidamente sua implementação, mas seus resultados ficaram na promessa. A hiperinflação reinante na época, a debilidade de coordenação entre os serviços de saúde entre distintos níveis de governo e a fragilidade dos mecanismos de hierarquização da rede, num sistema de cuidados de saúde que dava pouco papel à atenção básica, à promoção e à prevenção, levavam a implementação do SUS ao descrédito entre a população. O Orçamento da Seguridade Social praticamente era consumido pelo crescimento dos gastos com aposentadorias e pensões, e os recursos do SUS se reduziram fortemente no período.

2.2 INOVAÇÕES NO SUS (1994-2002)

Os avanços que viabilizaram a implementação do SUS ocorreram entre 1994 e 2002. No rastro da estabilização econômica, começa a ser mais fácil o ordenamento de políticas para o SUS. Além do mais, a criação da CPMF, em outubro de 1996 (Lei 9.311), na qual foi decisiva a participação do ministro da Saúde na época, Adib Jatene, em sua negociação e aprovação no Congresso Nacional, gerou recursos adicionais para implementar mecanismos estratégicos que ordenaram a transferência de recursos federais para os estados e municípios. Mesmo assim, entre 1996 e 2000 essas esferas de governo (particularmente os estados), contando com mais transferências federais condicionadas ao setor, reduziram sua participação no financiamento da saúde, somente voltando a aumentar os recursos para o setor no início da década passada.

Entre os avanços legais e práticos ocorridos entre 1994 e 2002 na implementação do SUS se poderia mencionar:

a) **A emissão da Norma Operacional Básica de 1996**, através da Portaria 2.203 do Ministério da Saúde. A NOB 1996 amplia o valor das transferências de recursos federais para os estados e municípios, define o pagamento de incentivos e contrapartidas financeiras dos estados e municípios e estabelece a formulação de uma programação pactuada integrada (PPI) dos orçamentos a serem gastos na saúde entre esferas de governo.

b) **A criação de uma política de atenção básica**, com a criação do Piso de Atenção Básica (PAB), constituído por uma transferência *per capita* de recursos para um conjunto de ações e procedimentos de saúde básicos, que deveriam ser implementados por estados e municípios e financiados pelo Governo Federal. O PAB foi definido na NOB-1996 e regulado através da Portaria 2.121 do Ministério da Saúde. Com essa nova legislação, as transferências de recursos do SUS aos estados e municípios passam a ser constituídas de duas partes: recursos para a atenção básica e recursos para a média e alta complexidade.

c) **Os programas de agentes comunitários de saúde (PACS) e de saúde da família (PSF)** são fortalecidos, como parte da definição da política de atenção básica, passando também a ser financiados pelo PAB.

d) **A transferência de hospitais federais e estabelecimentos de saúde do antigo INAMPS para os estados e municípios** efetua a descentralização efetiva da gestão do SUS (em que pesem os problemas com o Rio de Janeiro, onde tal descentralização nunca funcionou).

e) **A definição de um arcabouço legal para regulamentação da saúde suplementar**, que foi esquecida pela Constituição de 1988 e pela legislação de saúde posterior (com um marco jurídico próprio e a criação da Agência Nacional de Saúde Suplementar — ANS).

f) **A definição de modelos de gestão autônoma para os hospitais públicos** (como as Organizações Sociais de Saúde — OS, como pode ser visto no Quadro 1) que começam a funcionar nos estados, tendo sido a experiência pioneira a do estado de São Paulo, com grandes repercussões na melhoria da qualidade desses hospitais.

QUADRO 1

O regime de organizações sociais nos hospitais de São Paulo

As Organizações Sociais (OS) foram implantadas em 1997 em 12 hospitais, com as seguintes características:

(i) Gestão por uma organização privada não lucrativa qualificada como organização social.

(ii) Celebração de um "contrato de gestão" entre o governo contratante e a OS estabelecendo objetivos, metas e mecanismos de monitoramento e avaliação do desempenho dos hospitais.

(iii) Financiamento baseado em orçamento global. Os recursos são transferidos em uma parte fixa e outra variável em função do desempenho das metas associadas aos indicadores previamente definidos.

(iv) Sistema de informações montado pelo órgão contratante e que permite o monitoramento e avaliação do desempenho dos hospitais através de indicadores negociados.

(v) Gestão autônoma do hospital nos planos financeiro, de recursos humanos e de licitações.

(vi) Recursos humanos contratados por CLT, com mais autonomia na gestão desses recursos.

(vii) Manutenção da propriedade pública de prédios, instalações e equipamentos.

(viii) Avaliação regular por comissão externa — a Comissão de Avaliação dos Contratos de Gestão.

(ix) Atendimento exclusivo aos pacientes do SUS.

(x) Publicação do Balanço e demais prestações de contas das OS no Diário Oficial do Estado e respectivo controle destes pelo Tribunal de Contas do Estado.

Algumas outras características, embora não sendo parte intrínseca do modelo em si, contribuíram para o sucesso da experiência em São Paulo, notadamente o fato de os prédios e instalações serem novos, e os recursos humanos serem contratados na ocasião da abertura dos hospitais, ou seja, sem os hábitos e vícios dos funcionários de carreira da administração direta. Atualmente mais de 30 hospitais e instituições de saúde adotam o modelo de OS no estado. Uma avaliação feita pelo Banco Mundial em 2006 demonstrou que as OS conseguem prestar mais serviços a um custo mais baixo que os hospitais tradicionais de administração direta. Para mesmas patologias, pacientes nos hospitais tradicionais têm uma média de internação de 5 dias comparados a 3 dias no sistema de OS, e o custo por paciente nas OS era de R$3.300, comparado a R$3.600 nos hospitais tradicionais.

g) **A definição de políticas para a regulação de bens, produtos, serviços e tecnologias de saúde** (com a criação da Agência Nacional de Vigilância de Saúde — ANVISA).

h) **A definição de uma estratégia para a estabilização das fontes de financiamento do setor saúde com a aprovação, em setembro de 2000, da Emenda Constitucional Nº 29**, que estabelece que estados e municípios devem aplicar pelo menos 12% e 15% de suas respectivas receitas próprias no financiamento de ações de saúde, vinculando também o crescimento dos recursos federais para a saúde à variação nominal do Produto Interno Bruto.[8]

i) **A melhoria dos sistemas de informação do SUS**, com a tentativa de estabelecimento do Cartão SUS e a criação de mecanismos de acompanhamento dos gastos públicos setoriais (SIOPS) e o fortalecimento do DATASUS.

j) **A Norma Operacional da Assistência à Saúde — NOAS, de dezembro de 2001,** estabelece mecanismos de descentralização que fortalecem o papel dos estados e redefinem os incentivos financeiros para assegurar melhor cobertura.

k) **A implementação dos primeiros programas de transferência condicionada de renda para famílias pobres atrelados ao setor saúde, entre os quais o Bolsa-Alimentação,** que é um programa bem avaliado por sua focalização e pela fácil operacionalização e fiscalização de suas condicionalidades.

Dentro das várias inovações introduzidas e listadas anteriormente, passaremos a descrever aquelas que tiveram maior impacto positivo no funcionamento posterior do SUS.

2.2.1 Inovações no Âmbito do Financiamento do SUS

A primeira que merece destaque é a implementação de uma estratégia de financiamento para a atenção básica. O PAB de cada município, calculado com base em um valor *per capita*, passou a ser transferido de forma automática "fundo a fundo" mudando a forma anterior de financiamento por prestação de serviços e passando para uma lógica de transferência de recursos em troca de responsabilidades sanitárias assumidas em cada nível de atenção. O PAB tinha duas partes: uma fixa e outra variável. Os recursos relativos ao PAB fixo são transferidos tendo como base o valor *per capita*, enquanto os valores do PAB variável se transferem como incentivos, associados à adesão do município a programas prioritários definidos pelo Ministério da Saúde, tais como o PACS, o PSF e o Programa de Combate às Carências Nutricionais, além de ações estratégicas como a implantação da Farmácia Básica do SUS e as Ações Básicas de Vigilância Sanitária.[9]

---

[8] A regulamentação da Emenda Constitucional N.º 29 pelo Congresso Nacional até o presente momento ainda se encontra pendente, mas os estados e municípios já a estão aplicando, com base em um conceito amplo de gastos com saúde, o qual tem sido aceito pelos Tribunais de Contas, mas rejeitado pelos Conselhos Federal, Estaduais e Municipais de Saúde.

[9] De acordo com a Portaria GM/MS nº 3.925, de 13 de novembro de 1998, a Atenção Básica se definiu como "o conjunto de ações, de caráter individual ou coletivo, situadas no primeiro nível de atenção dos sistemas de saúde, voltadas para a promoção da saúde, a prevenção de agravos, o tratamento e a reabilitação".

Outra inovação foi o mecanismo de transferências regionais de recursos federais sob a forma de transferências antecipadas em blocos de recursos (*block grants*), a exemplo do que ocorre em alguns países desenvolvidos, como Inglaterra e Canadá. Na medida em que os estados e municípios avançaram na implementação da programação pactuada e integrada (PPI) dos recursos para a saúde, passou a aumentar a parcela dos recursos transferidos diretamente aos estados em bloco, associados a incentivos e resultados, reduzindo-se progressivamente a parcela de recursos repassados através de pagamento retrospectivo direto por serviços aos prestadores.

O Gráfico 2 mostra a evolução das transferências de recursos aos municípios e estados, segundo o tipo de transferência, entre 1994 e 2001.

GRÁFICO 2

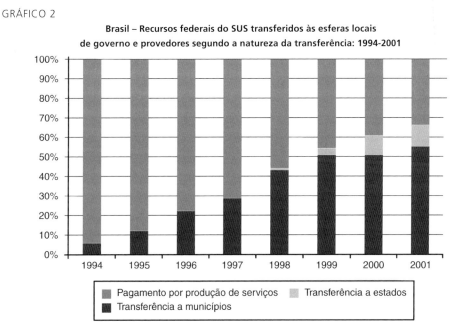

Fonte: MPOG-SIAFI-SOF, Ministério da Saúde.

Entre 1998 e 2002, vários resultados positivos associados a esse processo de transferência de recursos podem ser enunciados:
a) O número de municípios recebendo recursos transferidos do Fundo Nacional aos Fundos Municipais de Saúde (transferências fundo a fundo) aumentou de 144 para 5.516, e o número de estados, de nenhum para 12.
b) Com isso, o número de municípios que recebem transferências fundo a fundo aumentou de 17% para a quase totalidade dos municípios brasileiros.
c) Mas o mais importante — a percentagem dos recursos para assistência médica transferidos sob o critério fundo a fundo — aumentou de 24% para 67%.

FIGURA 1

Fluxo de recursos para o financiamento do SUS

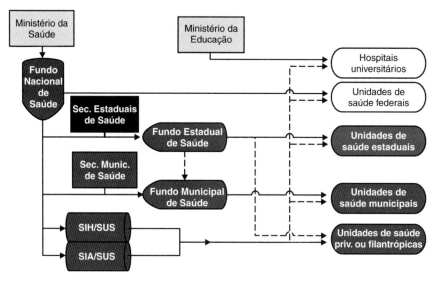

Fonte: Adaptado de La Forgia e Couttolenc, 2008.

As mudanças introduzidas entre 1994 e 2002 foram ainda responsáveis pelo estabelecimento dos fluxos de financiamento ao setor saúde vigentes até os dias de hoje. Esses fluxos estão ilustrados na Figura 1. As transferências "fundo a fundo" desburocratizaram os fluxos de recursos do SUS entre as distintas esferas de governo. Permitiram aos estados agilizar o processo de gestão de recursos para a saúde e favoreceram uma prestação de contas mais ágil junto aos organismos de controle, como os Tribunais de Contas.

Ainda que o Ministério da Saúde, através do FNS, tenha mantido o pagamento direto de alguns serviços aos hospitais da rede filantrópica e privada, o processo de descentralização introduzido entre 1994 e 2002 permitiu uma progressiva desativação das formas de pagamento direto, dado que os estados e municípios começaram a receber e administrar fatias maiores dos recursos federais a eles transferidos, passando a ser gestores de recursos.

Em síntese, as principais inovações do período 1994-2002 no âmbito do financiamento foram:

(i) implementação do PAB, através de uma lógica de financiamento *per capita* como processo para superação dos mecanismos de pós-pagamento;

(ii) adoção de incentivos específicos para áreas estratégicas e aumento expressivo de transferências de recursos do Fundo Nacional de Saúde para os Fundos Estaduais e Fundos Municipais de Saúde;

(iii) adoção de critérios para alocação de recursos federais para o custeio das ações e serviços de saúde que contribuíram para a redução das desigualdades regionais; e

(iv) realização de investimentos na rede de serviços, com prioridade para as regiões Norte, Nordeste e Centro-Oeste. Dentre os projetos executados nesse período se destaca o REFORSUS, com financiamento do Banco Mundial e do Banco Interamericano de Desenvolvimento (BID).

Tais inovações, entre outros benefícios, responderam pela redução da desigualdade regional no uso de fundos públicos de saúde. Regiões como o Nordeste, que com 6,5% da população nacional recebia somente 2,3% dos recursos para a saúde em 1986, passaram, em 2002, a receber 5,5% dos recursos da saúde para uma população de 7,5% do país.

2.2.2 Inovações na Descentralização e Regionalização do SUS

A mudança na lógica do financiamento à saúde foi um importante fator para construir um processo de responsabilização dos níveis locais de governo pela implementação efetiva do SUS, cimentando com isso sua participação no processo de coordenação da assistência à saúde e liberando o Ministério da Saúde de suas funções assistenciais em prol de outras pertinentes, associadas à regulação, ao monitoramento e à avaliação dos resultados.

Ao mesmo tempo, aprofundou a separação entre os princípios do financiamento e regulação, mantidos basicamente no âmbito federal, e gestão da provisão de serviços, a cargo diretamente dos municípios. A NOAS 2001 definiu duas condições de participação do município na gestão do SUS:

a) **Gestão Plena da Atenção Básica Ampliada**, pela qual o município se habilita a receber um montante definido em base *per capita* para o financiamento das ações de atenção básica; e

b) **Gestão Plena do Sistema Municipal**, pela qual o município recebe o total de recursos federais programados para o custeio da assistência em seu território. Para receber o financiamento com base *per capita,* o gestor municipal tinha que continuar alimentando o sistema de informações ambulatoriais, cuja produção serve como insumo para futuras negociações de alocação de recursos financeiros.

A NOAS trouxe uma definição mais clara das responsabilidades de cada esfera de governo, no contexto da implementação do processo de regionalização, definindo regiões de saúde como espaços intermediários entre os estados e municípios para uma gestão mais efetiva dos sistemas de média e alta complexidade, o que foi fundamental para a consolidação do SUS. A NOAS adotou a regionalização como elemento fundamental para o processo de descentralização, propondo três grupos de estratégias articuladas, como forma de promover a descentralização com equidade no acesso:

• *Elaboração do Plano Diretor de Regionalização* e diretrizes para a organização regionalizada da assistência, visando à conformação de sistemas de atenção funcionais e resolutivos nos diversos níveis.

• *Fortalecimento das capacidades dos gestores estaduais e municipais* para o desenvolvimento de funções como planejamento, programação, regulação, controle e avaliação, incluindo instrumentos de consolidação de compromissos entre gestores.

• *Atualização dos critérios e do processo de habilitação de estados e municípios* às condições de gestão do SUS, visando torná-los coerentes com o conjunto de mudanças propostas.

Para elaborar o *Plano Diretor de Regionalização*, cada estado deveria: (a) Dividir o território estadual em regiões/microrregiões de saúde, definidas segundo critérios sanitários, epidemiológicos, geográficos, sociais, de oferta de serviços e de acessibilidade; (b) Apresentar o diagnóstico dos principais problemas de saúde e das prioridades de intervenção; (c) Construir módulos assistenciais resolutivos, formados por um ou mais municípios, que garantissem o primeiro nível da média complexidade, visando ao apoio às ações de Atenção Básica; (d) Definir os fluxos de referência para todos os níveis de complexidade e os mecanismos de relacionamento intermunicipal; (e) Organizar redes assistenciais específicas; e (f) Estabelecer um programa de investimentos que procurasse suprir as lacunas assistenciais identificadas, de acordo com as prioridades de intervenção.

Para fortalecer *as capacidades dos gestores estaduais e municipais* e melhorar a resolutividade da atenção básica, se deveriam identificar áreas estratégicas de intervenção em que fosse débil a capacitação assistencial (saúde da mulher, saúde da criança, saúde bucal, controle da hipertensão e diabetes, controle da tuberculose e eliminação da hanseníase). Seriam criados módulos assistenciais resolutivos formados por um ou mais municípios, para garantir, no âmbito microrregional, o acesso ágil e oportuno de todos os cidadãos a um conjunto de ações de saúde necessárias para atender os problemas mais comuns, que nem sempre podem ser oferecidas em todos os municípios de pequeno porte populacional.

Os novos *processos de habilitação de estados e municípios* passaram a requerer a articulação dos gestores municipais para a negociação e pactuação de referências intermunicipais, sob coordenação e regulação estadual, que deveria se dar através da programação pactuada e integrada (PPI). Além disso, era necessário o fortalecimento da capacidade gestora de estados e municípios para exercer as funções de regulação, controle e avaliação do sistema, em uma nova perspectiva.

Para o êxito da estratégia da regionalização, cada esfera de governo deveria desempenhar suas responsabilidades operacionais e de gestão de forma harmônica e cooperativa. Mas apesar do incremento das habilitações de estados e municípios, e do consequente aumento do volume de recursos repassados diretamente aos fundos de saúde subnacionais, um terço dos recursos federais ainda é empregado em pagamentos diretos a prestadores de serviços de saúde.

Ainda que muitas das iniciativas, especialmente aquelas tomadas em 2001 e 2002, como a implementação do Cartão SUS e da NOAS 2002, não tenham sido completadas, os resultados de muitas das medidas se refletiram na melhora dos indicadores de saúde, tanto na cobertura de atenção básica como na oferta de serviços em todos os níveis de complexidade e nos resultados básicos.

2.2.3 Inovações na Gestão dos Estabelecimentos de Saúde

Com a promulgação da lei que cria as Organizações Sociais de Interesse Público (OSIP) pela União, em 1996, através do Ministério da Administração, o governo federal plantou a semente da autonomia de gestão dos estabelecimentos de saúde. Muitos estados, capitaneados por São Paulo, passaram a criar hospitais autônomos geridos por esses princípios, permitindo uma efetiva separação entre o financiamento e a gestão dos serviços que passa a ser feita com base em contratos de desempenho com transferências de recursos vinculadas aos resultados alcançados. Essas experiências iniciadas em São Paulo em fins dos anos 1990 estão presentes em muitos estados brasileiros e constituem hoje um dos principais elementos para o avanço nos processos de gestão pública em saúde no Brasil.

São Paulo liderou o processo de implementação de Organizações Sociais e a regionalização e construção de redes de saúde que melhoram a eficiência na prestação de serviços aos mais pobres e garantem um novo patamar nesta prestação de serviços. Minas Gerais, através de seus programas de gestão por resultados implantados no governo Aécio Neves, melhora a eficiência das redes hospitalares e dos programas voltados para determinadas linhas de cuidado, como maternidade e infância. Estados como o Paraná inovam na implementação de sistemas mais sofisticados de regulação do setor. Os novos arranjos administrativos, especialmente o modelo de Organizações Sociais (OS), que já tem experiências implantadas em mais de 70 municípios, caracterizam um conjunto de casos bem-sucedidos no Brasil, que vêm progressivamente vencendo os entraves existentes na gestão tradicional do setor público na área de saúde, no que se refere a eficiência, qualidade e gestão de pessoal.

A experiência das OS é uma estratégia consolidada no estado de São Paulo. Estados como Bahia e Pernambuco aumentam ainda mais o leque de experiências das organizações sociais e parcerias público-privadas (PPPs), não só em hospitais, mas também em áreas como atenção primária e gestão de laboratórios e serviços de urgência e emergência.

Estudos do Banco Mundial (La Forgia e Couttolenc, 2008, e Medici e Murray, 2010) revelam que os hospitais administrados sob o modelo de OS têm alcançado melhores resultados que os hospitais públicos diretamente administrados, produzindo mais altas por leito ocupado, utilizando mais intensamente as instalações hospitalares e produzindo serviços a custos médios por paciente inferiores aos dos hospitais diretamente administrados. O estudo de caso com controle realizado em 2006 para hospitais OS e da administração direta, com características de porte, clientela e estrutura similares, revela, por exemplo, que a taxa média de ocupação das OS era de 80,9% comparada com 72,1% dos hospitais da administração direta e que o custo médio diário de um leito de UTI das OS era de R$978 comparado com R$1.197 nos hospitais da administração direta.

Ao mesmo tempo, as OS asseguram melhor qualidade aos pacientes através do cumprimento de protocolos de serviços testados por processos que garantem excelência na qualidade assistencial. Os hospitais sob o regime de OS utilizam pessoal mais capacitado, permitindo o uso eficaz das instalações existentes no hospital. Ao mesmo tempo, os hospitais sob o regime de OS têm menores custos nos serviços prestados (La Forgia e Couttolenc, 2008, e Medici e Murray, 2010).

Segundo Medici e Murray (2010):

"Os melhores resultados alcançados nos hospitais sob o regime de OS podem ser atribuídos a várias características desse modelo. Eles têm mais autonomia na seleção e na contratação de seus gerentes, na alocação e distribuição dos recursos orçamentários, na contratação e demissão de pessoal, na definição de processos de remuneração, no pagamento de incentivos associados ao desempenho e na definição dos contratos com fornecedores. Eles recebem recursos através de orçamentos globais e utilizam melhor e de forma mais flexível os processos de licitação e de gestão de contratos. Ao mesmo tempo, o modelo de OS permite melhor monitoramento e avaliação dos resultados pelo governo central, ao enviar, de forma transparente, dados eletrônicos sobre resultados vinculados às metas de saúde acordadas entre as OS e a SES."

A consolidação da experiência das OS em São Paulo tem permitido ao estado ganhar várias batalhas nos Tribunais de Justiça contra contestações judiciais sobre a validade do modelo de OS na operação dos serviços do SUS. Os resultados encontrados, por sua vez, mostram que as OS têm sido muito mais eficientes do que as instituições da administração direta tradicional.

Ao mesmo tempo, as inovações implementadas pelas OS nos processos de gestão vão sendo progressivamente introduzidas nos estabelecimentos de saúde da administração direta, permitindo que estes, através de um processo de *benchmarking*, também possam avançar na melhoria dos serviços de saúde.

Vale destacar, ainda, a experiência do município de São Paulo, que em 2006 aprovou a Lei 14.132 destinada a implantar um novo modelo de gestão de saúde baseado em PPPs. Esse modelo propõe a descentralização da gestão pública em saúde através de convênios, termos de parceria e contratos de gestão com entidades do terceiro setor (instituições filantrópicas) e organizações sociais.

As parcerias se consolidam através de instrumentos como convênios, termos de parceria e contratos de gestão, para fomentar a execução de atividades nas unidades de saúde municipais. Mediante esses instrumentos legais, o poder público concede o uso dos serviços a entidades privadas ou filantrópicas e repassa recursos para a sua operação. Em contrapartida, acompanha, monitora e avalia, de forma permanente, a execução desses serviços, de acordo com metas pactuadas de cobertura, qualidade e satisfação dos usuários do SUS (ver Quadro 2).

Outros avanços também se fazem destacar em estados como a Bahia, quando em julho de 2010 foi assinada a primeira Parceria Público-Privada em Saúde, destinada à finalização das obras e operação do Hospital do Subúrbio em Salvador. Os investimentos foram financiados por empréstimos que contaram com a participação da Corporação Internacional de Financiamento (IFC) do Banco Mundial. O consórcio formado pelas empresas Promédica (baiana) e Dalkia (francesa) venceu a licitação para administrar o Hospital do Subúrbio. O hospital foi inaugurado em julho de 2010 e conta com 298 leitos e capacidade para 10.500 atendimentos de urgência por mês. Atende a uma clientela exclusiva do SUS e receberá recursos do Governo do estado superiores a R$1 bilhão durante os dez anos de vigência do contrato. Os pagamentos são vinculados ao cumprimento de metas de resultados qualitativos e metas quantitativas de atendimento, e a gestão do hospital é submetida a auditorias independentes durante os dez anos de vigência do contrato.

QUADRO 2

Combatendo a falta de autonomia e melhorando a gestão das instituições de saúde no município de São Paulo

Em 2010, o município de São Paulo já apresentava cinco serviços de diagnóstico gerenciados por contratos de gestão com duas OS; seis hospitais gerenciados também sob o regime de OS, 15 pronto-socorros municipais contratualizados com sete OS e aproximadamente 310 unidades básicas de saúde sob o regime de contrato de gestão. Com isso se estima que cerca de metade da população do município de São Paulo já se encontra servida por instituições com esse novo modelo gerencial baseado em contratos de gestão.

Para coroar esse processo, cerca de 10 das 23 microrregiões de saúde do município foram também contratualizadas com sete OS para a gestão da totalidade de suas redes de saúde. O processo de contratualização de redes de saúde estabelece novos horizontes para a gestão dos serviços de saúde que merecem ser avaliados cuidadosamente para que, gerando bons resultados, possam ser expandidos como modelo para outras áreas do próprio município e para outras regiões do país.

A área hospitalar do município de São Paulo pode atualmente ser dividida em duas categorias: 12 autarquias hospitalares municipais (AHM), que correspondem aos hospitais da administração direta, e seis hospitais contratados sob o regime de OS. Mesmo nas AHM, o município tem implementado uma política de terceirizar serviços de apoio logístico hospitalar, como são os de manutenção, limpeza, vigilância, zeladoria e outros. Os serviços clínicos continuam sendo de execução direta do município.

A Secretaria Municipal de Saúde também está expandindo seu parque hospitalar, construindo quatro novos hospitais que se estruturarão sob o regime de parceiras público-privadas (PPPs), desde a construção até a operação. Estes quatro novos hospitais vão gerar 600 leitos adicionais. Outros 600 leitos serão criados através de processos de modernização dos hospitais sob o regime de AHM. As PPPs também se estenderiam à construção de mais quatro centros de diagnóstico por imagem. As PPPs seriam utilizadas tanto para a construção como para a exploração dos serviços de apoio logístico nessas novas unidades, e a gestão clínica dos serviços seria realizada através do modelo de OS.

Os processos de contratualização realizados pelo estado da Bahia também foram enriquecidos com a experiência da Fundação Estatal de Saúde da Família da Bahia (FESF), ao introduzir incentivos financeiros vinculados ao alcance de metas fixadas e o pagamento às equipes de incentivos financeiros associados ao desempenho.

Em que pese esse amplo conjunto de inovações na gestão, boa parte das unidades de saúde no Brasil continua sob administração direta do setor público. Vale destacar, no entanto, que, apesar das limitações do Governo Federal na implementação do SUS nos anos recentes, muitos estados melhoraram seus sistemas de prestação de serviços e avançaram na implementação do SUS.

2.3 A IMPLANTAÇÃO DO SUS A PARTIR DE 2003

Em que pesem a todos os avanços descritos no âmbito dos processos de descentralização e autonomia de gestão capitaneados pelos estados, o Governo Federal, a partir de 2003, começou a reduzir o ritmo de inovações associadas à busca de soluções para cumprir os preceitos constitucionais de universalização, equidade e qualidade na saúde. Algumas das inovações introduzidas entre 1994 e 2002 foram descontinuadas, como é o caso do processo de regionalização iniciado pela NOAS e a implementação do Cartão SUS.

No primeiro caso, entre 2003 e 2006, o Ministério da Saúde interrompeu a implementação da NOAS e restabeleceu os incentivos para que a gestão das políticas de saúde continuasse sob a hegemonia municipal. Somente a partir de fins de 2006 se restabeleceram os processos de regionalização, baseados em pactos de saúde entre distintas esferas de Governo,[10] mas a implementação desses processos, a qual seria baseada na conformação de redes de saúde, ainda não está totalmente estabelecida.[11]

No caso do cartão SUS, o Ministério de Saúde desativou a experiência a partir do primeiro semestre de 2003, com a transferência para outros Ministérios de dois coordenadores que exerciam papel-chave no projeto e a decisão de interromper o processo para que fosse utilizado software livre em vez de sistemas proprietários, que, por ironia já haviam sido pagos pelo Governo. Somente ao final de 2006, o então Ministro da Saúde José Saraiva Felipe resolve ressuscitar o projeto, retomando a relação entre estados e municípios, com o apoio do Governo Federal, para a continuidade do projeto do Cartão SUS de forma descentralizada.

Dois fatores têm feito esse processo avançar lentamente: o primeiro é a falta de investimentos em informatização dos serviços de saúde na ponta de linha. O segundo é a inexistência de câmaras de compensação financeira pelos serviços prestados entre as distintas esferas de governo (federal, estadual e municipal), o que desincentiva a implantação do cartão como forma de compensar os serviços municipais ou estaduais de saúde por pacientes que venham de outros municípios, de outros estados ou, caso tenham planos de saúde, do setor privado.

---

[10] Essas diretrizes são compostas por um conjunto de portarias do MS formuladas a patir de fevereiro de 2006. Entre elas estão a GM-MS 399, que divulga os Pactos pela Saúde; a 699, que regulamenta as diretrizes operacionais dos Pactos pela Vida e de Gestão; a 3085, que regulamenta o sistema de planejamento do SUS; a 3332, que aprova as orientações gerais relativas aos instrumentos de planejamento, e a 204 de 2007, que regulamenta as transferências de recursos federais para ações de saúde sob a forma de blocos de financiamento.

[11] Entre a formulação dos Pactos de Saúde em 2006 e a presente data, novos temas começaram a surgir no contexto do Ministério da Saúde, trazendo de volta a discussão relacionada às Redes de Saúde. Dentre eles cabe destacar: (a) a criação do Departamento de Articulação de Redes Assistenciais (DARA) da Secretaria de Ações de Saúde (SAS) do Ministério da Saúde (MS); (b) a aprovação do Projeto QUALISUS-REDE pelo Ministério e seu financiamento pelo Banco Mundial; e (c) a organização de redes de saúde como política prioritária de alguns estados, como Minas Gerais e São Paulo.

Além disso, a partir de 2003, o Ministério da Saúde duplicou o número de Secretarias Institucionais, gerando uma descoordenação em seus processos internos que acabou afetando a gestão dos programas prioritários que vinham avançando rapidamente nos anos anteriores, como é o caso do Programa de Saúde da Família, que será discutido em seguida.

2.4 A TRAJETÓRIA DO PROGRAMA DE SAÚDE DA FAMÍLIA (PSF)

Dado que a atenção básica é a porta de entrada de qualquer sistema de saúde, o PSF deveria ser o principal pilar de expansão da cobertura de saúde básica no Brasil. Conjuntamente com o Programa de Agentes Comunitários de Saúde (PACS), ele oferece um conjunto de serviços essenciais que pode ser monitorado, através dos indicadores levantados pelo próprio Ministério da Saúde junto aos estados.

Esses indicadores medem, entre outros serviços incluídos, o número de consultas pré-natal, consultas por habitante nas especialidades básicas, taxas de mortalidade infantil, exames preventivos de câncer de colo de útero entre mulheres em idade fértil, proporção de óbitos entre mulheres em idade fértil, internações por AVC, incidência de diabetes, cobertura de primeira consulta odontológica, taxa de mortalidade materna, baixo peso ao nascer, internações por infecções respiratórias agudas e por diarreia aguda, mortalidade neonatal tardia, proporção de partos cesarianos e internação por insuficiência cardíaca congestiva. Os parâmetros do PSF permitem avaliar se efetivamente as equipes estão ou não cobrindo o que se propõe contratualmente a cobrir. Em síntese, as equipes do PSF ampliam ações básicas e medidas de promoção e prevenção, visando à melhoria da saúde.

Entre 1994 e 2002, as coberturas do PACS e do PSF se expandiram a taxas anuais de 25% e 73%, respectivamente. Esses programas aumentaram sua cobertura de 10% para 53% e de quase nada para 34% da população brasileira, respectivamente. Nesse período, a taxa de mortalidade infantil caiu de 34 para 19 por mil nascidos vivos. Havia a esperança de que o país estava a passos firmes no caminho de aumentar a equidade em saúde e que, antes de 2010, com esse ritmo, todos os pobres estariam cobertos pelos programas de atenção básica. Tudo isso ocorria em meio a um crescimento econômico não muito intenso, em função da situação desfavorável da América Latina na economia mundial.

É inegável o efeito positivo que o PSF tem tido entre as populações mais pobres. Estudos e análises econométricos, como os de Reis (2009), mostram o efeito positivo do PSF na saúde dos menores de 1 ano em virtude de um maior número de consultas pré-natal, quando se comparam populações cobertas e não cobertas pelo programa.

Outros estudos como os de Rocha (2008) mostram também impactos importantes do PSF na redução da mortalidade em várias faixas etárias e na redução da fecundidade, quando se comparam populações cobertas e não cobertas. Seguramente o PSF tem tido impacto na cobertura de consultas pré-natal, cujo número aumentou de 9,8 para 18,2 milhões entre 2003 e 2008; na cobertura de consultas de planejamento familiar, que aumentou de 30,2 milhões para 34,5 milhões no mesmo período, e na redução das taxas de mortalidade materna dos filiados ao programa que, embora elevadas, se reduziram de 52,1 para 50,3 mortes maternas por 100 mil nascidos vivos entre 2003 e 2007.

Entretanto, a ausência ou deficiência das redes de saúde com sólidos processos de referência e contrarreferência de pacientes nos distintos níveis de hierarquia da rede dificultam a resolutividade final do programa. Tanto o PACS como o PSF não têm crescido muito rapidamente nos últimos anos.

O Gráfico 3, construído com base nos dados do Departamento de Atenção Básica do Ministério da Saúde (DAB-MS), mostra a cobertura formal (não necessariamente efetiva) da população pelo PACS e pelo PSF entre 2002 e 2009. Pode-se verificar claramente que desde 2005 a cobertura formal do PACS estagnou em torno de 60% e a cobertura do PSF também não tem aumentado muito desde 2006, alcançando pouco mais da metade da população brasileira em 2009. O baixo crescimento da cobertura nos últimos anos tem sido associado, em grande medida, às dificuldades inerentes em atender a populações isoladas, rurais, em áreas remotas, para onde dificilmente existem condições de deslocar médicos e outros profissionais de saúde. No entanto, o Governo poderia estar buscando soluções mais ativas para esses problemas. O repertório dessas soluções passa desde incentivos financeiros para a atração de médicos até a criação de um serviço civil obrigatório que permita aos jovens profissionais de saúde dedicar os primeiros anos de sua vida de trabalho à causa das regiões mais carentes.

GRÁFICO 3

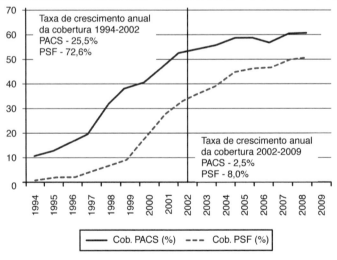

Fonte: DATASUS, Ministério da Saúde.

O PACS, que beneficia os municípios mais pobres, os quais em geral não têm disponibilidade de médicos, expandiu sua cobertura mais lentamente a partir de 2002. O PSF, por sua vez, também reduziu o ritmo de expansão de sua cobertura a partir de 2006, dadas as limitações estruturais dos municípios desassistidos em cumprir os requisitos do programa, tais como a dificuldade de fixar médicos e de cumprir os requisitos mínimos para receber recursos associados a esses programas. A falta de uma política de assistência aos municípios para que estes se qualifiquem para receber os recursos também tem sido um fator impeditivo da expansão dos programas de atenção básica.

A evolução lenta da cobertura do PACS e do PSF pode ter reduzido o ritmo da melhoria dos resultados das políticas de saúde a partir de 2002. Vejamos o que se passou com a mortalidade infantil. Entre 1994 e 2002, as taxas de mortalidade infantil — um dos Objetivos de Desenvolvimento do Milênio — baixaram de 34 para 19 por mil nascidos vivos (uma redução de 8% ao ano). Entre 2002 e 2008, elas se reduziram de 19 para 15 por mil nascidos vivos (4% ao ano).

Comparando-se os gastos *per capita* em saúde no Brasil e os resultados em mortalidade infantil, com base nas estatísticas da Organização Pan-Americana de Saúde (OPAS) e da Organização Mundial de Saúde (OMS), verifica-se que em países com gastos *per capita* em saúde similares ao Brasil, como Chile, Costa Rica, México e Cuba, as taxas de mortalidade infantil são substancialmente menores, como demonstra o Gráfico 4.

GRÁFICO 4

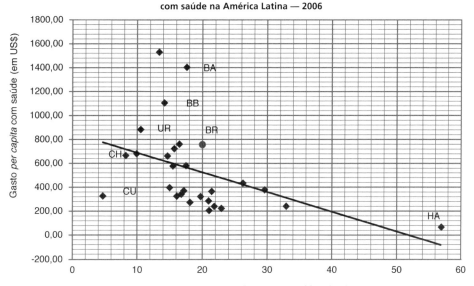

Por outro lado, as taxas de mortalidade materna — outro Objetivo de Desenvolvimento do Milênio —, de acordo com os dados oficiais do Ministério da Saúde, aumentaram de 75,9 para 77,2 por 100 mil nascidos vivos entre 2002 e 2006, demonstrando que mais esforços deveriam ser feitos nessa área.[12]

---

[12] Mesmo que os dados possam estar associados a um melhor registro das estatísticas de mortalidade materna pode-se dizer que essa é uma área em que os progressos têm sido muito lentos na média nacional, embora alguns estados, como Minas Gerais, tenham tido melhoria específica no indicador em função de programas de saúde materno-infantil, como a Rede Viva-Vida.

O rápido declínio da fecundidade no Brasil tem gerado um processo progressivo de envelhecimento da população brasileira. Nesse sentido, aumentam também as taxas de mortalidade por doenças crônicas e riscos como o diabetes e a hipertensão, associados ao envelhecimento populacional. Programas como o PSF teriam o importante papel de reduzir ou retardar a mortalidade por fatores de risco associados a doenças crônicas não degenerativas, como diabetes e infarto do miocárdio.

No entanto, os dados do DATASUS mostram que as taxas de mortalidade por enfermidades como o diabetes e o infarto do miocárdio têm aumentado entre 2002 e 2008, a despeito das rotinas de promoção e prevenção dessas doenças pelo PSF, como pode ser visto no Gráfico 5. Pode ainda ser notado que o crescimento das taxas de mortalidade associadas a esses fatores de risco tem aumentado mais intensamente nos últimos dois anos.

GRÁFICO 5

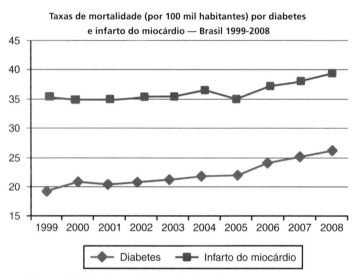

Fonte: DATASUS — Cadernos de Informação de Saúde.

3 O FINANCIAMENTO DA SAÚDE NO BRASIL

3.1 O BRASIL NO CONTEXTO INTERNACIONAL

Existe no Brasil um longo debate sobre o tema do financiamento da saúde. O diagnóstico, tanto do Governo como de economistas da saúde ligados a instituições como o IPEA, por exemplo, aponta na direção de que o Brasil, para prometer um sistema universal de saúde, tenha que ampliar em larga medida o gasto público. Assim, dedicando menos de 4% do PIB à saúde, o setor público seria incapaz, na visão de muitos, de cumprir com os requisitos necessários para financiar o sistema de saúde prometido pela Constituição de 1988.

Considerando, no entanto, as evidências estatísticas, pode-se observar que, comparado a países com o mesmo nível de produto *per capita*, o Brasil não gasta nem muito nem pouco com saúde. Uma análise comparativa dos gastos em saúde (Gráfico 6) mostra que o Brasil gasta o esperado em saúde, de acordo com a magnitude do seu PNB *per capita*, segundo dados do Banco Mundial.

GRÁFICO 6

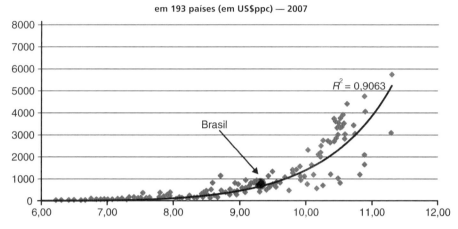

Correlação entre o Ln do PNB *per capita* e gasto *per capita* com saúde em 193 países (em US$ppc) — 2007

Fonte: Séries estatísticas do Banco Mundial.

Muitos afirmam que o setor público gasta pouco em saúde no Brasil comparado ao seu nível de renda *per capita*, mas, uma vez mais, uma comparação com as estatísticas internacionais demonstra que o Brasil segue a mesma tendência dos países com seu nível de renda, como pode ser visto no Gráfico 7.

GRÁFICO 7

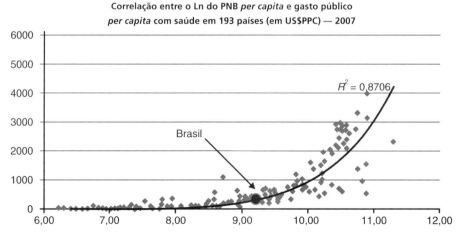

Correlação entre o Ln do PNB *per capita* e gasto público *per capita* com saúde em 193 países (em US$PPC) — 2007

Fonte: Séries estatísticas do Banco Mundial.

Também se pode dizer que os indicadores de saúde brasileiros não estão muito aquém da tendência de um país com seu nível de gasto em saúde. O Gráfico 8 mostra a correlação entre a Expectativa de Vida Saudável (HALE), que indica o número médio de anos vividos em boas condições de saúde, e o gasto *per capita* com saúde.

GRÁFICO 8

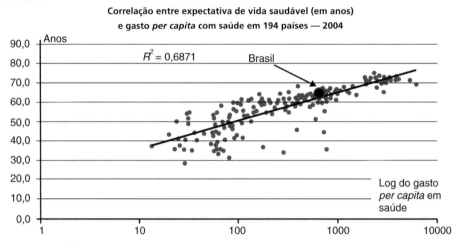

Fonte: Séries estatísticas da Organização Mundial de Saúde.

Portanto, não existem grandes discrepâncias entre o Brasil e outros países quanto à magnitude do gasto em saúde, inclusive no que se refere ao gasto público, considerando seu nível de renda *per capita*, nem com relação aos resultados alcançados com o presente nível de gasto em saúde.

No entanto, a magnitude do gasto em saúde é uma função do que o Governo promete e do que a sociedade aspira. Assim, existe um amplo sentimento, por parte de segmentos do Governo e da sociedade, de que o Brasil gasta pouco em saúde. Muitos acreditam que aumentar os recursos públicos para a saúde resolveria todos os problemas que o setor apresenta. No entanto, existem muito poucas análises sobre a eficiência do gasto em saúde no Brasil.

Dizer que o Brasil gasta pouco em saúde faria mais sentido se fosse possível garantir que os recursos existentes estão sendo gastos de forma eficiente e que, mesmo assim, as necessidades de saúde da população não estão sendo suficientemente ou adequadamente respondidas.

3.2 FONTES E USOS NO FINANCIAMENTO DO SUS

O SUS é financiado através de fontes fiscais e da seguridade social. A Constituição de 1988 definiu que o financiamento do SUS teria como base o Orçamento da Seguridade Social (OSS), custeado a partir de contribuições sociais sobre a folha de salários, sobre o faturamento e sobre o lucro líquido das empresas. No entanto, a concepção original do financiamento atrelado ao OSS nunca funcionou. Como condição prévia ao programa de estabilização trazido pelo Plano Real, parte das receitas vinculadas ao OSS foi desvinculada através do Fundo Social de Emergência (FSE), posteriormente transformado em Fundo de Estabilização Fiscal (FEF), atualmente denominado Desvinculação de Recursos da União (DRU).

Quando criado, em 1988, o OSS previa como principais fontes para o seu financiamento a contribuição sobre a folha de salários, a contribuição sobre o lucro líquido das empresas, a contribuição para o financiamento do investimento social e fontes fiscais de natureza complementar. Como o OSS financiava políticas de previdência, saúde e assistência social, uma das propostas que surgiu no início dos anos 90 foi a especialização das fontes de financiamento. Por essa proposta, a contribuição sobre a folha de salários financiaria a previdência social, a contribuição para o investimento social, a assistência, e a contribuição sobre o lucro líquido, a saúde. Na prática, essa especialização das fontes não funcionou. A supremacia do financiamento à previdência fazia com que a saúde ficasse desfinanciada. Somente em 1993, com a criação do Imposto Provisório sobre a Movimentação Financeira (IPMF), transformado em 1996 para Contribuição (CPMF), o setor saúde passou a ter uma fonte mais estável de financiamento, mesmo não sendo esta uma fonte exclusiva de receitas para o setor.

O principal resultado desse processo foi o uso exclusivo da principal fonte de financiamento do OSS — a contribuição sobre a folha de salários — para o financiamento dos benefícios previdenciários e consequentemente, o sepultamento da ideia do OSS e da própria seguridade social como conceito constitucional. Assim, na execução orçamentária, os benefícios previdenciários sempre acabaram sendo prioritários diante da necessidade de cumprir os preceitos constitucionais de financiar políticas universais como saúde.[13]

A partir de 1996, como decorrência da estabilização, os gastos federais deixaram de sofrer drásticas flutuações quanto à composição de suas fontes de financiamento, passando a CPMF a ser a principal fonte para a saúde. Em 2002, por exemplo, os gastos federais com saúde tiveram como fontes de recursos a CPMF, com 41%, a Contribuição Social Sobre o Lucro Líquido das Empresas (CSLL), com 26%, a Contribuição para o Financiamento do Investimento Social (COFINS), com 15%, e outras fontes orçamentárias, com 18%.

A extinção da CPMF em 2007 pelo Congresso Nacional, contrariando a vontade do Governo Federal, levou a um rearranjo das fontes de financiamento para a saúde nos anos mais recentes. Algumas medidas para contrabalançar as perdas financeiras, como o aumento das alíquotas do Imposto sobre Operações Financeiras e da CSLL, associadas ao desempenho econômico favorável do país, fizeram com que em 2008 os recursos para a saúde fossem superiores aos alocados em 2007, mas aparentemente o Ministério da Saúde ainda busca negociar com as autoridades econômicas a criação de uma fonte substitutiva para cobrir eventuais insuficiências estruturais no financiamento da saúde que poderiam surgir pela extinção de uma fonte parcialmente vinculada ao setor como a CPMF.

---

[13] Uma crítica mais detalhada ao processo de extinção do conceito de seguridade social pode ser encontrada em Serra e Afonso, 2007.

A Emenda Constitucional 29, aprovada pelo Congresso em 2000, aumentou a responsabilidade de estados e municípios para o financiamento da saúde, através da criação de vinculações de suas receitas para a saúde. Tal emenda se baseia no argumento de que a organização e a prestação dos serviços de saúde passaram a ser descentralizadas (isto é, de competência dos estados e municípios), mas as esferas locais de governo relutavam em destinar receitas locais ao financiamento da saúde, esperando que as transferências federais dessem conta de suas necessidades. A não regulamentação dessa emenda até o presente momento deixa o Governo Federal no limbo, no que se refere a um critério para definir quanto gastar em saúde, da mesma forma que não amarra muito o que se deve considerar como gasto de saúde no nível dos estados. De todos os modos, progressivamente o Ministério da Saúde passa a ser um órgão repassador de recursos, investimentos e incentivos para a execução das políticas de saúde das esferas locais de Governo.

As principais fontes de financiamento próprio da saúde nos estados são o Imposto sobre Circulação de Mercadorias e Serviços (ICMS) e as transferências do Fundo de Partipação dos Estados (FPE). Em 2002 elas correspondiam a 67% e 18%, respectivamente, das fontes estaduais que financiam o setor saúde. No caso dos municípios, as principais fontes de financiamento são igualmente o ICMS, o Fundo de Participação dos Municípios (FPM) e o Imposto sobre Serviços (ISS), os quais respondiam em 2002 por 41%, 30% e 12% do financiamento dos gastos municipais com saúde, respectivamente.

Como os recursos são limitados, o principal problema enfrentado pelo sistema tem sido: quem financiar e o que financiar? No início do SUS, o sistema atendia a quem chegava primeiro, mas progressivamente ficou claro que as necessidades eram maiores do que a capacidade de atendimento. A fila passou a ser a forma de controle do acesso aos serviços. Mas havia aqueles que furavam as filas por terem contatos privilegiados com a classe médica no interior do sistema.[14]

Com o passar do tempo, investimentos vultosos se realizaram, especialmente em atenção básica, e as filas foram se reduzindo, ao menos para a atenção básica. Programas como o PACS e o PSF, como já foi visto anteriormente, aumentaram a oferta, a cobertura e a qualidade da saúde e passaram a atender a uma população que anteriormente, quando muito, só tinha acesso aos leitos hospitalares em casos agudos e muitas vezes quando já era demasiado tarde.

O SUS também não tinha, ao seu início, uma definição clara do que financiar (a Constituição promulgou o acesso integral aos serviços). Mas o sistema foi progressivamente definindo ações e programas prioritários de saúde a partir de normativas internas do Ministério da Saúde, com base em necessidades epidemiológicas da população. Nesse sentido, foi delimitado um conjunto de serviços essenciais com vistas a tornar amplo seu acesso a vários segmentos da população. Assim, os recursos públicos passaram a financiar um conjunto de

---

[14] Estima-se que para as classes médias, por exemplo, era melhor contar com um médico amigo no setor público para fazer um exame mais caro e pagar um plano de saúde mais barato e com exclusões. Embora não existam estatísticas que comprovem esse fato, casos como esse foram bastante frequentes em Brasília nos anos 1990, como foi declarado ao autor pelo ex-Secretário de Saúde do Distrito Federal, Carlos Santana, em depoimento pessoal, ao buscar uma solução para esse problema no sistema público de saúde do Distrito Federal.

serviços de saúde, de forma coletivamente pactuada entre os governos federal, estadual e municipal e entre a população.

3.3 ESTIMATIVAS DA MAGNITUDE DO GASTO EM SAÚDE NO BRASIL

Estima-se que, em 2006, o gasto total com saúde no Brasil representava 8,8% do PIB,[15] valor superior ao gasto médio dos países latino-americanos, situado em 7,3%. Em termos *per capita*, isso corresponde a um gasto de US$731,00 por pessoa em dólares de 2006 segundo o critério de paridade do poder de compra.

Analisando-se a composição do gasto em saúde no Brasil, chega-se a interessantes conclusões. Primeiramente, a maior parcela dos gastos (cerca de 57%) é de gastos privados e 43% são gastos públicos. Pela ótica das contas nacionais, a distribuição do gasto entre os três principais agentes econômicos se apresenta da seguinte forma: o governo responde por 43% dos gastos com saúde, as famílias, por 30% e as empresas (incluindo as entidades filantrópicas) respondem por 27%.

O Gráfico 9 mostra que, no setor público, o Governo Federal responde pela maior parcela do gasto total (21%), seguindo-se em proporções iguais os estados e municípios (ambos com 11%). Entre as empresas e entidades filantrópicas, as empresas de medicina de grupo, as cooperativas médicas e as instituições de seguro saúde respondem cada uma por 7%. Os planos autoadministrados pelas empresas respondem por 5%, e as instituições filantrópicas por apenas 1% do gasto.

GRÁFICO 9

Distribuição dos gastos em Saúde no Brasil por unidade de gasto — 2004

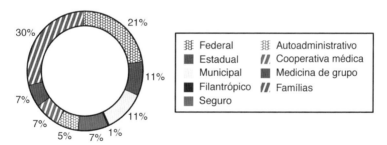

Fonte: Estimativa do autor a partir do SIOPS, ANS e IBGE — POF 2003.

O sistema de saúde brasileiro, mesmo após a criação do SUS, continua sendo um sistema fragmentado, e a maioria do gasto em saúde é privada.[16] Mas, apesar de sua fragmentação, o

---

[15] Ver World Health Statistics 2008. http://www.who.int/statistics.
[16] Há que considerar que parte do gasto privado das famílias e instituições filantrópicas se beneficia de mecanismos institucionais de renúncia fiscal. As famílias podem descontar seus gastos em saúde (inclusive de planos de saúde suplementar) do Imposto de Renda da Pessoa Física (IRPF). As empresas no Brasil não podem descontar seus planos de saúde do Imposto de Renda da Pessoa Jurídica (IRPJ). No entanto, as instituições filantrópicas são isentas de recolher tanto o IRPJ como o CSLL. Como entre as instituições filantrópicas se encontram aquelas que prestam serviços de saúde, se estima que estas, ao não pagar IRPJ, são indiretamente subsidiadas pelo gasto público. Portanto, a partir desse critério, Quadros (2000) estima que em 1997 (ano-base 1996) a renúncia fiscal em saúde foi de R$2 bilhões (R$ 0,8 bilhão no IRPJ e R$1,2 bilhão no IRPF), sem contar o que deixou de ser pago na CSLL.

país tem procurado uma maior coordenação e integração entre as ações de saúde financiadas pelo setor público, mediante um amplo e contínuo processo de descentralização, pactuação e de redefinição dos papéis das diferentes esferas do governo.

Ainda assim, persistem problemas associados à busca de uma maior integração entre os setores público e privado, os quais têm encontrado soluções que se iniciam com a regulamentação do Setor de Saúde Suplementar (Lei 9.656 de 1998) e a criação da Agência Nacional de Saúde Suplementar (Lei 9.961 de 2000). Esse é um processo ainda em curso, e demorará provavelmente muitos anos até que se promova uma real integração entre o setor público e os planos privados de saúde.

3.4 GASTOS COM PLANOS PRIVADOS DE SAÚDE NO BRASIL

Entre dezembro de 2000 e junho de 2010, o número de beneficiários dos planos de saúde suplementar no Brasil aumentou de 30,7 para 44,0 milhões de pessoas.[17] Em outras palavras, cerca de 24% da população brasileira tinha algum tipo de plano privado de saúde em 2010, e a maioria (73,2%) tinha planos coletivos, isto é, financiados ou organizados para populações fechadas de empresas. A cobertura em 2008 era bastante desigual no nível regional, podendo variar de menos de 5%, no caso dos estados de Roraima, Maranhão, Tocantins e Piauí, até mais de 30% da população nos estados de São Paulo e Rio de Janeiro. Algumas capitais, como Vitória, no estado do Espírito Santo, chegam a ter mais de 65% da população coberta por planos privados de saúde.

Em 2008, a maioria dos beneficiários de planos de saúde[18] inseria-se nas modalidades de medicina de grupo (16,4 milhões) e cooperativas médicas (13,8 milhões). Juntas, essas duas modalidades respondiam por quase 60% dos beneficiários de planos de saúde no Brasil. Desde 1999, quando foi regulado o setor, o mercado vem passando por uma forte concentração. O número de empresas que operam planos de saúde se reduziu de 2.639 para 1.632 entre 1999 e 2010, e a tendência é que o mercado continue se concentrando em função das exigências e garantias necessárias para assegurar uma saúde de qualidade para os clientes. Esse processo, no entanto, limita a existência de empresas operadoras em regiões e estados com populações mais dispersas, em que os requisitos de *risk-pooling* para a operação ao setor não estão dados. Estados como o Piauí tinham, em 2008, menos de 250 empresas operando no mercado de planos de saúde, enquanto São Paulo detém mais de 1.000. Mas, ao mesmo tempo, São Paulo concentrava 40% dos 44 milhões de beneficiários de planos de saúde em junho de 2010, comparados com os 0,4% que se situavam no Piauí.

Entre 2001 e 2009, a receita gerada pelas operadoras de planos de saúde aumentou de R$22,1 para R$65,5 bilhões, representando um crescimento anual de 14,5%. Isso mostra o potencial de crescimento do mercado e a magnitude dos recursos que a sociedade brasileira começa a dedicar a esse mercado.

---

[17] Esse dado exclui o conjunto de indivíduos com planos de saúde de cobertura exclusivamente odontológica, que aumentou de 2,8 para 13,6 milhões de pessoas no mesmo período.

[18] Incluindo os planos exclusivamente odontológicos.

Com isso, pode dizer-se que parte crescente da renda das famílias tem se dedicado progressivamente a planos de saúde. Segundo dados das Pesquisas de Orçamentos Familiares (POF) do IBGE os gastos com planos de saúde passaram de 28,2% para 28,8% dos gastos com saúde das famílias entre 2002 e 2009, quando a mesma pesquisa em 1988 mostrava uma participação de apenas 11,8%. Depois de medicamentos, os gastos com planos de saúde eram o maior gasto com saúde das famílias brasileiras em 2009. A penetração dos planos de saúde ocorria até mesmo em famílias de baixa renda, dado que os gastos com esses planos representavam em média 5% dos gastos em saúde nos orçamentos das famílias com menos de R$830 de renda mensal, comparados com 43% nas famílias com renda superior a R$10.375 mensais em 2009.

GRÁFICO 10

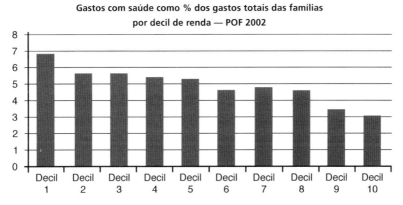

Fonte: IBGE, Pesquisa de Orçamentos Familiares (POF), 2002.

Mesmo com um sistema gratuito e universal como o SUS, as famílias brasileiras pobres gastam mais com saúde, em termos relativos, do que as famílias mais ricas. Os dados da POF de 2002, expressos no Gráfico 10, revelam essa desigualdade. Os 10% mais pobres gastavam quase 7% de sua renda com saúde, enquanto os 10% mais ricos mal gastavam 3%. Essa situação reflete uma desigualdade no gasto com saúde em prejuízo dos mais pobres que progressivamente vem sendo resolvida, na medida em que aumenta o acesso gratuito dos mais pobres a programas como o PSF, o que poderia levar a redução dos gastos dos mais pobres com saúde.

Essa mesma insuficiência se reflete na natureza dos gastos dos mais pobres, os quais se concentram na compra de medicamentos, na medida em que a política de medicamentos do SUS ainda tem um longo caminho pela frente para gerar maior acesso gratuito a esses bens. Cerca de 80% dos gastos com saúde dos 10% mais pobres foram consumidos com medicamentos, enquanto entre os 10% mais ricos esse percentual foi de 40%. Os mais ricos concentram seus gastos em itens como planos de saúde, cobertura odontológica e outros, aos quais os pobres têm pouco acesso, dado o seu elevado custo, e, portanto, não estão ainda dentro de suas prioridades orçamentárias. Os gastos com dentista entre os mais pobres não são significativos mas chegam a quase 20% dos gastos em saúde dos 10% mais ricos (ver Gráfico 11).

GRÁFICO 11

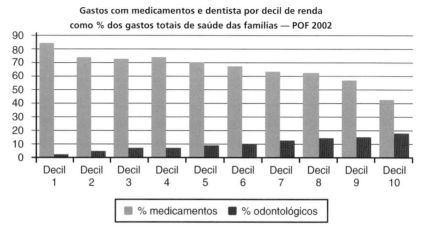

Fonte: IBGE, Pesquisa de Orçamentos Familiares (POF), 2002.

4 PROBLEMAS DE AGENDA PENDENTE EM SAÚDE

A redução no ritmo da expansão do SUS nos anos mais recentes fez com que alguns problemas que poderiam ter sido minorados no período 2002-2009 continuem sem solução ou encaminhamento. Esses problemas podem ser organizados em três blocos:
 a) Problemas de cobertura e qualidade dos serviços;
 b) Problemas de organização e eficiência dos serviços; e
 c) Problemas legais, de governança e de regulação do sistema.

4.1 PROBLEMAS DE COBERTURA, QUALIDADE E RESOLUTIVIDADE DOS SERVIÇOS

4.1.1 Cobertura

Os problemas de cobertura de saúde no Brasil se expressam em distintas situações já mencionadas, tais como a insuficiência dos programas de promoção e prevenção de saúde, coberturas desiguais e incompletas, deficiências no acesso a políticas de promoção, prevenção e serviços, tais como consultas, internações, exames e medicamentos; problemas de equidade que se colocam no acesso aos serviços; e problemas associados à qualidade e à resolutividade dos serviços (isto é, saber se o problema de saúde apresentado pelo indivíduo foi resolvido ao ser atendido pelo sistema de saúde) e insegurança dos pacientes.

Deve-se agregar o rápido processo de transição demográfica no Brasil que levará a um acelerado envelhecimento da população. Alguns demógrafos apontam que no Brasil o processo de transição demográfica avançou em 20 anos o que a Europa levou 150 anos. Os impactos do envelhecimento no aumento das condições crônicas levarão o país a aumentar consideravelmente os gastos com saúde nas próximas décadas. O Gráfico 12, baseado na PNAD 1998, mostra como o peso das doenças crônicas — as que mais demandam recursos do sistema de saúde — aumenta com a idade.

Para ilustrar as deficiências nos temas de acesso e equidade, alguns dados recentes são bem esclarecedores e indicam que a melhoria do acesso e equidade ainda são um tópico relevante na agenda pendente de saúde. De acordo com normas internacionais,[19] espera-se que toda pessoa realize, pelo menos, uma consulta médica anual para efeitos preventivos, sem contar as consultas médicas necessárias para efeitos terapêuticos, quando é o caso. Mas, de acordo com os dados da PNAD 2008, quase 1/3 da população brasileira (32%) não realizou nenhuma consulta nos últimos 12 meses.

GRÁFICO 12

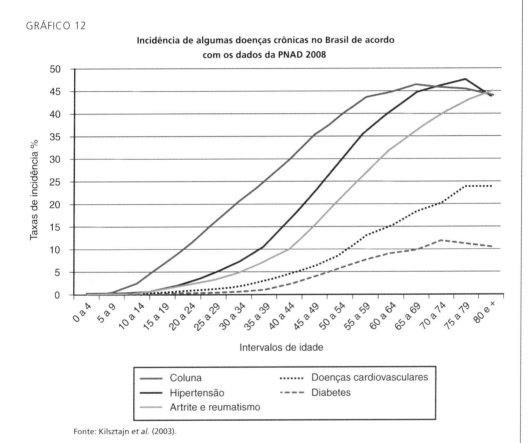

Fonte: Kilsztajn et al. (2003).

Entre os grupos de menor renda (sem rendimentos e menos de um salário-mínimo domiciliar *per capita*), esse percentual atinge 42%, enquanto entre os grupos de renda mais

---

[19] Inter-Agency Standing Committee, *Global Health Cluster Suggested Set of Core Indicators and Benchmarks by Category*, December 2009.

elevada (mais de 5 salários-mínimos de renda domiciliar *per capita*) ele é de somente 18%. Considerando que, pela PNAD 2008, as pessoas com menor renda são aquelas que se autoavaliam com mais frequência em estado de saúde ruim ou péssimo, existe uma correlação direta entre mau estado de saúde e a não realização de consultas médicas, ordenada de acordo com o nível de renda, como pode ser observado no Gráfico 13.

Os dados da PNAD 2008 também revelam que nas duas últimas semanas anteriores à pesquisa 33,9 milhões de pessoas manifestaram problemas ou necessidades de uso dos serviços de saúde. Dessas, 81% procuraram os serviços de saúde e foram atendidas; 2% procuraram os serviços de saúde e não foram atendidas, e 17% não procuraram os serviços de saúde por fatores restritivos tais como falta de dinheiro, local distante para o atendimento, transporte difícil, horário incompatível ou atendimento muito demorado. A proporção de pessoas que não foram atendidas ao procurar os serviços de saúde variou entre 1% no Rio Grande do Sul e 5% no Ceará, para uma média nacional de 2,5%.

GRÁFICO 13

Brasil: Correlação entre o % da população com estado de saúde ruim ou péssimo e o % da população que não consultou médico por nível de renda familiar *per capita* em salários-mínimos

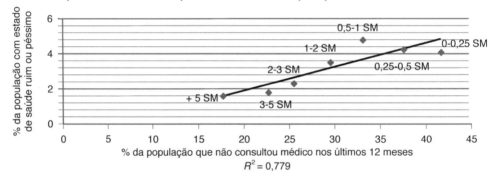

Fonte: IBGE, PNAD 2008.

Em outras palavras, supondo que cada pessoa nessas duas semanas somente procurou os serviços uma vez, pode-se dizer que em 2008 quase um quinto dos brasileiros não estava coberto horizontalmente de fato pelos serviços de saúde. Isso revela problemas de logística e deficiências na qualidade do atendimento e na gestão. Problemas como esses poderiam ser resolvidos, possibilitando o acesso dos que não foram atendidos ou dos que desistiram de procurar os serviços por demoras no atendimento. Entre as medidas estaria organizar ou prover recursos para o transporte de pacientes e aumentar o horário de funcionamento das unidades de saúde.

A cobertura em saúde não é um fato abstrato. Ela deve estar referida ao acesso concreto a um determinado conjunto de serviços que devem ser realizados, monitorados e avaliados. Nesse sentido, a definição utilizada de cobertura, com base em pesquisas domiciliares, avaliando o tempo necessário para chegar do domicílio aos serviços de saúde, e que considera pessoas cobertas como aquelas que residem a pelo menos uma hora desses serviços, faz pouco sentido.

Em geral não se sabe que serviços estão cobertos por essas unidades; se elas dispõem de medicamentos; de pessoal qualificado e equipamento para atender pelo menos as especialidades básicas ambulatoriais; se funcionam continuamente (24 horas por dia) e se chegando lá as pessoas serão atendidas. Considerar que o tempo ou distância necessária para alcançar uma unidade de saúde é sinônimo de cobertura, sem conhecer a disponibilidade de atendimento e a capacidade resolutiva dessa unidade, não diz muito sobre a realidade.

4.1.2 Qualidade

No que se refere aos temas de qualidade, poder-se-ia dizer que boa parte dos serviços de saúde no Brasil não tem níveis de acreditação aceitáveis[20] e a maioria dos estabelecimentos de saúde no Brasil não se encontra associada a programas de acreditação voluntária de estabelecimentos de saúde.

Os primeiros esforços de acreditação hospitalar no Brasil se originaram no setor público, dado ser este o principal financiador de hospitais no país. Nos anos 1970, com o objetivo de classificar os hospitais quanto à qualidade para efeitos de pagamento diferenciado, o então Instituto Nacional da Previdência Social (INPS) estabeleceu Regras de Classificação Hospitalar (RECLAR). Essa primeira ideia de avaliação e classificação hospitalar se mostrou instável e foi abandonada, sendo retomada somente no final dos anos 1990, quando o Ministério da Saúde criou o "Programa de Garantia e Aprimoramento da Qualidade em Saúde". Desse fato se desdobram: a criação do "Programa de Avaliação e Certificação de Qualidade em Saúde — PACQS", da Organização Nacional de Acreditação — ONA, e do Consórcio Brasileiro de Acreditação — CBA, este último filiado à Joint Commission International (JCI), a maior instituição norte-americana de acreditação de estabelecimentos de saúde.

As duas instituições nacionais — ONA e CBA — competem pelo mercado nacional de aferição da qualidade hospitalar. A ONA foi criada por um incentivo do Ministério da Saúde, o qual se consubstanciou na emissão da Portaria n.º 538, de 17 de abril de 2001. Por essa Portaria, a ONA foi considerada "instituição competente e autorizada a operacionalizar o desenvolvimento do processo de acreditação hospitalar no Brasil".

Esse processo foi cristalizado quando no mesmo ano o Ministério publicou o *Manual Brasileiro de Acreditação Hospitalar - 3ª Edição*. (Portaria n.º 1.970, de 25 de outubro de 2001), o qual foi elaborado pela ONA. O processo de acreditação de hospitais através dos critérios da ONA se define em três níveis.

No primeiro nível (estrutura) se busca garantir: (a) a segurança do estabelecimento, através de instalações físicas, sanitárias e equipamentos que não envolvam riscos a pacientes e profissionais de saúde; (b) a qualificação mínima adequada dos recursos humanos; e (c) a infraestrutura física necessária para assegurar que os serviços executados sejam prestados de forma condizente com a missão institucional.

---

[20] Acreditação é o processo pelo qual uma instituição (no caso de saúde) é avaliada por um organismo acreditador que lhe dá um selo de garantia de qualidade relacionado à qualidade de sua infraestrutura, de seus recursos humanos e de seu processo gerencial, garantindo com isso padrões adequados que permitem a essa instituição prover serviços de qualidade.

No segundo nível (processos) se procura aferir: (a) normas, rotinas e procedimentos documentados, disponíveis e atualizados; (b) estratégias para a melhoria dos processos e protocolos de atenção; e (c) evidência de um modelo organizacional voltado à satisfação do usuário.

No terceiro nível (resultados), se procura avaliar a qualidade da gestão através: (a) da evidência de ciclos de melhoria dos processos, com resultados positivos na estrutura de toda a organização; (b) da existência de sistemas de informação institucional consistentes, baseados em indicadores operacionais, econômico-financeiros contábeis e de qualidade dos processos e produtos que levem o hospital a avaliar o resultado de suas estratégias; e (c) de sistemas de verificação da satisfação do usuário e evidências formais baseadas em *benchmarking* e na avaliação externa de que a estratégia implantada tem impacto na melhoria da qualidade e produtividade.

O processo de acreditação do CBA segue os protocolos, guias e estândares estabelecidos pela JCI, os quais inicialmente eram mais rígidos e não se dividiam em estágios. Atualmente, a JCI tem flexibilizado suas regras buscando processos em que os estândares possam ser alcançados progressivamente através de níveis intermediários de acreditação.

No início da presente década, o Ministério da Saúde e a ANVISA tiveram uma relação bastante estreita com a ONA, realizando convênios para o repasse de recursos financeiros para que essa instituição desencadeasse o mercado de acreditação hospitalar no Brasil e orientasse outras instituições para serem acreditadoras utilizando a metodologia desenvolvida pela própria ONA.

As próprias normas de licenciamento hospitalar estabelecidas pela ANVISA nada mais são do que uma reinterpretação no primeiro nível de acreditação da ONA, que trata basicamente de condições de infraestrutura e equipamento das unidades de saúde. Recentemente o Ministério da Saúde revogou a Portaria 538, que assegurava à ONA o caráter de instituição única de acreditação aceita pelo Ministério da Saúde, fazendo com que a ONA e o CBA possam competir no mercado brasileiro de acreditação, inclusive nos estabelecimentos públicos, em igualdade de condições.

Desde sua criação até a primeira metade de 2010, a ONA já acreditou 232 entidades no Brasil, incluindo hospitais, laboratórios, bancos de sangue, clínicas, ambulatórios e centros cirúrgicos. Sua forte relação com o processo de acreditação de estabelecimentos públicos e privados de saúde em São Paulo estabeleceu para ela uma vantagem comparativa no estado onde o número de hospitais é maior. Já o CBA acreditou um número menor de organizações de saúde com maior concentração no estado do Rio de Janeiro. No entanto, o número de estabelecimentos de saúde até hoje acreditados não chega sequer a 5% do total de hospitais e instituições de saúde no país. Há portanto, um grande e promissor mercado pela frente para que se possa aumentar a qualidade institucional das organizações de saúde no país.

4.1.3 Resolutividade

Com relação ao tema da resolutividade dos serviços de saúde, destaca-se que existem muito poucos dados no Brasil que permitam apontar se a utilização dos serviços (consultas ou internação) resolveu ou não o problema de saúde do indivíduo. Dentre essas pesquisas destaca-se a PCV (Pesquisa de Condições de Vida), realizada pela Fundação SEADE no estado de São Paulo. Ela já foi realizada em 1990, 1994, 1998 e 2006.[21] Essa pesquisa perguntava ao indivíduo atendido em um serviço de saúde sobre a qualidade desse atendimento e se o seu problema de saúde havia sido resolvido.

Os resultados da pesquisa de 1998 indicavam que 80% dos indivíduos consideraram que o tratamento recebido contribuiu, de alguma forma, para a melhoria de sua saúde, ainda que parcialmente. Os indivíduos pertencentes aos quintis de renda mais elevados consideravam que o tratamento recebido foi mais decisivo na melhora do seu quadro clínico, o que pode estar refletindo o maior nível educacional dessas pessoas.[22] Além desse fator, duas variáveis importantes para avaliar a qualidade do atendimento são: (a) o tempo para marcação de consulta, variável que poderia ser usada como uma "*proxy*" para a qualidade de atendimento; e (b) o tempo de espera para o atendimento na fila de espera de um consultório. No estado de São Paulo, segundo os dados da PCV — 2006, 76,8% das pessoas tiveram consultas marcadas para serem realizadas em menos de um mês. No caso do tempo de espera, os 20% mais ricos demoraram 31 minutos para serem atendidos, enquanto os 20% mais pobres demoraram 77 minutos, considerada uma média de 56 minutos para todas as pessoas que procuraram serviços de saúde. Dados dessa natureza, no entanto, não estão disponíveis para a totalidade do país.

4.2 PROBLEMAS DE ORGANIZAÇÃO E EFICIÊNCIA DOS SERVIÇOS DE SAÚDE

Os principais problemas que levam à ineficiência da rede de serviços de saúde no Brasil repousam na desarticulação entre os distintos níveis de complexidade da rede de serviços (atenção primária, secundária e terciária), na ausência de uma política de recursos humanos consistente (desqualificação de pessoal de nível médio, desbalanceamento na composição interna das equipes de saúde e distribuição inadequada de profissionais), na falta de uma gestão adequada de custos dos insumos, materiais e medicamentos e na falta de autonomia dos gestores dos serviços de saúde para resolver esses problemas enumerados.

Recente estudo do Banco Mundial (La Forgia e Coutollenc, 2008) apresenta uma série de evidências relacionadas aos problemas de eficiência no setor saúde no Brasil, cabendo destacar:

a) **Problemas de escala:** mais da metade dos hospitais brasileiros tem porte muito pequeno (menos de 50 leitos) para funcionar de forma eficiente. Esses hospitais em geral têm taxas de ocupação muito baixas, grande ociosidade e não têm financiamento adequado, estando seu faturamento próximo aos custos fixos. Embora exista uma tendência ao fechamento dos pequenos hospitais privados por questões de mercado, o setor público tem adotado desde os anos 1990 uma política de investimentos em pequenos hospitais para cumprir promessas eleitorais, sem uma forte preocupação com sua eficiência e viabilidade financeira.

---

[21] O autor agradece a informação recente sobre a PCV e a contribuição sobre o tema da resolutividade trazida por Antonio Carlos Coelho Campino em seminário na Casa das Garças, em junho de 2010.

[22] Cf. Dias e Campino, 2000.

b) **Falta de padronização das práticas médicas:** A gestão clínica pouco uso tem feito de protocolos de tratamento, o que contribui para grandes variações nos procedimentos utilizados para diagnósticos iguais, dificultando o controle dos custos e levando à baixa qualidade no atendimento.

c) **Hospitalocentrismo:** Ainda que tenha havido um crescimento das políticas de atenção primária nos últimos anos, o sistema de saúde no Brasil é bem mais dependente da atenção hospitalar. Cerca de 30% das internações hospitalares poderiam ser evitadas com seu tratamento em ambulatório. As emergências são frequentemente utilizadas como porta de entrada para tratamentos simples pela falta de unidades de atenção primária disponíveis durante todo o dia.

A maioria dos municípios no Brasil não tem utilizado os serviços de atenção básica como porta de entrada da rede de serviços. Não existem sistemas adequados de regulação da rede com mecanismos de referência e contrarreferência para o encaminhamento dos pacientes aos serviços de maior complexidade. Não se dispõe de registros médicos eletrônicos para os pacientes que permitam avaliar sua história clínica como base para tratamentos mais adequados. Tudo isso dificulta os tratamentos, as prescrições e a solução dos problemas de saúde.

Os problemas na área de organização e eficiência dos serviços passam ainda por questões tais como a falta de autonomia para uma gestão adequada das instituições de saúde, a corrupção e a falta de transparência no setor e o crescimento da judicialização da saúde em decorrência da indefinição prática do conceito de integralidade em saúde.

Esses temas têm criado nos últimos anos problemas legais e falta de governabilidade nas três esferas públicas, gerando a necessidade de aprimorar a regulação da provisão dos serviços, que está debilitada pela falta de complexos reguladores da prestação de serviços, pela deficiência na articulação de redes de serviços entre os entes federados e pela ineficiência das instituições na gestão do sistema público de saúde.

4.2.1 A Falta de Autonomia das Instituições de Saúde

A Constituição de 1988 trouxe um retrocesso nos temas de organização administrativa do Estado. A partir dela, a contratação de pessoal para os serviços públicos de saúde passou da CLT ao Regime Jurídico Único. Os gestores de saúde tiveram que se submeter à utilização de demorados processos de compras públicas. A rigidez nas relações contratuais dificultou a relação com outros prestadores de serviços de saúde que poderia ser terceirizada em áreas como as de apoio logístico e apoio diagnóstico e terapêutico.

No entanto, como discutido na seção 2 deste artigo, ocorreram grandes inovações nos processos de gestão em saúde no período 1994-2002. Entre elas destacam-se a instituição das OSIP, OS e a possibilidade de parcerias público-privadas (PPP), como mecanismos legais para recuperar e restabelecer a autonomia de gestão dos estabelecimentos de saúde perdidas com a Constituição de 1988. Esses processos, como discutido, têm avançado recentemente nos estados e municípios. No entanto, tanto o Legislativo como o Judiciário têm bloqueado, no campo jurídico, a continuidade dessas inovações e, em alguns casos, têm questionado até mesmo a constitucionalidade das instituições autônomas como as OS.

A Constituição brasileira, no parágrafo único de seu artigo 199, definiu que "*as instituições privadas poderão participar de forma complementar no sistema único de saúde, segundo diretrizes deste, mediante contrato de direito público ou convênio, tendo preferência as entidades filantrópicas e as sem fins lucrativos.*" Muitos juristas interpretam esse artigo como uma autorização à existência de PPPs na gestão de serviços de saúde de responsabilidade do Estado. Sob essa perspectiva, as OS estariam na legalidade. Portanto, boa parte das ações judiciais contra as OS, apresentadas por Sindicatos de Profissionais de Saúde e até mesmo por Conselhos de Saúde, não teria fundamentação jurídica.

Mesmo assim, propostas inovadoras para a gestão de estabelecimentos públicos de saúde, como o projeto das *Fundações Estatais de Direito Privado*, em que pesem os esforços do Ministério da Saúde para sua aprovação, têm sido questionadas e foram suspensas, paralisando um grande número de inovações na gestão de estabelecimentos de saúde. Hospitais federais, como os especializados do Ministério da Saúde (INCA, INTO etc.), e os Hospitais Universitários são claros exemplos de instituições que seriam mais eficientes se tivessem maior autonomia de gestão.

Portanto, em que pesem os progressos alcançados nos níveis estaduais e municipais na implementação de formas autônomas de gestão hospitalar (como as OS), a maioria dos estabelecimentos públicos de saúde no Brasil não consegue avançar na melhoria dos processos de gestão. Não têm autonomia para gerir adequadamente seu orçamento. Não podem comprar bens e serviços de uma forma eficiente e expedita, nem contratar e demitir pessoal de acordo com suas necessidades institucionais, as quais estão em constante mutação para responder a uma demanda cada vez mais dinâmica e diferenciada.

4.2.2 Corrupção e Falta de Transparência

Nos últimos anos, o SUS tem tido inúmeros casos de corrupção e falta de transparência no uso dos recursos públicos, sempre presentes nas manchetes dos jornais. Exemplo do mau uso dos recursos públicos são as transferências do SUS para os municípios. Desde 2003, a Advocacia Geral da União (AGU) realiza, por amostragem, auditorias detalhadas do uso dos recursos dos fundos municipais de saúde. Um estudo realizado com base nestas auditorias[23] para o período 2003-2005, baseado numa amostra de 500 municípios brasileiros com menos de 500 mil habitantes, demonstrou que 69% apresentaram alguma forma de corrupção, entendida como obtenção de privilégios pessoais , associada ao uso dos recursos federais de saúde transferidos aos municípios.

De acordo com esse estudo, maiores taxas de corrupção no uso dos recursos estavam associadas a ausência ou baixa representação dos usuários nos Conselhos Municipais de Saúde. Por outro lado, a existência de corrupção não estava diretamente relacionada com a

---

[23] Cf. Avelino e Biderman (2006).

renda do município, com a existência de orçamentos participativos ou com o tamanho da transferência de recursos federais para os municípios. No entanto, dado o emaranhado de leis, decretos, normas, portarias, emitidos continuamente sobre transferências de recursos, muitas vezes o que a AGU considera corrupção pode ser simplesmente inobservância de normas administrativas (por desconhecimento) ou descumprimento de legislação local não compatível com a legislação federal existente ou emitida. Nesse sentido, caberia separar os atos de descumprimento da legislação vigente daqueles de enriquecimento ilícito através do uso de recursos públicos, que é o que, em termos clássicos, tem sido considerado corrupção.

4.2.3 Judicialização da Saúde

No que tange ao tema da judicialização da saúde, nos últimos anos as cortes judiciais no Brasil têm interpretado o tema da integralidade do acesso à saúde de forma distinta do conceito utilizado pelo Ministério da Saúde. Para o Ministério, a integralidade deveria ser garantida por um conjunto de bens e serviços de saúde de eficácia comprovada no tratamento dos principais problemas epidemiológicos da população brasileira. Mas em grande parte das demandas judiciais o que acaba ocorrendo é a exigência de se tratar certa doença com o uso de determinado produto farmacêutico, procedimento ou terapia não incorporado pela evidência médica disponível, mesmo que o tratamento dessa doença já esteja contemplado no SUS através de alternativas terapêuticas comprovadamente mais eficazes pelos parâmetros disponíveis.

O crescimento das demandas judiciais em saúde, com base no artigo 196 da Constituição de 1988, que garante a integralidade das ações de saúde, é fenômeno conhecido como judicialização da saúde no jargão do Direito Sanitário. Ele tem sido um dos principais fatores recentes que potencializa a iniquidade financeira entre ricos e pobres no acesso ao SUS. Os fatos geradores dessa iniquidade são o caráter difuso do conceito de integralidade e a ruptura do financiamento público às prioridades epidemiológicas de saúde. A assimetria na informação e acesso aos meios jurídicos para impetrar ações contra o Estado para a cobertura ou ressarcimento de ações de saúde negadas pelos gestores públicos do SUS favorece aqueles que podem pagar advogados ou que conhecem os meandros jurídicos para levar adiante ações contra o Estado. O crescimento do processo de judicialização da saúde se baseia no artigo 196 da Constituição Federal, que considera a integralidade da saúde, independentemente de ser turbinada ou partida, para usar as palavras de Gilson Carvalho (2010), um direito da população e um dever do Estado.[24] A justiça brasileira

---

[24] Gilson Carvalho (2010) define como universalização turbinada o processo pelo qual recursos públicos financiam ações de saúde questionáveis pelos preceitos técnicos e éticos, invertendo prioridades sociais. Por exemplo, ao financiar necessidades menos urgentes de grupos de maior renda com recursos que poderiam financiar necessidades mais urgentes dos mais pobres, o governo claramente inverte prioridades sociais. Também define como universalização partida o direcionamento dos recursos públicos em benefício daqueles que têm poder de pressão e se articulam em redes sociais. Os recursos para financiar as ações judiciais desses grupos acabam saindo de cortes nas ações de saúde prioritárias para a epidemiologia dos mais pobres, como as de promoção e prevenção de saúde, com impactos negativos no produto do setor e no aumento da iniquidade e diminuição da qualidade de vida dos que detêm menos recursos.

tem acatado de forma maciça esse argumento. Em grande parte do país, o Ministério da Saúde e as secretarias estaduais e municipais de saúde têm lutado contra essa realidade, dadas as limitações impostas a seus orçamentos, que levam à distorção das prioridades epidemiológicas financiadas pelo orçamento público. As inúmeras ações que tramitam no Judiciário restringem a liberdade do Governo Federal, dos estados e dos municípios de alocar recursos públicos em saúde segundo prioridades pactuadas, devido aos bloqueios judiciais realizados no orçamento. Seguem alguns exemplos.

Segundo a Agência Brasil, as compras de remédios por ordem da Justiça consumiram R$526 milhões nas esferas federal, estaduais e municipais em 2007. Somente no Ministério da Saúde os gastos com ações judiciais para a compra de medicamentos aumentaram vinte vezes entre 2005 e 2008, passando de R$2,5 milhões para R$52 milhões, valor suficiente para realizar 5,2 milhões de consultas pré-natais e 130 mil partos normais num país que ainda sofre com elevadas taxas de mortalidade materna. Nos estados a situação não é diferente:

- Em Minas Gerais foram processadas 1.744 ações judiciais em 2005, comprometendo R$40 milhões somente com o pagamento de medicamentos reivindicados por meio dessas ações.
- O Rio de Janeiro tem fechado acordos com a Defensoria Pública — que são parte em cerca de 90% dessas ações judiciais — para que, em casos que pleiteiam medicamentos que estão na lista do SUS, o órgão oficie à Secretaria antes de tentar a via judicial. Ainda assim, os gastos com ações judiciais continuam a aumentar. Em 2005, o órgão usou R$5 milhões para esse fim, enquanto em 2008 a previsão foi de R$30 milhões. Com esses recursos poderiam ser abertas 25 unidades de pronto-atendimento 24 horas, destinadas a casos mais graves.
- A Secretaria de Saúde do Rio Grande do Sul adota uma estratégia similar à do Rio de Janeiro para reduzir a judicialização na saúde. O estado gasta uma média de R$ 6,5 milhões por mês com o cumprimento de decisões judiciais. Em 2007, o estado enfrentou 7,9 mil ações judiciais, e entre janeiro e junho de 2008 estas já chegavam a 4,5 mil.
- Ao que se sabe São Paulo é o estado que mais gasta com o fornecimento de remédios pela via judicial. Desde 2002 foram ajuizadas mais de 25 mil ações para os mais diversos pedidos. Entre 2002 e 2008, por exemplo, foram gastos cerca de R$ 500 milhões com ações judiciais, ainda que entre 2007 e 2008 o número de ações se tenha reduzido 22% — de 3.996 para 3.098. Há centenas de processos pedindo o fornecimento de fraldas, que, além de não serem itens de gasto em saúde e sim de higiene pessoal, não estão nas listas do SUS. Se essas ações prosseguissem, o SUS deveria começar a pagar sabonetes, detergentes e outros produtos de limpeza.
- Em 2007, uma decisão do Supremo Tribunal Federal (STF) suspendeu liminar que determinava ao estado de Alagoas a aquisição de medicamentos não fornecidos pelos SUS em seus programas para pacientes transplantados renais e renais crônicos. Algumas associações de pacientes alegaram que essa decisão feria o princípio da integralidade, mas o STF instruiu que o SUS oferecia alternativas ao medicamento demandado e que não

havia testes nacionais que comprovassem a eficácia do medicamento solicitado. Em casos similares, juízes do Supremo Tribunal desfizeram decisões tomadas nos estados do Amazonas e do Rio Grande do Norte.

Assim, enquanto os estados alegam que há uma judicialização excessiva, algumas associações de pacientes reclamam que não há medicamentos disponíveis e que por meio de ações junto às secretarias estaduais tem sido possível regularizar o fornecimento de medicamentos e forçar a criação de leis estaduais com essa finalidade. Vale destacar, no entanto, o formato regressivo das ações judiciais contra o SUS. Uma pesquisa realizada por Ana Luiza Chieffi e Rita Barradas Barata (2009), com base no Índice Paulista de Vulnerabilidade Social (IPVS) da Fundação SEADE, mostra que em 2006 somente 13% das ações judiciais contra o SUS para a aquisição de medicamentos no município de São Paulo foram solicitadas por pessoas que vivem em áreas de vulnerabilidade social alta e muito alta. Por outro lado, 16% das ações judiciais contempladas para a aquisição de medicamentos foram impetradas por pessoas que vivem em áreas onde não há nenhuma vulnerabilidade social e 31% por pessoas que vivem em áreas de vulnerabilidade social muito baixa. Portanto, as ações judiciais reforçam a lógica dos pedidos de medicamentos excepcionais que atendem às patologias dos grupos sociais de mais alta renda.

4.3 PROBLEMAS DE EQUIDADE

Podemos identificar três aspectos relacionados ao financiamento e gasto que têm impacto na equidade em saúde no Brasil. O primeiro refere-se ao diferencial de utilização dos serviços entre os grupos mais ricos e mais pobres, especialmente no que se refere à atenção básica e medicamentos.[25] O segundo está na forma como os diferentes impostos incidem sobre a renda das famílias, acarretando uma forma de financiamento que acaba sendo regressiva. O terceiro se relaciona ao fato de que os gastos em saúde, inclusive os do SUS, acabam sendo mais elevados nas áreas onde a renda *per capita* é mais alta, gerando iniquidades e mostrando que o caráter compensatório do SUS em relação ao nível de renda regional não existe. Esses três aspectos se somam a outros de ordem mais subjetiva, como as dificuldades de acesso dos mais pobres, em decorrência de assimetrias de informação entre distintos grupos sociais acerca de como aceder e utilizar o SUS, e localização estratégica das unidades de saúde, em geral nem sempre acessíveis aos mais pobres.

4.3.1 Iniquidades na Utilização do SUS entre Ricos e Pobres

Por determinação constitucional, a sociedade brasileira é beneficiária dos serviços individu-

---

[25] Mônica Viegas Andrade e Kenya Noronha, em texto neste livro, demonstram que a grande desigualdade de acesso aos serviços por níveis de renda está na área ambulatorial e nos processos de atenção básica. Isso reforça a proposta de que a melhoria do acesso à atenção básica (através de programas como o PSF) é um dos grandes desafios a serem enfrentados para aumentar a equidade do sistema. Antonio Campino, também em texto neste livro, analisa o tema da equidade no que se refere à cobertura de gastos catastróficos em saúde.

ais e dos bens públicos de saúde que o SUS oferece, tais como campanhas de vacinação, fumigação de ambientes para evitar a presença de vetores de doenças transmissíveis, vigilância dos portos, aeroportos e fronteiras etc. Toda a sociedade brasileira é tributária dos avanços que o SUS representou nas áreas de vigilância sanitária e epidemiológica, vigilância ambiental, redes de urgência e emergência e do quadro geral de melhoria da saúde nos últimos vinte anos, que tem assegurado maior produtividade e bem-estar social. Assim, ao se falar em iniquidades do SUS, estaremos nos referindo basicamente aos temas de assistência médica, e não aos bens públicos de saúde que o SUS entrega à sociedade brasileira.

A iniquidade do SUS não está no grau de sua utilização por pessoas mais e menos abastadas. Os grupos de renda mais elevada utilizam menos o SUS do que os grupos mais pobres, demonstrando a importância do sistema público para o atendimento das necessidades de saúde dos que têm menor renda. A maioria dos pobres utiliza exclusivamente o SUS, mas alguns deles também são usuários de planos privados de saúde.[26] Os pobres que não utilizam o SUS não o fazem por falta absoluta de condições.[27] Vivem em geral em comunidades isoladas, regiões de difícil acesso e áreas rurais. Muitas vezes os pobres nas áreas metropolitanas têm acesso ao SUS, mas os serviços são de qualidade questionável e não atendem ao complexo quadro de determinantes sociais e epidemiológicos que condicionam a saúde dessas áreas.

A iniquidade no uso do SUS repousa na natureza dos procedimentos que presta em relação às características epidemiológicas do país. Esses procedimentos podem ser questionados quanto à sua prioridade social e até mesmo quanto à sua essencialidade diante dos recursos públicos disponíveis para a saúde. Ainda que poucos dos que pertencem aos grupos de maior renda recorram exclusivamente ao SUS e a maioria sequer utilize o sistema, os que o utilizam de forma frequente ou eventual o fazem para complementar, ou os serviços que recebem dos planos privados de saúde ou a compra direta de serviços dos prestadores privados.

Dado que o multiemprego médico é uma característica marcante do sistema de saúde brasileiro, os médicos que trabalham no setor público em geral são os mesmos que trabalham nos estabelecimentos privados contratados pelos planos de saúde. Assim, quando um médico solicita um exame ou procedimento mais caro a um afiliado de um plano de saúde, ele pode sugerir que o mesmo seja feito pelo SUS no estabelecimento em que ele trabalha. Muitas vezes tais procedimentos, exames ou medicamentos de alto custo ou são cobertos apenas parcialmente ou têm sua oferta racionada pelos planos de saúde. Para ter acesso a esses serviços, os usuários frequentemente têm que gastar em copagamentos ou taxas, levando-os a aumentar sua preferência em utilizar o SUS para aceder ao exame, medicamento ou procedimento. Tal fato aumenta a demanda do SUS por esses bens e serviços, levando o sistema a gastar mais em exames sofisticados, procedimentos de alto custo e medicamentos excepcionais. Com maiores gastos em bens e serviços onde existe forte demanda da classe média, o SUS passa a ter que limitar os gastos com procedimentos que poderiam ser des-

---

[26] De acordo com a POF 2008-2009, cerca de 0,3% da renda total das famílias com renda mensal de até R$830 é destinada ao pagamento de planos de saúde. Além do mais, muitas empresas oferecem planos de saúde aos seus funcionários que têm renda equivalente a um salário-mínimo.

[27] Como será visto no Gráfico 16, de acordo com a PNAD 2008, mais de 30% dos domicílios com renda domiciliar *per capita* inferior a um quarto de salário-mínimo não tinham acesso, sequer, ao PSF.

tinados à redução da morbimortalidade dos mais pobres,[28] cuja demanda normalmente é reprimida em função de vários fatores, como falta de acesso físico, custo de transporte e assimetrias de informação.

Vale a pena destacar o caso dos chamados medicamentos excepcionais, ou seja, aqueles utilizados para o tratamento de doenças mais complexas e que incidem em populações mais longevas, em comparação aos gastos com medicamentos básicos e estratégicos, voltados para a cobertura das patologias da maioria da população de baixa renda (ver Gráfico 14). Em 2004, a soma dos gastos com medicamentos básicos e estratégicos (excluídos os gastos com medicamentos para DST-AIDS) era praticamente similar á dos gastos com medicamentos excepcionais (em torno de R$0,83 bilhão). Em 2009, o gasto com medicamentos excepcionais (R$2,6 bilhões) passou a ser cerca de 2,5 vezes superior à soma dos gastos com medicamentos básicos e estratégicos (R$1,1 bilhão), num contexto em que a população de baixa renda ainda está longe de ter acesso integral a esse conjunto básico e estratégico de medicamentos. A continuar nesse ritmo, é de se esperar que os gastos com medicamentos excepcionais passem a absorver parcelas crescentes do orçamento do Ministério da Saúde, num contexto em que as necessidades de medicamentos básicos e estratégicos continuam insatisfeitas e os direitos essenciais à saúde dos mais pobres não estão sendo cumpridos.

GRÁFICO 14

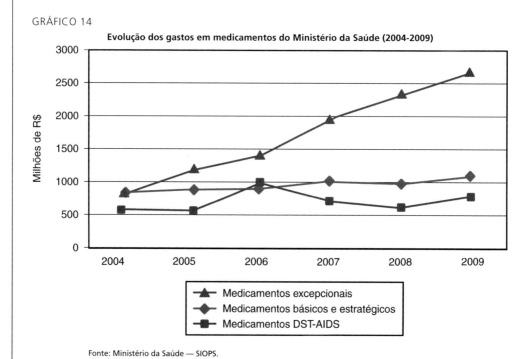

Fonte: Ministério da Saúde — SIOPS.

---

[28] Ocorre o oposto com os gastos com procedimentos de média complexidade, em que a oferta é em geral insuficiente para a atenção da população de renda mais baixa.

A política de saúde no Brasil, ao privilegiar gastos com a cobertura de medicamentos excepcionais, exames e procedimentos de média e alta complexidade, em detrimento do acesso universal à atenção básica e aos medicamentos essenciais, acaba contribuindo para subsidiar indiretamente os preços dos prêmios de seguro das operadoras de planos de saúde. Ao receberem gratuitamente do SUS serviços e medicamentos mais caros, os usuários dos planos de saúde pagam pelos prêmios de seguro um valor abaixo do esperado. O valor dos prêmios poderia ser mais alto se tais planos incorressem nas despesas com os serviços de alta e média complexidade que o SUS propicia a seus beneficiados.

Algumas discussões realizadas entre técnicos e gestores em saúde, ao final dos anos 1990, fizeram com que o Ministério da Saúde, com base em estudos preliminares, criasse uma tabela de ressarcimento para que os planos de saúde pagassem pelos serviços que seus assegurados utilizam dos hospitais públicos e privados, através do SUS. O ressarcimento poderia ser uma das fontes de recursos do SUS, mas o valor ressarcido pela Agência Nacional de Saúde Suplementar (ANS) é muito inferior ao potencial de arrecadação dessa fonte de recursos, fazendo com que, muitas vezes, a própria cobrança seja deficitária, dados os custos processuais envolvidos.

Alguns fatos merecem ser mencionados a esse respeito: a tabela utilizada para o ressarcimento (chamada TUNEP) tem valores superiores aos pagos pelo SUS para os hospitais públicos e privados de sua rede, através da AIH,[29] e muitas operadoras de planos de saúde entram na justiça e não fazem o ressarcimento, com base no argumento de que um sistema de saúde universal e gratuito não pode cobrar pelos serviços prestados aos cidadãos.

É verdade que programas desenvolvidos pelo SUS, como os de saúde da família e os procedimentos custeados pelo Piso de Atenção Básica (PAB), têm revertido progressivamente a tendência ao crescimento dos gastos com procedimentos de alta e média complexidade. Entre 1995 e 2004, os gastos do Ministério da Saúde com procedimentos de média e alta complexidade aumentaram 27%, enquanto os relativos à atenção básica aumentaram 123%.

Mesmo assim, em 2004 o Ministério gastava com alta e média complexidade quase três vezes mais do que com atenção básica (ver Gráfico 15).[30]

O crescimento das enfermidades crônicas não transmissíveis entre os grupos mais pobres, associado ao aumento de sua esperança de vida, também aumenta as pressões de demanda para procedimentos de média complexidade. Esse foi um dos principais argumentos que levaram o Ministério da Saúde a contratar, com o Banco Mundial, um empréstimo para realizar investimentos em redes de saúde que venham a organizar os processos de gestão regional do SUS tendo como eixo orientador a atenção primária, organizando o acesso aos procedimentos de média complexidade e melhorando os processos de referência e contrarreferência na rede pública de saúde sob a égide do SUS.

---

[29] Isso aconteceu porque de fato a tabela da AIH sub-remunera algumas prestações de saúde, especialmente aquelas associadas à epidemiologia dos mais pobres, como ginecologia, obstetrícia e pediatria, por exemplo. Assim, se o ressarcimento fosse feito pela AIH para os procedimentos de baixa complexidade, haveria um grande incentivo para que os planos utilizassem mais os hospitais públicos ou o SUS para a compra desses procedimentos, dado que pagariam menos que os custos incorridos com sua rede própria ou contratada.

[30] Em 2004, os gastos do Ministério da Saúde com atenção básica alcançaram R$6,4 bilhões, enquanto os com procedimentos de alta e média complexidade chegaram a R$16,9 bilhões.

GRÁFICO 15

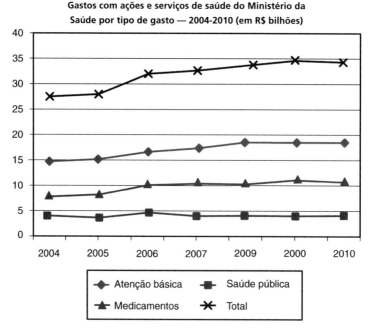

Fonte: Ministério da Saúde – SIOPS.

Por fim, vale destacar que o tema já mencionado na seção anterior da judicialização da saúde é outro fator que induz a uma maior iniquidade entre ricos e pobres na utilização dos serviços de saúde, como demonstrou o estudo de Chieffi e Barradas (2009).

4.3.2 A Regressividade das Fontes de Financiamento

Estudo recente de Uga e Soares Santos (2007) chega a algumas conclusões interessantes a respeito das fontes que financiam a saúde no Brasil. A Tabela 1, reproduzida deste estudo, com base nos dados da POF 2002-2003, evidencia que:
a) A maior fonte de financiamento dos gastos com saúde é diretamente o orçamento das famílias (48%), seguindo-se o SUS (42%) e as empresas, através dos planos de saúde (menos de 10%).
b) As famílias situadas nos três decis de renda mais pobres recebem proporcionalmente menos recursos do SUS do que as famílias nos decis de renda superiores.
c) As famílias nos decis de renda mais elevada financiam suas necessidades de saúde com os planos de saúde pagos pelas empresas, em proporção mais elevada que as famílias mais pobres.
d) Como as transferências do SUS e das empresas (planos de saúde) para as famílias mais pobres não são suficientes para cobrir os seus gastos, estas têm que dedicar maiores parcelas de seus orçamentos familiares para financiar suas necessidades de saúde do que as famílias situadas nos decis mais ricos.

TABELA 1	Distribuição percentual dos recursos destinados ao financiamento da saúde das famílias por fontes de financiamento (SUS, planos de saúde e orçamentos familiares)			
	Segundo decis de renda familiar *per capita* Brasil 2003			
Decil de renda familiar *per capita*	Fontes de financiamento			
	SUS (%)	Planos de saúde (%)	Gastos familiares (%)	Total (%)
1 (mais pobre)	3,4	0,4	6,7	10,5
2	3,2	0,2	5,5	8,9
3	4,0	0,4	5,5	9,9
4	5,3	0,5	5,5	11,3
5	4,0	0,9	5,2	10,1
6	4,7	0,8	4,6	10,1
7	4,6	1,0	4,7	10,3
8	4,5	1,6	4,4	10,5
9	4,4	1,8	3,3	9,5
10 (mais rico)	4,1	1,8	3,0	8,9
TOTAL	42,2	9,4	48,4	100

Fonte: Uga e Soares, 2007 — Estimativas com base nos dados da POF 2002-2003.

Como consequência desse comportamento — tanto do SUS como dos planos de saúde —, os gastos das famílias são aqueles que acabam compensando a diferença. Eles são mais elevados nos decis de renda mais baixa e menores nos decis de renda mais alta.

A melhor forma de compensar essa iniquidade seria fazer com que o SUS concentrasse seus gastos nos decis de renda mais baixa, deixando que as necessidades dos decis de renda mais alta fossem substancialmente financiadas pelo gasto direto das famílias e dos planos de saúde.[31] Dessa forma, as famílias de baixa renda receberiam mais subsídios públicos e poderiam dedicar os recursos que gastam hoje com saúde a outras necessidades básicas.

Com o perfil de concentração de renda da sociedade brasileira, o SUS só teria um papel realmente equitativo se pudesse concentrar seus gastos entre aqueles que não têm capacidade de pagar um plano ou seguro de saúde (ou eventualmente cofinanciar os serviços ofertados pelo SUS). Mas, dado que os gastos de saúde podem ser explosivos em determinados episódios agudos, representando um custo catastrófico, mesmo para as famílias de classe

---

[31] Isso exigiria um esforço para repensar a capacidade dos planos de saúde em ofertar serviços ou do SUS receber cofinanciamento ou ressarcimento dos serviços que prestam às famílias de renda mais elevada. No entanto, se poderia pensar que gastos catastróficos das famílias de alta renda poderiam ser subsidiados pelo SUS. O artigo de Antônio Campino neste volume oferece uma visão de como trabalhar com o tema de gastos catastróficos em saúde.

média mais abastada, o SUS poderia deixar um componente para o financiamento de gastos catastróficos concentrado em procedimentos de alto custo e alta tecnologia em situações não cobertas pelos planos de saúde.

4.3.3 Iniquidades no Gasto Público em Saúde em Nível Regional

Considerando que a renda regional disponível para o financiamento do SUS não é distribuída simetricamente e que os estados mais pobres dispõem para tal fim de menos recursos orçamentários que os mais ricos, é necessário que o gasto federal com saúde tenha um papel compensatório, transferindo mais recursos às regiões mais pobres. No entanto, não é isso que acontece, como pode ser visto na Tabela 2.

TABELA 2 Gasto regional *per capita* do SUS — Brasil 2003				
Regiões	**Gasto *per capita* do SUS por nível de governo (em reais)**			
	Federal	**Estadual**	**Municipal**	**Total**
Norte	112,98	82,88	34,48	230,34
Nordeste	104,57	33,16	30,68	168,41
Sudeste	122,37	54,37	73,82	250,56
Sul	112,94	34,56	54,80	202,30
Centro-Oeste	123,31	58,38	48,21	224,90

Fonte: Ministério da Saúde — SIOPS.

Verifica-se que as maiores transferências *per capita* de recursos federais se destinam às Regiões Sudeste e Centro-Oeste, que estão entre as mais ricas do país. Analogamente, as regiões mais pobres como o Nordeste são as que recebem menores recursos *per capita* do Governo Federal para a saúde. No que se refere ao compromisso dos estados, pode-se observar que a Região Norte e em seguida as Regiões Sudeste e Centro-Oeste são as que comprometem mais recursos estaduais. Por fim, no que se refere aos recursos municipais, o maior comprometimento vem dos municípios do Sudeste, e o menor cabe aos municípios nordestinos.

Em síntese, as regiões pobres como o Nordeste são as que recebem menos recursos públicos para a saúde em todas as esferas de Governo, não havendo política compensatória suficiente que amenize essa desigualdade. Tanto as transferências de recursos federais como os gastos estaduais e municipais em saúde se baseiam numa lógica de remuneração de recursos por atos ou procedimentos. A capacidade de gerar atos ou procedimentos médicos depende da capacidade instalada e não das necessidades de saúde. Assim funcionam a AIH e o financiamento das ações ambulatoriais. Somente os recursos para atenção básica têm buscado romper essa lógica de repasse financeiro, passando os recursos a serem transferidos de acordo com um processo de programação e necessidades pactuadas.[32]

---

[32] Ver sobre esse ponto Melamed e Costa, 2003.

Essa lógica de financiamento que permeia a atenção básica parece ser, no entanto, uma promessa para orientar as ações futuras para todos os recursos de saúde à disposição dos estados e municípios, a partir de metas e resultados pactuados. Somente dessa forma seria possível ter um maior impacto na equidade com o uso dos recursos públicos para a saúde.

Vale destacar ainda que falta uma melhor coordenação entre as coberturas públicas e privadas (saúde suplementar), já que o acesso universal e gratuito ao sistema faz com que as pessoas com capacidade de pagamento tenham dupla cobertura (ver Gráfico 16), utilizando vultosos recursos do setor público para os serviços de alto custo e alta tecnologia do SUS que deveriam ser cobertos pelos planos privados de saúde aos quais elas se associam.

5 PROPOSTAS PARA AGENDA PENDENTE EM SAÚDE

5.1 VIABILIZANDO OS PRINCÍPIOS CONSTITUCIONAIS DO SUS

Observando os princípios que conformam o SUS definidos no artigo 196 da Constituição — universalização, acesso igualitário e gratuito e integralidade — pode-se inferir que existe uma contradição na operacionalização simultânea desses princípios. O que vem primeiro: o acesso universal, o acesso igualitário ou o acesso integral? Seria viável institucionalmente e sustentável economicamente garantir esses três princípios?

5.1.1 Acesso Universal

Considerando a cobertura dos direitos sociais inerentes ao conceito de cidadania,[33] o acesso ou cobertura universal deveria ser a prioridade, através da garantia de um conjunto de serviços essenciais de saúde. No entanto, existem várias formas de se alcançar a cobertura universal de saúde em um determinado país. A maioria dos países tem buscado o acesso universal combinando os serviços ofertados por distintas estruturas, como foi discutido na introdução deste capítulo. Esse processo corresponderia à estruturação de uma oferta plural de serviços, evitando tanto a falta de pessoas sem cobertura como a duplicação de coberturas.

Para exemplificar, o acesso dos indigentes aos serviços de saúde em países como França e Alemanha tem uma porta de entrada pública e gratuita, enquanto o da maioria das pessoas de classe média ou classe alta é feito através de instituições de previdência social ou de planos privados de saúde.

No Brasil, a Constituição de 1988, em seu artigo 198, define que as ações e serviços públicos de saúde integram uma rede regionalizada e hierarquizada e constituem um sistema único. Ainda que o artigo 199 diga que a Assistência à Saúde é livre à iniciativa privada, ela apenas define as condições nas quais os estabelecimentos privados poderão participar de

---

[33] Marshall (1950) atribui a conquista da cidadania à universalização progressiva de três tipos de direito: os direitos civis (todos são cidadãos livres), os direitos políticos (todos devem eleger quem os representa no governo e parlamento) e os direitos sociais (acesso a um conjunto básico de políticas sociais, nas quais se inclui o acesso à saúde).

contratos de direito público ou convênio com o sistema único de saúde (SUS). Como será discutido na seção 5.3 deste artigo, cerca de um quarto da população brasileira é atendido por um sistema de saúde suplementar (SSS) que duplica funções exercidas pelo SUS, fazendo com que aqueles que podem pagar possam ter uma dupla porta de entrada aos serviços, ou seja, do SUS e do SSS.

Como foi visto na seção 4.1.1, estima-se que pelo menos um quarto dos brasileiros não tem de fato acesso aos serviços de saúde, enquanto muitos outros têm acesso duplicado pelo fato de que o sistema público é universal e não direciona os recursos gastos com aqueles que já têm cobertura dos planos de saúde para os mais pobres que, de fato, não têm cobertura do SUS.

Caberia, portanto, retomar a pergunta: como garantir o acesso universal? *Obviamente que seria mais justo utilizar os escassos recursos públicos para atender os grupos mais pobres ainda não cobertos pelo PSF e pelos serviços de média e alta complexidade do que continuar a não cobrir esses grupos e ao mesmo tempo garantir a utilização gratuita do SUS para aqueles que já pagam por planos de saúde e utilizam o SUS para procedimentos de alto custo e alta tecnologia. Evitar duplicações e harmonizar a cobertura dos planos de saúde privados com os serviços ofertados pelo SUS é uma tarefa de coordenação que necessita ser realizada, como será visto mais adiante.*

5.1.2 Acesso Igualitário X Equitativo

A Constituição de 1988, em seu artigo 196, institui o acesso igualitário às ações e serviços de saúde. O termo equidade só aparece em toda a Constituição de 1988 uma vez, no artigo 195, quando se refere à origem dos recursos da seguridade social, mas nenhuma menção se faz à equidade na prestação de serviços do SUS. Ao mesmo tempo, o artigo 194 da Constituição faz referência à seletividade dos benefícios e serviços da seguridade social, em prol dos mais pobres. Como a saúde faz parte da seguridade social, poder-se-ia interpretar que a seletividade se aplicaria a todos os setores que a Constituição considera sob o conceito de seguridade social (saúde, previdência e assistência). Mas a aplicação prática da seletividade parece estar no acesso aos benefícios assistenciais, em que efetivamente existem condições de mérito específicas (como a ausência de renda, a invalidez ou a idade) para receber o benefício. Na saúde, vale o que é definido no artigo 196, ou seja, o acesso igualitário às ações e serviços de saúde.[34]

O que é mais importante em saúde: acesso igualitário ou acesso equitativo? Amartya Kumar Sen, Prêmio Nobel de economia em 1998, tem uma notável contribuição aos temas associados a luta pela equidade, geração de capital humano, capital social, escolhas públicas e liberdade econômica. Uma das contribuições de Sen foi a diferenciação que ele faz entre

---

[34] Mesmo não havendo uma menção explícita ao acesso equitativo aos serviços na Constituição de 1988, o SUS avançou, nos anos 1990 na implantação de medidas que melhoraram o acesso equitativo, ao promover alguns programas específicos, como o PACS, o PSF e a NOB-1996, que cria o Piso de Atenção Básica e define um conjunto de ações básicas de saúde. Todas essas ações, ainda que buscassem a igualdade, ao serem de acesso público gratuito e universal, atenderam prioritariamente as necessidades dos mais pobres.

os conceitos de igualdade e de equidade (Sen, 1979). Para ele, igualdade é um valor moral, enquanto equidade é uma questão de justiça. A igualdade enquanto ideia abstrata não tem força, mas equidade é uma expressão de justiça social, a qual se destina a corrigir desigualdades que podem ser evitadas na distribuição das capacidades básicas dos indivíduos, que são de responsabilidade social ou coletiva.

Ao propor um acesso igualitário de saúde a todos os brasileiros, o sistema de saúde tende a não estar em sintonia com os preceitos de equidade e justiça social propostos por Amartya Sen. Existem vários fatores que fazem com que a igualdade seja um conceito abstrato.

Para começar, existem diferenças genéticas entre os indivíduos que fazem com que eles tenham estados de saúde diferentes e necessidades diferenciadas de acesso aos serviços. Por outro lado, a história de vida individual, o comportamento de cada um e os fatores sociais, culturais e ambientais expõem os indivíduos a distintos naipes de risco que influenciam no seu estado de saúde e portanto em suas necessidades de saúde. Por mais esforço que se faça, a chance de que se tenha igual saúde, e portanto, que seja necessário acesso igualitário de saúde é quase nula.

A saúde, para os indivíduos, é um estoque — a soma seu patrimônio genético e de sua história de vida —, gerando diferentes necessidades de saúde. Mas, sob a ótica dos serviços, a saúde é um fluxo. Indivíduos com o mesmo perfil socioeconômico deveriam ser atendidos igualmente, como define o conceito de equidade horizontal, mas indivíduos com diferentes perfis socioeconômicos devem ter acesso diferencial dado que os mais pobres, como define o conceito de equidade vertical, necessitariam de mais. Assim, o financiamento público à saúde seria distribuído a cada um segundo suas necessidades e de cada um segundo suas capacidades. Essa frase, embora proferida por Karl Marx (1873),[35] é aceita por todas as formulações teóricas relacionadas ao atendimento de necessidades essenciais.

É esse também o conceito sob o qual economistas liberais como Milton Friedman (1980)[36] formularam a hipótese do imposto de renda negativo, que é a base dos programas de transferência de renda como o Bolsa Família, ainda que este considere a transferência de renda condicional ao uso de serviços básicos de saúde e educação pelos beneficiários.

Como o mérito de receber uma transferência monetária do governo deve estar associado à carência familiar em ter acesso a um mínimo existencial, também em saúde o mérito de ter acesso universal e gratuito à saúde deve estar associado à não cobertura da família por outros programas de saúde, como aqueles ofertados pela saúde suplementar.

O Estado só promove a equidade quando trata igualmente os iguais e desigualmente os desiguais. Mas, ao dar acesso igualitário aos serviços de saúde, o Estado acaba privilegiando os chamados "mais iguais",[37] ou seja, aqueles que conhecem os médicos, têm acesso aos planos de saúde e sabem o "caminho das pedras" para ter acesso aos serviços públicos de saúde de melhor

---

[35] Ainda que essa frase tenha sido utilizada por Marx, segundo Pontes (2001) ela é atribuída a Louis Blanc, historiador e filósofo socialista francês do século XIX e um dos articuladores da Revolução Francesa de 1848, que tomou parte na junta do primeiro governo provisório daquele país após a referida Revolução.

[36] A ideia do imposto de renda negativo (*net income tax*) foi inicialmente proposta por Juliet Rhys Williams, que pertencia ao Parlamento inglês, nos anos 1940, e apenas posteriormente por Milton Friedman, associada às propostas de uma taxa única para todos (*flat-tax*). Em todos os casos, a proposta nunca foi aplicada.

[37] Termo utilizado pelo escritor George Orwell em seu livro *The Animal Farm*, [*A Revolução dos Bichos* (*O Triunfo dos Porcos*)], escrito em 1948.

qualidade. Enquanto isso, aqueles que moram em regiões rurais, favelas urbanas das grandes metrópoles e áreas pobres e isoladas não estão cobertos por programas de atenção primária nem têm acesso à lista de medicamentos essenciais, por exemplo (ver Gráfico 16).

Para Amartya Sen, a justiça distributiva é o princípio que se utiliza para separar as desigualdades das iniquidades. As iniquidades em saúde são as diferenças que não somente são desnecessárias e evitáveis, tais como aquelas entre os pobres que têm e os que não têm acesso ao PSF, mas também as que se consideram injustas, tais como aquelas que permitem que uma pessoa que dispõe de um plano de saúde possa ter também o acesso gratuito ao PSF, enquanto outras que precisam e mereceriam estar cobertas pelo PSF não estão.

A equidade em saúde supõe, idealmente, que todos tenham uma oportunidade justa para alcançar seu potencial de saúde e que ninguém esteja impossibilitado de alcançar este potencial. Nos últimos anos a expansão dos programas de atenção básica, baseada nos princípios de igualdade, não foi suficiente para alcançar todos os pobres. Nos próximos anos, *é necessário que os recursos disponíveis pelo SUS, que ainda são poucos, não sejam utilizados para duplicar coberturas ou prover níveis de atenção que não correspondam às necessidades. Só assim é possível alcançar maior equidade na cobertura destes programas. Para que esta ideia se torne mais explícita, se poderia interpretar acesso igualitário como acesso equitativo à saúde em legislação complementar de saúde ou simplesmente substituir, no artigo 196 da Constituição, o termo acesso igualitário por acesso equitativo à saúde.*

5.1.3 Acesso Integral

A maior dificuldade em viabilizar os princípios constitucionais se encontra no conceito de integralidade, que dá margem a múltiplas interpretações. No limite da subjetividade, poder-se-ia dizer que as necessidades humanas em matéria de saúde são ilimitadas. Quando informados, todos querem ter acesso à última tecnologia, aos tratamentos e exames mais sofisticados e aos medicamentos de última geração, mesmo quando tais tecnologias, tratamentos e exames não foram testados e provados eficientes. Assim, se o acesso à saúde, além de universal e equitativo, pudesse ser integral, o custo para torná-lo viável chegaria a múltiplos do PIB mundial. No mundo real, como a informação é distribuída assimetricamente, o acesso às últimas tecnologias em saúde acaba sendo um privilégio de poucos.

Se o Estado se propõe a financiar tratamentos, medicamentos e exames sofisticados para todos, acaba privilegiando aqueles que têm informação. Ao assim fazer, faltariam recursos para oferecer os serviços essenciais para aqueles que não têm informação, contribuindo para o não cumprimento dos princípios da equidade e da universalização. Portanto, o maior inimigo do alcance da universalização e da equidade é uma interpretação equivocada do princípio da integralidade.

Assim, a viabilidade do SUS está condicionada a uma definição explícita do conceito de integralidade, o que implica definir: (a) quais os bens e serviços de saúde que devem estar cobertos sob esse conceito, em função de necessidades epidemiológicas, evidências clínicas e recursos disponíveis; (b) quais os mecanismos que permitiriam atualizar o conjunto desses bens e serviços ao longo do tempo, em função de prioridades epidemiológicas e mais recursos disponíveis; e (c) que mecanismos legais poderiam impedir que, através de processos judiciais ou outros, algumas pessoas tirem vantagem do sistema tendo acesso a bens e serviços que não estão contidos no conceito de cobertura definido anteriormente.

É por esse motivo que a maioria dos países desenvolvidos optou por legislações realistas, que, em vez de irresponsavelmente colocar na letra da lei o termo "acesso integral", procuraram definir, de acordo com as prioridades epidemiológicas, com as evidências científicas e com os recursos disponíveis, o conjunto de tratamentos, medicamentos, exames e procedimentos de promoção e prevenção que deveria estar coberto — nesse caso realmente para todos — pelos serviços de saúde.

Para proceder dessa forma, propõe-se que o tema da integralidade do acesso seja definido por um conjunto de procedimentos que sejam os mais custo-efetivos para os problemas epidemiológicos de saúde da população brasileira. Nesse sentido, propõem-se os seguintes passos:

a) em primeiro lugar, realizar estudos sobre as prioridades em saúde, a fim de definir quais as condições que realmente afetam a realidade epidemiológica. O governo deveria realizar sistematicamente pesquisas sobre carga de doença (*burden of diseases*) que balizassem os principais problemas que afetam a saúde da população brasileira, sob as óticas da morbidade e da mortalidade;[38]

b) em segundo lugar, criar instâncias que permitam testar, validar e buscar evidências científicas sobre os tratamentos existentes e os que ingressam a cada ano no mercado para garantir a qualidade dos serviços de saúde disponíveis e evitar que o charlatanismo seja financiado com recursos públicos;[39]

c) em terceiro lugar, elaborar protocolos de tratamento, validados pelos profissionais de saúde, para as principais prioridades epidemiológicas, garantindo a validação científica desses protocolos por organismos acreditados;

d) em quarto lugar, definir, de acordo com as prioridades epidemiológicas, os protocolos de tratamento e os recursos disponíveis para a saúde, um conjunto de serviços de promoção, prevenção, tratamento e reabilitação que, dadas a sua prioridade e baixa relação custo-efetividade, seriam financiados com recursos do orçamento público.

e) em quinto lugar, estabelecer os processos, instituições e mecanismos para desenvolver os estudos de carga de doença e revisão sistemática dos protocolos para que esse processo seja contínuo;[40]

f) em sexto lugar, criar mecanismos legais para que o SUS somente financie ações definidas

---

[38] A última pesquisa de carga de doença realizada no Brasil ocorreu em 1998 e não foi utilizada plenamente como balizamento para definir as prioridades epidemiológicas do país.

[39] No caso de haver mais de um protocolo ou opção de tratamento, o processo de escolha se daria pela investigação daquele tratamento que possibilitasse o melhor resultado pelo menor custo. No Reino Unido, instituições como o Centro Cochrane conduz estudos de evidência clínica, e o National Health Institute for Clinical Excelence (NICE) na Inglaterra conduz pesquisas de custo-efetividade que permitem definir a eficácia dos tratamentos. Essas instituições independentes da sociedade civil são contratadas pelo Governo para apoiar a definição de prioridades de saúde.

[40] No contexto do tema de integralidade, o texto de Mônica Viegas e Kenia Noronha, neste livro, aprofunda a discussão sobre a necessidade de se criar uma agência independente de avaliação do uso de tecnologias de saúde no Brasil, para apoiar, de forma sustentável, o processo de incorporação de novos tratamentos, medicamentos e exames médicos na lista de procedimentos financiados pelo SUS.

dentro desse conjunto de prioridades, invalidando os processos judiciais para a cobertura de procedimentos e medicamentos que não façam parte das listas de prioridades.

Com esse processo se garantiriam uma integralidade sustentável, maior equidade no acesso aos serviços e maior eficiência e garantia de recursos ao SUS, evitando que processos como a judicialização da saúde consumam, em favor dos mais ricos, uma parcela importante dos recursos que deveriam estar sendo destinados para reduzir a mortalidade e a morbidade dos mais pobres.

5.2 APERFEIÇOANDO A REGULAÇÃO E A GOVERNABILIDADE DO SETOR SAÚDE

Ainda que o Brasil tenha avançado em soluções custo-efetivas para a cobertura dos sistemas de saúde, como é o caso do Programa de Saúde da Família (PSF), dos hospitais e estabelecimentos de saúde administrados pelo sistema de organizações sociais (OS) e parcerias público-privadas (PPP), essas experiências ainda são muito limitadas. Mais grave ainda é o fato de o sistema de saúde brasileiro não ter um projeto sistemático para integrar os cuidados de promoção e prevenção, atenção básica e atenção de média e alta complexidade em um entorno integrado e coerente que permita aumentar a resolutividade dos serviços, reduzindo os custos gerenciais e possibilitando um cuidado sequencial em todas as etapas do atendimento.

Aperfeiçoar a regulação e a governança em saúde passa por racionalizar o acesso aos serviços através da implantação de redes de saúde e pela definição de uma nova estrutura administrativa do SUS que garanta autonomia e eficiência de gestão dessas redes e unidades de saúde.

5.2.1 Implantando Redes de Saúde

A fórmula de eficiência utilizada para aumentar a resolutividade dos serviços de saúde, em nível mundial, tem se baseado na criação de redes integradas de saúde.[41] No Brasil, a discussão sobre redes de saúde se iniciou no final dos anos 1990 e início da presente década, quando foi proposta, através da Norma Operacional de Assistência à Saúde (NOAS), a definição de processos mais integrados de provisão de serviços a partir de regiões de saúde. Nos últimos oito anos, a discussão técnica pouco avançou no Governo Federal. O Ministério da Saúde chegou até mesmo a criar um Departamento de Redes de Saúde e contratar um empréstimo com o Banco Mundial (QUALISUS-REDE) para tentar avançar na implementação de redes.

Alguns estados, como Minas Gerais, São Paulo e Bahia, avançaram em processos de implementação de redes de saúde especializadas em determinadas modalidades assistenciais, e isso os levou a ter melhores resultados em seus sistemas de saúde. No entanto, a discussão nacional sobre modelos e conceitos de redes de saúde regionalizadas e integradas é ainda

---

[41] Sobre o conceito de Redes de Saúde, ver Medici, 2010.

incipiente, assim como a proposta de processos sistemáticos de monitoramento e avaliação de sua execução.

Nesse sentido, como proposta para solucionar os temas de regulação, propõe-se acelerar a implementação do projeto QUALISUS-REDE, colocando-o como eixo prioritário de integração das distintas estratégias assistenciais de saúde, hoje atomizadas. Gerar-se-iam, assim, incentivos para que as duplicações de cobertura ou vazios institucionais gerados pela debilidade da coordenação e regulação do setor sejam resolvidos com as redes integradas.

QUADRO 3

Redes de saúde — As experiências dos estados de São Paulo e Minas Gerais

Nos últimos anos, estados como São Paulo e Minas Gerais avançaram na implantação de redes de saúde para temas como procedimentos de alta complexidade e ações de urgência e emergência. Em geral, a implantação dessas redes de alta complexidade, hospitalar e ambulatorial, contaram com a participação das comissões gestoras bipartites que integram, em nível regional, o estado e os municípios.

Este processo contribuiu para a avaliação da real capacidade instalada dos serviços, uma vez que as diversas assistências competem entre si em uma mesma necessidade de infraestrutura (centro cirúrgico e leitos de UTI, e outros). Entre as redes de média e alta complexidades implantadas no estado de São Paulo se destacam a Rede de Terapia Renal Substitutiva (TRS), a Rede de Saúde Auditiva, a Rede de Cardiologia, a Rede Nacional de Atenção Integral à Saúde do Trabalhador (RENAST), a Rede de Centros de Reabilitação para as Pessoas Portadoras de Deficiência, a Rede de Atenção à Pessoa Idosa, a Rede de Atenção na Área de Oftalmologia, a Rede Estadual de Assistência a Queimados, e as Redes de Oncologia, Traumato-ortopedia, Neurologia e Terapia Nutricional.

Processo similar se implantou no estado de Minas Gerais, onde se conformaram a rede de maternidades Viva-Vida, a rede de Urgência e Emergência, e a rede de hospitais públicos de excelência, através do Projeto PRO-HOSP.

O Ministério da Saúde, em colaboração com os estados, deveria definir projetos pilotos para a implementação de redes de saúde nos estados, os quais seriam avaliados, corrigidos e sistematizados para sua posterior ampla implementação. Em um país com 186 milhões de habitantes, conforme os resultados do Censo Demográfico de 2010, há espaço para milhares de redes de saúde, que não apenas iriam harmonizar os esforços de ter uma oferta de serviços racionalizada e apropriada ao perfil da demanda local, como também permitiriam aumentar a resolutividade, valorizando cada real gasto no sistema público de saúde.

Dado que redes de saúde necessitam de economias de escala para serem eficientes, em função da densidade tecnológica das intervenções que envolvem desde processos de promoção até o uso de exames e terapias de alta tecnologia, cada rede deveria circunscrever populações entre 200 e 500 mil habitantes. Portanto, os municípios maiores (metropolitanos) poderão ter mais de uma rede de saúde, enquanto municípios menores deverão se consorciar para estabelecer suas redes de saúde. Para montar redes que integrem distintos municípios, seria necessário avançar no processo de implementação de consórcios de saúde, o qual, ainda que tenha tido um grande avanço entre a segunda metade dos anos 1990 e início da presente década, sofreu uma relativa paralisação nos anos mais recentes.[42]

Consórcios intermunicipais de saúde poderiam ser a base política e jurídica para a conformação de redes regionais de saúde, mas não necessariamente ser a base administrativa. O melhor nesse caso seria o estabelecimento de instituições independentes, como organizações sociais ou fundações estatais de direito privado, que permitissem a gestão das redes dentro da conformação jurídico-política dos consórcios.

A implementação de redes de saúde é a base para uma gestão integrada e eficiente do SUS. Sem a existência de redes de saúde, os pacientes continuarão a não ter um processo coordenado de atenção médica que permita o cuidado permanente baseado em sistemas de tecnologia da informação que garantam o pleno conhecimento de seu estado de saúde, de sua história clínica integrada, e que facilite maior eficiência nos processos de agendamento de consultas, exames e internação.

Associada ao processo de implantação de redes de saúde, uma série de atributos novos começaria a ser implementada, tais como:

a) Sistemas de informação, através da implantação universal do cartão SUS, com todas as informações demográficas, epidemiológicas, sociais, de utilização de serviços, administrativas e financeiras, vinculadas ao uso tanto do SUS como do sistema de saúde suplementar.

b) Sistemas de gestão clínica integrada baseados em tecnologia de informação.

c) Sistemas de regulação da atenção médica ambulatorial e hospitalar, agendamento eletrônico e eliminação das filas no atendimento, inclusive para o caso de cirurgias eletivas quando necessário.

d) Utilização racional dos sistemas de apoio logístico pela rede de serviços (cozinha, lavanderia, limpeza, transporte e disposição de resíduos contaminantes dos estabelecimentos de saúde, compras, manutenção de máquinas e equipamentos etc.).

e) Utilização racional dos sistemas de apoio de diagnóstico e terapia (exames, equipamentos de alta tecnologia, diálise renal).

f) Sistemas de regulação central da rede, baseados em processos integrados de referência e contrarreferência.

g) Sistemas de monitoramento e avaliação dos resultados em nível de cada paciente, integrando as fichas clínicas com as estatísticas de produção de serviços e as bases de dados epidemiológicas que permitem avaliar os progressos na evolução da morbilidade e mortalidade dos habitantes circunscritos na rede.

---

[42] Entre 1997-2001 o número de municípios com consórcios intermunicipais de saúde cresceu rapidamente, mas estagnou e até regrediu entre 2001-2005. Em alguns estados, como Mato Grosso e Minas Gerais, quase ¾ dos municípios têm consórcios de saúde, enquanto nos demais a percentagem é inferior à metade dos municípios. Constata-se que, com exceção da Região Centro-Oeste, o número de consórcios intermunicipais se reduziu em todas as regiões do país entre 2001 e 2005, indicando que os ganhos obtidos nos final dos anos 1990 quanto ao aumento da coordenação da gestão e regulação entre municípios, oriundo dos consórcios, poderiam estar se revertendo nos anos mais recentes.

h) Sistemas de gestão financeira e de custos que permitam montar uma base de avaliação das relações entre gastos, custos, necessidades de financiamento, investimento e a resolutividade do sistema.

5.2.2 Instituições de Saúde Autônomas e Governáveis para o SUS

Para que o setor saúde possa consolidar instituições que tenham autonomia e governabilidade para serem eficientes e cumprirem seus compromissos em prol da defesa da universalização e da equidade no acesso sustentável à saúde, seria necessário aprovar o mais rápido possível o projeto engavetado de Nova Organização Administrativa do Estado Brasileiro, preparado por uma Comissão interdisciplinar de especialistas.[43]

Com isso, dar-se-ia continuidade ao processo de modernização do Estado brasileiro iniciado na segunda metade dos anos 1990, mas paralisado por pressões corporativas de segmentos que estão mais interessados em seus benefícios particulares do que na melhoria das condições sociais da população. Destravar as reforma da organização administrativa do Estado significaria legitimar arranjos institucionais, como OSIP, OS, parcerias público-privadas e outras formas de organização que permitiriam avançar na eficiência das instituições que governam o SUS no Brasil.

Como já foi visto em seções anteriores, esses arranjos têm se provado mais eficientes na gestão dos recursos e mais resolutivos na prestação de serviços de saúde do que os baseados na administração direta. Mais importantes que as formas jurídicas de propriedade são as formas reais de apropriação do produto social. Um Estado mais eficiente e mais justo não se mede pela quantidade de propriedade pública que ele detém, mas sim pela quantidade de produto social que ele consegue comandar, regular e atender aos setores mais desfavorecidos da população.

5.3 MELHORANDO A ARTICULAÇÃO ENTRE O SUS E O SISTEMA DE SAÚDE SUPLEMENTAR

Uma melhor articulação entre o SUS e o sistema de saúde suplementar é uma condição *sine qua non* para aumentar a oferta a fim de evitar duplicações e direcionar os recursos do SUS para quem mais precisa. No entanto, a história do SUS e dos planos de saúde suplementar tem sido caracterizada por problemas que dificultam essa sinergia. Portanto, caberia estabelecer formas que incentivassem a não utilização do SUS por aqueles que têm planos de saúde suplementar.

---

[43] Esse anteprojeto intitulado "Lei Orgânica da Administração Pública Federal", foi elaborado em 2009 por uma Comissão instituída pelo Ministério do Planejamento e revê a estrutura administrativa do Estado proposta pela Constituição de 1988, estabelecendo normas gerais sobre a administração pública direta e indireta, as entidades paraestatais e as de colaboração. Para uma visão detalhada do projeto, ver Modesto (2010).

5.3.1 Uma Breve História dos Planos de Saúde no Brasil

O acesso à saúde no Brasil é universal, mas as pessoas que podem pagar ou que trabalham em empresas que podem oferecer serviços de saúde aos seus empregados têm acesso a um sistema de saúde supletivo, de adesão voluntária, chamado de Sistema de Saúde Suplementar. Esse sistema teve início na segunda metade dos anos 1950, quando o processo de industrialização, com a participação de empresas internacionais, gerou o nascimento de instituições de medicina de grupo que ofereciam planos de saúde para proteger os trabalhadores dessas indústrias e suas famílias. Dessa estrutura nasceram, primeiro, a medicina de grupo, depois os serviços de saúde próprios das grandes empresas e as cooperativas médicas, capitaneadas pelo modelo UNIMED (anos 1960) e posteriormente as estruturas de seguros bancários de saúde (anos 1970 e 1980).

Ao final dos anos 1980, o número de beneficiários dessas estruturas paralelas era inferior a dois milhões, o que se justificava pelo fato de que toda a estrutura pública de saúde se voltava para a proteção dos trabalhadores formais e suas famílias, atavés do complexo previdenciário (via INAMPS). Com a Constituição de 1988 e o surgimento do SUS, o INAMPS foi extinto e os recursos que financiavam a saúde dos trabalhadores formais e suas famílias (algo ao redor de 60 milhões de vidas) passaram a ter que ser repartidos, teoricamente, por toda a população brasileira. As empresas, com isso, passaram a aderir em massa aos planos de saúde do sistema suplementar para a cobertura de seus ex-segurados do INAMPS, seja contratando empresas de medicina de grupo, seguros de saúde ou cooperativas médicas, seja criando ou administrando serviços próprios de saúde. Dessa forma, entre 1988 e 1998, o número de beneficiários de planos de saúde suplementar multiplicouse por mais de quatro vezes, alcançando a casa dos 30 milhões em 1998.

O período que vai de 1998 até 2002 foi marcante na história da saúde suplementar no Brasil. Primeiramente, pela aprovação da lei que regulamentou a saúde suplementar (Lei nº 9.656 de 1998). Como a Constituição de 1988 não deu muita importância ao tema, este setor havia crescido com muito pouca regulação pública nos dez anos seguintes à promulgação da Constituição. Apenas a Superintendência de Seguros Privados do Ministério da Previdência Social (SUSEP) se encarregava de regular alguns poucos temas de estrutura financeira das empresas que ofereciam planos de saúde a fim de que sua eventual quebra não levasse à desproteção dos assegurados.

Em segundo lugar, para implementar a Lei de Regulamentação da Saúde Suplementar, supervisionar o setor e aprimorar a regulação setorial, foi criada a Agência Nacional de Saúde Suplementar — ANS (Lei nº 9.961 de 2000), a qual tem por finalidade institucional promover a defesa do interesse público na assistência suplementar à saúde, regular as operadoras setoriais — inclusive quanto às suas relações com prestadores e consumidores — e contribuir para o desenvolvimento das ações de saúde no País. A ANS incorporou as estruturas regulatórias do setor anteriormente existentes na SUSEP e estabeleceu sua sede na cidade do Rio de Janeiro (RJ).

Entre 2003 e 2010, o número de beneficiários de planos de saúde cresceu de 31,8 para 44,0 milhões, dos quais 13,6 milhões são pessoas afiliadas a planos exclusivamente odontológicos, dado que esse subsetor não é coberto adequadamente pelo SUS. As porcentagens de população cobertas por planos de saúde variam muito, segundo o estado, cidade, nível de renda e idade. Em 2010, apenas o Maranhão tinha uma cobertura populacional inferior a 5%, enquanto Rio de Janeiro e São Paulo eram os únicos estados com população coberta superior a 30%. As taxas de cobertura, que eram mais baixas para jovens entre 15 e 19 anos (16,5%), eram mais elevadas para adultos maiores de 80 anos de idade (29,9%).

5.3.2 A Articulação Financeira entre o SUS e a Saúde Suplementar: a Tabela TUNEP

Em 2001 o Governo estabeleceu, com base no artigo 32 da Lei nº 9.656 de 1998, um mecanismo de ressarcimento ao SUS a ser pago pelos planos de saúde, associado aos indivíduos que, sendo afiliados a planos de saúde, utilizem o SUS em modalidades cobertas por esses planos. Esse ressarcimento se daria através da Tabela Única Nacional de Equivalência de Procedimentos (TUNEP), em que cada serviço tinha um preço a ser ressarcido próximo ao valor estabelecido pela tabela da Associação Médica Brasileira (AMB). Para viabilizar o ressarcimento, todos os hospitais públicos ou privados contratados pelo SUS passaram a receber a lista de pessoas que têm planos de saúde, o que possibilitava a cobrança desse ressarcimento para essas pessoas. O funcionamento desse mecanismo, no entanto, tem gerado grande controvérsia.

Para muitas operadoras de planos de saúde, os recursos associados à TUNEP não devem ser pagos, dado que o SUS garante direito universal de acesso inclusive aos beneficiários dos planos de saúde. Além do mais, a tabela TUNEP cobra valores superiores aos pagos pelo SUS aos seus contratados públicos e privados, o que mostra claramente uma intenção de receber acima do que deveria. Segundo advogados associados às operadoras, a ilegalidade da TUNEP não resistiria a uma prova pericial, dada a discrepância de valores com a tabela do SUS e os valores operados no mercado. Enquanto a ANS não torna lícita a tabela de ressarcimento, as operadoras de planos de saúde podem pleitear em juízo a redução dos valores a serem ressarcidos ao SUS, desde que se aborde o tema no tribunal de origem. Aos cidadãos, caberia questionar o direcionamento dado pelo Estado à verba arrecadada pela ANS e o fato de que o sistema de saúde continua oferecendo serviços aquém do necessário.

No entanto, muitos advogados do poder público defendem a posição de ressarcimento ao SUS. Segundo eles, os planos de saúde dão calote no SUS, deixando de ser cobrados dois terços do devido, ao não computar no ressarcimento todo o uso dos serviços de alto custo, inclusive ambulatorial (quimioterapia, diálise, ressonância etc.), como determina a Lei nº 9.656/98. Tais dados são confirmados no Acórdão 1.146/2006 do Tribunal de Contas da União, em que se assinalou que o valor registrado no Sistema de Administração Financeira do Governo Federal (SIAFI), relativo ao ressarcimento por operadoras de seguros privados de assistência à saúde ao Fundo Nacional de Saúde, foi restrito aos casos de urgência e emergência, quando, na realidade, deveria ocorrer o ressarcimento em razão da prestação de qualquer serviço. Com isso houve uma vultosa redução nos ressarcimentos aos cofres do SUS, uma vez que o valor destes, no período compreendido entre janeiro de 2000 e julho de 2004, deveria montar a R$1 bilhão, em vez de R$51,8 milhões efetivamente ressarcidos.

Dados os problemas e o grande passivo a ressarcir, a ANS resolveu estabelecer desde 2006 uma nova sistemática de ressarcimento que se baseia nas seguintes premissas: (i) adoção, para os anos de 2006 e 2007, da tabela TUNEP vigente na ocasião, (ii) a partir de 2008, redefinição de uma nova sistemática de cálculo simplificado para a tabela TUNEP, que seja um múltiplo único da Tabela SUS, e (iii) renegociar as dívidas e encurtar os prazos de execução. De todo modo, em 2010 a questão continuava sem solução aparente.

5.3.3 Cobertura dos Planos de Saúde vs. Cobertura do PSF

De acordo com os dados da PNAD 2008, cerca de 48% da população brasileira estava cadastrada no PSF. Considerando que 26% da população estava coberta por planos privados de saúde, que supostamente prestam serviços de atenção básica, pode-se dizer que 74% da população (somando-se os que têm planos com aqueles cobertos pelo PSF) tinha acesso a uma atenção à saúde estruturada e que os 26% restantes necessitavam de cobertura. Portanto, o limite para alcançar a cobertura nacional do PSF seria de 74%, dado que 26% estariam cobertos pela atenção básica dos planos de saúde.

A cobertura de atenção básica do PSF é teoricamente mais bem estruturada que a dos planos de saúde, oferecendo uma maior gama de serviços de promoção e prevenção. Mas, na prática, o fato de ser registrado no PSF não significa que a pessoa esteja de fato coberta e muitas coberturas são apenas nominais. Portanto, muitos avanços para estruturar melhor a atenção básica deveriam ser feitos no PSF, buscando garantir a qualidade e a verificação de um conjunto mínimo de serviços, e também nos planos de saúde, buscando aumentar a oferta de serviços de promoção e prevenção, além do agendamento sistemático de exames para populações em risco.

A proporção de cobertura do PSF varia de acordo com características regionais e de renda. Era maior em regiões onde havia um maior número de pobres. No Nordeste, 65% dos domicílios estavam cadastrados pelo Programa, enquanto no Sudeste a proporção era de 36%.

O PSF é a melhor forma de cobertura de atenção básica à saúde que a população brasileira desprovida de recursos dispõe. Sua cobertura tem buscado dar um maior acesso às regiões onde vivem as famílias mais pobres e contribuindo, portanto, para aumentar a equidade do SUS. No entanto, nem todos os pobres têm cobertura do PSF. Os dados da PNAD 2008 revelam que nos domicílios sem rendimento ou com renda inferior a um quarto de salário-mínimo mensal *per capita,* a cobertura do PSF era de 64%, ou seja, mas de um terço dos brasileiros mais pobres ainda não tinha acesso ao PSF em 2008.

As ações de saúde básica, para aqueles que podem pagar, são oferecidas pelo sistema de saúde suplementar, de forma voluntária, através de planos privados de saúde. Da mesma forma como ocorre com o PSF, a cobertura de planos de saúde se diferencia regionalmente e por nível de renda. A maior cobertura se verifica no Sudeste, onde 36% da população estava coberta por planos de saúde, e a mais baixa no Nordeste, onde o percentual de cobertura era de 13%.

O mesmo acontece por nível de renda, com a proporção variando entre 2% nos grupos com renda domiciliar *per capita* inferior a um quarto de salário-mínimo e 83% nos grupos com renda domiciliar *per capita* superior a cinco salários-mínimos. No entanto, nos estratos de renda mais alta, a cobertura do PSF se complementa com a cobertura de Planos Privados de Saúde (ver Gráfico 16).

GRÁFICO 16

Taxas de cobertura do PSF e de planos de saúde privados nos domicílios brasileiros em percentual por classes de renda domiciliar *per capita* mensal (em salários-mínimos) — Brasil, PNAD 2008

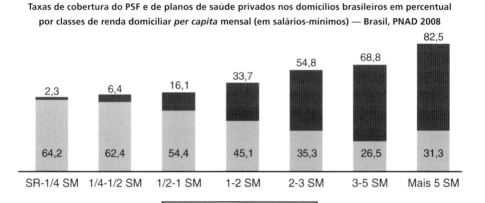

Fonte: IBGE, PNAD 2008.

Para exemplificar, 83% dos domicílios com renda *per capita* mensal superior a 5 salários-mínimos estavam cobertos por planos de saúde e 31% estavam cobertos pelo PSF. Os domicílios registrados nos dois programas chegavam a 114%, indicando que todos nesse grupo tinham algum tipo de atenção básica e que pelo menos 14% estavam registrados simultaneamente em planos de saúde e no PSF. No entanto, nos domicílios sem rendimento e com renda inferior a um quarto de salário-mínimo *per capita* mensal, a cobertura de planos de saúde somada à do PSF foi de apenas 66,5%, indicando que pelo menos um terço dos residentes nos domicílios mais pobres não tinha nehuma forma de cadastramento para a cobertura de saúde básica.

O Gráfico 16 mostra ainda que, em que pese a progressividade do PSF em relação à renda, ele não conseguiu até 2008 reverter a regressividade total do acesso aos serviços de saúde básica ou, em outras palavras, compensar a distribuição regressiva dos planos privados de saúde, os quais se associam, em maior grau, ao acesso ao mercado formal de trabalho ou à capacidade de pagar por planos individuais para aqueles que não têm cobertura de planos de saúde empresariais.

5.3.4 Incentivos para Redirecionar o SUS para a Atenção Básica e Balancear os Níveis de Complexidade Oferecidos pela Saúde Suplementar

Por todos esses motivos, haveria que, além de manter a filosofia do ressarcimento por parte dos planos de saúde, criar outros tipos de incentivos para que os usuários dos planos de saúde não utilizassem o SUS. O incentivo mais claro, nesse sentido, é retirar a opção de restituição do imposto de renda da pessoa física (IRPF) associada ao pagamento de planos de saúde para aqueles que optarem por utilizar simultaneamente o SUS e os planos de saúde e manter a restituição para aqueles que queiram somente utilizar os planos de saúde, abdicando de utilizar o SUS, através de mecanismos jurídicos a serem acertados entre os Ministérios da Fazenda e da Saúde.[44]

Os hospitais que prestam serviços ao SUS passariam a receber a lista de optantes de planos de saúde que não utilizariam o SUS para efeitos de fiscalização e comunicação ao Ministério da Fazenda, caso haja indícios de fraudes ou irregularidades. A ANS, por sua vez, passaria a fiscalizar os planos para ver se eles estavam oferecendo um conjunto de procedimentos compatíveis com os assegurados pelo SUS.

No caso de procedimentos cujos custos são considerados catastróficos, caberiam algumas reservas, tais como definir se os planos de saúde poderiam financiar total ou parcialmente esses procedimentos em seus mecanismos de seguro, a fim de que se possa calcular como ficariam os sistemas de ressarcimento junto ao imposto de renda.

A implantação desses incentivos e mecanismos não é trivial. Exige estudos de atuária médica, de microeconomia ou microgestão de saúde e de equidade fiscal, a fim de que não se cometam injustiças. Ao mesmo tempo, os recursos do SUS eventualmente liberados por esses processos permitiriam avançar na cobertura daqueles que ainda não estão beneficiados pelos programas de atenção básica ou nas novas estratégias propostas de redes de saúde.

Antes de implantar qualquer mecanismo que venha a retirar o desconto dos pagamentos aos planos de saúde do imposto de renda, haveriam que ser tomadas algumas precauções. Primeiramente, esse mecanismo somente funcionaria se o cartão SUS estivesse implantado no nível nacional e funcionando como um sistema de informação capaz de registrar, tanto para usuários do SUS como para usuários dos planos de saúde, todas as informações demográficas, epidemiológicas, administrativas, financeiras e de utilização de serviços associadas a cada indivíduo. Em segundo lugar, seria necessário realizar estudos de demanda para verificar o efeito que tais mecanismos iriam ter na redução eventual da demanda por planos de saúde em prol da utilização plena do SUS pelos atuais usuários de planos que utilizam parcialmente o SUS.

Quanto a esse segundo ponto, vale destacar que se pode esperar que não haveria um efeito substancial na redução da demanda por planos, dado que:

a) A maioria dos planos de saúde (74%) é de planos coletivos subsidiados pelas empresas. Os empregados pagam apenas uma pequena parte (entre um quarto e um terço do valor total do plano). O que deduzem no IRPF não é o principal incentivo para que mantenham o plano, mas sim o subsídio da empresa.

---

[44] Uma complementação a essa discussão é apresentada no texto de Mônica Viegas Andrade e Kenya Noronha neste livro.

b) Dos que têm planos individuais, a maioria é de pessoas idosas que têm planos antigos. Dado que os reajustes dos planos individuais não acompanha o aumento do custo associado ao risco do envelhecimento, esses planos também acabam sendo subsidiados diante do seu risco atuarial. Os mais idosos, especialmente aqueles que têm alguma condição crônica (ver Gráfico 12), temem perder seus planos de saúde, já que são a única garantia que têm para os cuidados do dia a dia, uma vez que terão que enfrentar as filas do SUS para os procedimentos corriqueiros que lhes são garantidos nos planos de saúde.

Vale a pena esclarecer, no entanto, que a não dedução do IRPF para planos de saúde daqueles que utilizam o SUS irá aumentar a demanda da população afiliada para que os planos de saúde ofereçam serviços de alto custo e alta complexidade, o que poderá a longo prazo aumentar o custo dos planos de saúde e ter algum tipo de efeito na demanda global por eles.

5.4 MELHORANDO O ACESSO E A QUALIDADE DOS SERVIÇOS

Melhorar o acesso e a qualidade dos serviços significa dar prioridade à cobertura às áreas mais desprovidas, canalizando recursos extraordinários do SUS, orientando e dando assistência técnica aos estados e municípios para a melhoria da qualidade das instituições, dos recursos humanos e dos processos de gestão em saúde nessas áreas.

O Ministério da Saúde deveria dedicar-se mais a prover assistência técnica aos organismos locais executores de serviços nas áreas mais carentes. Não caberia ao Ministério da Saúde apoiar áreas que já estão dando certo. Ao contrário, deveriam mobilizar-se esforços para transferir experiências e tecnologias exitosas das áreas mais avançadas para as menos desenvolvidas. Para tal, incentivos financeiros associados ao desempenho deveriam ser mobilizados de modo a premiar os governos (e também as equipes de saúde) comprometidos com a aplicação dessas experiências exitosas e com melhores resultados em saúde.

Existem três temas envolvidos na melhoria do acesso e qualidade em saúde. O primeiro é acelerar a cobertura dos programas de atenção básica para os grupos de menor renda. O segundo é aumentar a qualidade das instituições através de acreditação. O terceiro é avançar na política de recursos humanos, incentivando sua distribuição adequada em nível nacional, com incentivos claros e remuneração associada ao desempenho.

Como foi visto, em que pese ao fato de a cobertura do PSF ser progressiva em relação ao nível de renda, ela ainda é insuficiente. De acordo com a PNAD 2008, somente 64% das pessoas com renda familiar *per capita* inferior a um quarto de salário-mínimo estão cobertas pelo PSF, e a meta de levar o programa aos 36% não cobertos envolveria maiores esforços, dado que estes se localizam em regiões de difícil acesso ou em áreas metropolitanas marcadas pela violência.[45]

---

[45] A baixa cobertura do PSF em municípios como o Rio de Janeiro (inferior a 10%) se justifica pela dificuldade em implantar o programa em favelas ou áreas tomadas pelo narcotráfico ou pelas milícias. A atual administração da Prefeitura do Rio adota uma estratégia de criar Clínicas da Família, que são complexos que envolvem acesso a exames de média complexidade e medicamentos para cerca de 60 unidades de saúde da família concentradas num mesmo edifício. Essa experiência inovadora está sendo implantada no bairro de Campo Grande, na cidade do Rio de Janeiro, como estratégia para ampliar o acesso ao PSF.

Além do mais, a cobertura do PSF em termos de qualidade ainda deixa muito a desejar.

Os dados administrativos do PSF mostravam que o Programa, em 2007, realizava somente 1,1 visita domiciliar em média por ano a seus beneficiários. Os parâmetros da Portaria 1.101 de 2002 definem que o número de visitas (se estas estão associadas a consultas médicas) deveria estar entre duas e três por ano, principalmente quando se considera que em áreas remotas não há outra possibilidade de acesso aos serviços de saúde que não sejam tais visitas.

Ainda que a cobertura completa do ciclo de vacinação entre esses beneficiários tenha sido adequada (95,3%), quase 10% das mães afiliadas ao PSF não tinham cobertura pré-natal naquele ano. A prevalência de desnutrição entre menores de 2 anos cobertos pelo PSF se situava em 2,8%, e a mortalidade por diarreia estava em torno de 4,2 por 1.000 nascidos vivos entre os menores de 1 ano. Uma análise mais detalhada do PSF deve ser feita, considerando os aspectos de qualidade que muitas vezes se perdem entre as prioridades associadas às avaliações realizadas pelo Ministério da Saúde, as quais consideram mais o aspecto de cobertura.

O Ministério da Saúde, desde 2005, implantou uma estratégia de autoavaliação da qualidade do PSF e desenvolveu um Aplicativo para a Melhoria de Qualidade (AMQ) que procura testar como as equipes do PSF se autoavaliam de acordo com determinados parâmetros esperados de conduta e qualidade. Essa estratégia busca, através de um instrumento de autoavaliação e de autoaprendizagem, qualificar as equipes do PSF, dado que, ao conhecer os parâmetros de qualidade, se supõe que essas equipes passariam a buscar alcançar esses parâmetros.

Os resultados esperados são: (i) a medição e registro dos avanços de qualidade na gestão do PSF e o fortalecimento da capacidade de avaliação do Programa pelas secretarias estaduais e municipais de saúde; (ii) a identificação de processos implantados nas unidades do PSF que deveriam ser melhorados; (iii) o estímulo à capacitação das equipes para a gestão eficiente das Unidades de Saúde da Família (USF); e (iv) a institucionalização de processos que favoreçam a solução das falhas encontradas e a garantia de sustentabilidade futura na aplicação desses processos.

Com base nesses padrões, foram definidos instrumentos de medida que se aplicaram, através de um pré-teste realizado em 2004, em 24 municípios distribuídos entre as cinco regiões brasileiras. Os resultados foram revisados e avaliados, e os padrões foram ajustados e validados por especialistas internacionais em temas de qualidade em saúde. Esses resultados permitiram definir mais de 160 padrões de qualidade e excelência distribuídos em cinco estágios para a classificação das equipes de saúde de família, de acordo com os padrões encontrados: Estágio E — Qualidade Elementar (somente alcançam elementos fundamentais da estrutura e realizam as ações mais básicas da estratégia de saúde da família); Estágio D — Qualidade em Desenvolvimento (introduzem ao estágio anterior alguns elementos organizacionais iniciais e aperfeiçoamento de processos de trabalho em algumas atividades e ações básicas); Estágio C — Qualidade Consolidada (consolidam alguns processos organizacionais e realizam algumas avaliações iniciais de cobertura e resultado das ações); Estágio B — Qualidade Boa (gerenciam ações de maior complexidade com processos organizacionais definidos e alcançam resultados duradouros com constante monitoramento e avaliação de casos); e Estágio A — Qualidade Avançada (as equipes passam a ser referência em temas de estrutura, gestão e resultados alcançados).

Três padrões são utilizados pela estratégia de AMQ para a autoavaliação do PSF: (a) os padrões de estrutura (capacidade estrutural das USF para prover cuidados de saúde em seus aspectos físico e organizacional); (b) os padrões de processo (que medem a eficácia de como se realiza cada atividade do ponto de vista da racionalidade e eficiência do fluxo de trabalho); e (c) padrões de resultado (que medem a eficácia e os progressos alcançados na melhoria da qualidade da saúde dos indivíduos de acordo com parâmetros de cobertura estabelecidos). Esses padrões se aplicam a dois eixos que compõem a estratégia de saúde da família: o componente de gestão (isto é, o papel dos gestores municipais no processo) e o componente das equipes de saúde da família (que se responsabilizam pelas estratégias de promoção, prevenção, acesso e qualidade dos serviços).

O sistema de AMQ carece de incentivos para ser utilizado. No que se refere às secretarias estaduais, os resultados desse processo não se integram facilmente com as atividades desenvolvidas nos Planos Estaduais de Monitoramento e Avaliação da Atenção Básica. No plano das secretarias municipais, embora seja autoavaliativo e de livre adesão, os gestores municipais devem sensibilizar e mobilizar os coordenadores das equipes do PSF a participar. No entanto, o sistema não oferece incentivos (premiações) e sanções (punições) financeiras ou outras relacionadas aos resultados. Além do mais, poucas unidades do PSF contam com equipamentos de informática para utilizar o aplicativo digital (*software*) de autoavaliação e para a alimentação do banco de dados — elementos necessários para emitir relatórios por internet, associados ao registro e à avaliação dos processos de AMQ.

Por todos esses motivos, o processo tem avançado lentamente. Entre 2005 e 2010, de acordo com informações do DAB-MS, somente 1.086 (20,7% dos municípios brasileiros) estavam cadastrados para o processo de AMQ. Destes, apenas 246 (4,7% dos municípios brasileiros) finalizaram a primeira autoavaliação. Assim, em seis anos de vigência da iniciativa, muito poucas equipes do PSF foram avaliadas para saber se melhoraram a qualidade de seu trabalho.

Desse modo, as prioridades do governo devem se orientar: (a) a montar uma estrutura intensiva de aumento da cobertura do PSF, com forte apoio e assistência técnica do Governo Federal, propiciando profissionais que se disponham a ir para as regiões mais remotas onde esses programas não existem e os indicadores de saúde são mais precários; e (b) aumentando os processos de avaliação de qualidade e estruturação de processos de capacitação permanente para os profissionais associados a esses programas.

Os esforços de implantação do PSF devem ser feitos através de processos que permitam a inclusão das equipes de saúde de família em redes hierarquizadas e regionalizadas de saúde, de forma a dar continuidade aos seus trabalhos assistenciais, quando sejam necessárias intervenções de maior complexidade. Nesse aspecto, é necessário aumentar o trabalho de acreditação de instituições de saúde e de certificação e qualificação de profissionais de saúde.

Como foi visto, o progresso nos processos de acreditação em saúde no Brasil tem sido muito lento. Nos últimos dez anos, somente 5% dos estabelecimentos de saúde no Brasil (entre hospitais, laboratórios e unidades ambulatoriais especializadas) foram acreditados por processos certificados de qualidade, como os do ONA ou da CBA. É necessário que o Ministério da Saúde, em colaboração com órgãos como a Confederação Nacional de Saúde (CNS) e o sistema de saúde suplementar, estabeleça uma clara política de incentivos para a acreditação de estabelecimentos públicos e privados de saúde que prestam serviços ao SUS.

5.5 MONITORAMENTO E AVALIAÇÃO DOS RESULTADOS EM SAÚDE

O Ministério da Saúde contempla um sistema de informações de grandes proporções. Os dados produzidos pelo DATASUS têm todos os atributos para estabelecer sistemas de indicadores que permitam atacar os principais problemas de saúde do país. Então, por que os resultados em saúde no Brasil avançam tão lentamente?

Nos últimos anos, aumentou o número de medidas que têm vinculado resultados a contratos de saúde ligados à transferência de recursos públicos para estados e municípios. Por outro lado, onde foi possível avançar, estabeleceu-se uma cultura de avaliação também entre os gestores estaduais e municipais e os estabelecimentos de saúde, através de contratos com organizações sociais, ou em parcerias público-privadas.

Para coroar esse processo, os contratos que envolvem metas de resultados deveriam ser públicos e transparentes. Estar nas redes *webs* e ser acompanhados não somente pelo Governo mas também pela sociedade civil faz parte das estratégias de participação social do SUS.

Como desafio para avançar nesse processo, seria importante que os resultados do sistema de saúde sejam medidos e avaliados através de instituições avaliadoras externas independentes, que pertençam à sociedade civil e que não tenham uma relação direta com os processos de financiamento setorial pelas instituições de saúde.

5.6 MELHORANDO A EFICIÊNCIA DO FINANCIAMENTO SETORIAL

A regulamentação da Emenda 29 poderá trazer mais recursos ao sistema, o que é desejável. No entanto, antes de ter mais recursos, é necessário garantir que os recursos utilizados vão gerar os melhores resultados para a população. É necessário, antes de tudo, criar modelos de avaliação do gasto em saúde para incentivar o melhor uso dos recursos disponíveis. Somente assim se poderá sair da discussão infindável sobre a insuficiência dos recursos para a implantação do SUS.

O Ministério da Saúde deverá incentivar um modelo de prestação de serviços que garanta mais saúde para cada real gasto pelo Governo, e isso será impossível de ser alcançado sem mudanças profundas no modelo gerencial, especialmente no setor público. É necessário controlar e reduzir o enorme volume de recursos que o Ministério da Saúde perde em seus orçamentos a cada ano em nome de emendas parlamentares que trazem poucos benefícios,[46] problema que não somente afeta o orçamento do Governo Federal, mas também dos estados e municípios.

É necessário controlar a corrupção e o desperdício dos recursos do SUS, que atingem altas proporções. É necessário implantar sistemas de remuneração baseados em incentivos, em resultados e na maior autonomia dos processos de gestão.

Por outro lado, como já foi mencionado, deveriam aumentar-se as sinergias entre o SUS e a Saúde Suplementar, com vistas a evitar duplicação de esforços e valorizar o uso dos recursos do SUS. Frequentemente, os beneficiários de planos de saúde utilizam os serviços do SUS que poderiam ser oferecidos pelos planos sem custos ao sistema público. Isso permitiria aumentar os recursos do SUS para os mais pobres, favorecendo aqueles 20% que, mesmo apresentando problemas de saúde, não têm cobertura.

Por fim, deveria aumentar-se a possibilidade de que as transferências de recursos entre esferas de governo ocorram de forma vinculada a incentivos e ao cumprimento de metas de resultados. Para tal seria necessário estabelecer uma instância externa de avaliação de saúde que possa estimar se as metas e resultados pactuados estão sendo cumpridos e alcançados.

5.7 SÍNTESE DA AGENDA PENDENTE EM SAÚDE

O Apêndice 1 elabora uma síntese dos problemas de saúde do Brasil e as propostas para solucionar os temas da agenda pendente em saúde. Esse apêndice poderia funcionar como um roteiro para a elaboração de um programa de saúde de um governo comprometido com a implementação do SUS numa perspectiva de factibilidade e justiça social.

---

[46] Do total de R$49,7 bilhões aprovados pelo Congresso para o Orçamento da Saúde de 2007, R$1,9 bilhão (5%) foi dedicado ao financiamento de cerca de 2.700 emendas parlamentares. Esse valor equivale a quase um terço dos recursos gastos em atenção básica e estão em boa parte dedicados a favores políticos, tais como construção de pequenos hospitais (com menos de 50 leitos) em cidades do interior, compras de ambulâncias para municípios e outros tipos de gastos não previstos na programação original dos recursos do Ministério da Saúde. Esses gastos também são difíceis de monitorar, dada sua dispersão, favorecendo o descontrole e a corrupção. No entanto, um artigo de 2007 patrocinado pela Câmara dos Deputados, defende as emendas parlamentares individuais de saúde (Carvalho, 2007), dizendo que elas reduzem as desigualdades regionais e foram responsáveis por 30% a 40% dos investimentos do Ministério da Saúde entre 2003 e 2006. No entanto, nada se analisou sobre a qualidade desses investimentos e sobre como eles se inserem num planejamento mais global para efetivamente corrigir os problemas de saúde aqui apontados.

	GLOSSÁRIO
AGU	Advocacia Geral da União
AHM	Autarquias Hospitalares Municipais — Classificação dada aos hospitais da administração direta pela administração pública da Secretaria Municipal de São Paulo.
AIH	Autorização de Internação Hospitalar — Formulário utilizado para ressarcimento dos gastos com assistência médica incorridos por um hospital contratado pelo SUS.
AMB	Associação Médica Brasileira
AMQ	Aplicativo para a Melhoria de Qualidade — Processo utilizado pelo Ministério da Saúde para que as equipes do PSF façam voluntariamente uma autoavaliação na qualidade de implantação do Programa.
ANS	Agência Nacional de Saúde Suplementar — Agência reguladora encarregada de definir as regras e fiscalizar a atuação do setor de saúde suplementar no Brasil.
ANVISA	Agência Nacional de Vigilância Sanitária — Agência reguladora encarregada de definir as regras e fiscalizar as normas sanitárias, os padrões de infraestrutura e equipamentos (hospitais, centros, postos de saúde e laboratórios) e o uso de tecnologias de saúde (entre outras atividades) no Brasil.
AVC	Acidente vascular cerebral — Doença conhecida popularmente como derrame cerebral.
BID	Banco Interamericano de Desenvolvimento
BNDES	Banco Nacional de Desenvolvimento Econômico e Social
CBA	Consórcio Brasileiro de Acreditação
CEPAL	Comissão Econômica para a América Latina
CIB	Comissão Intergestores Bipartite — Comissão formada por autoridades de saúde de um governo estadual com autoridades de saúde dos municípios daquele estado para deliberar sobre ações conjuntas associadas ao planejamento e à programação de saúde daquele estado.
CIT	Comissão Intergestores Tripartite — Comissão formada por autoridades de saúde do Governo Federal, por representantes das autoridades de saúde dos governos estaduais e por representantes das autoridades de saúde dos municípios para deliberar sobre ações conjuntas associadas ao planejamento e à programação de saúde em nível nacional.
CNS	Conselho Nacional de Saúde — Instância consultiva máxima do setor saúde no Brasil, composto por membros de diversos organismos públicos, privados e da comunidade.
CNS	Confederação Nacional de Saúde — Órgão da estrutura representativa do setor privado que congrega a totalidade dos estabelecimentos privados de saúde, especialmente dos hospitais.
CLT	Consolidação das Leis do Trabalho
COFINS	Contribuição para o Financiamento ao Investimento Social (substitui o antigo Fundo para o Financiamento do Investimento Social (FINSOCIAL) criado nos anos 1980 para financiar os investimentos sociais do BNDES. Com a Constituição de 1988, passou a ser vinculado ao OSS.
CONASEMS	Conselho Nacional de Secretários Municipais de Saúde
CONASS	Conselho Nacional de Secretários Estaduais de Saúde
CPMF	Contribuição Provisória sobre Movimentação Financeira
CSLL	Contribuição Social sobre o Lucro Líquido das Empresas. Foi criada com a Constituição de 1988 como uma das fontes para o financiamento do OSS
DAB	Departamento de Atenção Básica da SAIS do Ministério da Saúde
DARA	Departamento de Articulação de Redes Assistenciais (DARA) da SAS, Ministério da Saúde, Brasil
DRU	Desvinculação de Recursos da União — Nome que sucedeu ao FEF a partir do ano 2000.
DATASUS	Instituição destinada ao Gerenciamento de dados, estatísticas e informações no Brasil.
EBAPE	Escola Brasileira de Administração Pública e de Empresas da FGV

FEF	Fundo de Estabilização Fiscal — Denominação dada em 1995 ao antigo Fundo Social de Emergência.
FESB	Fundação Estatal de Saúde da Família — Fundação pública de direito privado que administra o programa de saúde da família no estado da Bahia.
FGV	Fundação Getulio Vargas
FIPE	Fundação Instituto de Pesquisas Econômicas da USP
FNS	Fundo Nacional de Saúde — Entidade financeira para o qual ingressam todos os recursos para o financiamento federal do SUS e se fazem as transferências para os fundos estaduais e municipais de saúde, denominadas "transferências fundo a fundo".
FPE	Fundo de Participação dos Estados — Corresponde à parcela das receitas tributárias federais que é transferida aos estados em proporção direta à sua população e inversa à sua renda *per capita*.
FPM	Fundo de Participação dos Municípios — Corresponde à parcela das receitas tributárias federais que é transferida aos municípios em proporção direta à sua população e inversa à sua renda *per capita*.
FSE	Fundo Social de Emergência — mecanismo instituído em 1994 para desvincular recursos orçamentários de forma a garantir liberdade alocativa de recursos ao Governo Federal.
HALE	Healthy Life Expectancy — Expectativa de Vida Saudável — Consiste no conceito de expectativa de vida em uma determinada idade deduzido do número de anos potencialmente perdidos por doença ou incapacidade esperadas para essa idade.
IBGE	Instituto Brasileiro de Geografia e Estatística
ICMS	Imposto sobre Circulação de Mercadorias e Serviços — É atualmente a principal fonte de financiamento do gasto dos estados.
IFC	International Finance Corporation — Corporação Internacional de Financiamento — Organismo do Banco Mundial destinado ao financiamento de atividades do setor privado.
INAMPS	Instituto Nacional de Assistência Médica da Previdência Social. Era o órgão que prestava ou contratava assistência médica para os trabalhadores formais no Brasil. Com a criação do SUS, foi extinto em 1990 e sua estrutura absorvida pelo Ministério da Saúde.
INCA	Instituto Nacional do Câncer (hospital especializado do Ministério da Saúde)
INPS	Instituto Nacional de Previdência Social
INTO	Instituto Nacional de Traumato-Ortopedia (hospital especializado do Ministério da Saúde)
IPEA	Instituto de Pesquisa Econômica Aplicada da Secretaria de Assuntos Estratégicos da Presidência da República
IPMF	Imposto Provisório sobre Movimentação Financeira
IPVS	Índice Paulista de Vulnerabilidade Social, calculado pela Fundação SEADE
IRPF	Imposto de Renda da Pessoa Física
IRPJ	Imposto de Renda da Pessoa Jurídica
ISS	Imposto sobre Serviços — É a principal fonte de financiamento próprio dos gastos municipais.
JCI	Joint Commission International — Organismo privado sem fins lucrativos norte-americano de acreditação internacional de hospitais e instituições de saúde
MEDICAID	Programa de assistência médica para pessoas e famílias abaixo da linha de pobreza, financiado pelo governo norte-americano (incluindo idosos sem acesso ao MEDICARE) nos níveis federal (50%) e estadual (50%).
MEDICARE	Programa de assistência médica para todos os idosos que contribuíram durante sua vida laboral, com exceção das forças armadas e dos veteranos, que têm seus programas próprios. O programa é financiado pelo governo norte-americano (federal) com base em contribuições sobre a folha de salários.
MS	Ministério da Saúde

NICE	National Institute for Clinical Excellence — Organização independente que faz a avaliação de custo-efetividade para a incorporação de novas tecnologias, medicamentos e tratamentos no conjunto de serviços de saúde oferecidos à população no sistema universal de saúde inglês.
NOAS	Norma Operacional da Assistência a Saúde. Somente uma NOAS foi emitida pelo Ministério da Saúde, no ano de 2001 (NOAS 01).
NOB	Normas Operacionais Básicas. São instrumentos legais utilizados para regulamentar políticas instituídas pelo Ministério da Saúde no Brasil utilizadas nos anos 1990.
OCDE	Organização para Cooperação e Desenvolvimento Econômico
OMS	Organização Mundial de Saúde
ONA	Organismo Nacional de Acreditação
OPS	Organização Pan-Americana da Saúde
OS	Organizações Sociais — Instituições contratadas pelo Estado para o gerenciamento de funções públicas no setor social em áreas como saúde, educação, cultura etc.
OSIP	Organizações Sociais de Interesse Público, criadas por Lei Federal em 1996, com base em legislação estabelecida pelo Ministério da Administração e Gestão. A legislação que cria as OSIP estabeleceu as bases para a legislação estadual que criou as OS em São Paulo e, posteriormente, em outros estados.
OSS	Orçamento da Seguridade Social, Instituído com a Constituição de 1988 para financiar os gastos públicos federais com políticas de previdência social, saúde e assistência social.
PAB	Piso de Atenção Básica — Corresponde a uma transferência *per capita* do FNS aos estados (quando estes são gestores) e aos municípios (na maioria dos casos) para o financiamento dos programas de atenção básica de saúde.
PACQS	Programa de Avaliação e Certificação de Qualidade em Saúde
PCV	Pesquisa sobre Condições de Vida, realizada pela Fundação SEADE em São Paulo
PNAD	Pesquisa Nacional por Amostra de Domicílios do IBGE
PNB	Produto Nacional Bruto
POF	Pesquisa de Orçamentos Familiares do IBGE
PPI	Programação e Pactuação Integrada — Mecanismo pelo quals os estados e municípios pactuam entre si e com o Governo Federal o uso dos recursos do SUS de acordo com a rede de serviços disponível e os distintos programas de gasto existentes. A cada ano se pactua uma PPI entre as distintas esferas de governo.
PPC	Paridade do Poder de Compra
PPP	Parcerias Público-Privadas
PSF	Programa de Saúde da Família do SUS
RECLAR	Conjunto de Regras de Classificação Hospitalar estabelecidas pelo antigo INAMPS na década de 1970.
REFORSUS	Programa de Reforço do Sistema Único de Saúde — Projeto do Ministério da Saúde financiado pelo BID e pelo Banco Mundial
RENAST	Rede Nacional de Saúde do Trabalhador
RJU	Regime Jurídico Único — Sistema legal que ampara o sistema de contratação e o contrato de trabalho dos servidos públicos da União no Brasil. Estados e municípios têm sistemas similares.
SAS	Secretaria de Ações de Saúde do Ministério da Saúde, Brasil
SEADE	Fundação Sistema Estadual de Análise de Dados e Estatísticas — Órgão oficial de estatística do estado de São Paulo
SIAFI	Sistema de Informações sobre Administração Financeira da Administração Pública Federal

SIOPS	Sistema de Informações dos Orçamentos Públicos de Saúde — É uma base de dados criada em 2000 pelo Ministério da Saúde com a finalidade de coletar anualmente os dados sobre fontes e usos detalhados dos gastos em saúde de todas as esferas do governo, mas principalmente dos estados e municípios. Para essas duas últimas esferas de governo, o preenchimento do formulário é obrigatório, sob a penalidade de o estado ou município não receber as transferências de recursos para a operação do SUS nessas esferas de governo.
SSS	Sistema de Saúde Suplementar — É o sistema de saúde no Brasil que garante o acesso voluntário a planos de saúde individuais, financiados por famílias ou coletivos, financiados por empresas e trabalhadores.
STF	Supremo Tribunal Federal — Órgão superior do sistema judiciário brasileiro
SUS	Sistema Único de Saúde do Brasil
SUSEP	Superintendência de Seguros Privados do Ministério da Previdência Social
TRS	Terapia Renal Substitutiva
TUNEP	Tabela Única Nacional de Eventos e Procedimentos de Saúde para ressarcimento de procedimentos do SUS prestados aos beneficiários do sistema de saúde suplementar.
UNIMED	Sigla que congrega a União das Cooperativas Médicas de todo o Brasil, que são empresas que prestam serviços e vendem planos de saúde. Existem mais de 1.500 cooperativas médicas em todo o Brasil.
USF	Unidades de Saúde da Família — Local físico onde se localiza cada uma das equipes do PSF
USP	Universidade do Estado de São Paulo
UTI	Unidade de Terapia Intensiva — Setor que mantém paciente com risco de vida sob cuidados no interior de um hospital.

APÊNDICE 1 Síntese dos problemas e soluções associados à agenda pendente em saúde

Problemas	Propostas para a Agenda Pendente	Implementação
I. A Constituição não tem um compromisso claro com a equidade em saúde e sim com o acesso igualitário aos serviços.	• Reinterpretar o artigo 196 da Constituição, considerando que o acesso igualitário significa acesso equitativo à saúde, ou simplesmente substituir, no artigo 196 da Constituição, o termo acesso igualitário por acesso equitativo e definir uma legislação complementar para definir como se operacionaliza o acesso equitativo.	A base para a implementação desse princípio é definir que os recursos públicos devem dar prioridade a atender as demandas de saúde dos mais pobres.
II. O princípio da integralidade da saúde entra em choque com o alcance dos princípios da universalização e do acesso igualitário.	• Definir explicitamente o que se entende por integralidade da saúde na legislação complementar. Propor um conjunto de princípios que permitam cobrir esse conceito de integralidade; • Criar uma metodologia sistemática para a inclusão de novos bens e serviços no conceito de integralidade sempre que se cumprirem três condições: viabilidade orçamentária, evidência científica do protocolo associada ao uso desse bem e serviço e garantia de que a fórmula utilizada é a mais custo-efetiva entre as opções existentes. • Garantir que é ilegal que o SUS venha a cobrir outros bens e serviços não contidos nesse conceito de integralidade, criando as punições necessárias e a nulidade dos processos judiciais que solicitem bens e serviços não garantidos nesse conceito.	A base técnica do processo deveria ser garantida por instituições públicas e consultada junto à sociedade civil. Criar uma base de apoio ao SUS para a implantação e teste de mecanismos de avaliação em saúde baseados em evidência e revisões sistemáticas. Atualmente o Instituto Cochrane do Brasil cumpre, de forma limitada, essa função. Criar uma instituição na sociedade civil que possa cumprir papel em avaliação econômica de procedimentos de saúde, a exemplo do que realiza o NICE na Inglaterra, que possa cooperar com o Governo (especialmente com a ANVISA) na inclusão de procedimentos a serem financiados pelo SUS. Haveria a necessidade de desenvolver um projeto por instituições como a ANVISA e consultar organismos especializados internacionais para sua formulação. Com base no projeto se elaboraria um Projeto de Lei sobre a operacionalização do princípio da integralidade.
III. O setor enfrenta sérios problemas em sua governança pela falta de acesso coordenado e articulado aos serviços por parte da população, e pela falta de um novo modelo organizacional que garanta autonomia de gestão como base para a eficiência dos serviços.	• Implantação sistemática de um processo de criação de redes regionais de saúde, integradas e hierarquizadas, com gestão unificada e com mecanismos de regulação eficiente de toda a rede regional de provedores associada ao SUS. • Essas redes deverão coordenar o acesso aos serviços de promoção, prevenção, tratamento e reabilitação. Serão responsáveis pelo encaminhamento de soluções integradas ao nível do paciente, que contará com um cartão de saúde único. • Aprovação do Anteprojeto de Lei sobre nova organização administrativa do Estado brasileiro (ver Modesto, 2010), que permite que o setor saúde utilize modelos de gestão como os de organizações sociais e parcerias público-privadas na administração pública brasileira.	Articular com o Judiciário os meios de implantação do Projeto de Lei nas instâncias judiciais. Ativar o projeto QUALISUS-REDE, aprovado em 2009 com recursos do Banco Mundial, e implementar os pilotos de rede de saúde previstos neste projeto. Com base no teste dos pilotos de rede de saúde, gerar mecanismos e incentivos financeiros para a implantação das redes. O modelo de redes deverá exigir uma base de financiamento do SUS diferente da atualmente existente, na medida em que demandaria o uso de sistemas de pagamento de provedores associados ao desempenho, capitação ou outros modelos. Desenvolver e aplicar uma base técnica e gerencial para assessorar a implementação dos projetos de rede nos estados e nos municípios interessados. Estabelecer processos de conversão da gestão dos estabelecimentos públicos de saúde da administração direta para as novas modalidades permitidas pelo projeto de lei. Conversão do regime de pessoal vigente nos estabelecimentos públicos de saúde (RJU) em regimes tipo CLT, que permitam adicionalmente o uso de incentivos como o pagamento por desempenho, a partir da aprovação da nova organização administrativa do estado brasileiro.
IV. A inexistência de uma articulação técnica e financeira entre o SUS e o Sistema de	• Implementar o Cartão SUS universal como forma de registrar toda a informação demográfica, epidemiológica, médica, administrativa e financeira dos eventos de saúde que os indivíduos utilizam, seja no SUS,	A implantação desses mecanismos exigirá um grande conjunto de estudos técnicos e consultorias que permitam harmonizar os valores e incentivos associados a esses mecanismos, evitando inequidades no processo e garan-

1 | PROPOSTAS PARA MELHORAR A COBERTURA, A EFICIÊNCIA E A QUALIDADE NO SETOR SAÚDE

criando duplicação de esforços e free-riding entre os detentores de planos ao utilizar o SUS na entrega de bens e serviços que deveriam ser cobertos pelos planos de saúde.

- Regulamentar o artigo 32 da Lei 9.656 de 1998, instituindo a validade de processo de ressarcimento do SUS para os usuários de planos de saúde. Essa Lei deverá definir situações e procedimentos nos quais o ressarcimento não seria aplicável.
- Refinar pela ANS as normas que definem o conteúdo dos planos de saúde, assegurando quais os serviços oferecidos pelo SUS deveriam ser oferecidos pelos planos de saúde em iguais condições.
- Aprimorar os mecanismos de cobrança da tabela TUNEP, a fim de recuperar os custos de todos os serviços prestados pelo SUS aos planos de saúde que hoje em dia não são cobertos.
- Estabelecer rotinas para manter a dedução dos gastos em planos de saúde do imposto de renda somente para pessoas que optarem pelo não uso do SUS ao terem planos de saúde.

TUNEP, seja através da não dedução do imposto de renda, possam gerar um maior equilíbrio financeiro e evitar duplicação de coberturas e esforços entre os dois setores.

V. A cobertura dos serviços de saúde através de propostas estruturadas de atenção é precária, especialmente para os grupos mais pobres da população. Analogamente, a qualidade dos serviços assistenciais, tanto em saúde da família, como em hospitais e estabelecimentos de saúde de maior complexidade, também é precária pela falta de mecanismos de acreditação das instituições de saúde.

- Completar a cobertura do PSF e de outros programas integrados de atenção básica, dando prioridade aos grupos de menor renda, onde não há alternativas de serviços disponíveis.
- Melhorar os parâmetros de cobertura do PSF para, minimamente, alcançar os níveis de cobertura previstos pelo Ministério de Saúde.
- Melhorar a qualidade das equipes de atenção do PSF para que ele possa prestar serviços de qualidade à população beneficiária. Isso poderia ser feito através de uma redefinição das estratégias e mecanismos da AMQ proposta (mas insuficientemente implementada) pelo Ministério da Saúde.
- Estabelecer uma política nacional de acreditação de hospitais e estabelecimentos de saúde que passe pela criação de incentivos financeiros para os estabelecimentos que se submeterem aos processos de acreditação.

No caso da cobertura do PSF, a implementação passaria por definir grupos de apoio e visitadores que permitam localizar as regiões mais distantes não cobertas pelo PSF e criar redes de saúde com a assistência federal que garantam os recursos necessários para o seu financiamento.

No caso da acreditação de estabelecimentos de saúde, haverá a necessidade de estudar a experiência internacional, capacitar pessoal e instituições para a acreditação e gerar fundos e mecanismos de financiamento para o incentivo a essa proposta.

Estabelecer mecanismos de premiação para quem se acredita e desincentivos para os estabelecimentos que voluntariamente não se acreditarem.

VI. Melhorar a capacidade de tomada de decisão governamental através de processos de monitoramento e avaliação sistemática dos programas de saúde.

- Reformular o DATASUS para que ele apresente uma melhoria da qualidade e da rapidez de divulgação das estatísticas dos distintos sistemas de informação de saúde.
- Integrar os sistemas de informação do Ministério da Saúde (DATASUS) com os sistemas de informação orçamentária e financeira (SIAFI) e com os sistemas de informação de saúde suplementar, a cargo da ANS.
- Realizar convênios com instituições acadêmicas da sociedade civil e universidades para estabelecer processos permanentes de avaliação dos programas de saúde do Governo.
- Apoiar instituições voltadas para a análise econômica (custo-efetividade e custo-eficiência) dos programas de saúde, a exemplo do Instituto Cochrane e do NICE na Inglaterra.

Elaborar um Plano Diretor de Estatísticas da Saúde que permita, a partir das informações existentes, cobrir temas para avaliação dos distintos programas de saúde do Ministério.

Realizar convênios com instituições que produzem estatísticas de saúde como o IBGE e as Instituições do Sistema Estatístico Nacional e a ANS para estabelecer uma divisão do trabalho na produção de dados e um plano comum de disseminação de informações para o planejamento do SUS e da saúde suplementar.

VII. Aumentar a eficiência no processo de financiamento à saúde do SUS.

- Realizar análises econômicas detalhadas que permitam detectar se o gasto em saúde no Brasil se realiza ou não de forma eficiente.
- Estabelecer metodologias para a avaliação contínua da eficiência do gasto em saúde que possam ser utilizadas para o governo estruturar suas ações e aumentar a eficiência ou buscar novas fontes de financiamento quando necessário.
- Regulamentar a EC-29, não necessariamente para aumentar os recursos do SUS, mas para estabilizar as fontes de financiamento do sistema.
- Estabelecer processos contínuos para avaliar, investigar, detectar e punir, seja a corrupção, seja o uso inapropriado dos recursos que financiam o SUS.

Criar um portal web com informações transparentes sobre os temas de eficiência do gasto público em saúde.

Articular com o sistema judiciário os mecanismos necessários para investigar permanentemente, detectar e punir os atos de mau uso dos recursos públicos destinados à saúde.

UMA NOTA SOBRE O PRINCÍPIO DA INTEGRALIDADE DO SUS

Mônica Viegas Andrade
Kenya Noronha

1 INTRODUÇÃO

Em 2008 o Sistema de Saúde Público Brasileiro (SUS) completou vinte anos. Os vinte anos de SUS representam um percurso intenso de construção de um arcabouço institucional fundamental para a manutenção do direito à saúde no Brasil. A despeito do dinamismo do setor em regulamentar e implementar as diretrizes do sistema, ainda são muitos os desafios que se impõem. O texto de André Medici neste volume faz um balanço histórico do setor no Brasil. Uma interpretação possível do diagnóstico proposto pelo autor nos permite classificar em duas categorias os problemas a serem enfrentados. A primeira categoria concerne aos problemas de gestão relacionados principalmente à organização e eficiência no provimento dos serviços de saúde, na qual incluímos a necessidade de preconização da atenção primária e organização das redes de cuidado, maior autonomia das organizações de saúde, combate à corrupção, principalmente no tocante aos mecanismos de transferência de recursos, e uma melhor articulação com o sistema de saúde suplementar. A segunda categoria concerne aos problemas que denominamos estruturais do sistema e que de alguma forma refletem a estrutura social do Brasil. Nesse aspecto ressalta-se o problema da iniquidade que permeia o setor saúde brasileiro, entendido como a conjugação dos sistemas público e suplementar, em todas as etapas da realização do cuidado médico: financiamento, acesso e utilização. Por entender que esse é na atualidade o maior problema do sistema de saúde brasileiro, focaremos nosso comentário nos aspectos atinentes à equidade.

O texto está organizado em mais duas seções além desta introdução. A próxima seção apresenta de forma sucinta uma tipologia dos sistemas de saúde considerando os aspectos de elegibilidade, financiamento e escopo da cobertura. Em seguida, de posse do contexto internacional, apresentamos o Sistema Nacional de Saúde Brasileiro no que concerne às suas diretrizes, concentrando-nos nas consequências sobre a equidade. Por fim, reforçamos algumas propostas já presentes no texto de Medici e atinentes ao princípio da integralidade.

2 TIPOLOGIA INTERNACIONAL DE ARRANJOS DE ELEGIBILIDADE, FINANCIAMENTO E ESCOPO DA COBERTURA DE SERVIÇOS

Esta seção faz uma breve discussão acerca dos arranjos institucionais mais predominantes, principalmente nos países da OCDE, para provimento e financiamento dos serviços médicos.[1] O objetivo é contextualizar o arranjo institucional brasileiro no cenário internacional. Na maioria dos países com sistemas de saúde organizados, os bens e serviços de saúde são considerados meritórios, o que os torna direito de todos os cidadãos. Considerando especificamente os países da OCDE, observa-se concordância acerca dessa importância, a qual se traduz na prática no princípio da elegibilidade de toda a população. Em praticamente todos os países há cobertura de toda a população para acesso aos cuidados médicos básicos. A despeito desse reconhecimento comum entre os países, os arranjos institucionais para garantir a cobertura de serviços a toda a população são bastante diversos, e a presença do setor privado no provimento e financiamento dos serviços de saúde ocorre de forma diferenciada. Alguns países, mais calcados na tradição do estado do bem-estar social, têm um sistema de saúde com cobertura automática, sem nenhum mecanismo intermediário para viabilizar esse direito (exemplos: Inglaterra, Espanha, Itália). O sistema público brasileiro se enquadra nessa categoria uma vez que todos os cidadãos têm cobertura automática, independentemente da capacidade de pagamento ou vínculo empregatício. Outro grupo de países organiza o sistema na forma de seguro social, no qual os indivíduos têm acesso principalmente através do vínculo empregatício (exemplos: França, Alemanha e Áustria). Nesses países, o direito aos serviços de saúde ocorre mediante adesão ao seguro social compulsório para a maioria dos indivíduos. Por fim, existem ainda países que optam por um arranjo institucional no qual o seguro saúde é compulsório, mas não é organizado na forma de um seguro social (Holanda e Suíça). Nesse caso, os indivíduos realizam o pagamento de um prêmio comum para os seguros privados concorrentes, e há uma equalização do risco que é realizada pelo governo e financiada principalmente através de impostos sobre a renda. Nesses países o governo exerce função importante na regulação e garantia de acesso universal a todos os indivíduos e introdução dos mecanismos de ajustamento ao risco das carteiras, minimizando o problema de seleção adversa. Importante ainda dizer que nos países em que o direito aos serviços médicos não ocorre automaticamente existem programas governamentais voltados especificamente para os grupos sociais menos favorecidos, que não têm condições de realizar pagamento.

Caso particular entre os países da OCDE refere-se ao sistema de saúde americano, que apresenta um arranjo um pouco diferenciado. O Estado oferece cobertura de saúde para a população idosa através do programa público MEDICARE e para a população de baixa renda através do programa MEDICAID. Para a população economicamente ativa, a cobertura de serviços de saúde é voluntária e ocorre, sobretudo, através do vínculo empregatício. Esse arranjo difere daquele existente em alguns países europeus como a França e a Alemanha, onde o seguro saúde é mandatório e ocorre através do vínculo empregatício.

Em relação ao papel do setor privado, os serviços de saúde ocorrem mediante desembolso direto das famílias que optam por comprar diretamente alguns serviços médicos ou através da compra de seguro-saúde. Diferentemente do caso brasileiro, no qual o setor de planos de saúde duplica os serviços ofertados pelo governo, nesses países, em sua maioria, o setor

---

[1] Essa seção está baseada em Paris *et al.*, 2010.

privado tem papel complementar ou suplementar. Essa diferenciação no papel do setor privado é fundamental para o dinamismo do setor saúde. Sistemas nos quais o setor privado duplica os serviços ofertados pelo governo tendem a apresentar menor grau de equidade, visto que alguns indivíduos têm duplo acesso ao sistema. Além disso, a lógica do financiamento privado pode determinar a perda do poder central do governo na determinação e introdução de novas tecnologias de cuidado da saúde, resultando em perda de eficiência. Por outro lado, pode também determinar um maior grau de resposta do sistema, resultando em aumento da qualidade dos serviços ofertados. Sistemas em que o setor privado é complementar ou suplementar à oferta pública permitem uma melhor divisão do risco para os serviços não ofertados pelo governo, resultando em um maior grau de proteção para a população. De forma análoga ao sistema duplicativo, a presença desse setor pode gerar iniquidades no acesso a esses serviços. Vale mencionar, entretanto, que o grau de iniquidade em sistemas em que o setor privado tem papel suplementar ou complementar na oferta de serviços médicos difere sobremaneira de sistemas em que essa oferta é duplicativa. No primeiro caso, a oferta de serviços básicos ou principais é garantida unicamente pelo governo, enquanto no caso de oferta duplicativa os indivíduos têm duplo acesso.

Por fim, no que tange ao grau de cobertura dos serviços ofertados pelo governo, existem restrições tanto no financiamento como no escopo dos serviços ofertados. De maneira geral, o Estado, mesmo garantindo elegibilidade para toda a população, não garante cobertura para qualquer tipo de serviço médico. O grau de cobertura varia na extensão do escopo dos serviços que são ofertados pelos governos e na participação da população no financiamento através de mecanismos de divisão de custos no ato da realização do serviço. No caso do SUS, admitimos cobertura universal, integral e gratuita no ato da realização do serviço, o que coloca o Brasil no grupo dos sistemas de saúde mais generosos do mundo, mas com grande potencial de iniquidades, como será discutido adiante.

3 O SISTEMA DE SAÚDE BRASILEIRO: CONTRADIÇÕES E CONSEQUÊNCIAS

O sistema de saúde brasileiro é um sistema misto composto do Sistema Único de Saúde – SUS e do sistema privado, que oferece planos e seguros de saúde que duplicam a oferta pública, além de uma rede privada que realiza serviços diretamente para a população. O Sistema Único de Saúde tem como princípios básicos a universalidade, a gratuidade, a integralidade, a igualdade, e, como estratégias organizativas, a descentralização, o comando único em cada esfera de governo e a participação social. A descentralização, o comando único em cada esfera de governo e a participação social estão mais relacionados à forma de organização dos serviços de saúde ofertados publicamente e não serão abordados neste trabalho. Como já mencionado, o sistema público brasileiro é universal com elegibilidade automática a todos os cidadãos brasileiros independentemente da capacidade de pagamento. O princípio da integralidade garante o direito a todos os serviços médicos, inexistindo uma definição explícita da inclusão e/ou da exclusão dos procedimentos e cuidados que são de responsabilidade da oferta pública.

A conjugação dos princípios da universalidade e integralidade, embora fundamentada no preceito igualitário, gera contradições para o sistema. Some-se a isso a natureza da demanda individual por bens e serviços de saúde que acirra essas contradições, especialmente em sociedades com assimetrias de informação e de acesso aos serviços. Diferentemente da demanda por outros bens providos publicamente, como educação ou segurança, a demanda por serviços de saúde não apresenta um ponto de saciedade. Em outras palavras, diante da doença os indivíduos não são saciados por serviços de saúde. Essa não saciedade impõe a necessidade da introdução de mecanismos de racionamento de uso dos serviços médicos que podem ser ou não monetários. A introdução de mecanismos de controle monetários tem impactos distributivos, sendo, portanto, minimizada em sistemas tipicamente públicos. Como ofertar integralmente todos os serviços de saúde para toda uma população se o comportamento dessa demanda apresenta uma natureza insaciável? Diante do cenário de restrição de recursos, é necessário definir quais procedimentos serão garantidos à população. Além dos problemas de sustentabilidade financeira, a indefinição de uma cesta básica de serviços de saúde sob responsabilidade do Estado acaba também por resultar em problemas de iniquidade. Nesse aspecto esbarra-se em outro princípio do SUS, o princípio da equidade, em que todos os indivíduos devem ter acesso igualitário aos bens e serviços de saúde de acordo com as necessidades individuais.

Um problema relacionado à integralidade que acaba por resultar em maiores iniquidades no sistema de saúde é a judicialização. Como salienta Medici, existe uma dissonância no entendimento do princípio da integralidade pelo Ministério da Saúde e o sistema judicial brasileiro, que interpreta o princípio constitucional como um dever do Estado, independentemente de critérios clínicos e/ou orçamentários. No cenário atual, não é pequeno o volume de recursos que tem sido despendido por um grupo pequeno de indivíduos que se arriscam a enfrentar os trâmites judiciais para garantir o financiamento e acesso a uma terapêutica ou medicamento não predefinido na oferta planejada do SUS.[2] Cabe salientar que esse pequeno grupo de indivíduos, em geral, pertence a grupos socioeconômicos mais favorecidos, reforçando os problemas de iniquidade de acesso. Com a judicialização, o poder público acaba por perder a capacidade de determinação das políticas públicas, que são então definidas no âmbito do Judiciário sem nenhum critério de eficácia ou evidência clínica comprovadas. Além disso, a definição da oferta pública é determinada na esfera individual, podendo se afastar da função de bem-estar social.

Um segundo problema diz respeito à dinâmica da interação público-privado, que pode ser mais bem estabelecida em um arranjo institucional no qual a cesta de serviços ofertada pelo sistema público seja bem definida. No Brasil, como o sistema nacional de saúde é misto, coexistindo com o sistema público um sistema privado que duplica a oferta de serviços públicos, a indefinição dessa cesta tem efeitos perversos sobre a equidade. Resulta na prática que os indivíduos mais favorecidos socialmente têm duplo acesso ao sistema de saúde, podendo, portanto, utilizar a oferta pública apenas para aqueles serviços, sobretudo de alta

---

[2] Ver Machado, Marina (2010). A autora faz um apanhado dos processos de judicialização no Brasil e em particular para Minas Gerais.

complexidade, que não são providos de forma adequada no sistema privado, seja em função do preço, seja em função da qualidade. Os indivíduos menos favorecidos ficam à mercê de mecanismos de racionamento não monetários, usualmente as filas de espera, o que acaba por reduzir a demanda por serviços preventivos. Esses grupos usualmente têm acesso ao sistema quando demandam serviços de curativos e emergenciais e o estado da doença já está mais agravado. Some-se ainda que a presença de um setor de planos e seguros de saúde é um mecanismo garantidor do financiamento para a introdução de novas tecnologias e procedimentos na saúde. Esse mecanismo endógeno de financiamento é mais um elemento agudizador das iniquidades, uma vez que os indivíduos com acesso a planos de saúde têm em geral acesso a procedimentos e tecnologias novas que são posteriormente incorporados pelo setor público. Essa lógica dual resulta na perda do poder público da capacidade de definição dos procedimentos a serem ofertados pelo sistema público, os quais acabam sendo determinados endogenamente pelo sistema. Nesse contexto, o princípio da integralidade garante de alguma forma que no futuro esses novos procedimentos serão financiados pelo poder público.

Cabe indagar sobre quais princípios realmente queremos para nortear o nosso sistema público de saúde. Se queremos um sistema universal e equitativo, é necessário que o Estado tenha uma definição dos serviços que irá ofertar de forma universal. A existência do sistema privado garantiria aos grupos de renda elevada mecanismos de financiamento de serviços não ofertados pelo setor público, prevalecendo nesse caso o princípio libertário que norteia a lógica da oferta privada no Brasil. Caberia, adicionalmente, ao Estado brasileiro, no âmbito do sistema público, definir programas públicos voltados especificamente para garantir que os grupos menos favorecidos tenham acesso aos serviços não ofertados pelo setor público, reduzindo as iniquidades; e, no âmbito do sistema privado, exercer o papel de regulador do mercado de planos e seguros saúde, garantindo uma harmonização dos sistemas público e privado quanto à cobertura de serviços e evitando os problemas de duplicidade.

3.1 EVIDÊNCIAS SOBRE A EQUIDADE

Esta seção apresenta evidências da iniquidade no acesso e utilização dos serviços de saúde no sistema de saúde brasileiro. Para verificar a presença de iniquidades sociais no acesso e na utilização, construímos as curvas de concentração considerando a variável de renda familiar *per capita* como o indicador de discriminação do *status* socioeconômico. A fonte de dados é a Pesquisa Nacional de Amostra Domiciliar para os anos de 1998, 2003 e 2008, para os quais existem informações de saúde disponíveis. A curva de concentração analisa a distribuição da variável de saúde em relação à distribuição de renda. Foram realizados dois testes de significância das curvas: o teste sobre a curva de igualdade perfeita, que analisa se a distribuição de saúde é homogênea na sociedade, e o teste de dominância sobre a curva de Lorenz, que analisa a distribuição de saúde em relação à distribuição de renda da sociedade.

Do ponto de vista da equidade, um dos principais objetivos dos gestores de saúde é garantir equidade no acesso aos serviços de saúde. A discussão em torno do conceito e operacionalização da variável de acesso é vasta, e não existe um consenso sobre isso. A despeito dessas dificuldades, os indicadores de acesso são usualmente utilizados para avaliar a qualidade de sistemas de saúde. Neste trabalho utilizamos duas variáveis como *proxies* para acesso aos serviços de saúde. A primeira indaga se os indivíduos que tiveram necessidade de cuidados tiveram alguma dificuldade de acesso. A segunda variável se refere à presença de plano ou seguro saúde privado. Além dos indicadores de acesso, analisamos também a distribuição da utilização dos serviços de saúde entre os grupos socioeconômicos. A utilização de cuidados ambulatoriais é testada através do número de consultas médicas realizadas, e a utilização de cuidado hospitalar é testada através da variável de número de dias internado.

O Gráfico 1 mostra a curva de concentração para a dificuldade de acesso aos serviços de saúde. A curva de concentração acima da diagonal mostra que os indivíduos mais pobres têm maiores dificuldades de acesso aos serviços de saúde do que os indivíduos mais ricos. Contrasta com esse gráfico a ilustração referente à distribuição de planos de saúde, que evidencia a elevada iniquidade do sistema de saúde brasileiro. A presença de plano de saúde está bastante concentrada nos grupos socioeconômicos mais elevados. Resultado interessante é a relação entre a desigualdade no acesso a planos de saúde e a desigualdade de renda. Para o caso de planos de saúde, a curva de concentração não é estatisticamente diferente da curva de Lorenz, evidenciando que a desigualdade de planos de saúde apresenta forte correlação com a desigualdade de renda observada no país. Nesse sentido, a iniquidade do sistema de saúde estaria refletindo um problema estrutural da sociedade, que é a desigualdade de renda.

Os Gráficos 3 e 4 mostram as curvas de concentração para utilização de cuidados médicos. Diferentemente do observado para os indicadores de acesso, a iniquidade na utilização é verificada apenas para os serviços ambulatoriais. Esse resultado é interessante, uma vez que os cuidados ambulatoriais estão mais associados à decisão do paciente de procurar o serviço que em grande medida reflete a expectativa sobre o tempo de espera e êxito na realização desse serviço. Os serviços hospitalares, por outro lado, se caracterizam por serem realizados quando os indivíduos estão doentes e refletem a tomada de decisão dos prestadores. A ausência de iniquidade no cuidado hospitalar é um resultado importante do ponto de vista do sistema, pois evidencia que em situações em que os pacientes já estão recebendo cuidado não há discriminação entre os indivíduos de grupos socioeconômicos distintos. Essa evidência dá sustentação à proposta do texto em relação à necessidade de expansão da atenção primária, principalmente através da expansão da cobertura do PSF. A expansão da atenção básica no Brasil é vital não só para organização das redes de cuidado, possibilitando melhor acesso e qualidade do cuidado, como também para redução da iniquidade.

GRÁFICO 1

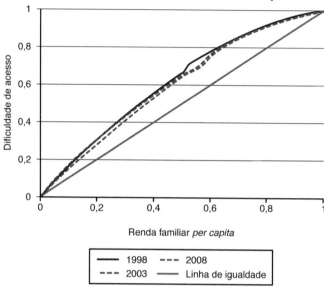

Nota: Curvas de concentração de 1998, 2003 e 2008 dominam a curva de Lorenz e a diagonal. Não existe dominância das curvas de concentração entre os anos.

GRÁFICO 2

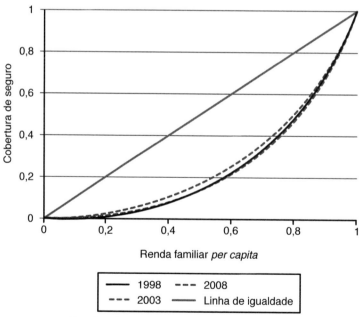

Nota: Curva de concentração de 1998 domina a curva de Lorenz, e as de 2003 e 2008 cruzam a curva de Lorenz. Curvas de concentração de 1998, 2003 e 2008 são dominadas pela diagonal. Não existe dominância das curvas de concentração entre os anos de 1998, 2003 e 2008.

GRÁFICO 3

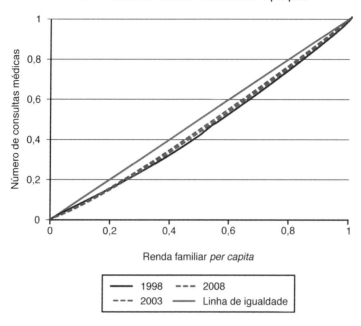

GRÁFICO 4

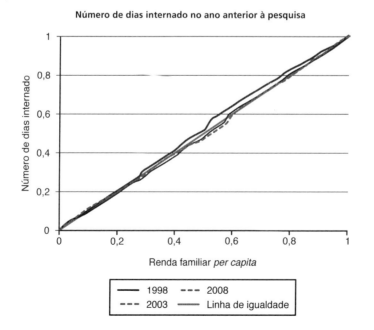

3.2 EM BUSCA DA EQUIDADE: ALTERAÇÃO DA ISENÇÃO FISCAL

Nesta seção discutimos uma das propostas de Medici atinentes aos princípios da equidade. A proposta refere-se ao mecanismo de isenção fiscal vigente no Brasil para indivíduos que realizam compra de planos e seguros saúde. Atualmente, segundo as regras tributárias do país, os gastos realizados pelas famílias com bens e serviços de saúde, incluindo desembolso direto realizado a provedores e/ou pagamento a planos e seguros de saúde, podem ser deduzidos integralmente do pagamento do imposto de renda devido anualmente. Como já abordado neste documento e também no texto de Medici, a presença do setor de saúde suplementar gera iniquidades agudas no acesso, na utilização e no financiamento dos serviços de saúde entre os grupos sociais. Essa iniquidade não é particular do caso brasileiro, mas se revela presente em arranjos institucionais mistos, principalmente quando o sistema privado duplica a oferta do setor público. Nos últimos anos, como forma de minimizar essas iniquidades, foram propostos pela Agência Nacional de Saúde mecanismos de ressarcimento ao SUS pelos planos e seguros de saúde quando os pacientes segurados recebem tratamento do SUS. Entretanto, na prática o ressarcimento não tem ocorrido de forma sistemática devido à falta de articulação financeira do SUS com o sistema suplementar, que não oferece mecanismos eficazes para que essa averiguação seja realizada. Na lógica atual, é responsabilidade das operadoras o ressarcimento ao SUS. Essa sistemática não oferece nenhum incentivo para as operadoras realizarem esse reembolso, e, além disso, o elevado diferencial nas tabelas de remuneração de procedimentos financiados pelo SUS e as tabelas de pagamento induzem operadoras a uma guerra judicial com o sistema público.

A proposta de Medici consiste em uma alteração do mecanismo da isenção fiscal vigente que pode minimizar pelo menos parcialmente as iniquidades do sistema de saúde brasileiro. Medici propõe que a isenção fiscal seja válida apenas para os indivíduos que não utilizarem o SUS no ano corrente. Para os indivíduos que possuem planos de saúde e que eventualmente venham a utilizar o sistema público para recebimento de algum serviço a isenção fiscal deixaria de ocorrer. Esse mecanismo pode ser interpretado como uma forma adaptada de implementar o *"opting out"*. Os indivíduos que não utilizam o sistema público de saúde e realizam todos os serviços de saúde através do plano de saúde privado têm direito à isenção fiscal, uma vez que já financiaram o sistema público através dos impostos diretos e indiretos e descongestionaram o sistema público ao optar pelo sistema privado. Nesse caso é razoável que esses indivíduos tenham isenção fiscal. Por outro lado, os indivíduos que fazem uso dos dois sistemas devem pagar integralmente os serviços privados, já que estão utilizando o sistema público da mesma forma que os que não possuem plano ou seguro saúde. Além disso, os recursos oriundos da arrecadação extra poderiam ser revertidos para o setor público, reduzindo as iniquidades no financiamento. A iniquidade no uso e acesso aos serviços, no entanto, não seria solucionada por essa proposta, uma vez que os indivíduos com plano continuariam tendo duplo acesso ao sistema de saúde.

Um aspecto dessa proposta que necessita de maior reflexão refere-se à definição de um grupo de serviços e/ou de um limite mínimo de valor que seria permitido aos indivíduos com plano de saúde realizarem junto ao sistema público sem perda da isenção fiscal. Os serviços de imunização, por exemplo, que são usualmente ofertados em programas nacionais de vacinação, por apresentarem externalidades no uso, deveriam ser contabilizados para determinar a perda de isenção fiscal? Em particular, no caso das imunizações, uma forma possível de solucionar o problema seria a determinação da obrigatoriedade de os planos e seguros de saúde ofertar o programa de imunizações para seus usuários. Essa obrigatoriedade deveria ser acompanhada de auditoria dos órgãos reguladores.

Essa proposta envolve também a criação de mecanismos de controle do uso dos serviços no sistema para que possa ser implementada. Uma forma factível de realizar esse controle é através da introdução do Cartão SUS, o qual teria todos os registros de utilização dos serviços no sistema de saúde brasileiro, sendo, portanto, elemento integrador dos setores público e privado. A retomada da implementação do Cartão SUS permitiria também enfrentar com um mesmo instrumento os problemas de articulação do cuidado e coordenação do acesso aos serviços de saúde e implementação mais intensiva do cuidado preventivo no Brasil.

3.3 EM BUSCA DA EQUIDADE: A DEFINIÇÃO DO ESCOPO DE SERVIÇOS E A CRIAÇÃO DE UMA AGÊNCIA DE AVALIAÇÃO DE TECNOLOGIAS EM SAÚDE

A definição de uma cesta de serviços a ser ofertada pelo sistema público brasileiro é uma proposta fundamental para garantir que os princípios da universalidade e da equidade sejam alcançados. A evidência empírica internacional mostra que em poucos países existe um compromisso do Estado em garantir acesso a todos os serviços de saúde. Pelo contrário, a maioria dos países apresenta algum tipo de definição desses serviços. Três critérios são mais usuais para a tomada de decisão acerca da introdução de novos procedimentos e/ou terapêuticas: análises de custo-efetividade, estudos de evidência clínica e análises de impacto orçamentário. É nesse contexto que defendemos a proposta da criação de uma Agência de Avaliação de Tecnologias em Saúde como um órgão independente do Ministério da Saúde encarregado de realizar análises técnicas para a introdução de novas terapêuticas e procedimentos no sistema. Essa Agência, além de realizar análises de custo-efetividade e de eficácia clínica, procederia a análises do impacto orçamentário da introdução de novos procedimentos no SUS. A introdução da análise de custo-efetividade como critério norteador das decisões de política pública é fundamental para a eficiência no uso dos recursos públicos. Paralelamente às análises de custo-efetividade das terapêuticas específicas, é necessário que ocorra um acompanhamento do perfil epidemiológico da população através de estudos de carga da doença, de modo que a introdução de novos procedimentos ocorra associada às necessidades da população. Atualmente, no Brasil, a Anvisa e a ANS realizam de alguma forma essa tarefa, definindo, respectivamente, a lista nacional de medicamentos e os procedimentos incluídos no plano de referência. Nesse sentido, essa Agência estaria articulada a essas duas agências que realizam efetivamente a regulação dos setores de vigilância sanitária e saúde suplementar. A introdução de novos procedimentos e terapêuticas deve ser definida em uma lógica que considere os dois subsistemas de saúde que compõem o Sistema Nacional de Saúde Brasileiro.

GASTOS CATASTRÓFICOS, INIQUIDADE E PROPOSTA DE REFORMULAÇÃO DO SISTEMA DE SAÚDE

Antonio Carlos Coelho Campino

1 INTRODUÇÃO

Neste texto apresento em primeiro lugar os resultados de algumas pesquisas sobre o gasto catastrófico em saúde no Brasil e sobre a equidade na situação de saúde e no acesso aos serviços de saúde em nosso país. Com base nessas informações, apresento uma proposta de organização dos serviços de saúde.

2 GASTOS CATASTRÓFICOS E INIQUIDADES NO SISTEMA DE SAÚDE NO BRASIL

Os pobres no Brasil enfrentam gastos catastróficos em saúde, e a existência desses gastos é por si só uma indicação da ineficiência do SUS. O gasto total em saúde, realizado pelas pessoas das mais diferentes classes de renda, não é alto. Os dados para o suplemento de saúde da PNAD 2003 indicam que, para a média da população, os gastos em saúde representavam pouco mais de 5% do gasto total em 2002-2003, e que essa percentagem diminuiu em relação à de 1995-1996 (6,51%). Os gastos em saúde do decil de renda mais pobre representavam uma proporção ainda menor do gasto total (3,23%), e essa proporção também vinha diminuindo desde 1987-1988 (Diniz, Servo, Piola e Eirado, 2007).

Entretanto, subjacente a essa proporção relativamente baixa do gasto em saúde está o fato de que uma parcela dessa população enfrenta gastos catastróficos em saúde. Considera-se catastrófico o gasto em saúde que supera certa proporção da disponibilidade de recursos do indivíduo ajustada pelos gastos necessários à subsistência desse indivíduo. Não há na literatura uma concordância sobre de quanto seria essa proporção – se 20% ou 30% ou 40% da disponibilidade de recursos – ou se essa disponibilidade seria ajustada pelos gastos em alimentação ou pela linha de pobreza (ver Xu *et al.*, 2003; Wagstaff e Doorslaer, 2003; e Diniz *et al.*, 2007).

Em estudos que fizemos, financiados pelo IDRC do Canadá, com os dados do suplemento em saúde da PNAD 2003, verificamos que praticamente 7% dos domicílios situados no quintil mais pobre gastavam em saúde 20% ou mais de sua disponibilidade de recursos. A disponibilidade de recursos no caso do Brasil foi definida como o gasto total subtraído dos gastos em alimentação. Essa proporção chegava a 8% no segundo quintil e a partir daí tendia a cair, chegando a 5,7% no quintil mais rico. Assim, a proporção de domicílios no quintil mais pobre que gastavam em saúde 20% ou mais de sua disponibilidade de recursos era 21% superior à de domicílios que se situavam no quintil mais rico (Knaul *et al.*, 2011). A média

TABELA 1 Prevalência do gasto catastrófico em saúde – Brasil 2003					
	Quintil de renda do domicílio				
k = 20% [1]	QI (+pobre)	QII	QIII	QIV	QV (+rico)
OOP/EXP-FOOD	6,92%	7,97%	6,67%	6,86%	5,71%
[IC = 95%]	[0,06 – 0,08]	[0,06 – 0,10]	[0,06 – 0,08]	[0,06 – 0,08]	[0,05 – 0,06]

Fonte: Preparado pela Profª. Maria Dolores Montoya Diaz, para o projeto financiado pelo IDRC: "*The Impact of Health Financing and Household Health Spending on Financial Equity and Impoverishment:* a comparative analysis of Argentina, Brazil, Chile, Colombia, Costa Rica, Peru and Mexico." A parte relativa ao Brasil foi realizada pela FIPE - Fundação Instituto de Pesquisas Econômicas.
Observações:
OOP/EXP-FOOD são despesas do próprio bolso (OOP), divididas pelas despesas totais, das quais se deduziram as despesas em alimentação.
[1] k = ponto de corte do gasto em saúde em relação ao gasto disponível a partir do qual se diz que um domicílio sofre de um gasto catastrófico em saúde.

para o Brasil era de 6,7% dos domicílios, chegando a 10,8% caso se incorporassem aos gastos em saúde aqueles que não ocorreram devido a restrição orçamentária.[1]

Tomando-se a disponibilidade de recursos como o gasto total subtraído da linha de pobreza, 17% dos domicílios gastavam em saúde 20% ou mais da sua disponibilidade de recursos (Silveira, Azzoni *et al.*, 2007). Essa porcentagem chega a 21,5% no caso em que se adicionam aos gastos em saúde aqueles que não ocorreram devido a restrição orçamentária.

Por outro lado, os pobres padecem muito com doenças crônicas não transmissíveis, o que em parte poderia explicar os gastos catastróficos em saúde que têm. A última PNAD, que tem um suplemento de saúde, a de 2008, apresenta questões acerca de se um médico disse ao indivíduo se ele tinha determinada doença.

A frequência de pessoas que foram informadas por um médico que tinham câncer ou doença do coração era muito significativa até a renda mensal de R$2.000,00. É claro que doenças como o câncer podem ter um componente genético significativo e que o fato de haver poucas pessoas portadoras dessas doenças que tinham um nível de renda superior simplesmente traduz o fato de que pessoas com esse nível de renda são em número bem menor na população. Mas há também um elemento de comportamento e no caso parece estar muito ligado à transição nutricional, que implica que pessoas com menor nível de renda têm adotado uma dieta rica em gorduras animais e açúcares, elementos que estão associados a doenças como as coronarianas, diabetes e (no caso de gorduras) a alguns tipos de câncer.

Vários estudos demonstram a iniquidade na situação de saúde dos pobres no Brasil. Os estudos aqui reportados foram feitos para a OPS – Organização Pan-Americana de Saúde, dentro dos projetos dessa organização, EQUILAC I (2000) e EQUILAC II (em andamento).[2]

No estudo realizado para o Brasil em 1999, com base em dados da Pesquisa de Padrão de Vida 1996/97, concluiu-se que os mais pobres apresentam uma parcela de doença superior à esperada em função de sua distribuição etária e por sexo, e o índice de concentração construído

---

[1] Gastos em saúde que não ocorreram devido a restrição orçamentária são os gastos com remédios que não foram feitos por falta de dinheiro.
[2] EQUILAC é a sigla utilizada pela OPS para referir-se a "Equidade na América Latina e Caribe".

indicou que os pobres têm menor acesso aos serviços de saúde do que os ricos. Ou seja, havia uma iniquidade pró-ricos, tanto na situação de saúde quanto no acesso aos serviços de saúde (Montoya-Diaz e Campino, 2000; Campino *et al.*, 1999). Estudo realizado em 2009 com base nos dados da PNAD 2003 e PNAD 1998 indicou que houve uma redução na iniquidade, mas que continuava a existir uma iniquidade pró-ricos nos aspectos: maior probabilidade de consulta médica; maior probabilidade de consulta odontológica; maior número de consultas médicas. A iniquidade pró-pobres ocorria em aspectos que decorrem de terem uma situação de saúde pior, pois têm maior probabilidade de hospitalização e maior número de dias de internação.

3 PROPOSTA DE REFORMULAÇÃO DO SISTEMA DE SAÚDE

Toda a evidência apresentada até agora mostra que nosso sistema de saúde é bastante inequi-tativo e gera gastos catastróficos para as famílias, mesmo aquelas de baixo poder aquisitivo.

Mas, por outro lado, tenho claro que *melhorar a eficiência também é melhorar a equida-de*, e por essa razão inicio propondo medidas que objetivem melhorar a eficiência do sistema. Ao fazê-lo, estou procurando um caminho que me parece aceitável na realidade política atual do nosso país. A lógica econômica sugere que seria útil adotar-se um esquema como o da França, onde os clientes do sistema pagam 1,00 euro por consulta médica e 0,50 euro por prescrição médica, o que conduziria a uma racionalização da demanda (Paris, Devaux, *et al.*, 2010), mas isso não é no momento politicamente aceitável. Também não é possível sugerir que intervenções de saúde que não sejam custo-efetivas não sejam adotadas; a propósito, os médicos no Reino Unido, quando a diálise renal era muito cara, não a recomendavam para pessoas com idade superior a 55 anos (Greenberg, 1991). Impressionou-me ter assistido al-guns anos atrás a um seminário promovido pela Secretaria de Saúde do Estado de São Paulo e ter ouvido a Secretária de Saúde de um município afirmar que estava convencida de que não era possível manter os princípios de universalidade e integralidade. Concordo com ela, mas isso não me parece politicamente possível no momento atual.

A primeira medida com vistas a melhorar a eficiência do sistema de saúde seria a de cen-trá-lo no PSF – Programa de Saúde da Família. O PSF deverá ser a espinha dorsal em torno da qual se estrutura o sistema de saúde. É necessário aumentar o número de equipes de saú-de da família para aumentar a cobertura do programa. A última informação obtida se refere ao ano de 2006, quando tínhamos 26.520 equipes, cobrindo 91,3 milhões de habitantes, em 5.077 municípios, ao passo que em 2000 tínhamos 7.990 equipes cobrindo 27,5 milhões de habitantes. Assim, no período 2000-2006 houve um aumento de 232% no número de equi-pes e na população coberta. O último dado disponível no portal.saude.gov.br indicava uma cobertura de 103 milhões de pessoas, correspondendo a um aumento de 274% em relação a 2000 e 12% em relação a 2006.[3] A extensão da cobertura do PSF trará benefício para toda a

---

[3] Informações para 2000 extraídas da Rev. Saúde Pública vol.34 n.3 São Paulo, junho 2000. As cifras para 2006 foram retiradas de uma apresentação da Diretoria de Atenção Básica do Ministério da Saúde, Dra. Carmem de Simoni. Em 2000 tínhamos 3.441 pessoas para cada equipe PSF, e supôs-se o mesmo número de pessoas/equipe em 2006. A referência do portal.saude.gov.br não apresenta o ano para a cobertura de 103 milhões de habitantes.

rede. Por exemplo, em recente estudo sobre o impacto do PSF, Rocha e Soares concluem que a participação do município no PSF reduziu a fecundidade, aumentou a oferta de trabalho feminina e melhorou o número de matrículas das crianças na escola (Rocha e Soares, 2010). Uma medida da efetividade do PSF é que a cada 10% de aumento na cobertura do programa a taxa de mortalidade infantil se reduz em 4,5% (Macinko, Guanais *et al.*, 2006).

As pessoas atendidas pelo médico da equipe de saúde da família podem, se necessário, ser encaminhadas a uma UBS – Unidade Básica de Saúde. Mas é preciso que estas existam e tenham uma grande capilaridade.

Para ampliar a rede de UBS (com a configuração das AME de São Paulo), os estados e municípios precisarão de recursos. A proposta é que isso se faça através de uma PPP – Parceria Público-Privada entre o governo (esfera nacional ou subnacional) e o setor privado.

A grande vantagem de implantar UBS com a configuração AME é que estas proveem 15.000 consultas/mês e 40.000 exames/mês, contribuindo assim para desafogar o sistema.

Aqui se contemplam duas alternativas. No caso de reforma de instalações já existentes e seu reequipamento, o setor privado reformaria os prédios, compraria o equipamento necessário e entregaria a primeira dose dos remédios prescritos, que posteriormente seriam adquiridos na Farmácia Popular, e o governo entraria com a mão de obra, especializada ou não. O setor privado teria uma remuneração por pessoa atendida.[4]

No caso de construção de novas UBS, o setor privado construiria os prédios, compraria o equipamento necessário e eventualmente entregaria os remédios prescritos, conforme especificado no parágrafo anterior, e teria uma remuneração por pessoa atendida (maior do que a relativa à remodelação das UBS).

As pessoas atendidas nas UBS poderão ser encaminhadas para um especialista, ou, se assim for necessário, para um hospital. Os hospitais poderiam ser geridos pelo sistema das organizações sociais existentes no estado de São Paulo. Nesse sistema, o governo constrói o hospital e faz uma licitação para selecionar a OS que o operará. Essa OS opera o hospital e recebe um valor *per capita* por pessoa atendida, e o governo tem a vantagem de que, por contrato, especifica as normas que a OS deverá seguir e os objetivos que deverá realizar a cada ano. O governo fica na função de regulador, verifica anualmente se as metas estabelecidas em contrato foram atingidas, sabe as razões no caso de elas não terem sido cumpridas, e pode até romper o contrato se a contratante não explicar adequadamente o não cumprimento. As evidências obtidas em São Paulo são de que os hospitais geridos pelas OS são mais produtivos do que os geridos pela administração direta.

Dentro desse esquema, é muito importante que seja implementado o Cartão SUS. Esse cartão permitiria ao médico que atende o paciente ter acesso a toda a sua história clínica. Isso evitaria duplicidades de exames e prescrições, contribuindo para a maior eficiência e resolutividade da atenção e um menor custo de atendimento por paciente. A velocidade

---

[4] Essa proposta está baseada nos pontos positivos e negativos do PAS, criado em São Paulo em 1996. A proposta original do PAS era muito adequada, mas ele acabou sendo um fracasso porque o prefeito de São Paulo na época o sujeitou ao seu calendário eleitoral, e por outro lado houve uma reação muito forte da corporação dos médicos e enfermeiros que eram empregados municipais e não houve negociação entre esses sindicatos e o governo. Por essa razão, se está propondo aqui que os funcionários da UBS sejam dos quadros públicos.

de implantação do cartão no sistema deve ser objeto de estudo detalhado, pois depende da existência de equipamentos nas UBS e hospitais.

Esse sistema informatizado permitiria também que os médicos das UBS e hospitais em todo o território nacional tivessem acesso às recomendações da Medicina Baseada em Evidências (MBE) para os casos que estivessem tratando, o que permitiria certa padronização dos tratamentos. A MBE poderá contribuir para a redução do desperdício de medicamentos e do custo dos tratamentos.

Esse conjunto de medidas deverá tornar o sistema mais eficiente, permitir a redução do tempo de tratamento e do tempo de espera e aumentar a sua resolutividade. Essa maior eficiência deveria permitir melhorar os preços praticados pelo SUS (a chamada "Tabela SUS"), que estão especialmente defasados na atenção primária e secundária. Enquanto o SUS paga R$7,00 por consulta5 o resultado são consultas em que o médico mal olha para o paciente e pede uma série de exames que, fosse ele mais bem pago e dedicasse maior tempo à consulta, provavelmente não pediria ou pediria em quantidade menor.

Ao lado dessas medidas, o governo também deveria se preocupar com a questão da judicialização da saúde. Esta se constitui numa fonte de gastos para os governos nos três níveis, e o Governo Federal deveria adotar as medidas desenvolvidas pela Secretaria de Saúde do Estado de São Paulo, no sentido de esclarecer o Ministério Público e os juízes sobre a existência, na lista do SUS, de remédios semelhantes aos prescritos pelo médico e que têm menor custo, e mesmo sobre a eventual não existência de evidência científica sobre a eficácia do remédio prescrito.

No que se refere à equidade, já se tratou do acesso aos serviços de saúde quando se apresentaram propostas relativas às UBS. No que se refere à equidade no financiamento da saúde, uma área importante a ser trabalhada é a relativa a remédios. Para os 10% mais pobres da população, os medicamentos representavam mais de 80% dos gastos em saúde. Foi visto anteriormente que se fosse agregado o gasto em medicamentos que as pessoas não puderam realizar devido a sua baixa renda, os gastos catastróficos, para o limiar de 20%, em vez de ocorrerem para 6,7% dos domicílios ocorreriam para 10,8% dos domicílios e poderiam chegar a 21,5% caso a disponibilidade de recursos fosse definida como o gasto total subtraído da linha de pobreza. Para reduzir esse problema, o programa Farmácia Popular deve ser expandido, aumentando o número de medicamentos que compreende e a rede de farmácias participantes.

Também dever-se-ia estimular que os empregadores fornecessem remédios como parte dos benefícios de emprego. Os empregadores que concedessem esse benefício poderiam ter um tratamento tributário especial.

A situação dos desempregados, que podem não ter recursos para adquirir medicamentos na Farmácia Popular, seria resolvida pela adição de um recurso para aquisição de remédios no seguro-desemprego. A mesma solução pode ser sugerida no caso dos beneficiários do Bolsa Família.

---

5 Em setembro de 2010 equivale a 1,37% do salário-mínimo (R$510,00).

PARTE 2

PREVIDÊNCIA SOCIAL
E POLÍTICAS DE RENDA

4
PREVIDÊNCIA SOCIAL: UMA AGENDA DE REFORMAS
Paulo Tafner
Fabio Giambiagi

5
POLÍTICAS DE DISTRIBUIÇÃO DE RENDA NO BRASIL E O BOLSA FAMÍLIA
André Portela Souza

6
REFORMAS INFRACONSTITUCIONAIS NAS PREVIDÊNCIAS PRIVADA E PÚBLICA:
POSSIBILIDADES E LIMITES
Marcelo Abi-Ramia Caetano

7
O CONTRATO SOCIAL DA REDEMOCRATIZAÇÃO
Samuel de Abreu Pessoa

4

PREVIDÊNCIA SOCIAL: UMA AGENDA DE REFORMAS

Paulo Tafner
Fabio Giambiagi

1 INTRODUÇÃO

Desde o quarto final do século XX, os sistemas previdenciários em muitos países tiveram suas estruturas reformadas.[1] Na América Latina, as reformas iniciaram-se na década de 1980, e, desde então, mais de uma dezena de países passou por reformas de seus sistemas. O processo foi iniciado com o Chile, em 1981, e se concentrou fortemente na década de 1990[2], mas se estendeu para os anos 2000.

A onda reformista, em maior ou menor grau, atendia a um imperativo decorrente da transição demográfica por que passaram ou estão passando os países. As mudanças demográficas estão na raiz dos desequilíbrios estruturais dos sistemas previdenciários que, em sua quase totalidade, estão estruturados sob o princípio de repartição. Nesses sistemas, a geração economicamente ativa financia os benefícios da geração que já se retirou do mercado.[3] Exatamente porque são gerações que financiam outras gerações, esse regime de financiamento está fortemente sujeito à dinâmica demográfica. Uma geração de ativos que seja numerosa exigirá que a geração sucessora seja igualmente numerosa, ou, sendo numericamente inferior, que os ganhos de produtividade da nova geração sejam elevados o suficiente para arcar com os gastos da geração anterior.

Essa fragilidade de sistemas estruturados em regime de repartição pode ser potencializada, caso seja também estruturada com benefício definido, como é o caso do Brasil e de muitos outros países. Isso porque, sendo o benefício definido, as alíquotas de contribuição e as condições de elegibilidade de acesso aos benefícios devem estar muito bem calibradas para que não surjam déficits estruturais no sistema e devem, também, ser suficientemente flexíveis para que possam ser ajustados a alterações demográficas. No entanto, não é isso o que ocorre. A inflexibilidade das regras faz com que surjam desequilíbrios. E, com ele, pressões para que o sistema seja reformado. Reformar, porém, envolve a disputa sobre quais

---

[1] Apenas como exemplos ilustrativos, podemos citar os casos da Bélgica que em 1972 eliminou a indexação de benefícios e em 1992 promoveu ajustamentos nas taxas de reposição; da Alemanha, que promoveu uma primeira reforma em 1972, com subsequentes modificações nas décadas de 1980 e 1990; da França, que fez uma grande reforma em 1983, mas nova rodada de reforma já está em curso, tendo em vista fatores demográficos e de desempenho do mercado de trabalho (ver a respeito Blanchet e Marioni, 1996; Dangerfield, 1994 e Marchand e Thélot, 1991); ou do Japão, cuja reforma de 1994 foi motivada pela componente demográfica (ver a respeito Yashiro e Oshio, 1999; Takayama, 1992 e Yashiro, 1997). O caso do Japão é muito interessante porque seu sistema de previdência adquiriu o formato vigente (antes da reforma) em 1961 e sobreviveu sem reformas por mais de 30 anos. Nesse mesmo período, as pressões demográficas foram devastadoras: a taxa de fertilidade caiu de 2,8 em 1965 para 1,4 em 1996; a taxa de dependência (número de habitantes de 65 anos e mais/número de habitantes com idade entre 20 e 64 anos) saltou de 0,10 em 1940 para 0,24 em 1995. O resultado foi que os gastos subiram de 4,9% do PIB em 1961 para 14,1% em 1996.

[2] Peru (1993), Colômbia (1994), Argentina (1994), Uruguai (1996), Bolívia (1997), México (1997), Brasil (1998 e 2003), El Salvador (1998), Nicarágua (2001) e Costa Rica (2001).

[3] Nesses sistemas há, implicitamente, uma lógica de solidariedade entre gerações. Cada indivíduo ativo financia um inativo e espera que, no futuro, a geração sucessora pague seu benefício.

segmentos sociais devem arcar com os custos de uma reforma. Para beneficiários a melhor solução seria elevar a carga dos ativos. Para os segurados ativos, o melhor seria um aumento geral de impostos, de modo a compartilhar os custos com toda a coletividade. Para empresários e consumidores, o melhor seria que o déficit fosse financiado exclusivamente pelos indivíduos diretamente envolvidos no sistema (segurados ativos e beneficiários).

O fato é que mudanças demográficas têm ocorrido com regularidade, mesmo em países demograficamente jovens, como o Brasil. E seu impacto é tão profundo que, na literatura sobre o tema, ele tem sido chamado de "risco demográfico".

No caso brasileiro, o "risco demográfico" era, até bem pouco tempo, uma ficção. Entretanto, com as mudanças reprodutivas dos últimos 20 anos essa situação se modificou completamente. Mesmo antes dessa mudança, diversos autores[4] já indicavam a necessidade de adequação das regras operacionais, posto que eram particularmente generosas nas condições de acesso aos benefícios. O resultado é que os gastos previdenciários brasileiros como proporção do PIB têm crescido consistentemente desde o final dos anos 1980, constituindo-se, atualmente, no principal item de despesa do orçamento da União.[5] Mantidas as regras operacionais de nosso sistema, essa situação tende a se agravar. Por essa razão, diversos pesquisadores têm discutido o tema e proposto aprimoramentos. Também no âmbito do governo essa discussão tem sido feita.

O objetivo deste texto é contribuir para esse debate. Ele está estruturado em seis seções, além desta introdução. Inicialmente, na Seção 2, são apresentados dados que documentam que a participação do Estado em questões previdenciárias é um fenômeno inquestionável em praticamente todos os países do mundo.[6] Na Seção 3 é apresentado o funcionamento de nosso sistema previdenciário e são identificados seus subsistemas, destacando-se aquele que potencialmente apresenta os maiores riscos em termos de aumento de despesa, o INSS. Também são apresentadas informações sobre a dimensão de nosso sistema previdenciário e uma breve descrição da evolução recente da Previdência Social, em termos de gastos, benefícios, cobertura e trajetória da componente demográfica. São também destacados os principais componentes que explicam a evolução numérica de nossa previdência. Em seguida, na Seção 4, é apresentada uma análise mais detalhada da componente demográfica. Na Seção 5, são apresentados em detalhes os principais fatores responsáveis pelo aumento do custo previdenciário, além daquele decorrente exclusivamente da componente demográfica. Em particular, são analisados os impactos de reajustamento dos benefícios previdenciários e as

---

[4] Ver os trabalhos pioneiros de Oliveira (1980) e Oliveira (1982). Oliveira *et al.* (1997), Oliveira *et al.* (1999), Oliveira *et al.* (2004), Tafner e Giambiagi (2007), Tafner (2008), Cechin (2005, 2007), Rocha e Caetano (2008) também se debruçaram sobre o tema. Mais recentemente, Giambiagi e Tafner (2010) apresentaram propostas de reformas.

[5] O gasto do INSS representa quase 40% da despesa primária da União, excluindo transferências a estados e municípios. Esse mesmo gasto acrescido ao pagamento de benefícios dos servidores públicos civis e militares da União, representam aproximadamente 9% do PIB. Outros quase 2% do PIB são gastos com pagamentos de benefícios a servidores de estados e municípios.

[6] Na Seção 2 da versão deste texto disponível no site da Casa das Garças (www.iepecdg.com.br) são apresentados argumentos teóricos para a intervenção do Estado na questão de seguridade e, mais especificamente, na previdência. Procura-se destacar dois aspectos relevantes: (a) apesar de, em vários países, o sistema de previdência ter nascido sob auspícios e comando do Estado e ter se tornado a forma dominante durante o século XX — ainda que desde a década de 1990 essa tendência tenha se revertido —, essa não é a única forma teoricamente possível, apesar de, empiricamente ser a forma predominante; e (b) argumentos teóricos para o papel proeminente do Estado em questões de previdência não são consensuais, nem tampouco é trivial deduzir essa proeminência empiricamente observada de argumentos sustentáveis do ponto de vista teórico.

regras de concessão de benefícios. Em complemento à analise dos custos da previdência social, são também apresentados seus impactos em termos de combate à pobreza. Na Seção 6, são apresentadas estimativas do impacto da mudança demográfica sobre a evolução dos gastos sob as regras atuais e comparadas essas estimativas com trajetórias do PIB. A seção final apresenta propostas para o aprimoramento de nosso sistema previdenciário.

2 GASTOS PREVIDENCIÁRIOS E ASSISTENCIAIS: UMA BREVE PERSPECTIVA INTERNACIONAL

A participação do Estado nas questões de previdência social é um fato inquestionável. A Tabela 1 traz informação de 34 países sobre o peso dos sistemas previdenciários, expressos como participação no produto e como proporção do gasto público de cada país.[7] Em todos os continentes, para países com diferentes graus de desenvolvimento, para ricos e para pobres, para colonizados e colonizadores, para países populosos ou quase inabitados, para países continentais ou simples porções de terra, para países com população jovem e para aqueles cuja população é mais madura, a realidade é uma só: o Estado participa dos sistemas de previdência e de bem-estar e essa participação é crescente à medida que o país é mais rico.

TABELA 1 Gastos com seguridade social e outros gastos sociais — Diversos países: média 1978-82					
	Países	% PNB	% do gasto público	Países	% PNB	% do gasto público
1	Peru	0,03	0,17	Estados Unidos	7,53	33,96
2	Filipinas	0,27	2,11	Reino Unido	9,43	25,48
3	Cingapura	0,29	1,36	Suíça	9,84	48,64
4	Guatemala	0,41	3,64	Grécia	10,21	28,35
5	Paquistão	0,48	2,65	Chile	10,39	33,96
6	Turquia	0,64	2,40	Nova Zelândia	11,40	29,26
7	Zâmbia	0,78	2,30	Hungria	11,63	21,21
8	México	1,03	16,01	Uruguai	11,67	48,34
9	Coreia	1,13	6,46	Itália	12,61	30,11
10	Venezuela	1,75	6,76	Noruega	12,90	33,89
11	Costa Rica	1,95	8,86	Dinamarca	16,46	42,29
12	Colômbia	3,03	20,06	Espanha	16,20	58,81
13	Egito	4,62	9,68	Áustria	17,50	45,77
14	Argentina	6,29	32,38	França	17,56	44,12
15	Austrália	7,00	27,94	Suécia	19,48	47,86
16	Brasil	7,03	35,25	Holanda	19,95	37,09
17	Canadá	7,12	33,12	Bélgica	21,71	42,09

Fonte: Extraído e traduzido de Guido Tabellini, 1990.

---

[7] Na tabela original são apresentadas informações de 63 países.

Há enorme diversidade de arranjos institucionais previdenciários pelo mundo, indicando não haver determinismo entre modelos e sistemas. No entanto, é razoável admitir que em sistemas de capitalização (*"funded"*) há preponderância do setor privado e, nessa medida e como contrapartida, o papel do governo é majoritariamente regulatório (como é o caso da Austrália, do Chile, do México, entre outros) e, em alguns casos, também como garantidor de renda mínima àqueles desprovidos de qualquer rendimento ou estrutura de apoio. Já em sistemas de repartição (*"unfunded"* ou *"PAYG [Pay as you Go]"*), a presença do Estado é massiva como operador do sistema. Há, no entanto, diversas manifestações empíricas em que, além de operador, o Estado age como regulador, seja porque um segundo pilar é privado e complementar (como o Brasil, por exemplo, e diversos outros países), seja porque o sistema permite concorrência entre agentes privados e o próprio Estado (o caso da Argentina se assemelha a essa situação).

Observe que não apenas a forma de inserção do Estado, mas também a dimensão da questão previdenciária varia enormemente de país para país, como bem demonstram os dados da Tabela 1. Enquanto os gastos com previdência de países como Peru, Filipinas, Cingapura, Guatemala, Paquistão, entre outros, ficam bem abaixo de 10% do total de gastos governamentais, em outros, como Argentina, Brasil, Canadá, Suíça, Chile, Uruguai,[8] Espanha e Áustria etc., os gastos com previdência ultrapassam 30% dos gastos totais do governo.

3 SISTEMA PREVIDENCIÁRIO E ASSISTENCIAL BRASILEIRO — CARACTERÍSTICAS E EVOLUÇÃO RECENTE

O sistema previdenciário brasileiro teve seu contorno institucional atual definido a partir da Constituição Federal de 1988. Desde então, passou por duas reformas constitucionais (EC 20/1998 e EC 41/2003)[9] e regulamentações decorrentes dessas reformas. Em especial, a Lei nº 8.213 de 24/07/1991 define e regulamenta o Plano de Benefícios da Previdência Social, e a Lei nº 8.742, de 7 de dezembro de 1993 (Lei Orgânica da Assistência Social — LOAS), define que, no Brasil, a assistência social é direito do cidadão e dever do Estado. Como política de seguridade social não contributiva, a assistência social deve garantir, através de um conjunto integrado de ações de iniciativa pública e da sociedade, o atendimento às necessidades básicas da população.[10]

O sistema está estruturado em dois regimes. O primeiro, o Regime Geral de Previdência Social (RGPS), dá conta dos trabalhadores do setor privado, que paga mensalmente 23,5 milhões de benefícios, dos quais 22,7 milhões estritamente previdenciários; o segun-

---

[8] O Uruguai era um caso extremo, e a reforma de seu sistema em 1995 representou a derrota definitiva do *lobby* "grisalho", que conseguira impedir mudanças em duas outras tentativas (fracassadas) de mudança do sistema.

[9] Como consequência de acordo partidário sobre itens específicos da EC 41/2003, a EC 47/2005, estabeleceram-se regras de transição para os servidores ativos em 2003.

[10] Para uma descrição detalhada da evolução institucional do sistema previdenciário e assistencial brasileiro, ver MPAS (2008).

do, Regime Próprio de Previdência (RPP), é restrito aos trabalhadores do setor público dos três níveis de governo, sendo que cada nível tem seu próprio regime.[11] No âmbito da União, o RPP paga, mensalmente, 1,1 milhão de benefícios. Os militares, apesar de fazerem parte do Regime Próprio, têm plano específico, com regras diferentes daquelas observadas entre civis. A Tabela 2 apresenta, para o ano de 2009, a arrecadação de contribuições previdenciárias e a despesa com aposentados e pensionistas e outros benefícios previdenciários, separando as informações para cada um dos regimes.

TABELA 2 Resultado previdenciário: 2009 (% PIB)[a]			
Composição	% PIB	Benefícios (milhão)[b]	Valor médio (R$)
Servidores da União	−1,7		
Receita	0,3	1,1	4.048,0
Despesa	2,0		
INSS	−1,4		
Receita	5,8	24,3	685,0
Despesa	7,2		
Total (déficit)[c]	−3,1		
Receita	6,1		
Despesa	9,2		

[a]Nesses cálculos estão excluídos os benefícios pagos pelos Governos Estaduais e Prefeituras Municipais.
[b]No total de benefícios do INSS estão incluídos 22,7 milhões de benefícios previdenciários e 1,6 milhão de benefícios assistenciais ao idoso (LOAS+RMV idoso).
[c]Alguns autores entendem que, por não haver fontes específicas de recurso, o déficit pode ser entendido como necessidade de financiamento.

Fonte: Elaboração dos autores.

Devido à enorme diferença do valor médio de benefício pago de cada regime, é comum o entendimento de que o problema de sustentabilidade previdenciária está no setor público. Uma análise mais pormenorizada, entretanto, nos conduz à conclusão oposta. Apesar de ainda apresentar elevado déficit, o gasto do RPP reflete uma situação anterior às reformas de 1998 e 2003. O elevado desequilíbrio decorre da existência de significativo estoque de servidores que se aposentaram com as regras antigas, muito condescendentes. Essa situação foi estruturalmente modificada após as duas reformas mencionadas. Isso pode ser mais objetivamente visto com os dados apresentados no Gráfico 1.

---

[11] Por isso mesmo, seria mais correto falar de Regimes Próprios, no plural. Entretanto, para os propósitos deste trabalho, optamos por destacar apenas a diferenciação entre o setor público e o setor privado.

GRÁFICO 1

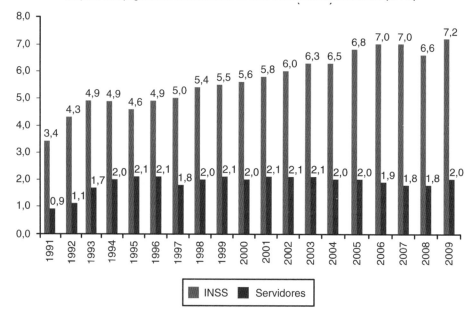

Fonte: Ministério de Planejamento, Ministério da Previdência Social, Secretaria do Tesouro Nacional.

Os dados revelam que, ao longo dos anos, desde 1991, a despesa com o RPP, após crescer consistentemente até 1994 — como consequência da implementação do preceito constitucional —, permaneceu estável desde então. O mesmo, porém, não aconteceu com os gastos do INSS, que cresceram consistentemente durante todo o período. Esses gastos passaram de 4,3% do PIB, em 1994, para 7,2% do PIB, em 2009, e são hoje o principal gasto do orçamento federal.[12]

Três fatores combinados contribuíram decisivamente para esse desempenho dos gastos do INSS: (a) regras generosas de aposentadoria e pensão em face das tendências demográficas do país; (b) reajustes do salário-mínimo desde meados dos anos 1990; e (c) baixo crescimento médio do PIB. Para o futuro, um quarto componente terá papel decisivo: a dinâmica demográfica. Como anunciado pelo IBGE, com as revisões feitas em 2008, o país enfrentará um acelerado processo de envelhecimento mais intenso nos próximos 30 anos, impondo desafios não triviais para nosso sistema previdenciário e para as finanças públicas.

O volume de concessão de novos benefícios cresceu a uma taxa média anual bastante elevada, entre 1990 e 2009. A Tabela 3 apresenta, para anos selecionados, a quantidade de benefícios concedidos[13] pelo INSS. O crescimento médio anual da concessão de benefícios totais do INSS entre 1990 e 2009 foi de 6,71% ao ano, e a concessão de benefícios estritamente

---

[12] Utilizando uma série que remonta a 1988, quando o gasto do INSS era de apenas 2,5% do PIB, eles teriam praticamente triplicado seu tamanho em relação ao PIB.

[13] Sob regras relativamente estáveis de acesso aos benefícios previdenciários, como é o caso do Brasil, o número de benefícios concedidos é aproximadamente igual ao número de indivíduos que atingem certa idade. Por isso pode ser utilizado como uma "*proxy*" simplificada do comportamento demográfico. Por essa razão, ela é aqui apresentada.

beneficiários, no mesmo período, foi de 6,50% ao ano, tendo a concessão de aposentadorias crescido a um ritmo anual de 5,61%. Esse ritmo de crescimento deveu-se, fundamentalmente, às regras do sistema previdenciário, pois a população idosa, no mesmo período, passou de 9,897 milhões de indivíduos, em 1990, para 18,616 milhões, em 2008, o que equivale a uma taxa de crescimento médio anual de apenas 3,38%.

Grupos de espécies	1990	1994	1998	2002	2006	2009	Variação % (2009/1990)	Taxa de crescimento médio anual
TABELA 3 Quantidade de benefícios concedidos — INSS: 1990-2009 (dezembro — anos selecionados)								
TOTAL	1.390.693	2.081.153	2.346.817	3.867.564	4.238.816	4.473.905	221,70	6,71
BENEFÍCIOS DO RGPS	1.305.541	2.006.673	2.074.254	3.582.821	3.932.623	4.108.220	214,68	6,58
PREVIDENCIÁRIOS	1.207.692	1.830.801	1.898.325	3.378.764	3.773.809	3.754.851	210,91	6,50
Aposentadorias	401.128	894.954	83.427	763.411	819.593	1.071.040	167,01	5,61
Tempo de contribuição	63.165	222.369	297.857	159.961	185.093	271.298	329,51	8,43
Idade	229.391	555.607	391.636	428.896	462.647	602.721	162,75	5,51
Invalidez	108.572	116.978	144.777	174.554	171.853	178.211	64,14	2,79
Pensão por morte	220.992	317.573	283.290	325.594	334.801	380.039	71,97	3,06
Auxílios	549.224	576.951	635.210	1.294.728	2.202.709	1.733.877	215,70	6,60
Outros	36.348	41.323	145.555	995.031	416.706	569.895	1.467,89	16,52
ACIDENTÁRIOS	97.849	175.872	175.929	204.057	158.814	353.369	261,14	7,39
Aposentadoria por invalidez	4.613	4.370	6.737	9.687	5.854	8.940	93,80	3,74
Outros	93.236	171.502	169.192	194.370	152.960	344.429	269,42	7,53
BENEFÍCIOS ASSISTENCIAIS	85.152	7.448	272.563	284.743	306.127	362.574	325,80	8,38
LOAS e RMV	85.143	70.725	132.359	139.939	173.719	362.090	325,27	8,37
Outros	9	3.755	140.204	144.804	132.408	484	n.a.	n.a.
ENCARGOS PREV. UNIÃO					66	3.111	n.a.	n.a.

Fonte: AEPS — Suplemento Histórico, 2008 e BEPS (todos os meses de 2009).

O aumento dos gastos do INSS, como indicado anteriormente, dependeu também do "efeito-preço", ou seja, do reajustamento dos benefícios previdenciários. Para o período compreendido entre 1994 e 2009 (período para o qual se dispõe de dados detalhados), a Tabela 4 apresenta o valor real de benefícios emitidos pelo INSS (deflacionado pelo INPC anual). Destaque-se que em apenas 14 anos (entre 1995 e 2009) os gastos com benefícios do INSS foram multiplicados por 2,5, e os gastos com pagamentos exclusivamente previdenciários foram elevados, em termos reais, em 2,4 vezes. Em praticamente todos os grupos de benefícios, a taxa média de crescimento real foi superior ao crescimento do número de benefícios, reflexo do efeito do reajustamento real do benefício previdenciário, no período.

TABELA 4 Valor de benefícios emitidos — INSS: 1995-2009 (em R$ milhão constante de 2009, posição em dezembro, anos selecionados)

Tipo de benefício	1995	1996	1999	2002	2005	2009	Variação % (2009/1995)	Taxa de crescimento médio anual
TOTAL	6.906,9	7.404,0	9.281,5	10.780,4	13.593,1	17.124,1	147,9	6,7
BENEFÍCIOS DO RGPS	6.518,2	7.023,0	8.760,4	10.107,4	12.579,2	15.478,4	137,5	6,4
PREVIDENCIÁRIOS	6.313,2	6.791,1	8.472,1	9.770,2	12.175,7	15.016,4	137,9	6,4
Aposentadorias	4.507,1	4.903,3	6.166,3	6.735,5	8.140,1	10.370,8	130,1	6,1
Tempo de contribuição	2.329,7	2.766,2	3.646,4	3.703,5	4.113,1	4.849,3	108,2	5,4
Idade	1.507,3	1.464,0	1.709,1	2.039,5	2.661,2	3.764,0	149,7	6,8
Invalidez	670,0	673,1	810,8	992,5	1.365,8	1.757,6	162,3	7,1
Pensão por morte	1.577,3	1.633,4	2.012,9	2.407,0	2.928,1	3.800,3	140,9	6,5
Auxílios	218,3	244,6	281,4	553,7	1.093,0	815,0	273,4	9,9
Outros	10,6	9,8	11,4	73,9	14,5	30,3	185,5	7,8
ACIDENTÁRIOS	204,9	231,9	288,3	337,2	403,6	462,0	125,4	6,0
Aposentadoria por invalidez	39,9	44,5	60,6	78,5	103,2	125,8	215,0	8,5
Outros	165,0	187,3	227,7	258,7	300,4	336,2	103,8	5,2
BENEFÍCIOS ASSISTENCIAIS	388,7	381,0	521,2	673,1	1.013,9	1.632,8	320,1	10,8
LOAS e RMV	408,0	346,0	235,6	372,6	564,4	865,6	112,2	5,5
Outros	7,1	85,5	202,5	300,5	449,5	767,2	n.a.	n.a.
ENCARGOS PREV. UNIÃO	0,0	0,0	0,0	0,0	0,0	13,0	n.a.	n.a.

Fonte: AEPS — Suplemento Histórico, 2008 e BEPS (todos os meses de 2009).

O sistema previdenciário brasileiro apresentou elevado crescimento, seja em termos de número de contribuintes, seja em número de beneficiários. Também a cobertura previdenciária — uma medida da proteção social do sistema previdenciário — elevou-se quase 5 pontos percentuais entre 1984 e 2008 e, em termos absolutos, cresceu 57%, no mesmo período.[14] Nesse período, a cobertura previdenciária total elevou-se de 69,7% para 74,3%, tal como mostrado na Tabela 5, a partir de dados da Pesquisa Nacional por Amostra de Domicílios (PNAD) do IBGE.

TABELA 5 Incidência de cobertura previdenciária total e para indivíduos com 60 anos ou mais e 65 anos ou mais

Ano	Condição previdenciária	Total	(%)	60 anos ou mais	(%)	65 anos ou mais	(%)	0 a 29 anos	(%)
	Sem cobertura	38.833.766	30,3	980.587	11,3	402.004	7,0	31.884.657	38,2
1984	Com cobertura	89.429.835	69,7	7.718.684	88,7	5.327.007	93,0	51.478.027	61,8
	Total	128.263.601	100,0	8.699.271	100,0	5.729.011	100,0	83.362.684	100,0
	Sem cobertura	48.903.277	25,7	1.323.616	6,3	616.405	4,2	36.514.173	37,8
2008	Com cobertura	141.049.518	74,3	19.715.468	93,7	13.915.931	95,8	60.211.136	62,2
	Total	189.952.795	100,0	21.039.084	100,0	14.532.336	100,0	96.725.309	100,0

Fonte: PNAD (1984 e 2008) — IBGE.

Nesse processo de expansão da cobertura previdenciária, em termos médios, a expansão da cobertura foi de aproximadamente 5 pontos percentuais. Enquanto a cobertura média da população atingiu 74,3%, para o segmento idoso (indivíduos com 60 anos ou mais), esta se elevou para 93,7% e para o grupo de 65 anos ou mais aumentou de 93% para 95,8%. Esse resultado indica uma cobertura quase universal para esses segmentos etários.[15]

Parece claro que a proteção social ao segmento etário mais velho está praticamente completada, mas resta ainda atingir 25% da população que, ainda hoje, permanece fora do sistema de proteção social. Essa "desproteção" previdenciária está concentrada em crianças, jovens e adultos jovens.

Na seção seguinte detalhamos o comportamento demográfico recente do país e analisamos o que se espera em termos de desempenho demográfico para os próximos 40 anos.

4 DESEMPENHO DEMOGRÁFICO

O mundo experimentou ao longo do século XX uma transição demográfica a partir de três forças motrizes: (i) forte elevação inicial da taxa de fecundidade logo após o término da Segun-

---

[14] A medida de cobertura previdenciária aqui apresentada leva em consideração o total da população e não a População Economicamente Ativa (PEA), como usualmente feito. Isso se deve à maneira como é calculada a cobertura previdenciária. Esta é feita por unidade familiar, estendendo-se a cobertura a dependentes legais de um membro coberto pela previdência. Oliveira (1993), a partir de estudo de Mesa-Largo (1998), apresenta dados de cobertura para a América Latina baseado, como tem sido usual, apenas na PEA.

[15] Dentre aqueles dessa faixa etária que não contam com cobertura previdenciária, 72% viviam, em 2008, em domicílios com rendimento mensal *per capita* de até 1 salário-mínimo. Estes compõem um grupo que a Previdência Social tem dificuldades de atingir. Dos demais indivíduos dessa faixa etária não cobertos pela Previdência Social, 8,3% viviam em domicílios com renda domiciliar *per capita* superior a dois salários-mínimos.

da Guerra Mundial, que se prolongou por duas décadas; (ii) pronunciada redução da taxa de mortalidade entre os segmentos mais velhos da sociedade; e (iii) a partir de segunda metade da década de 1970, uma contínua queda na taxa de fecundidade. As resultantes atuais desse processo podem ser assim sintetizadas: a) crescimento da população a taxas declinantes e até, em alguns casos, negativas; b) contínuo envelhecimento da população.

Esse envelhecimento pode ser expresso pela idade mediana da população. A Tabela 6, montada a partir de dados das Nações Unidas, apresenta as idades medianas para todos os continentes, para o período 1950-2050.

TABELA 6 Evolução da idade mediana e taxa de variação por década, segundo continentes[a]						
Ano	África	Ásia	Europa	América do Norte	América do Sul	Oceania
1950	19,2	22,3	29,7	29,8	20,4	28,0
1960	18,4	21,0	30,7	29,3	19,7	26,9
1970	17,7	19,7	31,8	27,9	19,6	25,3
1980	17,5	21,1	32,7	30,0	20,9	26,6
1990	17,5	23,0	34,8	32,8	22,7	28,9
2000	18,5	25,8	37,6	35,3	25,0	31,3
2010	19,7	29,0	40,2	36,9	28,2	33,0
2020	21,2	31,9	42,7	38,3	31,9	34,7
2030	23,4	35,2	45,3	40,0	35,6	36,4
2040	25,9	38,1	46,9	41,3	39,1	37,9
2050	28,5	40,2	46,6	42,1	42,1	39,1

[a]Dados reais até 2000. A partir daí são dados projetados pelas Nações Unidas.

Fonte: United Nations (2008).

Entre 1950 e 2000, com exceção da África, todos os continentes apresentaram elevação na idade mediana. Em média, novamente com exceção da África, esse aumento foi de 5 anos, o que corresponde, em termos percentuais, a uma elevação de 20%. Na Europa, o aumento foi de 7,9 anos (27%) e na América do Sul, continente com o segundo maior aumento da idade mediana, foi de 4,6 anos, equivalente a 23%.

Para os próximos 40 anos, a América do Sul será o continente com maior aumento da idade mediana, tanto em termos absolutos quanto relativos. A idade mediana do continente passará de 28 para 42,1 anos. Na metade desse século, a população sul-americana não mais será jovem, entendendo-se por jovem aquele indivíduo com até 30 anos de idade. E o Brasil, como será visto a seguir, é o país que mais envelhecerá.

4.1 DEMOGRAFIA BRASILEIRA EM PERSPECTIVA COMPARADA

Também no Brasil, especialmente a partir da metade do século passado, três importantes e sucessivos fatores demográficos entraram em funcionamento: (i) diminuição da mortalidade infantil; (ii) queda na fecundidade; e (iii) redução da mortalidade adulta. Passou a ocorrer no Brasil o que ocorreu muito antes nos países europeus. O que há de inusitado é que estamos repetindo o processo demográfico a uma velocidade muito maior.

A primeira mudança ocorreu a partir da década de 1930, quando se reduziu a taxa de mortalidade infantil. Ela, que era de 134,7 óbitos para cada mil nascimentos, no quinquênio 1950-1955, reduz-se para 90,5 no quinquênio 1970-75 e para 27,3 no quinquênio 2000-05. Nos cinquenta anos entre 1950 e 2000, a mortalidade infantil caiu aproximadamente 80%, e continua caindo. Dados mais recentes (da mesma fonte) indicam que essa taxa é hoje inferior a 23 óbitos por mil nascidos vivos (26,9 para homens e 19,9 para mulheres). Esse desempenho fez com que o crescimento da população se desse a taxas bem elevadas entre 1950 e 1970.[16]

A redução na taxa de fecundidade ocorre a partir de meados da década de 1960. Apesar desse relativo "atraso", a velocidade de queda é bastante acentuada, e na presente década já temos a menor taxa de fecundidade do continente. Também deveremos ser o primeiro país sul-americano a apresentar taxa negativa de crescimento demográfico.

O terceiro efeito — queda da mortalidade entre idosos, consequência da melhoria das condições gerais de vida e do avanço das condições médico-hospitalares — não conta com uma estatística direta, mas é possível inferir esse efeito a partir da estatística indireta do percentual de indivíduos com 80 anos ou mais no total da população, além de seu número absoluto, como apresentado na Tabela 7. Em apenas 30 anos, entre 1980 e 2010, esse grupo etário multiplicou-se por 4,5, e sua incidência no total da população aumentou em 2,75 vezes.

TABELA 7 **População de 80 anos ou mais, segundo sexo e participação relativa na população total — Brasil: 1980-2010**

Ano	Total	Homens	Mulheres	Pop total	% pop
1980	590.968	239.621	351.347	118.562.549	0,50
1985	734.390	303.611	430.779	132.999.282	0,55
1990	919.210	384.646	534.564	146.592.579	0,63
1995	1.247.939	524.826	723.113	158.874.963	0,79
2000	1.586.958	661.009	925.949	171.279.882	0,93
2005	2.044.789	848.555	1.196.234	183.383.216	1,12
2010	2.653.060	1.082.138	1.570.922	193.252.604	1,37

Fonte: IBGE, Projeção de População — Brasil (revisão 2008).

Como resultado conjunto desses três fatores demográficos, a taxa de crescimento populacional brasileira caiu quase 70% entre 1950 e 2010, como mostra a Tabela 8, em que o Brasil é comparado a outros países sul-americanos.[17]

---

[16] Para análise detalhada sobre aspectos demográficos, ver Camarano e Kanso (2009), Tafner (2005, Cap. 2) e Beltrão *et al.* (2004).

[17] Comparando-se o Brasil com seus vizinhos do continente sul-americano, é possível perceber que enquanto na década 1950-1960 tínhamos a segunda maior taxa de crescimento demográfico — atrás apenas da Venezuela —, na década 2000-2010, tivemos a quarta menor taxa do continente, e as projeções indicam que para a atual década passaremos a ter a segunda menor taxa de crescimento demográfico. Somente o Uruguai terá uma taxa inferior à brasileira.

TABELA 8 Taxa média anual de crescimento populacional, países sul-americanos, por década (1950-2020)							
Períodos	Argentina	Brasil	Chile	Colômbia	Venezuela	Uruguai	Demais
1950-1960	1,89	3,03	2,32	2,92	4,05	1,27	2,59
1960-1970	1,50	2,81	2,27	2,91	3,53	1,02	2,80
1970-1980	1,61	2,39	1,56	2,34	3,48	0,37	2,73
1980-1990	1,45	2,09	1,67	2,13	2,72	0,65	2,42
1990-2000	1,29	1,53	1,57	1,82	2,14	0,66	1,92
2000-2010	0,97	1,16	1,06	1,53	1,75	0,15	1,40
2010-2020	0,86	0,68	0,84	1,22	1,41	0,35	1,21

Fonte: United Nations (2008).

A consequência desse desempenho demográfico brasileiro foi o aumento da esperança de vida ao nascer e da idade mediana. É, de fato, surpreendente o processo de envelhecimento da população brasileira.[18] Segundo as Nações Unidas, em 1950 a idade mediana brasileira era de apenas 19,2 anos; em 2000 era de 25,3 anos (acréscimo médio de 1,22 ano por década); e em 2050 a idade mediana brasileira deverá atingir 45,6 anos (com elevação média de 4,06 anos por década). Enquanto isso, a esperança de vida saltou de 50,9 anos em 1950 para 71,0 em 2000, devendo atingir 75,9 anos em 2020.[19]

A Tabela 9 apresenta dados sobre a evolução da esperança de vida ao nascer no Brasil e outros países sul-americanos. O comportamento brasileiro segue o padrão do continente,[20] com elevação de 20 anos entre 1950 e 2000 e de praticamente 9 anos até 2050.

TABELA 9 Evolução da esperança de vida ao nascer dos países sul-americanos — 1950-2050							
Períodos	Argentina	Brasil	Chile	Colômbia	Venezuela	Uruguai	Demais[a]
1950	62,7	50,9	54,8	50,6	55,2	66,3	46,1
1960	65,5	55,7	58,1	57,9	61,0	68,4	50,9
1970	67,4	59,5	63,6	61,7	66,1	68,8	55,8
1980	70,2	63,4	70,7	66,8	68,8	71,0	61,6
1990	72,1	67,2	74,3	68,7	71,5	73,0	66,6
2000	74,3	71,0	77,7	71,6	72,8	75,2	70,9
2010	76,1	73,5	79,1	73,9	74,7	77,1	73,2
2020	77,7	75,9	80,2	75,7	76,3	78,6	75,1
2030	79,1	77,7	81,1	77,3	77,8	79,9	76,6
2040	80,2	79,3	81,8	78,5	79,0	81,0	78,0
2050	80,7	79,9	82,1	79,0	79,5	81,5	78,6

[a]Foram utilizados os dados de cada país e ponderados por sua respectiva população.

Fonte: United Nations (2008).

---

[18] De uma amostra com mais de 30 países de diversos continentes, somente o Japão terá tido processo de envelhecimento superior ao brasileiro, sendo que lá a maior parcela do envelhecimento populacional já ocorreu, enquanto no Brasil, ele está ocorrendo no presente e continuará no futuro próximo. Ver United Nations. World Population Prospects: The 2008 Revision.

[19] Ver United Nations (2008).

[20] É importante destacar que, para efeitos previdenciários, mais importante do que a esperança de vida ao nascer é a esperança de vida condicionada à idade de aposentadoria.

A subseção seguinte apresenta elementos mais detalhados sobre o futuro do desempenho demográfico brasileiro e uma análise dos desafios que ele imporá para o nosso sistema previdenciário. Nessa subseção serão utilizadas informações do IBGE, tendo em vista que não mais serão feitas comparações internacionais.

4.2 DEMOGRAFIA NO BRASIL: O QUE ESPERAR PARA O FUTURO?

A combinação da mortalidade (infantil e entre idosos) com a redução na taxa de fecundidade resulta na elevação da esperança de vida ao nascer e no envelhecimento da população. A esperança de vida condicionada às idades mais elevadas apresentou melhorias ainda mais expressivas. Em 1980, a esperança de vida ao nascer para homens era 58 anos e para mulheres, 66. Em 2000, vinte anos depois, esses números eram 67 anos para homens e 74 anos para mulheres. Aos 60 anos, no mesmo período, houve elevação de mais de 3 anos para homens e de aproximadamente 5 anos para as mulheres.

O resultado dessas alterações demográficas foi uma mudança acentuada na pirâmide etária brasileira e um aumento expressivo da participação do grupo idoso no total da população, com redução correspondente da participação dos segmentos mais jovens, como pode ser observado no Gráfico 2 e, especialmente, na Tabela 10, com dados sobre a participação dos grupos mais velhos no total da população, referentes aos anos de 1980, 2000, 2030 e 2050. É de se destacar que o grupo etário de "superidosos" (aqueles com 80 anos ou mais) estará entre os mais numerosos da população e, entre as mulheres, será o mais numeroso, representando 7,7% do total de mulheres e 3,98% do total da população.[21]

Para efeitos previdenciários, o segmento etário composto por indivíduos de 60 anos ou mais[22] é especialmente relevante, posto que sete em cada dez beneficiários da previdência têm 60 anos ou mais, segundo dados da PNAD, de 2008. A Tabela 10 apresenta a proporção do segmento etário com 60 anos ou mais no total da população e revela que este passou de 6,1% em 1980 para 8,1% em 2000, devendo manter forte tendência de crescimento, triplicando sua participação entre 2000 e 2050, fazendo com que seu tamanho relativo seja semelhante ao dos países membros da OCDE.

A pirâmide etária perde progressivamente o formato triangular (típica de países jovens) para assumir um formato trapezoidal. Além disso, a faixa etária modal, que em 1980 era de 0 a 4 anos, passa para de 15 a 19 anos em 2000 e para de 45 a 49 em 2050, sendo que, como mencionado, o grupo mais numeroso será de mulheres com 80 anos ou mais. Projeções para a população "centenária" indicam que haverá no Brasil de 2050 quase meio milhão de indivíduos com mais de um século de vida.

---

[21] Segundo estimativas dos autores entre os "superidosos", haverá em 2050 entre 300 e 400 mil centenários.

[22] Dado o perfil etário atual de obtenção de benefícios previdenciários, o limite de 60 anos é conservador. Dados do AEPS de 2008 mostram que, do total de aposentadorias concedidas, 26,5% são aposentadorias por tempo de contribuição, que são concedidas atualmente, em média, aos 51 anos para mulheres e 54 para homens. Considerando o valor do benefício, essas concessões representam 41,7% do total de gastos de benefícios concedidos naquele ano.

TABELA 10 Taxas médias anuais de crescimento da população total e segundo grupos etários e PEA,[23] por década — Brasil: 2000-2050

Década	Grupos Etários				Total da população	PEA[24]
	15 a 59 anos	60 anos ou mais	65 anos ou mais	80 anos ou mais		
2000-2010	1,59	3,32	3,53	5,27	1,16	3,02
2010-2020	0,98	3,92	3,78	4,21	0,68	2,23
2020-2030	0,14	3,63	4,20	3,97	0,44	1,26
2030-2040	−0,35	2,55	2,91	4,77	0,12	0,64
2040-2050	−0,89	2,10	2,44	3,85	−0,17	0,13

Para o cálculo da PEA foram utilizados dados das PNADS, fazendo-se a interpolação geométrica nos anos censitários. Para as projeções dessa variável, foram utilizados os dados das projeções do IBGE (revisão 2008) e projetadas as taxas de participação no mercado de trabalho, por sexo.

Fonte: IBGE (projeções demográficas 2008).

Essa transformação é grave em termos previdenciários, porque, além da crescente participação do grupo etário de 60 anos ou mais no total da população, o número de indivíduos em idade ativa será praticamente o mesmo observado em 2010. Além disso, como já indicado, o contingente de indivíduos com 80 anos ou mais será especialmente numeroso, e esse segmento é crucial para determinação do tempo de duração dos benefícios previdenciários.

GRÁFICO 2

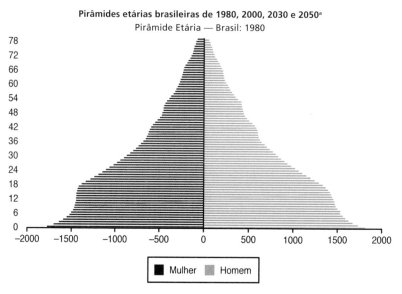

Pirâmides etárias brasileiras de 1980, 2000, 2030 e 2050[a]
Pirâmide Etária — Brasil: 1980

---

[23] O IBGE define a PEA como o conjunto de indivíduos de 10 anos ou mais (sem limite superior) que, no período de referência, estavam trabalhando ou procurando trabalho.
[24] O fato de a PEA crescer a taxas superiores à da população com idades entre 15 e 59 anos, deve-se a dois fatores, sendo o primeiro o mais importante: a) inserção crescente da mulher no mercado de trabalho; e b) a PEA considera indivíduos com idade até 60 anos.

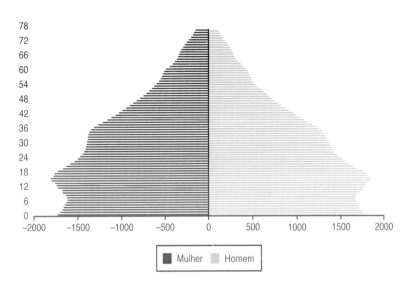

Pirâmide Etária — Brasil: 2000

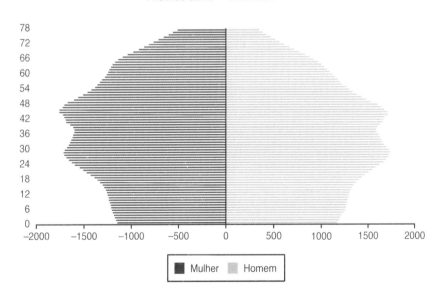

Pirâmide Etária — Brasil: 2030

GRÁFICO 2

(*Continuação*)

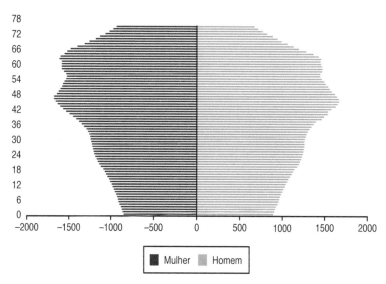

Pirâmide Etária — Brasil: 2050

ᵃAs pirâmides foram truncadas na idade de 79 anos.
Fonte: IBGE (projetos demográficos 2008).

Apesar de a população ativa (indivíduos com idade entre 15 e 59) já estar com taxas de crescimento declinantes, a taxa de crescimento da PEA — e isso basicamente por conta da crescente participação da mão de obra feminina —, ainda que também declinante, é sistematicamente superior à primeira. Apesar disso, ela é sistematicamente inferior às taxas de crescimento dos segmentos idosos da população e bem inferior à taxa de crescimento dos "superidosos", o que exigirá ganhos não triviais de produtividade da economia e/ou crescimento da taxa de formalização, caso se mantenham as atuais regras previdenciárias.

Uma forma alternativa de expressar o tamanho relativo dos grupos idosos no total da população pode ser dada pelas razões de dependência demográfica. Na Tabela 11 estão apresentadas a composição percentual da população e diversas razões de dependência demográfica. A primeira delas é aquela usualmente utilizada em estudos previdenciários e consiste na razão entre a população de inativos (60 anos ou mais) e a população ativa (15 a 59 anos). O inverso dessa razão nos fornece o número médio de indivíduos ativos para cada inativo. Por isso mesmo, essa estatística dá uma ideia relativamente precisa do esforço da geração ativa no custeio previdenciário. Do ponto de vista econômico, entretanto, a população ativa, além de financiar os inativos, deve também financiar as crianças e os jovens em sua formação. Por isso, essa razão de dependência também é apresentada na referida tabela. Por fim, estão apresentadas duas outras estatísticas: uma específica para o grupo etário de "superidosos" — pois representam uma aproximação do tempo de duração dos benefícios previdenciários — e uma que incorpora a pressão de custos que a geração ativa sofre, dado que esse grupo etário financia tanto idosos quanto crianças e jovens.

Década	0 a 14 anos (A)	15 a 59 anos (B)	60 anos ou mais (C)	80 anos ou mais (D)	Inv. razão dep. demográfica de idosos 1/ (C/B)	Inv. razão dep. demográfica "superidosos" 1/(D/B)	Inv. razão dep. demográfica infantil 1/ (A/B)	Inv. razão dep. demográfica total 1/ ((A+C)/B)
1980	38,24	55,69	6,07	0,50	9,17	111,72	1,46	1,26
1990	35,33	57,92	6,75	0,63	8,58	92,37	1,64	1,38
2000	29,78	62,10	8,12	0,93	7,64	67,02	2,09	1,64
2010	25,58	64,44	9,98	1,37	6,46	46,94	2,52	1,81
2020	20,07	66,26	13,67	1,93	4,85	34,27	3,30	1,96
2030	16,99	64,31	18,70	2,73	3,44	23,54	3,79	1,80
2040	14,88	61,36	23,76	4,30	2,58	14,27	4,13	1,59
2050	13,15	57,10	29,75	6,39	1,92	8,94	4,34	1,33

TABELA 11 Composição etária percentual da população brasileira e razões de dependência demográfica, por década[25]

Fonte: IBGE, projeção de população (revisão 2008).

Observa-se que a população de idosos (60 anos ou mais) será superior à de crianças e jovens (0 a 14 anos) a partir da década de 2030 e, em 2050, mais do que o dobro dela. A participação da população ativa cresce até a próxima década (o que tem sido considerado "bônus demográfico") e decresce a partir de então. Em termos absolutos, a população ativa cresce até a década de 2030, quando será composta por 139,2 milhões, e decresce a partir da metade dessa década, chegando, em 2050, a 122,9 milhões de indivíduos, número inferior à atual população ativa (124,5 milhões). Por outro lado, a participação de idosos (60 anos ou mais) cresce continuamente em todo o período, devendo representar 30% da população brasileira em 2050. Em termos absolutos, salta dos atuais 19,3 milhões para 64,1 milhões, com crescimento médio anual superior a 3%. A participação do grupo de "superidosos" eleva-se dos atuais 1,4% para 6,4%, em 2050, com crescimento médio anual de 4,2%.

---

[25] As razões de dependência demográfica expressam a proporção de um conjunto demográfico específico no total de indivíduos com idades entre 15 e 59 anos. Assim, por exemplo, a razão de dependência demográfica de idosos é dada pela razão entre a população de idosos (60 anos ou mais) e a população ativa (15 a 59 anos). Para 1980, essa razão é expressa por: 6,07/55,69 = 0,1090. Isso significa que o número de indivíduos com 60 anos ou mais representa 10,9% do total de indivíduos com idade entre 15 e 59 anos. O inverso da razão de dependência demográfica expressa o número de ativos para cada indivíduo do grupo etário de referência. No exemplo mencionado, isso significa que para 1980 havia 9,17 ativos para cada inativo. Tudo o mais constante, quanto maior for esse número, menor deverá ser a alíquota de contribuição para equilibrar o sistema previdenciário.

Esse movimento demográfico fará com que, em 2050, menos de dois ativos serão responsáveis pelo financiamento de cada inativo, em contraposição aos atuais 6,5 ativos para cada inativo. Redução ainda mais expressiva ocorrerá no financiamento de "superidosos": enquanto em 1980 havia 112 ativos para financiar cada "superidoso", em 2050 serão apenas 9 ativos. Apesar dessa queda no número de ativos para financiar inativos, dada a acentuada redução da população de crianças e jovens — afinal, dos atuais 49,3 milhões serão apenas 28,3 milhões em 2050, com redução média anual de 1,4% —, o inverso da razão de dependência total crescerá até a próxima década, decrescendo a partir de então, sendo ligeiramente inferior ao que era na década de 1990, o que tem levado alguns analistas a se referir também a um bônus demográfico. Essa, entretanto, pode ser uma análise apenas parcialmente verdadeira. Isso porque, como já tem sido alertado, o volume de transferências a idosos tem sido sistematicamente superior ao transferido a crianças e jovens.

4.2.1 Razão de Dependência Contributiva

Na Tabela 11 foi apresentado o inverso da razão de dependência de idosos (inverso da razão entre o total de indivíduos com 60 anos ou mais e o total de indivíduos potencialmente ativos — indivíduos com idade entre 15 e 59 anos). Esse número nos oferece o potencial máximo da relação entre contribuintes e beneficiários,[26] ou seja, a capacidade ou potencial máximo de contribuição, mantidos os demais fatores constantes — como alíquotas, nível de remunerações, grau de formalização da relação de trabalho etc. Em 1980, esse número era 9,17, em 2010 é 7,64, e para 2050 está estimado em 1,92.

Uma medida mais realista do financiamento do sistema é usualmente fornecida pela razão entre contribuintes e beneficiários. Quanto mais próxima esta for do inverso da razão de dependência demográfica de idosos, menores serão a informalidade e o desemprego estrutural do país. Obviamente, em nenhuma parte do mundo a razão entre contribuintes e beneficiários atinge o potencial máximo, e em países nos quais a informalidade é estruturalmente elevada as razões ficam muito distantes entre si.

Oliveira *et al.* (1997), a partir de dados dos Anuários Estatísticos da Previdência Social, mostram o comportamento da razão entre contribuintes e beneficiários para o período entre 1929 e 1990. Esse está apresentado no Gráfico 3, extraído do referido texto (p. 15).

Os autores corretamente argumentam que houve (1997:14) "um grande aumento de ingressantes no sistema a partir dos anos 1940, com a criação do IAPI, os quais passaram, com a devida defasagem, a engrossar a fileira de beneficiários, por causa das regras vigentes no sistema. Consequentemente, o número de beneficiários, que era muito baixo até meados dos anos 1970, sobe vertiginosamente nas duas últimas décadas, chegando a cerca de 15 milhões em 1994".

---

[26] Há sempre a possibilidade de um beneficiário ser também um contribuinte. Com dados da PNAD dos anos 2000, a incidência média de beneficiários que também contribuem para a previdência corresponde a 8,5% do total de beneficiários e a 4,1% do total de contribuintes. Entretanto, parece haver uma tendência declinante em ambas as razões. Em 2001, 9,2% dos beneficiários eram também contribuintes; em 2009, esse número havia se reduzido para 8,2%, com queda de 1 ponto percentual.

GRÁFICO 3

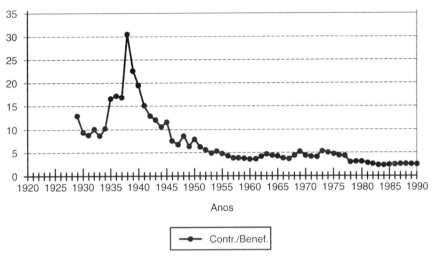

Fonte: AEPS.

O impacto da entrada de novos contribuintes com regras bastante "generosas" de acesso aos benefícios começa a degradar estruturalmente a relação contribuintes/beneficiários, e oscilações no ritmo de crescimento da economia apenas alteram levemente esse relação.

Isso é claramente identificado pelos autores, que afirmam (1997:15): "Entre 1940 e 1955 esta relação sofre uma queda acentuada, como decorrência não somente do amadurecimento do sistema, mas também de uma certa estagnação do processo de crescimento. A recuperação propiciada pelo Plano de Metas de Juscelino Kubitschek trouxe a incorporação de novos trabalhadores urbanos, possibilitando **um leve aumento da relação** que, em que pesem as flutuações cíclicas posteriores da economia, mantém-se relativamente estável até fins dos anos 1970, **quando ocorre a criação de novos benefícios sem a devida carência (pró-rural e amparos previdenciários). Com isso, o sistema sofre outra descontinuidade de comportamento**, implicando queda da relação contribuinte/beneficiário que se estabiliza a partir de então" (destaques nossos).

Oliveira e Beltrão (2000) reproduzem o mesmo gráfico, incorporando projeções de população até 2030. Os resultados obtidos os fazem tecer considerações preocupantes acerca do sistema previdenciário brasileiro. Afirmam eles (2000: 6):

> *O sistema público de previdência está em dificuldades. De fato, o sistema existente será demasiado caro, não apenas agora, mas também no futuro. A explicação padrão para o aumento dos passivos do programas previdenciário é o envelhecimento da população brasileira [...] a evolução da razão entre contribuintes e beneficiários, de 1929 até hoje e as projeções até 2030 [...] mostram claramente que, embora o Brasil tenha uma população relativamente jovem (apenas 5,31% da população por idade tinha 65 anos ou mais, em 2000), o sistema tem uma relação de dependência previdenciária*

já deteriorada, de 1,7 contribuintes por beneficiário (1999). Sem reformas sérias, a perspectiva será sombria, com a deterioração dessa relação para algo como 1 para 1, em 2030.[27]

A partir de dados da PNAD para o período 1982-2009, calculamos essa mesma razão. Os resultados indicam progressiva deterioração da razão contribuintes/beneficiários, ainda que em anos recentes — devido ao crescimento acelerado do produto e também ao aumento do grau de formalização da relação de trabalho — tenha havido uma ligeira recuperação. Consideradas as médias por década, a razão cai de 3,02 na década de 1980, para 2,26 nos anos 1990 e cai ainda mais para 2,14 na atual década, perfazendo uma queda total de 30% em pouco mais de duas décadas e meia.[28] O Gráfico 4 apresenta esses resultados para todos os anos em que há disponibilidade da PNAD, a partir de 1982.

É possível construir uma medida do "hiato" contributivo, expresso pela razão entre o potencial de contribuição (inverso da razão de dependência demográfica de idosos) e a razão contribuintes/beneficiários. A Tabela 12 apresenta esses dados e uma simulação, cujo objetivo é identificar qual a taxa de formalização necessária para que o "hiato" desapareça até 2050, considerados as já previstas taxas de crescimento da população ativa (entre 15 e 59 anos) e o total de beneficiários (aqui tomados pelo total de indivíduos com 60 anos ou mais). Os resultados indicam que a próxima década ainda representará algum "alívio", mas a partir de 2020, quando o total de indivíduos ativos se estabilizará, a expansão da razão contribuinte/beneficiário dependerá quase que exclusivamente da expansão da formalização da relação de trabalho e a taxas bem elevadas.

GRÁFICO 4

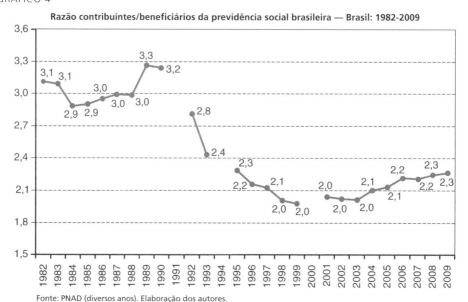

Fonte: PNAD (diversos anos). Elaboração dos autores.

---

[27] Tradução livre dos autores.
[28] Esse resultado ocorreu mesmo com contínua melhoria a partir de 2004.

					TABELA 12 Diversos indicadores sobre potencial de contribuição			

Década	Inv. razão dep. demográfica (A)	Contribuinte/ beneficiário (B)	"Hiato" contributivo (B) / (A)	Taxa de crescimento anual médio 15 a 59 anos[a]	Taxa de crescimento anual médio do grau de formalização	Taxa de crescimento anual médio do n.º de contribuintes
1980	9,17	3,11	0,34	-	-	-
1990	8,58	3,24	0,38	-	-	-
2000	7,64	2,04	0,27	-	-	-
2010	6,46	2,27	0,35	-	-	-
2020	4,85	2,50	0,52	0,98	2,03	3,00
2030	3,44	2,54	0,74	0,14	5,33	5,47
2040	2,58	2,45	0,95	−0,35	6,72	6,37
2050	1,92	1,92	1,00	−0,89	7,33	6,44

[a]Refere-se à taxa média dos 10 anos concluídos no ano de referência.
Fonte: PNAD (diversos anos). Elaboração dos autores.

A subseção seguinte dedica-se à análise do período de duração de benefícios previdenciários. Isso é feito de forma indireta, através do período de sobrevida a partir do recebimento de benefícios.

4.3 SOBREVIDA PÓS-BENEFÍCIOS

Há pouco mais de um século, a vida após os 60 era evento raro, mesmo nos países mais desenvolvidos, como nos Estados Unidos. Em 1900, segundo dados dos Censos Demográficos norte-americanos, apenas 64 em cada mil habitantes tinham 60 anos ou mais, e somente 5 em cada mil habitantes tinham 80 anos ou mais. Era um país muito jovem, com idade mediana de 21,8 anos. Em cinquenta anos esses números dobraram. Em 2000, a expectativa de vida ao nascer já era de 77,6 anos, mas se o indivíduo conseguisse sobreviver até os 60, sua esperança de vida condicionada a essa idade era de mais 21,7 anos, ou seja, se atingisse os 60, em média, sobreviveria até os 82 anos.

Esses números são importantes porque enquanto a esperança de vida ao nascer fornece uma ideia das condições gerais de vida de uma população — quanto maior ela for, menor é, por exemplo, a mortalidade infantil, melhores são as condições de abastecimento de água, esgotamento sanitário etc. —, a expectativa de vida condicionada à idade indica as condições de vida das pessoas mais velhas e, portanto, é especialmente relevante para se avaliar a necessidade de financiamento do sistema previdenciário. Quanto maior for a esperança de vida condicionada à idade de obtenção de benefício previdenciário, maior será o número de anos de recebimento desse benefício (aposentadorias ou pensões).

Independentemente de considerações sobre modalidades de sistemas previdenciários, por facilidade de exposição dos argumentos podemos entender um sistema previdenciário como um contrato por meio do qual cada indivíduo de uma coletividade se compromete a pagar certo percentual de sua renda corrente durante dado tempo para poder receber um valor — normalmente uma fração de sua renda corrente — depois que se retirar do mercado de trabalho, por estar velho ou fisicamente incapacitado.

Para a sustentabilidade desse contrato, é necessário que o montante de depósitos acrescidos de rendimento seja suficiente para cobrir as despesas quando o trabalhador deixar de contribuir e passar a receber benefícios. Tudo o mais constante, quanto maior for o tempo que o trabalhador receber o benefício, maior terá que ser sua contribuição ao longo de sua vida laboral, de forma a constituir fundos suficientes para o seu período de inatividade.

Suponha que o plano previdenciário estipule que um trabalhador comece a trabalhar aos 20 anos e se aposente aos 55 anos e que, segundo as estatísticas correntes, esse indivíduo tenha uma esperança de vida de 80 anos. Nessas condições, o trabalhador contribuirá por 35 anos e receberá benefícios por 25 anos, admitida a hipótese de inexistência de benefícios a dependentes. Para que haja equilíbrio, é necessário que as contribuições acumuladas, acrescidas de rendimentos, sejam suficientes para arcar com o pagamento de benefícios durante 25 anos.

Durante a fase de contribuições, é possível que o período de sobrevida dos aposentados, por melhorias nas condições de vida de idosos, por exemplo, seja elevado em 5 anos. Essa melhoria nas condições de vida dos idosos se tornaria um problema financeiro para o cumprimento do contrato previdenciário, pois o montante acumulado seria insuficiente para custear os 5 anos adicionais de vida do aposentado. Isso é, precisamente, o que vem ocorrendo no Brasil.

Nos últimos 30 anos, o Brasil experimentou acelerado processo de envelhecimento demográfico, com expressivas elevações tanto na esperança de vida ao nascer, quanto naquela condicionada à idade de 60 anos. Esse processo pode ser devidamente compreendido se comparado a uma amostra de países europeus,[29] como apresentado na Tabela 13.

O aumento médio da esperança de vida ao nascer dos países europeus, para homens e mulheres, entre 1990 e 2005, foi, respectivamente, de 7,1% e 5,4%. No Brasil, esses percentuais foram 24,0% e 26,4%, respectivamente. Em termos absolutos, a esperança de vida ao nascer do brasileiro aumentou 13,2 anos para homens e 15,8 anos para mulheres. Esses aumentos são superiores aos observados em todos os países europeus que constam da amostra.

No caso da esperança de vida condicionada à idade de 60 anos, as mulheres brasileiras, tanto em termos absolutos quanto em termos relativos, apresentaram melhoria superior à média e a cada um dos países da amostra. No caso dos homens, o aumento da esperança de vida aos 60 anos foi superior à média da amostra, porém ligeiramente inferior ao desempenho de Áustria, Alemanha, Itália e Reino Unido.

---

[29] A amostra é composta por Áustria, Bélgica, Dinamarca, Finlândia, França, Alemanha, Islândia, Itália, Noruega, Suécia, Suíça e Reino Unido.

TABELA 13 Esperança de vida ao nascer (1.ª linha) e aos 60 anos (2.ª linha) — Brasil e a média de alguns países europeus — 1980-2005										
Países	**Homens**					**Mulheres**				
	1970-80	2000	2005	(C-A)	(C/A)	1970-80	2000	2005	(F-D)	(F-D)
	(A)	(B)	(C)		(%)	(D)	(E)	(F)		(%)
Brasil	55,0	66,7	68,2	13,2	24,0	60,0	74,4	75,8	15,8	26,4
	16,0	18,8	19,2	3,2	20,0	17,0	21,7	22,3	5,3	31,2
Países europeus (média)	70,8	75,0	75,8	5,1	7,1	77,5	80,9	81,7	4,2	5,4
	17,7	20,2	21,1	3,4	19,3	22,0	24,2	25,0	3,0	13,6

Fonte: Para 1990, IBGE/DPE/Coordenação de População e Indicadores Sociais. Para os demais anos ver Tábua de mortalidade 1999-2008 - Expectativa de vida por idade (anos). Para a média dos países europeus, os dados são de seus respectivos centros produtores de estatísticas.

Enquanto a esperança de vida ao nascer de população brasileira é ainda (dados de 2005) bastante inferior à dos países europeus (7,6 anos inferior para homens e 5,9 anos inferior para mulheres), o mesmo não acontece para a esperança aos 60 anos. Em 2005, brasileiros que atingissem 60 anos, se homens, esperavam viver mais 19,2 anos, enquanto os europeus, nas mesmas condições esperavam viver mais 21,1 anos (diferença de apenas 1,9 ano). No caso das mulheres, uma vez atingidos os 60 anos, as brasileiras esperavam viver mais 22,3, e as europeias, 25 anos adicionais (diferença de 2,7 anos).

A despeito da similitude da sobrevida condicionada à idade do Brasil com os 12 países da amostra, as idades para obtenção de aposentadoria são muito diferentes. Indivíduos com características demográficas semelhantes terão acesso à aposentadoria muito mais jovens, no Brasil, do que em qualquer dos países da amostra, e, por conseguinte, receberão benefícios por muito mais tempo. Giambiagi e Tafner (2010) compararam o tempo de recebimento de benefícios no Brasil e nesse conjunto de países, tomando como base de comparação dois indivíduos (um homem e uma mulher), admitindo-se que ambos tivessem iniciado sua vida laboral aos 20 anos de idade, em 1970. Para o Brasil, no momento em que tivessem se aposentado, as esperanças de vida condicionadas à idade seriam de 29,7 anos para ela (79,7 anos de vida) e de 22,7 para ele (77,7 anos de vida). Ela receberia benefícios por praticamente o mesmo tempo que contribuiu, e ele, por aproximadamente 2/3 de seu período contributivo. Viverão praticamente tanto quanto vivem em média os indivíduos europeus, mas terão trabalhado muito menos tempo do que eles e receberão benefícios por mais tempo do que eles (8,0 anos a mais, se homem, e 10,7 anos a mais, se mulher).

As transformações demográficas pelas quais a sociedade brasileira está passando e as que virão nos próximos anos representam um desafio para nosso sistema previdenciário. Quanto mais as pessoas viverem — o que é excelente para os indivíduos e uma conquista da sociedade brasileira —, mantidas as condições de crescimento do produto dos últimos 20 anos e regras atuais, maior será o passivo previdenciário, o que exigirá maior parcela do produto.

5 FATORES QUE ELEVAM O CUSTO PREVIDENCIÁRIO

Além dos aspectos estritamente demográficos que, como vimos na seção anterior, ensejam preocupação, há três regras que regulam o acesso e o reajustamento de benefícios e que são críticas para a sustentabilidade futura do sistema. No primeiro grupo, destacam-se as regras que definem o acesso à aposentadoria, à pensão por morte e ao benefício assistencial, conhecido como LOAS (Lei Orgânica de Assistência Social). No segundo grupo, duas regras são especialmente relevantes: a igualdade entre o valor do piso previdenciário e assistencial e a indexação de ambos ao salário-mínimo. Nesta seção, cada um desses fatores será analisado.

5.1 REGRAS DE ACESSO À APOSENTADORIA

A legislação brasileira prevê, no âmbito do INSS, três tipos básicos de aposentadoria: por tempo de contribuição, por idade e por invalidez.[30] De forma simplificada, as condições para obtenção desses benefícios são:

- *Aposentadoria por tempo de contribuição (ATC).* Há duas previsões ou modalidades de ATC: integral ou proporcional. Para ter direito à aposentadoria integral, o trabalhador homem deve comprovar pelo menos 35 anos de contribuição e a trabalhadora mulher, 30 anos, sem nenhuma limitação de idade. Para ambos os sexos, há previsão de redução de 5 anos no tempo de contribuição para professores dos ensinos fundamental e médio.[31] Para ter direito à aposentadoria proporcional, o trabalhador tem que combinar dois requisitos: tempo de contribuição e idade mínima. Os homens podem requerer aposentadoria proporcional aos 53 anos de idade e 30 anos de contribuição. As mulheres têm direito à proporcional aos 48 anos de idade e 25 de contribuição.[32]

- *Aposentadoria por idade (AI).* Têm direito ao benefício os trabalhadores urbanos do sexo masculino a partir dos 65 anos e do sexo feminino a partir dos 60 anos de idade. Os trabalhadores rurais podem pedir aposentadoria por idade com cinco anos a menos: a partir dos 60 anos, homens, e a partir dos 55 anos, mulheres. Os segurados urbanos filiados até 24 de julho de 1991 devem comprovar o número de contribuições exigidas de acordo com o ano em que preencheram as condições para requerer o benefício, conforme tabela de contribuição.[33] Para os trabalhadores rurais filiados até 24 de julho de 1991, é exigida a comprovação de atividade rural no mesmo número de meses constantes na referida tabela.

---

[30] Há ainda a previsão legal de aposentadoria especial, cujo benefício é concedido ao segurado que tenha comprovadamente trabalhado em condições prejudiciais à saúde ou à integridade física por pelo menos 15 anos.

[31] A possibilidade de aposentadoria proporcional somente é aplicável aos ativos à época da EC 20/1998.

[32] A EC 20, de 1998, determinou que para as aposentadorias proporcionais incidirá um "pedágio" equivalente a 40% do tempo que faltava em 16 de dezembro de 1998 para completar o tempo para acesso à aposentadoria proporcional. No caso dos homens, o cálculo é feito sobre 30 anos de contribuição. No caso das mulheres, o cálculo é feito sobre 25 anos.

[33] Atualmente são exigidas 174 contribuições, equivalentes a 14,5 anos. Esse período, pela atual legislação (Lei n.º 8.213 de 1991), é acrescido em 6 meses a cada ano até 2011, quando serão exigidas 180 contribuições para aqueles que se aposentarem por idade. No caso da aposentadoria rural é exigido o mesmo período de comprovação de exercício dessa atividade.

• *Aposentadoria por invalidez*. Esse benefício é concedido aos trabalhadores que, por doença ou acidente, forem considerados incapacitados para o exercício da atividade laboral. No caso de preexistência da doença, somente será concedida a aposentadoria se a incapacidade decorrer de seu agravamento. Para as aposentadorias por invalidez decorrente de doenças, são exigidas pelo menos 12 contribuições mensais. No caso de acidentes, basta estar inscrito na Previdência Social.

As condições aqui apresentadas já são o produto de duas reformas constitucionais que tornaram as regras de acesso mais restritivas. Em outras palavras, no passado, as regras eram, em geral, mais flexíveis.

O caso da aposentadoria por tempo de contribuição é particularmente grave, pois as idades em que esse benefício é obtido são muito reduzidas. No caso dos homens, a idade média de obtenção dessa aposentadoria é 54 anos; para as mulheres, a idade média é 52 anos. A ausência de uma idade mínima que limite o acesso a esse benefício coloca o país como caso quase único. A Tabela 14 apresenta, para diversos países, e por gênero, a idade requerida para obtenção da aposentadoria. A amostra inclui países desenvolvidos e também países de renda média ou baixa, como são os casos de Chile, México e Peru.

As informações contidas na tabela não deixam margem de dúvida quanto a que:

a) as idades de aposentadoria são muito maiores do que as observadas no Brasil no regime de aposentadoria por tempo de contribuição; e

b) em muitos países, homens e mulheres estão submetidos às mesmas regras de aposentadoria, e isso é especialmente válido para os países mais desenvolvidos.

O Gráfico 5 apresenta a quantidade de benefícios concedidos segundo tipo de aposentadoria. Tanto a ATC quanto a AI caem após a reforma previdenciária de 1998 (EC 20), mas logo em seguida retomam a trajetória ascendente. O fato importante, porém, é que a participação relativa do fluxo de concessões de ATC, depois de cair acentuadamente com a reforma previdenciária de 1998 e a posterior implementação do fator previdenciário[34] no final de 1999, volta a apresentar tendência ascendente nos últimos três anos.

O aumento da participação das aposentadorias por tempo de contribuição tem dois aspectos relevantes para a sustentabilidade da previdência: (i) são, dentre as aposentadorias, aquelas que apresentam maiores períodos de duração (em média 23 anos para os benefícios concedidos aos homens e 29 anos para os benefícios concedidos às mulheres) e (ii) são as aposentadorias com valores mais elevados — em média, mais do dobro das demais.[35] O Gráfico 6 apresenta, para o período 1994-2008, a evolução dos valores médios (corrigidos pelo INPC) de aposentadoria, segundo grupos.

---

[34] O fator previdenciário foi instituído pela Lei n.º 9.876/99 com o objetivo de adequar o valor do benefício à expectativa de sobrevida no momento da aposentadoria. O fator nada mais é do que um número, resultante de uma fórmula que combina idade de aposentadoria, tempo de contribuição e a expectativa de sobrevida apontada pelo IBGE em função das tábuas de mortalidade que este atualiza todos os anos.

[35] As aposentadorias por tempo de contribuição estão concentradas em indivíduos cuja história profissional, em geral, é mais estável, menos sujeita ao desemprego e à informalidade e também em indivíduos com escolaridade média superior à daqueles indivíduos que se aposentam por idade. Essa é a razão por que os valores médios das primeiras são bem superiores aos da segunda.

TABELA 14 Idades de aposentadoria em países selecionados (anos)			
País	Homens	Mulheres	Igualdade gêneros[a]
Alemanha	65	65	Sim
Argentina	65	60	
Austrália	65	60	
Áustria	65	65	Sim
Chile	65	60	
Coreia do Sul[b]	65	65	Sim
Costa Rica	62	60	
Dinamarca	67	67	Sim
El Salvador	60	55	
Espanha	65	65	Sim
Estados Unidos[c]	67	67	Sim
Finlândia	65	65	Sim
Grécia	65	60	
Holanda	65	65	Sim
Hungria	62	62	Sim
Islândia	67	67	Sim
Itália	65	60	
México	65	65	Sim
Noruega	67	67	Sim
Peru	65	65	Sim
Polônia	65	60	
Portugal	65	65	Sim
Reino Unido[d]	65	65	Sim
Suíça	65	65	Sim

[a]Os casos em branco implicam diferença de tratamento entre gêneros.
[b]Regra prevista para 2033.
[c]Regra prevista para 2027.
[d]Regra válida para os homens. Para as mulheres, o limite valerá em 2020.

Fonte: Cechin e Cechin (2007), Tabela 7, com base em OECD (2003).

GRÁFICO 5

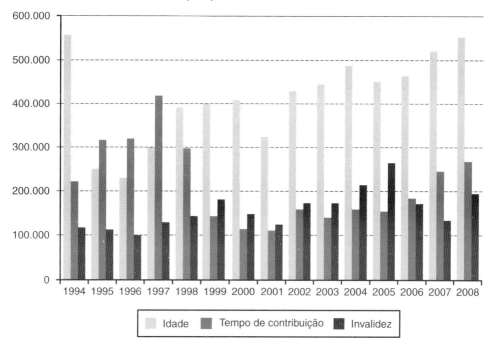

Quantidade de benefícios concedidos — aposentadorias por tipo — Brasil: 1994-2008

Fonte: AEPS — Suplemento Histórico, 2008.

GRÁFICO 6

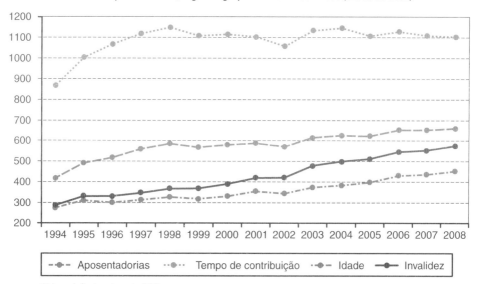

Valor médio de aposentadorias, segundo grupos — Brasil: 1994-2008 (em R$ de 2008)[a]

[a]Valores deflacionados pelo INPC.
Fonte: AEPS — Suplemento Histórico, 2008.

5.2 REGRAS DE ACESSO À PENSÃO POR MORTE

O Brasil é o único país que não impõe nenhuma condição de qualificação para o recebimento do benefício de pensão por morte: não exige idade mínima do cônjuge, não exige casamento e nem dependência econômica, não requer carência contributiva (exceto estar filiado à Previdência Social) e ainda permite o acúmulo do benefício com aposentadoria e com a renda do trabalho, além de a pensão ser vitalícia.

Dado que a maioria dos beneficiários de pensão é composta por mulheres (90% dos beneficiários) — fruto da maior mortalidade masculina —, a ausência de condicionalidades para o recebimento desse benefício é consequência da excessiva proteção que o sistema previdenciário brasileiro dá à mulher.[36] Numa amostra de 20 países,[37] observa-se que 12 não vinculam o valor do benefício de pensão por morte à existência de crianças e jovens; 11 não fazem restrições à idade da mulher; e apenas 4 não fazem restrição ao valor do benefício. O único, porém, que conta com essas três condições é o Brasil. Entre nós, não se limita idade, não há redução do valor do benefício[38] e não se vincula seu valor à existência de prole. E, curiosamente, não se impede acúmulo de benefício e nem que o pensionista trabalhe.

Dos 20 países da amostra, o Brasil é o que possui condições ao acesso menos restritivas ao benefício de pensão por morte: não possui idade mínima de acesso do cônjuge, não possui carência contributiva, permite o acúmulo de benefícios e renda de trabalho, não exige período mínimo de coabitação e nem casamento, oferece 100% do valor segurado (aposentadoria ou renda do trabalho) e não prevê extinção do benefício, exceto com a morte da viúva. Uma evidência interessante da experiência internacional é que quanto mais rico é o país, mais restrito é o acesso ao benefício, seja por meio de limite de idade ou por condição de existência de criança dependente. No Brasil, aproximadamente 50% da despesa com pensão por morte se dá com pensionistas que moram com filhos com mais de 18 anos e 33% com pensionistas que não moram com os filhos. Logo, mais de 80% do gasto desse benefício é com pensionistas que não possuem filhos em idade de dependência econômica.

Além de as condições de acesso ao benefício serem particularmente generosas (e talvez por isso mesmo), a duração do benefício de pensão por morte é particularmente elevada. A partir de dados da PNAD/2008, constata-se que a idade média de todos os pensionistas no Brasil era 62,1 anos e a idade mediana, 63,4 anos. Se considerarmos, no entanto, apenas as pensionistas, conjunto que representa aproximadamente 90% do total dos que recebem esses benefícios, teremos que a idade média era 63,3 anos e a idade mediana, 64,3

---

[36] Na legislação brasileira, há, implicitamente, a presunção de dependência econômica da mulher, o que reflete um mundo de pelo menos 50 anos atrás, quando as mulheres não participavam do mercado de trabalho.

[37] A amostra é composta por países de três continentes. Europa: Alemanha, Bélgica, Espanha, Finlândia, França, Itália, Noruega, Portugal, Rússia, Suécia, Suíça e Reino Unido. América: Argentina, Canadá, Chile, Costa Rica, México e Estados Unidos. Ásia: China, Hong Kong, Índia e Japão. No Anexo deste trabalho, disponível no site da Casa das Garças (www.iepecdg.com.br), são apresentadas, de forma sintética, as regras básicas que norteiam a concessão do benefício de pensão para todos os 20 países da amostra.

[38] A expressão redução do valor do benefício é utilizada porque, quando ocorre a morte de um segurado, o valor de referência do benefício a ser pago aos dependentes é sempre calculado tomando-se por base o que ele teria direito se estivesse vivo e pudesse usufruir do benefício de aposentadoria.

anos. Como a sobrevida das mulheres nessa faixa etária é de 20 anos, isso significa que a viúva receberá o benefício de pensão por morte pelos 20 anos seguintes.[39]

As regras de acesso, de manutenção e de fixação do valor do benefício, no Brasil, fazem com que o custo desse benefício assuma proporções elevadas se comparadas ao padrão internacional. De fato, a partir de dados de uma amostra com 32 países que dispõem de dados sobre gastos com pensão como proporção do PIB e razão de dependência demográfica, é possível verificar que o comportamento dos gastos com esse benefício no Brasil são particularmente elevados. Os dados estão apresentados no Gráfico 7.

GRÁFICO 7

Gastos com pensão como proporção do PIB e razão de dependência demográfica — 2003

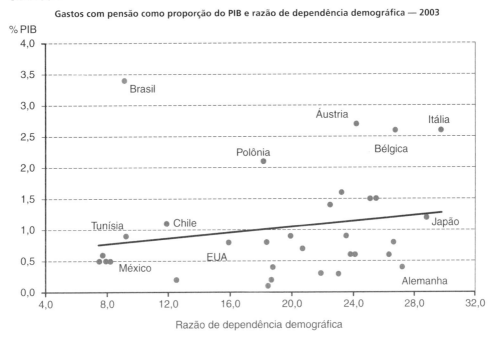

Fonte: Rocha e Caetano (2008).

Tafner (2007) mostrou que, se fossem aplicadas ao sistema previdenciário brasileiro as regras dos outros países da amostra, a redução de despesas com pagamento de pensões seria de, no mínimo, 18% (usando as regras da Argentina), mas poderia chegar a 92%, caso fossem aplicadas as regras mais restritivas do Canadá. A redução da despesa pode ocorrer devido a duas razões básicas (ou uma combinação delas): (1) pela redução no número de benefícios, determinada por regras mais restritivas (como, por exemplo, ter filhos menores); (2) pela redução do valor do benefício (por exemplo, em muitos países se a viúva é

---

[39] Observe que não é possível determinar há quanto tempo essas pensionistas estão recebendo o benefício. Mas se considerarmos a idade média do grupo composto pelos 50% mais jovens da distribuição, supondo que esse grupo é composto predominantemente por aquelas que recebem o benefício há menos tempo, a média cai para 50,7 anos.

aposentada não tem direito a receber o benefício de pensão). A Tabela 15 apresenta essas informações.

TABELA 15 Simulação de despesa com o benefício de pensão por morte no Brasil segundo os critérios de concessão de alguns países		
País	Quantidade de benefícios em relação ao atual (em %)	Valor dos benefícios em relação ao atual (em %)	Redução da despesa total (em % da despesa atual)
Canadá	12,4	7,2	92,8
EUA	16,5	11,2	88,8
Finlândia	15,1	13,4	86,6
Suécia	56,5	35,4	64,7
Alemanha	100,0	68,6	31,4
Espanha	100,0	69,8	30,2
Itália	100,0	75,9	24,1
Chile	100,0	81,0	19,0
Argentina	100,0	82,3	17,7
Índia	100,0	73,3	26,7
Japão	15,1	13,4	86,6
Costa Rica	100,0	76,2	23,8
Portugal	100,0	73,3	26,7
Rússia	41,8	45,8	54,2

Fonte: Extraído de Tafner (2007) e adaptado pelos autores.

5.3 REGRAS DE ACESSO E FIXAÇÃO DO VALOR DO BENEFÍCIO ASSISTENCIAL

O Benefício de Prestação Continuada da Assistência Social — BPC-LOAS é um benefício da assistência social operacionalizado pelo INSS. É assegurado por lei e dedicado a idosos e pessoas com deficiência cuja renda não permita condições mínimas de uma vida digna.

O benefício ao idoso pode ser concedido ao indivíduo que tem 65 anos de idade ou mais, que não recebe nenhum benefício previdenciário ou de outro regime de previdência e cuja família tenha renda mensal *per capita* inferior a ¼ do salário-mínimo.[40] O benefício à pessoa deficiente poderá ser concedido desde que sua deficiência seja avaliada por

---

[40] Originalmente, a lei previa idade de 70 anos (Art. 20 da Lei n.º 8.742 de dez/1993). Posteriormente, com o Estatuto do Idoso (Lei n.º 10.741 de out/2003), a idade, que já havia sido reduzida para 67 anos, foi reduzida para os atuais 65 anos.

perícia do INSS e desde que a renda mensal *per capita* de sua família seja inferior a ¼ do salário-mínimo.[41]

Esse benefício, desde 1996, vem substituindo a Renda Mensal Vitalícia (RMV) para idoso. O valor do benefício do amparo assistencial é de um salário-mínimo para ambas as espécies (idoso e deficiente) e pode ser concedido a mais de um membro de uma unidade familiar. Para efeito do cálculo da renda *per capita* familiar, quando um segundo benefício assistencial é solicitado, o primeiro benefício assistencial recebido não é considerado. O mesmo não se aplica caso o primeiro benefício recebido seja previdenciário. Isso significa que se duas famílias são igualmente pobres mas uma delas recebe benefício previdenciário — portanto, de origem contributiva —, não receberá um benefício assistencial, pois o valor do benefício recebido entra no cálculo, enquanto a outra, que nunca contribuiu, poderá recebê-lo.

Apesar de representar ainda uma pequena parcela do total de gastos do INSS, esses benefícios estão adquirindo crescente importância e, atualmente, respondem por 6% do total de benefícios emitidos e 4,4% dos gastos do INSS. A Tabela 16 apresenta esses dados para o período de 1996 até 2009.

TABELA 16 Número de benefícios e gastos com RMV e LOAS (idoso, exceto invalidez) — Brasil — dezembro de cada ano								
	Benefícios de RMV e da LOAS (Idoso)				Gastos (R$ Mil) com RMV e LOAS (Idoso)			
Ano	RMV	LOAS	TOTAL	% em relação ao total de benefícios emitidos	RMV	LOAS	TOTAL	% em relação ao total de gastos de benefícios emitidos
1996	459.446	41.992	501.438	3,04	51.433	4.718	56.151	1,71
1997	416.120	88.806	504.926	2,89	50.122	10.716	60.837	1,57
1998	374.301	207.031	581.332	3,20	48.774	27.017	75.792	1,74
1999	338.031	312.299	650.330	3,45	46.154	42.640	88.794	1,87
2000	303.138	403.207	706.345	3,61	45.926	61.076	107.002	1,99
2001	271.829	469.047	740.876	3,70	49.134	84.796	133.930	2,16
2002	237.162	584.597	821.759	3,89	47.614	117.412	165.026	2,26
2003	208.297	664.875	873.172	4,00	50.182	160.242	210.424	2,32
2004	181.014	933.164	1.114.178	4,81	47.235	243.553	290.788	2,79
2005	157.860	1.065.804	1.223.664	5,11	47.544	320.886	368.429	3,25
2006	135.603	1.183.840	1.319.443	5,37	47.622	415.574	463.196	3,67
2007	115.965	1.295.716	1.411.681	5,61	44.214	493.809	538.024	3,96
2008	100.945	1.423.790	1.524.735	5,84	41.874	590.323	632.197	4,16
2009	85.090	1.541.220	1.626.310	6,01	39.548	715.960	755.508	4,41

Fonte: MPS. Anuário Estatístico Previdência Social, diversos anos. Boletim Estatístico da Previdência Social, vol. 14, n.º 12, dez/2009 e Projeção de População/IBGE — revisão 2008.

---

[41] Para o cálculo da renda familiar é considerado o número de pessoas que vivem na mesma casa, assim entendido: o requerente, cônjuge, companheiro(a), o filho não emancipado de qualquer condição, menor de 21 anos ou inválido, pais, e irmãos não emancipados, menores de 21 anos e inválidos. O enteado e menor tutelado equiparam-se a filho mediante a comprovação de dependência econômica e desde que não possuam bens suficientes para o próprio sustento e educação.

O volume de benefícios assistenciais ao idoso cresceu 3,24 vezes nesse período: de aproximadamente 501 mil benefícios emitidos em 1996, passou para 1,626 milhão, em 2009. Isso equivale a uma taxa média de expansão de 9,5% ao ano. O crescimento da concessão desse benefício foi tão acelerado que, nesse mesmo período, mais do que dobrou sua abrangência entre a população com 65 anos ou mais, atendendo, em 2009, cerca de 13% desse contingente.[42]

O valor desse benefício é o salário-mínimo, e este teve expressivos aumentos reais desde meados da década passada. A combinação do "efeito quantidade" (expansão do número de benefícios) com o "efeito preço" (aumento real do salário-mínimo) teve como resultado a expansão dos gastos com esse benefício.[43] Considerados os gastos reais — deflacionando-se pelo INPC —, houve uma elevação de 495% entre 1996 e 2009, o que equivale a um crescimento médio anual de 14,7%.

A despesa assistencial ao idoso respondeu por 0,60% do PIB, em 2009. Doze anos antes, esses gastos representavam apenas 0,25% do PIB. Isso mostra que sua importância relativamente ao PIB foi multiplicada por 2,4 vezes em 12 anos (taxa média anual de 7,6%). Esses benefícios, que têm como fundamento a proteção contra a pobreza e a miséria, têm sua justificativa reduzida pelo fato de, atualmente, atingirem indivíduos que, em geral, não pertencem aos primeiros décimos da escala de distribuição de renda, como será visto na Seção 5.6.

A despeito de os dados da Previdência Social serem insuficientes para a caracterização do público beneficiário, é possível fazer essa caracterização a partir dos dados da PNAD, ainda que ela tenha cobertura parcial do público atendido.[44] A maioria é mulher (64,8%), chefe de família (56,7%) e composta por indivíduos sem instrução (55,4%).

As famílias desses idosos, em geral, não têm crianças (78,8%) e são formadas principalmente por casais que vivem sem filhos ou com filhos maiores de 14 anos (50%). Essa composição familiar explica em parte por que elevações no valor do salário-mínimo têm pouco impacto sobre a pobreza e a extrema pobreza das crianças.[45] Essas e outras informações estão apresentadas na Tabela 17.

Três aspectos operacionais do benefício assistencial ao idoso têm ensejado estudos e discussões. O primeiro é que a idade de acesso ao benefício é igual à de acesso à aposentadoria por idade, no caso dos homens, apesar de essa última exigir contribuições. O segundo é que seu valor é exatamente igual ao piso previdenciário, benefício cujo acesso exige contribuição (seja a aposentadoria por idade, seja a aposentadoria por tempo de contribuição), o que pode ter efeitos negativos sobre a disposição a contribuir.[46] O último aspecto diz respeito ao critério de elegibilidade para um segundo benefício assistencial: a existência de um benefício — ainda que com valor igual ao piso previdenciário — entra na conta da renda *per capita*, enquanto a LOAS, cujo valor é o mesmo, não entra. Além de uma injustiça flagrante, é um claro desincentivo à contribuição previdenciária.

---

[42] Percentagem calculada com base na Projeção de População/IBGE — revisão 2008.

[43] Em termos nominais, passou de R$56,1 milhões em 1996 para R$755,5 milhões em 2009. Isso representa um crescimento de 13,5 vezes (22,1% ao ano).

[44] Apesar de constarem nos registros do MPAS mais de 1,5 benefícios assistenciais para idosos emitidos mensalmente (LOAS e RMV), a PNAD captura aproximadamente apenas 37,5% desse total.

[45] Transferências entre membros de famílias que não moram no mesmo domicílio não são detectadas pela PNAD.

[46] Ver Camargo e Reis (2007) e Giambiagi e Tafner (2010).

TABELA 17 Perfil dos beneficiários da LOAS e RMV (idoso) — PNAD/2008			
Características do beneficiário	Tipologia	(N)	(%)
Gênero	Homens	198.010	35,20
	Mulheres	364.534	64,80
Condição na família	Pessoa de referência	318.855	56,68
	Cônjuge	124.381	22,11
	Outro parente	119.308	21,21
Recebe pensão	Não	539.084	95,83
	Sim	23.460	4,17
Nível de instrução[a]	Sem instrução	311.888	55,44
	Fundamental incompleto	227.993	40,53
	Fundamental completo	10.872	1,93
	Médio incompleto ou mais	9.170	1,63
Nº de componentes da família	1 (idoso mora sozinho)	84.235	14,97
	2 (idoso mais 1 pessoa)	187.310	33,3
	3 (idoso mais 2 pessoas)	133.988	23,82
	4 (idoso mais 3 ou mais pessoas)	157.011	27,91
Nº de crianças de 0 a 15 anos na família	Nenhuma criança	443.006	78,75
	1 criança	80.669	14,34
	2 crianças	26.477	4,71
	3 ou mais crianças	12.392	2,20
Tipo de família	Casal sem filhos	149.036	26,49
	Casal com todos os filhos de 15 anos ou mais	132.046	23,47
	Mãe com todos os filhos de 15 anos ou mais	78.039	13,87
	Outros tipos de família	203.423	36,16

[a]A soma não totaliza 100% porque há indivíduos sem declaração de instrução (0,47%).

Fonte: PNAD/2008 do IBGE. Tabulação dos autores.

5.4 IGUALDADE DE PISOS

A Constituição de 1988 determinou que o menor valor de benefício previdenciário e assistencial seria o salário-mínimo. Assim, aqueles que contribuem com base no piso previdenciário e aqueles que não fazem nenhuma contribuição podem receber benefícios de mesmo valor. O primeiro receberá um benefício previdenciário, e o segundo, caso seja pobre,[47] um benefício assistencial. Chama a atenção o princípio legal de que, para os benefícios previdenciários, contribuições diferentes implicam benefícios diferentes, mas o

---

[47] A expressão é utilizada como sinônimo dos requisitos de renda familiar *per capita* para obtenção do benefício assistencial.

mesmo, porém, não se aplica aos benefícios assistenciais. Indivíduos igualmente abaixo da linha de pobreza receberão igual valor de benefício, tenham ou não contribuído para a Previdência Social e independentemente de o valor do piso ser suficiente ou mais do que suficiente para retirar o beneficiário da pobreza.

O argumento para a fixação de valores iguais (além, obviamente, de ser um preceito constitucional) é que isso seria o valor que erradicaria a pobreza. É certo que vários indivíduos que recebem benefício assistencial — e mesmo alguns dos que recebem benefícios previdenciários de um piso — seriam pobres sem esses recursos, mas a grande maioria sairia da pobreza com valores inferiores ao piso. Todo valor excedente ao necessário para retirar indivíduos da pobreza é estéril em termos de combate à pobreza e limita o volume de recursos que poderia ser aplicado em programas voltados ao combate da pobreza em outros segmentos sociais.

A lógica de justiça social para o estabelecimento de um benefício assistencial a indivíduos idosos que sejam pobres é absolutamente louvável nas modernas sociedades. Entretanto, a fixação de valor igual para ambos os pisos (previdenciário — contributivo e assistencial — não contributivo), além de subverter a lógica contributiva, pode ter efeitos negativos sobre a disposição a contribuir, além de, evidentemente, ser pouco eficiente como instrumento de combate à pobreza, caso seu valor seja superior ao necessário para retirar indivíduos do estado de pobreza.

Quanto a esse último aspecto, basta indicar que, se, em média, o montante necessário para retirar os beneficiários da pobreza fosse de apenas uma fração do valor do piso, então transferir qualquer R$ a mais para esses indivíduos a partir dessa fração deixaria de ter qualquer efeito sobre os níveis de pobreza. Em outras palavras, os primeiros R$ transferidos até a fração de renda necessária para tirá-los da pobreza são cruciais, mas o mesmo não se aplica para os últimos R$. Voltaremos a esse ponto na Seção 5.6.

Quanto ao possível desincentivo à contribuição, Camargo e Reis (2007) e Giambiagi e Tafner (2010) mostraram que beneficiários da LOAS têm características semelhantes aos contribuintes cuja renda mensal é 1 SM.[48] Parece razoável admitir que para esses contribuintes o apelo à contribuição tende a ser muito reduzido. De fato, os dados apresentados no Gráfico 8 mostram que a incidência de contribuição previdenciária — calculada para cada faixa de rendimento, como a razão entre o número de indivíduos que contribuem para a previdência e o total de indivíduos da respectiva faixa de rendimento — é crescente com a renda.

Deixar de contribuir não está associado apenas a baixa remuneração. A não contribuição será tanto menor quanto mais velho for o indivíduo. Cabe notar, a propósito, que a legislação original estabelecia a idade de 70 anos para acesso ao benefício assistencial. Posteriormente, essa idade passou para 67 anos e depois para os atuais 65. Com isso, além de o valor do benefício ser idêntico ao piso previdenciário de quem se aposenta por idade, a idade de acesso também passou a ser a mesma. Nessas condições, a pergunta que um

---

[48] No estudo, os dados são apresentados para trabalhadores que recebem até 1,2 SM.

homem, com certa idade, se faz é: "por que contribuir se posso não contribuir e obter benefício na mesma idade e com o mesmo valor?".[49]

GRÁFICO 8

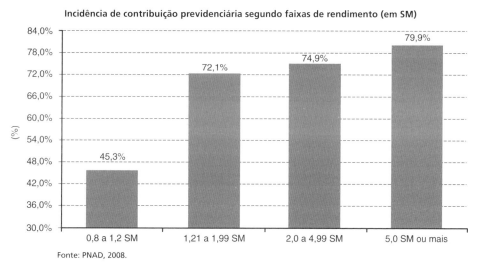

Incidência de contribuição previdenciária segundo faixas de rendimento (em SM)

Fonte: PNAD, 2008.

A Tabela 18, a partir das informações da PNAD/2008, apresenta dados sobre a incidência de contribuição para trabalhadores que recebem até 1,2 SM. Como se pode constatar, a partir dos 50 anos a incidência de contribuição começa a baixar e, a partir dos 60 anos, ela é 45% menor do que a de indivíduos de até 49 anos.

TABELA 18 Incidência de contribuição previdenciária, segundo faixa etária, para trabalhadores que recebem até 1,2 SM

Faixa etária	Recebe até 1,2 SM trabalho		Total	Incidência de contribuição
	Contribui	Não contribui		
Até 39 anos	6.045.732	4.227.322	10.273.054	58,9
De 40 a 49 anos	2.326.100	1.730.851	4.056.951	57,3
De 50 a 59 anos	1.278.764	1.110.665	2.389.429	53,5
60 anos ou mais	301.425	633.776	935.201	32,2

Fonte: PNAD, 2008.

5.5 INDEXAÇÃO AO SALÁRIO-MÍNIMO

Desde 1995, o salário-mínimo teve aumentos reais sucessivos em quase todos os anos. Comparada à variação do INPC, entre datas de reajuste, o salário-mínimo teve uma va-

---

[49] Ver a respeito Camargo e Reis (2007), Ulyssea (2005a e 2005b), Ulyssea e Foguel (2006) e Ulyssea e Reis (2005).

riação real de 121,8%, entre 1995 e 2010, ou seja, mais do que dobrou o seu poder de compra.[50]

A literatura sobre salário-mínimo indica que, além de servir como um piso remuneratório do setor formal da economia, ele desempenha um papel de sinalizador, como uma espécie de indexador para os trabalhadores do setor informal da economia. Em princípio, portanto, o aumento do valor real do salário-mínimo não deveria provocar grande impacto sobre as contas públicas. No Brasil, entretanto, por ser indexador dos pisos previdenciário e assistencial, qualquer aumento do salário-mínimo afeta os benefícios previdenciários e assistenciais, como aposentadorias, pensões, seguro-desemprego, abono salarial e benefício de prestação continuada (BPC), além de seus óbvios efeitos sobre a remuneração de trabalhadores formais e informais. Como aproximadamente 2/3 dos benefícios previdenciários e assistenciais estão indexados ao salário-mínimo, o que representa mais de 40% do total do gasto previdenciário e assistencial, um aumento real de 1% produz elevação da despesa previdenciária de 0,4%.

Por certo, pode-se argumentar que a elevação do valor real do salário repõe seu poder de compra, que foi corroído pelo longo período de inflação elevada da economia brasileira. De fato, desde o final da década de 1970 até aproximadamente a metade da década de 1990, o salário-mínimo foi perdendo seu poder de compra. Apesar de o ano de 1991 ter dois dos cinco menores valores da série de salário-mínimo real, o ano de 1994 apresenta o menor valor médio, sendo 30% inferior à média de todo o período analisado (1970 a 2010). Era razoável, portanto, que se iniciasse um processo de recuperação de seu poder de compra. A partir de 1995, iniciou-se uma política de recuperação de seu valor, com reajustamentos superiores à inflação que se estendeu até os dias atuais. O resultado é que, em dezembro de 2009, o poder de compra do salário-mínimo foi ligeiramente superior à média do biênio 1979/80, que era o mais elevado da série até então. Em 2010, com o reajuste concedido em janeiro, o valor real do salário-mínimo passou a ser quase 10% superior àquela média.

Pode-se também argumentar que a política de elevação continuada do poder de compra do salário-mínimo é uma bem-sucedida política de redução da pobreza. Giambiagi e Tafner (2010) mostraram que o efeito do SM sobre a pobreza é quase residual. Do total de indivíduos que recebem esse valor (mercado de trabalho + benefícios), apenas 13 em cada 100 são pobres e apenas 1 em 100 é extremamente pobre. Em síntese, quem recebe salário-mínimo já saiu da pobreza, portanto, aumentos reais do salário-mínimo terão efeitos apenas residuais sobre os níveis de pobreza.

Tendo em vista que o salário-mínimo já recuperou seu poder de compra, sendo, atualmente, o mais elevado da série, e que já não funciona como instrumento de redução da pobreza, é inexorável que se questione se deve ser mantida a indexação do piso previdenciário e assistencial ao valor do salário-mínimo.

A experiência internacional pode auxiliar no caminho a seguir. Em vários países, o reajuste dos benefícios previdenciários é feito de acordo com a inflação de preços, como

---

[50] Se tivesse preservado seu valor real, o salário-mínimo nominal seria de apenas R$229,93 em 2010.

no Chile, México, EUA,[51] Canadá, França e Itália. Na Alemanha, a indexação é por salários, como no Brasil. A Suécia possui um regime misto, utilizando a indexação por salários e pela inflação de preços.

O desafio, portanto, é estabelecer regras que garantam a preservação do valor real do benefício sem, no entanto, criar um mecanismo que comprometa as contas públicas, nem se torne um fator limitante ao crescimento do salário-mínimo. A melhor alternativa é deixar o salário-mínimo apenas como instituição intrinsecamente associada ao mercado de trabalho. Uma vez recuperado seu valor histórico real e, consequentemente, recuperado também o poder de compra do piso previdenciário (e assistencial), desindexar os benefícios previdenciários do salário-mínimo e promover o reajustamento desses benefícios por índice de preços parece ser a melhor opção, além de ser mais alinhado com a experiência internacional.

O debate poderia e deveria se dar sobre qual índice seria o mais adequado para reajustar benefícios previdenciários e assistenciais. Segundo os dados já citados do Bureau of Labor Statistics referentes a 2006, nos Estados Unidos, 10,9% dos gastos da população de 62 anos ou mais são com cuidados médicos, enquanto para os consumidores urbanos em geral essa categoria representa 5,10% dos gastos. Por outro lado, os consumidores urbanos em geral gastam com alimentação e bebidas 16,8% de seu orçamento, enquanto a população idosa consome 12,9% de seu orçamento com essa categoria. É crucial, porém, que seja definido o princípio de que reajustes de benefícios previdenciários (e assistenciais) devam ser indexados a preços.[52]

5.5.1 Ritmo de Crescimento do Valor dos Benefícios

Além dos aumentos reais do salário-mínimo, e por conta de sua indexação aos pisos previdenciário e assistencial, tem havido também, desde 1995, crescimento real dos benefícios cujos valores são superiores ao mínimo, ainda que em ritmo muito inferior. A conjugação desses aumentos reais fez com que, entre 1995 e 2009, o aumento da despesa previdenciária em termos reais crescesse 57% (3,05% ao ano, em média). A Tabela 19 apresenta a variação real anual e acumulada dos benefícios indexados ao salário-mínimo, dos benefícios superiores ao piso, a variação total da despesa, mantidas constantes a quantidade de benefícios e a taxa de variação anual do PIB real.

Entre 1995 e 2010, o valor real dos benefícios iguais ao salário-mínimo foi multiplicado por 2,18 e os demais benefícios tiveram seu valor real elevado em mais de 25%. O efeito composto desses aumentos produziu uma elevação do gasto real da previdência de 57%, equivalente a uma taxa média anual de 3,05%, superior à taxa de crescimento do PIB real no mesmo período. A manutenção da indexação dos pisos previdenciários ao salário-mí-

---

[51] Nos EUA, a discussão é em torno da criação de um índice de inflação específico para a população de 62 anos ou mais para servir como indexador dos benefícios previdenciários. Para maiores detalhes, ver Bureau of Labor Statistics (2006).

[52] É importante assinalar que índices específicos podem ter variações de curto prazo diferentes de índices gerais, mas não é certo que isso se manterá no longo prazo. No Brasil, entre dez/1999 e dez/2009, o índice de preços da terceira idade da FGV teve uma variação média de 7% ao ano, praticamente igual à do INPC, de 6,9% ao ano.

nimo tenderá a elevar a sensibilidade do gasto total às variações do valor real do salário-mínimo, posto que a participação desses benefícios no gasto total tem sido crescente. Essa participação, que era inferior a 34% em 1995, é, atualmente, superior a 41%.

TABELA 19 Variação anual e acumulada dos benefícios de um salário-mínimo, dos benefícios com valores superiores ao piso, do total de despesa previdenciária e do PIB real (%)

Ano	Salário-mínimo e pisos[a]		Benefícios superiores ao piso[a]		Total acumulado[b]	Variação anual do PIB real
	No ano	Acumulada	No ano	Acumulada		
1995	22,63	22,63	22,63	22,63	22,63	4,42
1996	−5,26	16,18	−2,72	19,29	18,25	2,15
1997	−0,98	15,04	−0,52	18,67	17,46	3,38
1998	4,04	19,69	0,05	18,73	19,05	0,04
1999	0,71	20,54	1,38	20,37	20,43	0,25
2000	5,39	27,04	0,45	20,91	22,96	4,31
2001	12,18	42,51	−0,06	20,84	27,38	1,31
2002	1,27	44,32	0,16	21,03	28,11	2,66
2003	1,23	46,09	−0,61	20,30	28,22	1,15
2004	1,19	47,83	−0,04	20,25	28,77	5,71
2005	8,23	60,00	−0,24	19,96	32,65	3,16
2006	13,04	80,86	1,73	22,03	41,01	3,96
2007	5,10	90,09	0,00	22,03	44,10	6,09
2008	4,04	97,77	0,03	22,07	46,70	5,14
2009	5,79	109,22	0,00	22,07	50,53	−0,19
2010	6,02	121,82	2,60	25,24	56,84	2,38
Δ Média Anual	5,45		1,51		3,05	2,75

[a]Compara o reajuste observado com a variação do INPC acumulada entre o reajuste precedente e o mês.
[b]O cálculo foi feito considerando o estoque de benefícios constante.

Fonte: AEPS/MPAS e IPEADATA. Elaboração dos autores, com base no valor do salário-mínimo.

5.6 OS BENEFÍCIOS PREVIDENCIÁRIOS E ASSISTENCIAIS E SEU IMPACTO SOBRE A POBREZA

Parece consenso entre analistas que a previdência (e a assistência) social atua na redução da pobreza e da desigualdade. Os dados mostram que, após o pagamento de aposentadorias, pensões e benefícios assistenciais, a pobreza é reduzida. Entretanto, o fato de o sistema previdenciário reduzir a pobreza não implica que o instrumento atue sobre aqueles que são efetivamente os mais pobres.

Há diversas maneiras de se definir pobreza. A mais usual refere-se à insuficiência de renda do grupo familiar. Há pobreza se existem pessoas vivendo com renda familiar *per capita* inferior ao mínimo necessário para que possam satisfazer suas necessidades básicas. A linha de pobreza equivale a esse mínimo e é frequentemente utilizada para se quantificar o número de indivíduos e de famílias que vivem com renda inferior a ele.[53]

São considerados pobres todos os indivíduos que possuem renda familiar *per capita* inferior à linha de pobreza, e são definidos como extremamente pobres aqueles cuja renda familiar *per capita* é inferior à metade da linha de pobreza. Nos Gráficos 9-A e 9-B é apresentada a evolução do percentual de indivíduos pobres e extremamente pobres no Brasil, no período 1977 a 2008.

Os dados mostram uma ligeira tendência de redução da percentagem de pobres e extremamente pobres em praticamente todo o período. Nos anos mais recentes, parece se consolidar uma tendência de redução mais pronunciada. Para 2008, com dados da PNAD do mesmo ano, verifica-se que 25% da população (indivíduos) vivia em famílias com renda *per capita* inferior à linha de pobreza, totalizando aproximadamente 48 milhões de brasileiros — equivalente à população da Itália, 30% superior à da Argentina ou duas vezes a da Venezuela. Pela mesma fonte, um pouco menos de 10% da população (18 milhões de brasileiros) encontrava-se em situação de extrema pobreza.

Utilizando a mesma base de informação, é possível constatar que a incidência de pobreza é muito maior entre crianças e jovens do que entre adultos, e especialmente, entre idosos (Gráfico 10). O mesmo vale para a pobreza extrema: em média, um indivíduo com até 14 anos tem 11 vezes mais chances de ser extremamente pobre do que um indivíduo com 60 anos ou mais. Os dados revelam que quase 44% das crianças de até 14 anos são pobres, e aproximadamente um quinto delas é extremamente pobre. No outro extremo da distribuição etária (indivíduos com 60 anos ou mais), apenas 8,3% são pobres, e apenas 1,9% são extremamente pobres. Em síntese, temos pobres de todas as idades, mas entre crianças e jovens a pobreza é particularmente grave.

Nosso sistema de previdência distribui mais de 23,9 milhões de benefícios de aposentadoria, pensões e LOAS (BEPS, dez/2009). O salário-mínimo indexa mais de 65% dos benefícios previdenciários e tem tido sucessivos ganhos reais. Cabe, portanto, questionar se nosso sistema atinge os pobres e, entre eles, os mais pobres. Em síntese, a Previdência (e LOAS) é um instrumento eficiente para reduzir a pobreza e a insuficiência de renda?[54]

---

[53] O valor da linha de pobreza é calculado a partir dos custos de uma cesta básica alimentar que contempla as necessidades de consumo calórico mínimo de um indivíduo. Os valores variam segundo estratos (24 ao todo), que são composições de regiões, estados, áreas metropolitanas, urbanas e rurais. Para cada um desses estratos é determinada a respectiva linha de pobreza. Em 2008, a linha média de pobreza era de aproximadamente R$200,00/mês, e a linha de extrema pobreza corresponde à metade desse valor. São consideradas pobres os indivíduos cuja renda familiar *per capita* seja inferior à respectiva linha de pobreza.

[54] Todos os dados aqui apresentados referem-se exclusivamente aos benefícios previdenciários de pensão e aposentadoria, assim identificados na PNAD. Os benefícios assistenciais são tratados em capítulo específico.

GRÁFICO 9 (A e B)

Evolução do percentual de indivíduos pobres e extremamente pobres — Brasil 1977-2008

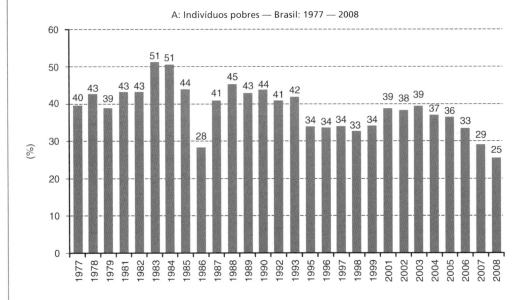

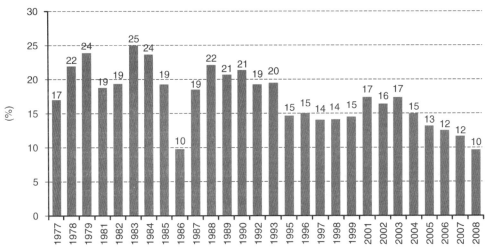

Fonte: Barros *et al.* (2002) e Barros e Carvalho (2006). Atualizado pelos autores para 2006 e 2008 com dados do PNAD do IBGE desses anos.

Preliminarmente, é necessário sabermos se o benefício atinge os pobres e os extremamente pobres. Dados da PNAD 2008, sintetizados na Tabela 20, mostram que 30% das famílias brasileiras têm pelo menos um membro que recebe benefício da Previdência Social. Esse número cai para 11,9%, quando são considerados os indivíduos (e não as famílias). Apesar de as famílias pobres representarem 20,8% das famílias brasileiras, dentre as que recebem algum benefício previdenciário elas são apenas 6,3%. Da mesma forma, famílias extremamente pobres são 8,1% das famílias brasileiras, mas são apenas 0,6% dentre as que recebem benefícios da Previdência. Considerados os indivíduos, 26,3% deles são pobres, mas apenas 2,4% deles recebem benefícios. E entre os extremamente pobres, que são 9,9% da população, apenas 0,6% deles recebem benefício previdenciário. Visto de outra forma, nosso sistema previdenciário está basicamente assentado em famílias não pobres. Estas respondem por 93,7% dos benefícios pagos. Em síntese, a Previdência Social está longe das famílias e indivíduos pobres.

Grupo	Renda	Incidência no total da população	Não recebem benefício	Composição dentre os que não recebem	Recebem benefício	Composição dentre os que recebem
TABELA 20 Distribuição do recebimento de benefícios previdenciários, segundo famílias e indivíduos						
Famílias	Total	100,0	70,0	100,0	30,0	100,0
	Não pobres	79,2	64,5	72,9	35,5	93,7
	Pobres	20,8	91,0	27,1	9,0	6,3
	Extr. pobres	8,1	97,8	11,3	2,2	0,6
Indivíduos	Total	100,0	88,1	100,0	11,9	100,0
	Não pobres	73,7	84,7	70,9	15,3	94,7
	Pobres	26,3	97,6	29,1	2,4	5,3
	Extr. pobres	9,9	99,4	11,2	0,6	0,5

Fonte: PNAD, do IBGE, 2008. Elaboração dos autores.

Esse mesmo conjunto de informações pode ser observado segundo a tipologia de famílias e indivíduos. Do total de famílias, 30% recebem benefícios. Considerados os indivíduos, apenas 12% deles recebem. Quando, porém, analisamos a distribuição segundo tipos de famílias (não pobres, pobres e extremamente pobres), o que encontramos é algo surpreendente. Das famílias não pobres, 35,5% recebem esses benefícios, mas entre as pobres, apenas 9%. E entre as extremamente pobres, apenas 2,2% têm acesso ao benefício previdenciário.

Como indicado em Giambiagi e Tafner (2010), entre as famílias não pobres que não recebem benefícios apenas 19,9% têm pelo menos duas crianças, enquanto que entre as pobres esse número é 52,6% e, entre as extremamente pobres, 51,1%. Entre as famílias que recebem benefícios, as não pobres com pelo menos duas crianças são apenas 5,8%, as pobres, 46,1%, e as extremamente pobres, 75,6%. O problema é que apenas 2,2% das famílias extremamente pobres recebem benefícios previdenciários. E esse quadro tende a perdurar, posto que os adultos dessas famílias estão à margem do mercado de trabalho.

Diante dessa realidade, seria o caso de questionar se deveríamos continuar a insistir em combater a pobreza e a extrema pobreza através do aumento do valor real do piso previdenciário (e assistencial). E se, em vez de continuarmos a dar aumentos reais de renda a quem já não é pobre, trocarmos, por exemplo, ganhos reais de aposentados e pensionistas por uma melhor focalização de recursos nos grupos mais desprovidos de nosso país? Quais seriam os resultados?

GRÁFICO 10

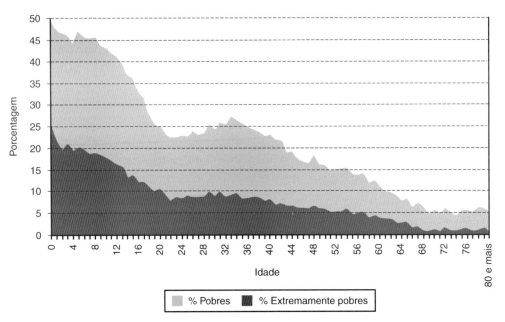

Fonte: PNAD do IBGE, 2008. Elaboração dos autores.

Em 2009, os benefícios previdenciários de um piso previdenciário foram reajustados em 12,05%, passando de R$415,00 para R$465,00. Isso representou um ganho real de 5,8%. Os benefícios previdenciários acima do piso tiveram um reajuste de 5,92%, equivalente à inflação (INPC). A partir das informações da PNAD 2008, é possível estimar o impacto desse reajuste, mantido o estoque de benefícios constante. O resultado é que os gastos mensais cresceriam de R$20,45 bilhões para R$22,03 bilhões. Caso fosse concedida apenas a reposição da inflação a todos os benefícios, haveria uma redução das despesas previdenciárias, no valor de R$351 milhões mensais. Essa diferença poderia ser utilizada para combater a pobreza e a miséria através, por exemplo, da ampliação do Programa Bolsa Família, focalizando exclusivamente as famílias sujeitas à extrema pobreza, distribuindo os recursos a todas elas, segundo o critério usual de elegibilidade do programa.

Os resultados estão apresentados na Tabela 21. Como se pode constatar, as despesas mensais (setembro), que, em 2008, eram de R$20,45 bilhões, passariam para R$22,03 bilhões, um aumento médio de despesa de 7,72%. Utilizando os critérios indicados — reajustamento equivalente ao INPC — e mantendo o mesmo volume de recurso gastos, haveria queda de 1,03% na pobreza e de 14% na extrema pobreza.

Comparando os resultados, é possível perceber que os impactos sobre a extrema pobreza são maiores caso utilizemos o Programa Bolsa Família, em vez de concedermos aumentos reais para os benefícios previdenciários e assistenciais.

O exercício mostra, em síntese, que aumentar os benefícios da Previdência Social além da inflação, mesmo que somente daqueles que ganham o piso, tem impacto 12 vezes menor sobre a extrema pobreza, quando comparado com o uso dos mesmos recursos no Programa Bolsa Família. Em poucas palavras, a previdência reduz um pouco a pobreza mas não é um instrumento desenhado para isso. É quase um efeito colateral.

TABELA 21 Simulação do impacto sobre pobreza e extrema pobreza de alternativas de escolhas políticas de alocação de recursos governamentais

Tipo de benefício	Valores mensais R$ bilhões		
	2008	2009	Simulação
Aposentadoria	15,605	16,800	16,542
Pensão	4,844	5,228	5,135
Total benefícios	20,449	22,028	21,676
Expansão PBF	-	-	0,351
Total gasto	20,449	22,028	22,028
% pobres	26,25	25,81	25,98
% extremamente pobres	9,89	9,78	8,50
Redução pobreza		0,44	0,27
		1,68%	1,03%
Redução miséria		0,11	1,39
		1,11%	14,05%

Fonte: PNAD, do IBGE, 2008. Simulação feita pelos autores.

6 IMPACTO DA MUDANÇA DEMOGRÁFICA SOBRE OS GASTOS PREVIDENCIÁRIOS

Foi mostrado na Seção 4 que o Brasil vai passar por um rápido processo de envelhecimento. Em 2050, a população de 60 anos ou mais representará 30% do total de habitantes. Por outro lado, o número de crianças e jovens menores de 25 anos cairá de 82,3 milhões em 2010, para 57,0 milhões de pessoas em 2050, um decréscimo de aproximadamente 30% da população total nessa faixa etária.

Como consequência do aumento do número de idosos e da redução do número de crianças e jovens, a composição etária da população vai mudar radicalmente em um futuro próximo. A redução do número de crianças e jovens poderá ser um componente favorável para limitar os gastos com educação e aumentar sua qualidade. Por outro lado, o aumento do número de idosos exercerá forte pressão para o aumento dos gastos públicos nessas áreas de ação pública.

Levando em consideração o envelhecimento no Brasil e a manutenção das atuais regras das concessões de benefícios, o desafio fiscal do país em um futuro próximo não pode ser visto como trivial. De acordo com a legislação previdenciária e assistencial, são permitidos a acumulação de benefícios, o recebimento de benefícios sem contrapartida contributiva, a percepção de benefício de pensão sem que haja dependência econômica do sobrevivente e o acesso à aposentadoria em idades precoces. Essa generosidade institucional produziu, nos últimos 15 anos, um aumento no número de beneficiários da Seguridade Social (aposentadoria, pensão, LOAS e RMV idosos) que é 23% maior do que o crescimento do número de indivíduos de 60 anos ou mais.

O que esperar do comportamento dos gastos previdenciários diante da perspectiva de mudança demográfica? Apresentamos a seguir os resultados de simulações do comportamento dos gastos previdenciários e comparamos essas simulações com algumas possíveis trajetórias de crescimento do produto.

As simulações estão concentradas apenas nos gastos do INSS, especificamente os benefícios de aposentadoria, pensão, LOAS e RMV. Não foram considerados os gastos dos regimes próprios que têm se mantido constantes, em torno de 4% do PIB (sendo 2% para a União e 2% para estados e municípios).[55] São considerados três cenários possíveis, e em todos são mantidas constantes as regras institucionais da previdência social e a taxa de formalização observada em 2009 (a maior da série, consideradas as PNADs). O primeiro cenário leva em conta apenas o envelhecimento e mantém o valor real dos benefícios. A hipótese de manutenção do valor real dos benefícios é extremamente conservadora, tendo em conta o histórico observado nos últimos 15 anos. O aumento real dos benefícios foi, em média, de cerca de 4 a 5% ao ano.[56] O segundo cenário leva em conta, além do efeito demográfico, um aumento real de 1% ao ano até 2022 no valor dos benefícios de um salário-mínimo e aumento real de 3% a cada cinco anos, até 2022, para os benefícios acima de um salário-mínimo. A partir desse ano, todos os benefícios têm seu valor real mantido constante. O terceiro cenário é exatamente igual ao segundo, mas incorpora um ganho real de 4% por década para todos os benefícios, a partir de 2022, admitindo-se, ainda, a hipótese de que os custos para a população idosa são ligeiramente superiores aos da média da população e que esse diferencial será repassado aos benefícios.[57] Em todos os cenários, as regras institucionais são preservadas e o valor médio dos benefícios — estimado pelos autores — é de R$690,78, em 2010.[58] Para os três cenários, a distribuição percentual por tipo de benefícios é mantida constante.[59] A Tabela 22 apresenta a população idosa e a quantidade de benefícios, por tipo. Os dados são apresentados para períodos de cinco anos a partir de 2010.

A quantidade de benefícios é, em média, 22% maior que a população de cada ano considerado. Isso acontece porque, como dito antes, a legislação permite que os indivíduos ob-

---

[55] Para o gasto previdenciário de unidades federativas, ver STN/SISTN. Para dados dos municípios, ver Demonstrativo de Resultados da Avaliação Atuarial, MPAS.

[56] Esses valores referem-se aos benefícios de aposentadoria, pensão, LOAS e RMV.

[57] O Bureau of Labor Statistics, dos EUA, fez um interessante estudo sobre o padrão de gastos e calculou índices de preços específicos para o grupo de idosos, mostrando que os idosos sofrem, em média, variação de seus custos ligeiramente superior à média da população.

[58] Essa estimativa incorpora o reajuste de 7,7% concedido para as aposentadorias acima do piso.

[59] A hipótese subjacente aqui é que a expansão da concessão de benefícios decorrente da ampliação da oferta dos serviços previdenciários como, por exemplo, a ampliação da rede de postos de atendimento do INSS em todo o território nacional, a agilização no prazo de concessão de benefícios que represa o fluxo etc. — não terá mais nenhum efeito daqui para a frente, restando, portanto, apenas o efeito demográfico.

tenham mais de um benefício. Por exemplo, cerca de 20% das pessoas que recebem um benefício de pensão também têm um benefício de aposentadoria. Também há casos, embora em menor número, de alguns indivíduos com dois benefícios de aposentadoria. Além disso, quanto maior for a sobrevida daqueles com mais de 60 anos, maior será o número de benefícios previdenciários a pagar. A expectativa de vida do brasileiro condicionada à idade vem crescendo desde meados dos anos 1970 e vai continuar crescendo por muitos anos ainda.

TABELA 22 População com 60 anos ou mais e projeção da quantidade de benefícios emitidos por tipo — Brasil: 2010-2050

Ano	Pop. 60 anos ou mais (10⁶)	Total de benefícios emitidos — dezembro de cada ano (10⁶)			
		Aposentadoria	Pensão	LOAS + RMV	Total de benefícios
2010	19,282	15,445	6,804	1,457	23,706
2015	23,230	18,607	8,198	1,756	28,560
2020	28,322	22,685	9,994	2,141	34,820
2025	34,476	27,615	12,166	2,606	42,387
2030	40,473	32,418	14,282	3,059	49,759
2040	52,056	41,696	18,369	3,935	64,000
2045	58,746	47,055	20,730	4,440	72,225
2050	64,051	51,304	22,602	4,841	78,747

Fonte: Elaboração dos autores.

A partir dos dados sinteticamente apresentados anteriormente foram feitas as simulações da trajetória de despesas da Previdência Social com pagamentos de benefícios de aposentadoria, pensão e RMV+LOAS[60] para o período 2010-2050. A Tabela 23 apresenta os resultados. No horizonte temporal de 40 anos a partir de agora, o número de benefícios terá sido multiplicado por 3,32 (de 23,7 milhões para 78,7 milhões). Considerando o primeiro cenário, o gasto anual total com benefícios previdenciários saltará de R$212,9 bilhões em 2010 para R$707,2 bilhões em 2050 (em R$ de 2010), representando uma taxa média de crescimento de 3,05% ao ano. Se tomarmos uma hipótese menos otimista, expressa pelo cenário 2, a despesa total anual, partindo do mesmo patamar, aumentará para R$775,2 bilhões em 2050, o que significa um crescimento nos gastos a uma taxa média de 3,3% ao ano. Finalmente, no cenário 3, em que as hipóteses parecem ser mais condizentes com a realidade brasileira, o volume de gastos se elevará, no mesmo período, para R$864,2 bilhões (a preços de 2010). Nesse cenário, o ritmo médio de crescimento das despesas previdenciárias será de 3,6% ao ano para os próximos 40 anos. Para manter constante a relação entre as despesas da Previdência Social e o PIB, este seria o **piso** de crescimento da economia para os próximos 40 anos.

---

[60] Obviamente, esse montante não representa a totalidade de gastos do INSS com pagamento de benefícios, mas apenas aqueles mais diretamente ligados à questão previdenciária. Considerado o período 2004 a 2009, esses benefícios representaram 92% do total de benefícios emitidos e 91% do total de despesas do INSS.

			Gastos previdenciários anuais (R$ milhões 2010)			Taxa média de cresc. anual		
Anos	População de 60 anos ou +	Total de benefícios	Cenário 1	Cenário 2	Cenário 3	Cenário 1	Cenário 2	Cenário 3
2010	19.282.049	23.706.317	212.886	212.886	212.886			
2015	23.230.287	28.560.479	256.477	266.429	266.429	3,80	4,59	4,59
2020	28.321.799	34.820.239	312.691	337.514	337.514	4,04	4,84	4,84
2025	34.476.073	42.386.611	380.638	417.233	421.706	4,01	4,33	4,55
2030	40.472.804	49.759.293	446.846	489.806	504.861	3,26	3,26	3,67
2035	46.080.231	56.653.344	508.755	557.668	586.192	2,63	2,63	3,03
2040	52.055.799	64.000.007	574.730	629.985	675.322	2,47	2,47	2,87
2045	58.745.760	72.224.980	648.591	710.947	777.204	2,45	2,45	2,85
2050	64.050.980	78.747.484	707.164	775.152	864.173	1,74	1,74	2,14
Média da taxa de crescimento anual para todo o período considerado						3,05	3,28	3,57

TABELA 23 Simulação do gasto previdenciário (aposentadorias, pensões e RMV+LOAS) — Brasil: 2010-2050

Fonte: AEPS para o ano de 2008 e IBGE para projeções de população. Elaboração dos autores.

Deve-se destacar que, mesmo no cenário menos otimista (cenário 3), os níveis de reajustes são muito inferiores àqueles observados na última década e meia. Os benefícios indexados ao mínimo, por exemplo, cresceram em termos reais a uma taxa média de 5,5% ao ano nos últimos 15 anos. E mesmo os benefícios acima do piso previdenciário, cujos reajustes foram bem mais modestos, cresceram, em termos médios, 1,5% real ao ano. No total, os benefícios previdenciários cresceram, em termos reais, a um ritmo médio anual de 3,05%. No cenário 3, em termos médios, durante os próximos 40 anos, os benefícios terão um ganho real de apenas 0,5% ao ano, patamar bem inferior ao observado nos últimos 15 anos. Isso revela que a manutenção da relação despesa previdenciária/PIB exigirá, além de crescimento constante de pelo menos 3,3% do PIB pelos próximos 40 anos, muito bom senso das autoridades no sentido de conter as pressões por elevação do valor dos benefícios previdenciários. Aumentos reais médios de, por exemplo, 1% ao ano exigirão 4,1% de crescimento do PIB para o mesmo período.

7 AGENDA DE REFORMAS

Na presente seção é apresentada uma proposta de reforma para o sistema de previdência brasileiro, contemplando elementos da assistência social, especialmente o Benefício de Prestação Continuada — LOAS. Inicialmente são apresentados certos princípios que devem nortear uma agenda de reformas. Em seguida, é apresentada a proposta de agenda propriamente dita.

7.1 CRITÉRIOS BÁSICOS

Devem ser critérios norteadores de uma reforma os seguintes aspectos:

- *Tratamento desigual a casos desiguais*. Quem já tem direitos adquiridos deve tê-los respeitados. Para os que já começaram a trabalhar, seu histórico profissional e contributivo deve ser considerado. Para os que ainda não ingressaram no mercado de trabalho, quando o fizessem estariam submetidos a novas regras.
- *Carência*. Qualquer reforma deve contemplar um prazo de carência, visando a eliminar eventuais descontinuidades no planejamento de vida dos indivíduos. A proposta adiante apresentada contempla um prazo de carência de três anos. Assim, não haveria mudanças até o ano $t + 3$, considerado t o ano de aprovação das propostas.
- *Gradualismo*. Estabelecer como princípio que as alterações aprovadas incidam suavemente ao longo do tempo, completando a transição no final de um processo que deverá ser bastante longo, em prazo de duas décadas.
- *Paralelismo com o mundo*. As novas regras devem estar alinhadas com as regras existentes em outros países. O aumento do requisito de idade para a aposentadoria ou a redução da diferença entre as idades de aposentadoria de homens e mulheres são tendências que já vêm se manifestando há bastante tempo.
- *Regras diferentes para os ativos (transição) e futuros ativos (novas regras)*. É razoável que aqueles que já estão no mercado de trabalho tenham, em média, condições de vida próximas às atuais. O mesmo não ocorrerá com aqueles que entrarem no mercado de trabalho daqui a cinco ou dez anos. Esses irão se aposentar daqui a várias décadas, quando a expectativa de sobrevida for completamente diferente da atual. Nada mais natural, consequentemente, que essas pessoas tenham regras mais duras do que as aplicadas àqueles que já estão trabalhando. Também aqui é contemplada a diferença — ainda que com reduções — de idades de obtenção de benefícios entre homens e mulheres.
- *Convergência*. Uma agenda de reformas deve contemplar o princípio de que todos devem estar sujeitos às mesmas regras. Isso implica que a agenda deve idealizar um único sistema previdenciário para todos os trabalhadores, independentemente de trabalharem no setor público ou privado.
- *Regra para o salário-mínimo e indexação*. Uma agenda deve contemplar o princípio básico de desindexação. Isso pode ser feito em três etapas, como será visto a seguir.

7.2 DETALHAMENTO DA AGENDA DE REFORMAS

— Salário-mínimo e indexação

O processo de desindexação pode ser feito em duas etapas. A primeira, até por uma questão de justiça contributiva, seria desindexar o piso assistencial do previdenciário. Especificamente, propõe-se que a redação do artigo que estabelece que a assistência social tem por objetivos "a garantia de um salário-mínimo de benefício mensal à pessoa portadora de deficiência e ao idoso que comprovem não possuir meios de prover a própria manutenção ou de tê-la provida por sua família, conforme dispuser a lei" seja substituída por: "a garantia de uma remuneração mensal de R$ X", mantido o restante do item, sendo X o valor do salário-mínimo vigente à época da mudança legal e estabelecendo que esse valor será reajustado nos termos da lei. A partir daí, seu reajustamento seria feito por índice de preços.

A segunda etapa seria fixar, num horizonte temporal longo (uma década), a desindexação também dos benefícios previdenciários, reajustando-os segundo índice de preços. Durante esse período, o salário-mínimo continuaria a indexar apenas os benefícios previdenciários e poderia ter ganhos reais, que seriam repassados ao piso previdenciário.

A última etapa desse item contempla uma política de reajustamento do salário-mínimo durante esse período de transição. A agenda contemplaria uma adequação da Medida Provisória n.º 474 de dez/2009, que "dispõe sobre o salário-mínimo a partir de 1.º de janeiro de 2010 e estabelece diretrizes para a política de valorização do salário-mínimo entre 2011 e 2023". Fixa, em seu Artigo 1.º, item II, que o critério de correção do salário-mínimo para 2011 (INPC mais variação do PIB de 2009, se positiva) e determina, no mesmo artigo, item VII, que "até 31 de março de 2011, o Poder Executivo encaminhará ao Congresso Nacional projeto de lei dispondo sobre a política de valorização do salário-mínimo para o período de 2012 a 2023, inclusive".

Por diversas razões discutidas por Giambiagi e Tafner (2010), a regra de reajustamento do salário-mínimo poderia obedecer ao princípio de que o salário-mínimo terá seu valor real elevado em 1,0% ao ano a partir de 2012 até 2022.

Essa estratégia permitirá que em 2022 o salário-mínimo seja, em termos reais, 11,6% superior ao que é hoje e, ao mesmo tempo, que o teto previdenciário seja igual a 6 vezes o piso em 2023, quando todos os benefícios previdenciários passariam a ser corrigidos por índices de preços e o salário-mínimo regeria apenas o mercado de trabalho, sem efeitos sobre os gastos previdenciários e assistenciais.

— Regra para novos entrantes

Respeitado o prazo de carência, os novos entrantes no mercado de trabalho, público ou privado, urbano ou rural, estariam sujeitos a regras idênticas, não havendo nenhuma categoria profissional com regras diferenciadas. Basicamente, as novas regras implicariam:

- aumento da idade de aposentadoria para quem se aposenta por idade, que passaria a ser igual a 67 anos para homens e 66 anos para mulheres, acompanhado de uma exigência de no mínimo 30 anos de contribuição para os homens e mulheres que se aposentarem nessa categoria;
- extinção da diferença entre os requisitos de aposentadoria de homens e mulheres;
- aumento da exigência contributiva para quem se aposenta por tempo de contribuição para 40 anos para homens e para 39 anos para mulheres, acompanhada de uma exigência de elevada idade mínima, de 65 anos para ambos os sexos.

As novas regras estão expostas em maiores detalhes na Tabela 24. Seriam conservadas as figuras diferenciadas da aposentadoria por idade e por tempo de contribuição, mas com condicionalidades cruzadas. Em outras palavras, quem se aposentasse por idade teria que ter, no mínimo, certo período contributivo (como é hoje, mas muito maior). Já quem se aposentasse por tempo de contribuição teria que estar sujeito a uma idade mínima — o que atualmente vale para os servidores, mas não para o regime geral do INSS.

Gênero	Aposentadoria por idade (AI)		Aposentadoria por tempo de contribuição (TC)	
	Idade mínima	Tempo de contribuição	Idade mínima	Tempo de contribuição
Homens	67	30	65	40
Mulheres	66	30	65	39

TABELA 24 Propostas para os novos entrantes (anos)[a]

[a]Pela regra vigente em 2011 para o INSS, a aposentadoria por idade se dá aos 65 anos para os homens e 60 para as mulheres, com 15 anos de contribuição mínima. Já a aposentadoria por tempo de contribuição é concedida após 35 anos de contribuição para os homens e 30 anos para as mulheres, sem exigência de idade mínima.

Fonte: Elaboração dos autores.

Há um entendimento coletivo de que homens deveriam se aposentar em idade mais avançada do que mulheres. O argumento mais usualmente utilizado é que as mulheres estariam sujeitas a uma dupla jornada de trabalho: uma no local de exercício de atividade econômica e outra cuidando da família, em especial dos filhos. Existem, entretanto, quatro argumentos que, se não são contrários a essa argumentação, pelo menos a relativizam. O primeiro é que, atualmente, as famílias são menos numerosas, o que implica que mulheres, nos dias atuais, têm muito menos filhos do que há 30 ou 40 anos. Em realidade, em termos médios, as mulheres têm menos de dois filhos em toda a sua vida, de modo que o tempo dedicado ao trato dos filhos como proporção do tempo total de sua vida tem diminuído bastante. O segundo argumento é que os arranjos familiares atuais são completamente diferentes, e a atenção de pais aos cuidados dos filhos também se modificou nos últimos 30/40 anos. O terceiro argumento é que a infraestrutura de apoio público e no ambiente de trabalho está muito mais disponível do que há duas ou três décadas. O quarto e último argumento é que, se é verdade que homens têm maior participação no mercado de trabalho do que mulheres — ainda que a diferença venha se reduzindo —, o mesmo não se pode dizer quanto à intensidade com que contribuem para a previdência e nem que haja diferença por gênero na distribuição por idade, dentre os que estão ocupados.

O Gráfico 11, utilizando dados da PNAD 2008, revela que a taxa de participação no mercado de trabalho masculina é ainda 25 pontos percentuais superior à feminina a partir dos 25 anos de idade, mantendo-se nesse patamar até os 55 anos, quando a distância começa a aumentar, atingindo mais de 33 pontos percentuais aos 60 anos. Como mostrado em Tafner (2005, Cap. 2), essa distância diminuiu mais de 10 pontos percentuais entre 1980 e 2000 e continua a diminuir, tendo em vista a crescente inserção da mulher no mercado de trabalho.

GRÁFICO 11

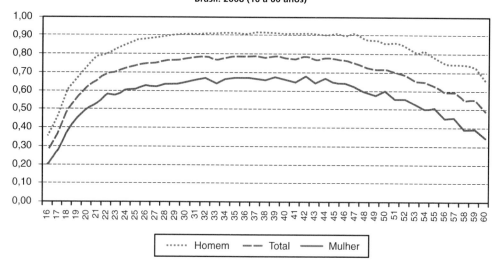

Fonte: PNAD do IBGE, 2008. Elaboração dos autores.

O Gráfico 12 apresenta, para os que estão ocupados, a frequência contributiva por idade, segundo sexo. Dois fatos são destacados: (1) entre os que estão ocupados, o comportamento contributivo é praticamente idêntico entre homens e mulheres ao longo da vida laboral. No conjunto, a frequência contributiva dos homens é de 62,0%, enquanto a das mulheres é de 60,8%. Além disso, das 50 idades consideradas (16 a 65 anos), a frequência masculina é superior em 37 e inferior em 13. Mas em apenas sete idades ela é superior à feminina, com diferença superior a 10%, e praticamente todos esses casos estão concentrados nas idades mais elevadas, quando as mulheres já obtiveram o benefício de aposentadoria; (2) a frequência contributiva é muito baixa para jovens de até 23 anos, de ambos os sexos. A partir de 24 anos e até 30 anos, as frequências contributivas de homens e mulheres são as mais elevadas, caindo ligeiramente e até 50 anos, a partir dessa idade. Em média, homens e mulheres com 24 anos ou mais e que estão ocupados apresentam frequência contributiva de 64% e 62%, respectivamente.

É certo que ainda hoje homens têm maior participação no mercado de trabalho. Se, porém, retirarmos o "efeito taxa de participação" e verificarmos a distribuição etária dentre os que trabalham, o que encontramos é que entre 25 e 53 anos a presença de mulheres trabalhadoras é relativamente mais intensa do que entre homens. E isso ocorre porque mulheres começam a trabalhar mais tarde e se aposentam mais cedo. O Gráfico 13 resume essas informações.

GRÁFICO 12

Frequência contributiva (%) entre os ocupados, por sexo, segundo idade
Brasil: 2008 (16 a 60 anos)

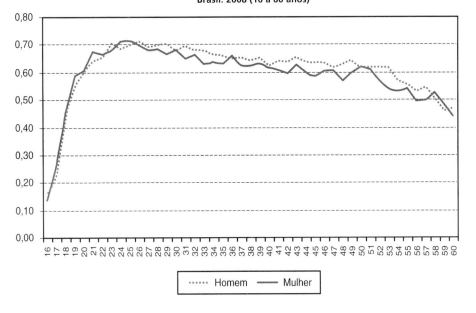

GRÁFICO 13

Distribuição etária, segundo sexo dos indivíduos ocupados
Brasil: 2008 (16 a 65 anos)

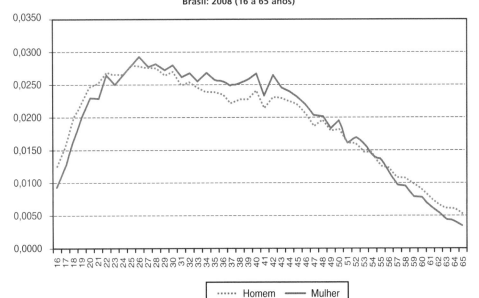

Fonte: PNAD, 2008. Elaboração dos autores.

É certo que o estabelecimento de igualdade de idade para aposentadoria provoque resistências, mas o fato é que a taxa de participação feminina no mercado tenderá a se aproximar da masculina.[61] Além disso, a fecundidade, que já é muito baixa, tende a se reduzir ainda mais, o que fará com que o tamanho das famílias progressivamente se reduza, diminuindo, consequentemente, o tempo dedicado ao cuidado da prole, tanto entre homens como especialmente entre as mulheres.

— Regra para os atuais ativos (transição)

Para os que estiverem no mercado na data de aprovação da EC haveria duas regras básicas de transição: uma para aposentadoria por idade e outra para aposentadoria por tempo de contribuição.

A aposentadoria por idade, atualmente, pode ser concedida aos indivíduos aos 65 anos se homem e 60 anos se mulher, desde que tenham pelo menos 15 anos de contribuição.[62] A agenda contempla a continuidade da elevação do tempo de contribuição à mesma razão que vem crescendo atualmente (6 meses por ano) e fazer ajustes em 2015 (mantendo-se a mesma idade atual para homens e elevando em 3 anos a das mulheres), em 2020 (quando as idades mínimas passariam para 66 anos para os homens e 63 para mulheres), em 2025 (aumento de 3 anos para a idade das mulheres) e em 2030, quando se completaria o ajuste (tempo mínimo de contribuição seria de 25 anos e as idades mínimas seriam 66 anos para homens e 64 anos para mulher). A partir daí essas condicionalidades permaneceriam constantes para todos os que já tivessem ingressado no mercado de trabalho até a data da alteração legal. A Tabela 25 resume essas regras.

Ano	Idade	
	Homem	Mulher
2011	65	60
2015	65	61
2020	66	62
2025	66	63
2030	66	64

TABELA 25 Propostas para o pessoal ativo — Aposentadoria por idade (anos)

Fonte: Elaboração dos autores.

---

[61] Giambiagi e Tafner (2010) mostram que em 1994 as aposentadorias femininas por tempo de contribuição eram pouco mais de 300 mil, mas em 2008, tinham crescido para mais de 1 milhão. Também mostram que em 2008 59,3% das aposentadorias rurais concedidas por idade eram femininas, e as urbanas eram 57,9%.

[62] A rigor, são exigidas 174 contribuições, equivalentes a 14,5 anos. E esse período, pela legislação atual (Lei nº 8.213 de 1991), é acrescido em 6 meses a cada ano até 2011, quando serão exigidas 180 contribuições.

Para a aposentadoria por tempo de contribuição, exceto para aqueles abrangidos pela carência, seria aplicada uma regra de transição cujas características básicas são: a) não haveria idade mínima de aposentadoria; e b) seria aplicado um fator de desconto para o tempo de contribuição (40 anos para homens e 39 anos para mulheres) proporcional a seu tempo de contribuição, a exemplo do que foi feito nas reformas do setor público. Assim, trabalhadores que contribuíram mais tempo teriam um pequeno adicional; trabalhadores que contribuíram por pouco tempo teriam um adicional maior, pois teriam cumprido apenas uma pequena fração do tempo de contribuição da regra atual.[63]

As propostas para a transição aplicáveis a todos quantos estejam trabalhando e contribuindo para a Previdência Social no momento da alteração legal podem ser resumidas nos seguintes pontos:[64]

- Aumento da idade de aposentadoria para quem se aposenta por idade (no caso dos homens, passaria de 65 anos para 66 anos e, no caso das mulheres de 60 anos para 64 anos, no fim da transição) acompanhado de uma exigência, no final da transição de no mínimo 25 anos de contribuição para os homens e mulheres que se aposentarem nessa categoria.
- Redução da diferença de requisitos de aposentadoria por tempo de contribuição entre homens e mulheres, dos atuais 5 anos para apenas 1 ano.
- Também para a aposentadoria por tempo de contribuição, aplicação do princípio de proporcionalidade contributiva para homens e mulheres, levando em consideração todo o período contributivo do trabalhador até a data de sanção da Emenda Constitucional.
- Aumento da exigência contributiva para homens e mulheres que se aposentem por tempo de contribuição (de 35 para 40 anos para os homens e de 30 para 39 anos para as mulheres).

— Regra para as pensões

O instituto da pensão é universal e se justifica tanto em termos de solidariedade como em termos atuariais. Entretanto, as regras brasileiras de concessão de pensões e as de fixação de seu valor encontram-se entre as mais generosas do mundo. É necessário, portanto, fazer ajustes nas regras que regulam esse benefício. Esses ajustes, evidentemente, não atingiriam os atuais beneficiários, passando a valer apenas para novas concessões.

Seguindo o mesmo princípio adotado para o caso das aposentadorias, propõe-se que os novos entrantes tenham uma regra rígida e os atuais ativos fiquem sujeitos a uma regra intermediária entre as regras atual e futura.

---

[63] A lógica da proposta para o tempo de contribuição na regra de transição pode ser sintetizada como uma mudança de escala. Para aqueles que estiverem sujeitos às regras de transição, o tempo de contribuição passaria de 35 para 40 anos para homens e de 30 para 39 anos para mulheres, e a diferença entre sexos cairia dos atuais 5 para apenas 1 ano. No primeiro caso significa multiplicar o tempo de contribuição por 1,1429 e, no segundo, multiplicá-lo por 1,3. Esses fatores seriam igualmente aplicados ao tempo de contribuição já realizado pelo contribuinte, e a diferença em relação ao novo tempo requerido (40 anos para homens e 39 para mulheres) seria o quanto o trabalhador teria que contribuir a partir de então.

[64] A Tabela A-1, no anexo a este artigo disponível no site www.iepecdg.com.br, sintetiza esses pontos, apresentando as novas exigência-de contribuição, por sexo, segundo anos de contribuição.

Para os novos entrantes, a pensão seria de 50% do benefício original, acrescida de 25% por filho menor, até o limite de dois filhos, desde que a diferença de idade entre cônjuges/parceiros não fosse superior a 15 anos. Nesse caso, o benefício do sobrevivente cairia para apenas 30% do benefício original, mantidas as condições quanto a filhos. Em ambos os casos, porém, seria respeitado o valor mínimo do piso previdenciário.

Para os que estão na ativa, as futuras pensões seriam iguais a 60% do benefício original acrescidos de 20% por filho menor — até o limite de 100% do benefício original. Dessa forma, por exemplo, se o titular recebesse uma aposentadoria de R$1.200 e viesse a falecer, o cônjuge teria direito a uma pensão de R$720, mais R$240 por filho menor até dois filhos, completando os R$1.200. Também aqui, seria respeitado o valor mínimo do piso previdenciário.

— Acúmulo de benefícios

A legislação brasileira permite que um indivíduo possa ter mais de um benefício previdenciário. Não há estatísticas disponíveis sobre o acúmulo de aposentadorias, mas há informações sobre o acúmulo de aposentadorias e pensões. Utilizando dados da PNAD 2008, é possível identificar indivíduos que recebem aposentadoria e pensão.[65]

A PNAD 2008 registrou a existência de 24,6 milhões de indivíduos que recebem aposentadorias ou pensões, sendo 18,00 milhões de indivíduos que recebem aposentadoria (73,2%), 6,6 milhões que recebem pensão (26,8%) e 1,8 milhão que recebem os dois benefícios (7,4%). O montante pago por esses benefícios totaliza R$24,3 bilhões/mês, sendo R$17,8 bilhões em aposentadorias, R$6,5 bilhões em pensões e R$2,6 bilhões em ambos os benefícios.

Aqueles que recebem os dois benefícios são predominantemente mulheres (86,2%), brancos (61%) ou pardos (31,4%), com mais de 60 anos (89,5%) — e mais da metade tem 70 anos ou mais. Vivem em famílias individuais, casais sem filhos ou casais com filhos de mais de 14 anos (75,9%), com até 3 indivíduos (78,3%) e com rendimento médio *per capita* de pelo menos um salário-mínimo (75,6%). Menos de 8% deles vivem em famílias com crianças de até 14 anos, menos de 3% são pobres, e não há nenhum indivíduo extremamente pobre.[66]

Tendo em vista que o acúmulo de benefícios está concentrado em mulheres, na maioria idosas, e dada a crescente inserção da mulher no mercado de trabalho, é de esperar que o número de indivíduos que acumulam benefícios tenda a crescer de forma bastante acentuada nos próximos anos, assim como sua participação relativa no total de benefícios e de gastos previdenciários.

---

[65] A Tabela A-2, disponível no versão deste artigo no site www.iepecdg.com.br, resume um conjunto de informações sobre aposentadorias, pensões e indivíduos que têm acúmulo de benefícios (aposentadorias e pensões).

[66] São considerados pobres os indivíduos com renda familiar *per capita* de menos de 1/2 salário-mínimo. Os extremamente pobres são aqueles que vivem em famílias com renda *per capita* inferior a ¼ do salário-mínimo.

Deve-se destacar que o valor médio de benefícios daqueles que recebem aposentadoria e pensão é 80% superior ao dos demais beneficiários. Além disso, como já mencionado, esses beneficiários, em geral, não vivem em domicílios com crianças nem em famílias numerosas, não compartilhando, portanto, sua renda.

Parece-nos sensato que uma reforma elimine, para os que vão ingressar no mercado de trabalho, a possibilidade um mesmo indivíduo acumular benefícios de pensão e aposentadoria, preservando-se a integralidade do acúmulo apenas nos casos em que houver filhos e/ou enteados menores de idade ou inválidos de qualquer idade.

Uma agenda de reformas como a aqui proposta contempla um conjunto de regras que promovem uma transição suave rumo a um sistema previdenciário único, ajustado à nova situação demográfica e às condições socioeconômicas do país. Com uma transição suave, a preservação integral dos direitos de quem já recebe benefícios e o reconhecimento da proporcionalidade de direitos para aqueles que já estão no mercado de trabalho, haverá tempo para que as pessoas ajustem seus planos de vida, sem mudança abrupta das regras. A preservação de todos os benefícios ativos, a existência de prazo de carência e a regra de proporcionalidade contributiva eliminam descontinuidades e diluem no tempo e entre várias gerações os custos do ajuste.

Políticas de Distribuição de Renda no Brasil e o Bolsa Família

André Portela Souza[1]

Este capítulo apresenta uma análise dos programas de transferência de renda no Brasil. As evidências empíricas dos programas sociais e do Bolsa Família demonstram que tais programas têm sido efetivos em focalizar as transferências de renda para as famílias mais pobres, mas não em estimular de maneira significativa a acumulação de capital humano das novas gerações. O maior mérito dos programas tem sido fazer com que as políticas sociais de transferências cheguem aos mais pobres. Criou-se no Brasil uma tecnologia de políticas públicas de alcance aos mais pobres. O desafio está em aproveitar essa tecnologia para aumentar a eficácia e a eficiência das políticas sociais de modo a eliminar a pobreza no Brasil. O que se deve buscar é a inserção dos beneficiários dos programas no mercado de trabalho e a obtenção de sua autonomia e independência. Propõe-se uma série de medidas que direcionem as políticas sociais para atender a esse objetivo.

1 INTRODUÇÃO

O Brasil possui um sistema de política social bastante amplo e complexo, que envolve diversos atores, instituições e programas. Esse sistema, estabelecido a partir da Constituição de 1988 com a pretensão de atendimento universal às necessidades e aspirações da população, se coloca em constante tensão com as limitações orçamentárias, gerenciais e legais do setor público. Se, por um lado, os sistemas públicos previdenciários, de saúde, de educação e de políticas de proteção social alcançaram níveis de atendimento quase universais da população de interesse nas últimas duas décadas, por outro lado convivem com baixos níveis de qualidade e de eficiência e produtividade na provisão desses serviços. Criou-se no Brasil uma tecnologia de políticas públicas ao alcance da maioria da população brasileira e, em particular, dos mais pobres, mas que ainda deixa a desejar em qualidade e eficiência. O desafio está em aproveitar essa tecnologia para aumentar a eficácia e a eficiência das políticas sociais de modo a eliminar consistentemente as múltiplas dimensões de pobreza.

Sem a pretensão de abarcar todas as políticas sociais, este estudo discute as políticas assistenciais de distribuição de renda no Brasil. Para tanto, além desta introdução, ele se divide em quatro seções. A Seção 2 apresenta os programas assistenciais no Brasil que são objetos do estudo, os seus custos, cobertura e impactos distributivos. A Seção 3 analisa mais deti-

---

[1] Agradeço os comentários de Edmar Bacha, Simon Schwartzman, Samuel Pessoa e participantes dos seminários da Casa das Garças.

damente o Programa Bolsa Família com ênfase em sua capacidade de redução de pobreza e da desigualdade de renda no curto prazo e de estímulo à acumulação de capital humano no longo prazo. A Seção 4 apresenta propostas de políticas públicas voltadas ao aprimoramento das políticas assistenciais.

2 OS PROGRAMAS ASSISTENCIAIS DE DISTRIBUIÇÃO DE RENDA NO BRASIL

Entende-se por programas assistenciais de distribuição de renda as transferências de renda em que o beneficiário recebe um valor monetário sem ter contribuído diretamente para financiá-lo ou sem alguma forma de contrapartida. No Brasil, os maiores programas assistenciais de transferência de renda são o Benefício de Prestação Continuada da Lei Orgânica da Assistência Social (BPC-LOAS), o benefício da aposentadoria rural e o Bolsa Família (BF).

O BPC é uma transferência de renda sem condicionalidades, dirigida aos indivíduos inválidos ou idosos de 65 anos de idade ou mais cuja renda *per capita* familiar seja inferior a ¼ do salário-mínimo nacional. O benefício corresponde ao pagamento mensal de um salário-mínimo. Antes do BPC, havia o programa Renda Mensal Vitalícia para idosos e inválidos, criado em 1974 como um benefício a idosos maiores de 70 anos e inválidos, incapacitados para o trabalho ou que não exerciam atividades remuneradas, não auferiam rendimento superior a 60% do valor do salário-mínimo e que não eram mantidos por outras pessoas. O BPC foi um direito garantido na Constituição de 1988 e implementado a partir de 1995. Sua gestão, acompanhamento e avaliação estão a cargo do Ministério do Desenvolvimento Social (MDS), enquanto a sua operacionalização compete ao Instituto Nacional do Seguro Social (INSS).

A aposentadoria rural é uma transferência de renda para trabalhadores rurais idosos instituída dentro da legislação da seguridade social brasileira. Antes da Constituição de 1988, a legislação garantia o pagamento de meio salário-mínimo ao trabalhador rural idoso que fosse chefe de família. A Constituição de 1988 e a Lei Ordinária 8.212/8.213 de 1991 estenderam o benefício para outros membros da família, reduziram a idade mínima requerida de 65 para 60 anos para homens e de 60 para 55 anos para as mulheres e aumentaram o valor do benefício para um salário-mínimo mensal. Para ter direito a tal benefício, basta o indivíduo comprovar que exerceu atividade rural por pelo menos 15 anos. Embora o termo seja aposentadoria rural, trata-se de um benefício assistencial, pois não se exige do beneficiário nenhuma contribuição ao sistema de seguridade para ter direito ao benefício. Sua gestão e operacionalização estão a cargo do INSS.

O programa Bolsa Família (BF) foi criado em 2003 pelo Governo Federal como resultado da fusão de quatro programas até então existentes: Auxílio Gás, Bolsa Escola, Bolsa Alimentação e Cartão Alimentação. Diferentemente dos dois anteriores, ele é um programa de transferência direta de renda com condicionalidades. Programas com transferências condicionais de renda nos moldes do Bolsa Família surgiram em meados dos anos 1990 com o duplo objetivo de combater a pobreza no curto prazo via transferências de renda e reduzir a pobreza no longo prazo via incentivo à acumulação do capital humano das futuras gerações via condicionalidades (Fiszbein e Schady, 2009).

O programa beneficia famílias em situação de pobreza (com renda mensal por pessoa de R$70 a R$140) e extrema pobreza (com renda mensal por pessoa de até R$70). Qualquer família na extrema pobreza pode participar do programa, enquanto as famílias em situação de pobreza somente participam do programa caso tenham algum filho de até 17 anos. Os valores dos benefícios variam com a condição de pobreza e a composição familiar. Desde 2003 o programa passou por mudanças nos critérios de elegibilidade e de transferência. O Quadro 1 apresenta os valores estabelecidos para critérios ao longo dos anos.[2]

QUADRO 1 Evolução dos critérios de elegibilidade e benefícios do PBF, 2004-2009 (em R$)								
Critérios			2004	2005	2006	2007	2008	2009
Elegibilidade (renda familiar mensal *per capita*)		Extremamente pobres	50,00	50,00	60,00	60,00	60,00	70,00
		Pobres	100,00	100,00	120,00	120,00	120,00	140,00
Benefício	Básico	Extremamente pobres	50,00	50,00	50,00	58,00	62,00	68,00
	Variável		15,00	15,00	15,00	18,00	20,00	22,00
	BVJ		-	-	-	-	-	33,00
	Básico	Pobres	-	-	-	-	-	-
	Variável		15,00	15,00	15,00	18,00	20,00	22,00
	BVJ		-	-	-	-	-	33,00

Fonte: Pedrozo (2010).

Atualmente, as famílias em extrema pobreza recebem um valor mensal de R$68,00 na forma de benefício básico. Alem desse benefício básico, as famílias extremamente pobres têm direito a um benefício variável no valor mensal de R$22,00 por criança ou adolescente até 15 anos de idade. Esse benefício é pago no máximo por até três crianças e adolescentes. Por fim, existe também um benefício variável vinculado ao adolescente, que corresponde ao pagamento mensal de R$33,00 por pessoa de idade entre 16 e 17

---

[2] A rigor, a imposição das condicionalidades pode descaracterizar a definição como programa assistencial puro. Contudo, o caráter puramente assistencial continua existindo para os extremamente pobres. Ademais, como um dos objetivos é mitigar a pobreza através de transferências de renda, o programa não deixa de ter caráter assistencial.

anos, até duas pessoas. No caso das famílias pobres (com renda mensal por pessoa de R$70 a R$140), elas não recebem o benefício básico, mas apenas os benefícios variáveis. Em contrapartida ao recebimento das transferências, elas devem satisfazer as seguintes condicionalidades: as famílias devem manter as crianças e adolescentes em idade escolar frequentando a escola e cumprir os cuidados básicos em saúde, seguindo o calendário de vacinação para as crianças entre 0 e 6 anos e a agenda pré e pós-natal para as gestantes e mães em amamentação.

2.1 CUSTOS, COBERTURA E FOCALIZAÇÃO DOS PROGRAMAS

Os três programas de transferência de renda envolvem um grande número de beneficiários e utilizam um volume considerável de recursos. O programa de Benefício de Prestação Continuada (BPC) conjuntamente com o programa de Renda Mínima Vitalícia (RMV) cobre hoje cerca de 3,5 milhões de beneficiários. O valor dos gastos em benefícios no ano de 2009 foi de R$18,7 bilhões, o que corresponde a 0,6% do PIB de 2009. O programa de aposentadoria rural contava com cerca de 8,1 milhões de beneficiários em dezembro de 2009 e o valor total dos benefícios era de cerca da R$44 bilhões ao ano, o que corresponde a 1,7% do PIB de 2009. Por fim, o Bolsa Família envolve cerca de 13 milhões de famílias beneficiadas cujos benefícios ultrapassam R$12 bilhões, o que corresponde a cerca de 0,5% do PIB.

Dados os critérios de elegibilidade dos programas, eles atingem relativamente mais os mais pobres, com um razoável grau de focalização. Por exemplo, o estudo de Medeiros *et al.* (2007), com base na PNAD de 2006, estima que mais de 80% dos beneficiários dos programas BPC e BF estão nos primeiros quatro décimos da distribuição de renda *per capita* familiar. Em outras palavras, entre todos os beneficiários desses programas, a grande maioria se encontra entre os relativamente mais pobres.

Os nossos próprios cálculos, utilizando a PNAD de 2006, indicam que existiam naquele ano cerca de 29 milhões de pessoas beneficiadas com o BF. Considerando uma linha de pobreza de renda domiciliar *per capita* de R$150 ao mês, o Quadro 2 a seguir apresenta as estimativas de pobreza e focalização. Estima-se que a incidência da pobreza na população é de 34,79%. Os estados da Região Nordeste apresentam as maiores proporções de pobres, com destaque para Alagoas, com 61,04% de sua população. Por sua vez, os estados da Região Sul apresentam as menores proporções de pobres entre as unidades da Federação. O estado com a menor incidência de pobreza é Santa Catarina, com 15,58%.

A terceira e quarta colunas apresentam o percentual de pobres entre a população dos beneficiários e a distribuição dos beneficiários entre as unidades da Federação, respectivamente. Verifica-se que 70% dos beneficiários eram pobres.[3] Esta focalização, contudo, era muito diferenciada entre os estados brasileiros, como mostra a terceira coluna do Quadro 2.

---

[3] Um indivíduo é considerado pobre se o valor da sua renda *per capita* domiciliar é inferior à linha de pobreza. A renda *per capita* domiciliar é calculada a partir da soma das rendas totais dos membros do domicílio (excetuando o valor da transferência do BF) e dividida pelo número de membros do domicílio.

As Regiões Norte e Nordeste apresentam as melhores focalizações, enquanto as Regiões Sul e Centro-Oeste apresentam as focalizações mais baixas. Em Alagoas, por exemplo, de todos os beneficiários, cerca de 84% são pobres. Por outro lado, em Santa Catarina, somente 47% do total dos beneficiários é pobre.

A quarta coluna do Quadro 2 apresenta a distribuição regional dos beneficiários. A maioria deles se concentra na Região Nordeste, com 53,44%, seguida das Regiões Sudeste e Norte, com 17,37% e 15,43%, respectivamente.

Alternativamente, pode-se averiguar o grau de focalização do BF a partir dos critérios de elegibilidade do próprio programa. Soares e Sátyro (2009) apresentam os graus de incidência do BF entre as famílias elegíveis e não elegíveis de acordo com as regras do programa em 2006. O Quadro 3 sumariza essas informações.

De acordo com esses autores, do total das famílias em 2006, 15,1% eram elegíveis para o programa Bolsa Família. Dessas, 8,5 pontos percentuais (56,3%) recebiam o benefício do BF. Por outro lado, do total de famílias não elegíveis, 9,8% (= 8,3/84,9) eram beneficiadas pelo BF. Por fim, entre todas as famílias que recebiam o benefício, cerca de 59,8% eram de fato elegíveis ao programa.

Por sua vez, o Benefício de Prestação Continuada (BPC) apresenta grau de focalização nos pobres semelhante ao do Bolsa Família. De acordo com os cálculos de Medeiros *et al.* (2008), do total dos beneficiários do BPC em 2006, 40% eram não elegíveis ao programa.

Se por um lado ambos os programas têm o mesmo grau de focalização entre os seus elegíveis, por outro o Bolsa Família apresenta um maior grau de focalização entre os mais pobres. Isso se deve ao fato de os critérios de elegibilidade dos programas serem diferentes. Os critérios de elegibilidade do BPC se baseiam na renda familiar (desconsideradas demais transferências) e na idade do beneficiário (idoso). Os critérios de elegibilidade do Bolsa Família se baseiam na renda familiar total e na presença de crianças e jovens na família. Como as crianças e jovens estão sobrerrepresentadas entre os mais pobres e os idosos sobrerrepresentados entre os mais ricos, o Bolsa Família acaba por atingir uma parcela relativamente maior dos pobres. Note-se que esse argumento também é válido para a comparação das focalizações entre o Bolsa Família e a aposentadoria rural.

Os números dos Quadros 2 e 3 indicam que, embora haja espaços para melhoria da focalização do programa BF, a maioria dos beneficiários é pobre. Para se ter uma perspectiva de quão razoável é essa focalização, torna-se interessante comparar a focalização do BF com os programas anteriores de transferências de renda no Brasil e com alguns outros programas de transferências condicionais de renda de outros países. Barros *et al.* (2010a) apresentam a primeira comparação com base na Pesquisa de Orçamento Familiar de 2002-03 (POF) do IBGE. Eles mostram que cerca de 75% dos beneficiários do Bolsa Família pertenciam aos 40% mais pobres da população, enquanto em todos os programas tradicionais voltados ao trabalhador formal, como as indenizações trabalhistas, auxílio alimentação e transporte etc., esse percentual era de menos de 20%.

Estado	População total	População de beneficiários	
	Percentual de pobres	Percentual de pobres	Percentual de beneficiários
Brasil	34,79	70,00	100,00
Norte			15,43
Rondônia	36,14	63,33	1,41
Acre	50,44	75,05	1,76
Amazonas	41,58	71,73	2,78
Roraima	44,09	70,34	0,87
Pará	42,38	66,65	6,41
Amapá	36,97	67,36	0,27
Tocantins	42,16	63,84	1,93
Nordeste			53,44
Maranhão	59,93	78,34	3,93
Piauí	55,80	79,95	3,00
Ceará	49,77	74,37	11,29
Rio Grande do Norte	46,83	73,55	2,64
Paraíba	49,20	76,06	4,01
Pernambuco	48,91	77,95	9,26
Alagoas	61,04	83,99	3,12
Sergipe	49,00	81,39	1,89
Bahia	48,60	76,14	14,30
Sudeste			17,37
Minas Gerais	29,09	60,62	9,18
Espírito Santo	29,89	61,69	1,67
Rio de Janeiro	25,32	54,94	2,07
São Paulo	20,06	50,05	4,45
Sul			7,55
Paraná	22,02	59,66	2,80
Santa Catarina	15,58	46,66	0,75
Rio Grande do Sul	22,15	55,35	4,00
Centro-Oeste			6,18
Mato Grosso do Sul	26,74	53,79	1,05
Mato Grosso	28,90	51,85	1,54
Goiás	29,26	50,75	2,64
Distrito Federal	20,23	47,65	0,95

QUADRO 2 Incidência da pobreza e percentual dos beneficiários do bolsa família

Fonte: PNAD (2006).

QUADRO 3 Famílias elegíveis e beneficiárias do bolsa família 2006	
Elegíveis e não recebem bolsa	6,6%
Elegíveis e recebem	8,5%
Total de elegíveis	**15,1%**
Não elegíveis e recebem	8,3%
Não elegíveis e não recebem	76,6%
Total de não elegíveis	**84,9%**
Total de famílias	**100,0%**
% de elegíveis que não recebem	43,7%
% de não elegíveis que recebem	9,8%
% de beneficiários elegíveis	59,8%
% de beneficiários não elegíveis	40,2%

Fonte: Soares e Sátyro (2009).

programas de transferências condicionais de renda de outros países. Barros *et al.* (2010a) apresentam a primeira comparação com base na Pesquisa de Orçamento Familiar de 2002-03 (POF) do IBGE. Eles mostram que cerca de 75% dos beneficiários do Bolsa Família pertenciam aos 40% mais pobres da população, enquanto em todos os programas tradicionais voltados ao trabalhador formal, como as indenizações trabalhistas, auxílio alimentação e transporte etc., esse percentual era de menos de 20%.

Ademais, esses mesmos autores comparam a focalização do BF com as focalizações dos programas Chile Solidario, Red de Oportunidad do Panamá e Oportunidades do México. A Figura 1 a seguir reproduz alguns resultados desses autores.

A Figura 1 apresenta as distribuições dos beneficiários por pontos percentuais da renda *per capita* domiciliar. Caso os beneficiários fossem escolhidos aleatoriamente, a proporção de beneficiários seria de 1% por ponto percentual da renda *per capita* domiciliar (representada pela linha horizontal em 1,0). Nota-se que os quatro programas de transferências condicionais de renda (representados pelas demais linhas) apresentam uma maior incidência entre os primeiros percentis das distribuições e o BF tem um grau de focalização muito parecido ao dos demais programas, com exceção do primeiro décimo. Com efeito, de todos os beneficiários do BF, 3,5% deles estão entre os 1% mais pobres. Essa incidência é maior para os demais países, por exemplo, 4,5% no Chile. Essa diferença pode ser explicada pelo fato de a tecnologia de focalização do BF não ser tão eficiente para chegar aos extremamente pobres, e esforços maiores devem ser devotados a isso, ou de a volatilidade da renda ser muito grande e não ser perfeitamente detectada pelo sistema de cadastro do BF.

Comparação semelhante é feita por Soares *et al.* (2007). Eles também concluem que o Bolsa Família tem o mesmo grau de focalização nos mais pobres que os programas Chile Solidário e Oportunidades do México. Coady *et al.* (2004) estabelecem um indicador de focalização para 112 programas de transferências de renda em diversos países. Os programas Bolsa Família, Chile Solidário (SUF) e Oportunidades do México estão entre os dez mais bem focalizados.

Esses resultados em seu conjunto indicam que os programas de transferências condicionais de renda marcam uma mudança na política social brasileira, que passa a ser capaz de chegar aos mais pobres, antes pouco atingidos por não participarem do mercado formal de trabalho.

FIGURA 1

Distribuição de beneficiários por percentil da distribuição da renda *per capita* domiciliar

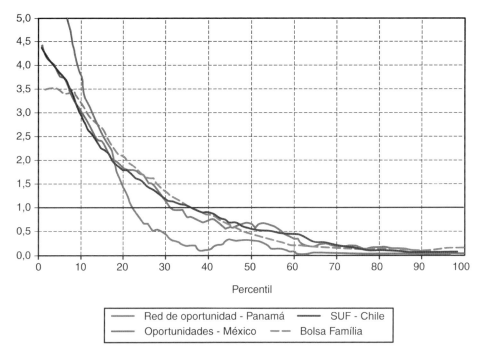

Fonte: Pesquisa Nacional por Amostra de Domicílios (PNAD) de 2004 a 2008, Encuesta de Hogares, Paraná, 2008 e CASEN, Chile, 2003.

2.2 IMPACTOS DISTRIBUTIVOS DOS PROGRAMAS

De maneira geral, muitos estudos apontam para a importância dos programas de transferências de renda para a redução da pobreza definida como insuficiência de renda. De fato, se os programas têm algum grau de focalização nos mais pobres e se baseiam em simples transferências de renda, o impacto sobre a redução da pobreza não deve ser desprezível. Por exemplo, estudo de Assunção e Chein (2007) estima que cerca de 300 mil famílias saíram da condição de pobreza entre 1991 e 1995 devido ao programa de aposentadoria rural. Isso significa que cerca de 40% das famílias potencialmente beneficiadas pelo programa tiveram seu *status* de pobreza eliminado.

Outros estudos apontam resultados semelhantes para os demais programas. A questão não é apenas a de capacidade de redução da pobreza via transferência de renda aos mais pobres. É também de eficiência dessas políticas para alcançar o resultado pretendido. Das três políticas de transferências de renda, duas têm como critério de elegibilidade a idade mais avançada dos beneficiários, envolvem um número relativamente menor de beneficiários e um maior valor médio dos benefícios. Os valores dos benefícios desses programas estão vinculados ao salário-mínimo, e, por conseguinte, aumentos destes têm impactos diretos nos benefícios dos programas. Por outro lado, o BF alcança um número maior de beneficiários, tem como um dos critérios de elegibilidade a presença de crianças e adolescentes na família, mas transfere um valor médio menor por benefício. Como existem mais crianças entre as famílias pobres e mais pessoas idosas entre as famílias não pobres, do ponto de vista de eficiência o BF parece ser a forma mais indicada para políticas de transferência de renda com o intuito de reduzir a pobreza.

3 O PROGRAMA BOLSA FAMÍLIA

3.1 O CUSTO FISCAL DO BOLSA FAMÍLIA

Os programas de assistência social estão sob a responsabilidade do Ministério do Desenvolvimento Social e Combate à Fome (MDS). A seção anterior apresentou os números para os valores totais gastos em benefícios e o total de famílias beneficiárias. Contudo, o custo fiscal de uma política social envolve, além dos valores das transferências diretas, dois outros tipos de gastos. De um lado, existem os gastos diretos da implementação dos programas (estrutura burocrática, funcionários, equipamentos, custeio em geral etc.). O total de gastos do Governo Federal em assistência social foi de R$33,3 bilhões em 2009, o que corresponde a cerca de 1,3% do PIB daquele ano. Desses, R$12,3 bilhões corresponderam a gastos com o programa BF. O total de benefícios foi de R$11,8 bilhões, ou 96% do total. O restante foi gasto com a gestão e implementação do programa. Assim, em uma primeira aproximação, de cada R$1 alocado ao BF no MDS, R$0,96 são benefícios recebidos pelas famílias. É importante ressalvar, contudo, que esse cálculo não inclui gastos administrativos do programa com os demais agentes nele envolvidos, como a Caixa Econômica Federal e as secretarias e agências dos estados e municípios.

De outro lado, a forma de financiamento desse programa pode gerar custos econômicos adicionais. Os programas assistenciais são financiados, em parte, por impostos indiretos, seja através da incidência sobre o custo do trabalho (impostos e contribuições sobre a folha salarial), seja através de impostos indiretos sobre bens de consumo. Sabe-se que impostos indiretos provocam ineficiência na alocação de recursos, fazendo com que a produção e o consumo fiquem abaixo do que ocorreria na ausência dos impostos. Em particular, emprego e produto deixam de ser gerados por conta disso. Esse fenômeno é conhecido na literatura como perda de peso morto. Ela pode ser de tal magnitude que supere o ganho direto de bem-estar das próprias transferências, fazendo com que elas tenham um impacto negativo.

Medir com precisão a perda de peso morto é muito difícil, e seu exercício requer uma série de hipóteses sobre o funcionamento dos mercados. No caso do BF, cerca de 80% do valor do programa é financiado por recursos do PIS/COFINS e da CSLL.

Cury *et al.* (2009) simularam o impacto da expansão do Bolsa Família entre 2003 e 2005 sobre a pobreza e a desigualdade, levando em conta os impactos devidos ao peso morto gerado pelo financiamento dessa expansão. Entre 2003 e 2005 houve um incremento de R$6,3 bilhões no custo do programa no programa, dos quais cerca de 60% foram financiados por impostos indiretos. Nas simulações desses autores, essa expansão acarretou uma queda do PIB de 0,46% (tendo como base o ano de 2003) e um declínio do nível de emprego de 0,48%. Em consequência, a queda do nível de pobreza no período seria de 0,84% e não haveria impacto sobre o nível de extrema pobreza. Por outro lado, ainda assim haveria uma queda de 0,48% na desigualdade.

Pode-se argumentar que o peso morto gerado pelo imposto não é custo econômico do programa em si. O custo econômico é a soma do custo direto e do custo de oportunidade do uso do recurso alocado ao programa. Se, para uma dada função de bem-estar social do formulador de políticas públicas, o benefício de R$1 a mais gasto no BF é maior que R$1 a mais gasto em demais programas, justifica-se o gasto com o BF. Embora os resultados de Cury *et al.* possam ser sensíveis às especificações do modelo adotado, eles levantam um ponto importante na discussão dos custos e benefícios de qualquer programa público, inclusive o BF. Programas assistenciais precisam ser financiados, e a forma de fazê-lo pode gerar impactos sociais negativos que afetam os resultados buscados pelos programas.

3.2 IMPACTOS DE CURTO PRAZO SOBRE POBREZA E DESIGUALDADE

O primeiro objetivo dos programas condicionais de transferências de renda é reduzir a incidência da pobreza como insuficiência de renda. As transferências atuariam como um mitigador dessa insuficiência para as famílias pobres. Dado o alto grau de focalização do BF entre os mais pobres, esse objetivo parece que está razoavelmente alcançado. De fato, embora difiram em suas magnitudes, muitos estudos mostram os impactos positivos que o programa tem sobre as reduções de pobreza e desigualdade. Por exemplo, Barros *et al.* (2006a, 2006b) analisam o impacto do BF sobre a redução da desigualdade de renda observada entre 2001 e 2005. Nesse período, o coeficiente de Gini da renda *per capita* familiar decresceu 4,5%. Desse total, metade da queda foi devida às mudanças observadas na distribuição da renda não trabalho. Dessas, as aposentadorias e pensões contribuíram com 26% para a queda, o Bolsa Família, com 12%, e o BPC, com 11%. O fator preponderante foi a expansão desses programas. Como o BF foi o que mais se expandiu focalizadamente entre o mais pobres, esse parece ter sido o programa mais eficiente para a redução da desigualdade.

Por sua vez, Soares e Sátyro (2009) calculam que BF contribuiu para reduzir a proporção de pobres e a intensidade da pobreza. Por intensidade ou hiato da pobreza se entende a diferença em termos percentuais da renda média dos pobres em relação ao valor da linha de pobreza. Por meio de exercícios de simulação com dados de pesquisas domiciliares de 2006, esses autores concluem que a presença do BF reduz a proporção de pobres de 21,7% para 20%, uma redução de 8% de pobres. Já a intensidade da pobreza passa de 9,4% para 7,8%. Ou seja, a renda média dos pobres passa a ser 92,2% da linha da pobreza, o que corresponde a uma redução de 18% do hiato. O fato de o BF ter um impacto sobre a intensidade da pobreza relativamente maior do que sobre a proporção dos pobres se deve à combinação de uma boa focalização entre os pobres com um valor da transferência mais baixo que outros programas.

Outros autores também encontram resultados qualitativamente semelhantes (Hoffman, 2006 e Rocha, 2006). Esses estudos dependem da maneira como se constrói a renda familiar *per capita* de forma contrafactual: qual seria a renda de uma família na ausência do BF? As pessoas podem alterar o seu comportamento de modo a que a renda familiar na ausência do BF não seja apenas a renda total subtraída do valor da transferência. Como não se observam os indivíduos antes e depois da participação do programa, a construção dessa variável dependerá das hipóteses contrafactuais que se façam, o que explica em parte a diferença de magnitudes encontradas nos estudos.

Mais recentemente, Barros *et al.* (2010b) documentam as diminuições da desigualdade e da pobreza entre 2001 e 2008 e analisam os determinantes imediatos da redução da pobreza extrema para esse período. Primeiro, eles mostram que há uma redução consistente ano a ano da desigualdade e da pobreza no Brasil. Em relação à desigualdade, o coeficiente de Gini passa de 0,594 em 2001 para 0,544 em 2008, um declínio de 8,4%. Embora o nível de desigualdade permaneça muito alto, essa redução observada é significativa, haja vista o fato de o Gini ser pouco sensível à variação das rendas dos mais pobres. Por sua vez, a extrema pobreza também declinou ao longo do período. A incidência da extrema pobreza passou de 17,4% para 8,8% entre 2001 e 2008.[4] O hiato da extrema pobreza passou de 7,4% para 3,7% no mesmo período. Para ambas as medidas, ocorreu uma redução de cerca de 50%. Para se ter uma ideia da magnitude dessa queda, ela corresponde a ter alcançado em cinco anos a meta para redução da extrema pobreza no Brasil estabelecida pelos objetivos do milênio da ONU que deveria ser alcançada em 25 anos.

Adicionalmente, os autores decompõem a redução da extrema pobreza em duas partes, uma devida ao crescimento econômico e a outra devida à queda da desigualdade. Segundo eles, de toda a queda da extrema pobreza no período de 2001 a 2008, metade está associada ao crescimento da renda média e outra metade, à queda da desigualdade.

A queda da desigualdade se deve ao fato de a renda dos mais pobres ter crescido mais rápido. Por exemplo, a renda *per capita* domiciliar dos 10% mais pobres cresceu 8% ao ano no período, enquanto a dos 10% mais ricos cresceu apenas 1,5% ao ano. Esse maior crescimento da renda dos mais pobres se deve, em pesos iguais, ao aumento da renda do trabalho e ao aumento da renda não trabalho, principalmente as transferências sociais. O Bolsa Família seria um dos elementos responsáveis por esse último fator. Os autores estimam que o Bolsa Família contribuiu com 15% do total da queda da incidência da extrema pobreza e com 35% da redução do hiato da extrema pobreza.

---

[4] Para medir extrema pobreza, os autores usam linhas regionalizadas, cuja média nacional era de R$93,75. São consideradas extremamente pobres todas as pessoas que vivem em domicílios com renda *per capita* inferior às linhas de extrema pobreza.

3.3 IMPACTOS DE LONGO PRAZO NA FORMAÇÃO DO CAPITAL HUMANO: EDUCAÇÃO E SAÚDE

O segundo objetivo dos programas de transferências condicionais de renda, e a sua novidade, é impactar a formação do capital humano das futuras gerações através de condicionalidades impostas ao comportamento das famílias. No caso particular do Bolsa Família, a transferência é condicional à frequência regular à escola das crianças e jovens de 6 a 17 anos de idade e às visitas a postos de saúde e vacinação das crianças até 5 anos de idade.

Embora os primeiros programas de transferências condicionais no país, o Bolsa Escola e o Renda Mínima, existam desde 1995, não há informações disponíveis para saber o estado atual dos beneficiados nos primeiros anos do programa e assim podermos avaliar impactos de longo prazo sobre alguma dimensão de capital humano. Dessa maneira, os estudos se baseiam em informações contemporâneas que indiquem de alguma forma trajetórias de melhorias potenciais na formação do capital humano ou façam exercícios de simulação que extrapolem essas trajetórias. Com base em uma série de estudos de impacto dos programas de transferências condicionais no Brasil, conclui-se que as evidências sobre o efeito na acumulação de capital são muito tênues ou de pouca magnitude.

3.3.1 Educação

Os estudos do impacto do Bolsa Família sobre os resultados em educação apresentam em geral efeitos positivos, embora marginais. Por exemplo, Souza (2006) utiliza os dados do Censo de 2000 para medir os impactos das transferências do Bolsa Escola sobre a probabilidade de o indivíduo frequentar a escola e a probabilidade de estar defasado na relação idade-série. Já naquela época se observava que os beneficiários do então Bolsa Escola tinham uma probabilidade maior de frequentar a escola em comparação aos não beneficiários, bem como uma menor probabilidade de estarem atrasados (ao menos entre os mais jovens). Embora essas diferenças fossem favoráveis aos recipientes do programa, o efeito era somente marginalmente superior, pois mesmo entre as crianças de famílias pobres a probabilidade de frequentar a escola é alta, sendo em média 95% entre os indivíduos de 7 a 14 anos de idade. O mesmo vale para o atraso escolar.

Tomando esses resultados como parâmetros estáveis, Souza (2006) faz a seguinte simulação: caso uma criança recebesse a transferência mensal do Bolsa Escola nos valores do ano 2000 por oito anos consecutivos conforme a regra da época (7 a 14 anos), quantos anos de escolaridade o indivíduo teria a mais em comparação a um não recipiente? Aos 15 anos de idade, o beneficiário teria 0,2 ano de escolaridade a mais. Um resultado positivo, mas de pequena magnitude.

Outros trabalhos mais recentes apresentam resultados semelhantes em relação a frequência e atraso escolares. Por exemplo, Glewwe e Kassouf (2008), utilizando os dados dos censos escolares entre 1998 e 2005, estimam que o Bolsa Escola/Bolsa Família aumenta a frequência à escola em 2,8% e reduz o abandono escolar em 0,3 ponto percentual no primeiro ano e 0,55 ponto percentual depois de dois anos. Também encontram que a taxa de aprovação aumenta 0,5 ponto percentual em média nos primeiros anos do ensino fundamental. Resultados similares são encontrados por Ferro e Kassouf (2003) e Ferro e Nicolella (2007). Inexistem para o Brasil estudos sobre o impacto no aprendizado do aluno.

3.3.2 Saúde

O outro conjunto de variáveis associado à acumulação do capital humano dos adultos são os indicadores antropométricos das crianças e jovens. Em geral, maiores valores nas relações altura/idade, peso/altura e altura/peso quando criança estão associados a maiores valores desses indicadores quando adultos e a maiores salários também. Intervenções realizadas mais cedo na vida das pessoas podem ter efeitos duradouros, principalmente no que se refere a condições gerais de saúde e nutrição. Tanto o aumento da renda familiar via transferências quanto a imposição das condicionalidades de visitas aos postos de saúde e vacinação regular podem melhorar os indicadores de saúde das crianças. Contudo, as avaliações existentes tanto do Bolsa Escola quanto do Bolsa Família não encontram efeitos positivos sobre esses indicadores. Por exemplo, Machado e Souza (2008) estimam o impacto do Bolsa Escola sobre indicadores antropométricos de crianças e adolescentes para o Brasil e para a Região Nordeste. Em geral, os efeitos não são significativos. Andrade, Chein e Ribas (2006a, 2006b), utilizando as informações dos cadastros do BF, encontram resultados semelhantes para nutrição e imunização. Camelo, Tavares e Saiani (2009), utilizando os dados da Pesquisa Nacional de Demografia e Saúde de 2006 do Ministério da Saúde, não encontram impactos significativos sobre a melhoria nos indicadores antropométricos e sobre a redução da mortalidade infantil.

3.4 IMPACTOS DE SEGUNDA ORDEM: TRABALHO INFANTIL, FECUNDIDADE E OFERTA DE TRABALHO

Embora o Bolsa Família tenha como objetivos o combate à pobreza no curto prazo via transferências de renda aos mais pobres e o incentivo à acumulação de capital humano das gerações adultas futuras via condicionalidades, o programa pode ter impactos sobre outros resultados que estão relacionados à renda familiar e à alocação do tempo das crianças e jovens. Esta seção apresenta os resultados das pesquisas que tratam dos impactos dos programas de transferências de renda no Brasil sobre a incidência do trabalho infantil, a fecundidade das mulheres e a oferta de trabalho dos adultos.

3.4.1 Trabalho Infantil

Os estudos que avaliam o impacto dos programas de transferências condicionais de renda no Brasil sobre o trabalho infantil concluem, em geral, que eles têm pouco ou nenhum efeito sobre a incidência do trabalho infantil. Em um dos primeiros estudos sobre o tema, Cardoso e Souza (2009) analisam o efeito do Bolsa Escola sobre o trabalho infantil dos indivíduos de 10 a 15 anos de idade. Eles encontram que, embora aumente a probabilidade de o indivíduo frequentar a escola, o Bolsa Escola não afeta a probabilidade de trabalhar. Na verdade, o Bolsa Escola provoca uma realocação de tempo dos jovens entre diversas atividades. O estudo mostra que aumenta a proporção dos indivíduos que estudam e trabalham e diminui a proporção dos que somente trabalham ou que não estudam nem trabalham. Esse efeito é mais acentuado entre as meninas. Os resultados parecem indicar que o programa faz com que meninos e meninas que somente trabalham ou não estão na escola nem no mercado de trabalho (possivelmente dedicam seu tempo a atividades de produção doméstica) passem a frequentar a escola e a trabalhar. É por isso que em média a incidência do trabalho infantil permanece inalterada. Isso ocorre porque o tempo na escola é de apenas 4 horas diárias, o que permite a conciliação das duas atividades.

Estudos mais recentes apontam efeitos semelhantes ou algum impacto negativo mas pequeno sobre o trabalho infantil (por exemplo, Ferro e Kassouf, 2003 e Ferro e Nicolella, 2007).

3.4.2 Fecundidade

Um dos critérios para definir o valor da transferência do Bolsa Família é o número de filhos que a família elegível tem. O valor da transferência aumenta em conformidade com o número de filhos até o máximo de três filhos. Esse desenho das transferências pode gerar incentivos para que a família elegível e com menos de três filhos queira ter mais filhos. Obviamente que para estar no programa elas têm que cumprir a condição de levá-los à escola, o que aumenta o custo do investimento nos filhos, e isso pode estimular as famílias a não ter mais filhos. Assim, o desenho do Bolsa Família cria incentivos favoráveis e desfavoráveis ao aumento do tamanho da família.

Rocha (2009) apresenta uma série de estimativas do impacto do Bolsa Família sobre a fecundidade das mães em famílias elegíveis para o programa. O autor compara famílias potencialmente elegíveis com dois filhos e famílias potencialmente elegíveis com três filhos em períodos antes e depois da implementação do Bolsa Família. A ideia é que famílias com três filhos não têm incentivos monetários adicionais do programa para ter mais filhos, que existiriam para famílias com dois ou menos filhos. Assim, se esse incentivo tivesse efeitos significativos, se observaria nos dados uma maior probabilidade de as famílias de dois filhos terem um terceiro filho depois do advento do Bolsa Família, em comparação com as famílias com três filhos. O autor não encontra nenhuma diferença nas probabilidades de os dois tipos de famílias terem um filho adicional, o que sugere que, ao menos para essas famílias e nesse período, o Bolsa Família não induz as famílias a ter mais filhos.

3.4.3 Oferta de Trabalho dos Adultos

Os programas de transferências condicionais de renda geram incentivos em diferentes direções no que concerne à oferta de trabalho dos adultos em famílias beneficiárias. De um lado, a transferência de renda em si gera um efeito renda que, se lazer for um bem normal, induz os indivíduos a reduzir a oferta de trabalho. Por outro lado, a imposição da condicionalidade de frequência dos filhos à escola pode fazer com que os adultos tenham que substituir as tarefas dos filhos em casa ou no mercado de trabalho. Caso adultos e filhos sejam substitutos na produção doméstica, a condicionalidade induz a uma redução da oferta de trabalho dos adultos. Por outro lado, caso eles sejam substitutos no mercado de trabalho, a condicionalidade pode induzir a uma maior oferta de trabalho dos adultos. Dessa maneira, o resultado líquido é uma questão empírica.

Já existem alguns trabalhos no Brasil sobre o impacto do BF na oferta de trabalho dos adultos. Os resultados são variados, mas em geral não existem impactos significativos, ou eles são levemente negativos.

Ferro e Nicollela (2007) estimam que o efeito de programas de transferência vinculados à educação dos filhos teve impacto insignificante na taxa de participação dos adultos e um efeito negativo e significativo nas horas trabalhadas das mulheres domiciliadas em áreas rurais.

Teixeira (2008), por outro lado, mostrou que o BF provoca redução de pequena magnitude, embora significante em termos estatísticos, nas horas trabalhadas. Tal reação, contudo, apresenta impactos variados entre os diversos grupos demográficos, sendo que as mulheres são as mais sensíveis ao incremento de renda proporcionado pelo BF. Tavares (2008) analisou a oferta de trabalho das mães pertencentes a famílias beneficiadas pelo BF e obteve um resultado negativo para o efeito renda, ou seja, há uma redução das horas de trabalho em razão do aumento da renda. No entanto, tal efeito é superado por um efeito substituição positivo, ou seja, há aumento das horas trabalhadas das mães para compensar a redução da oferta de trabalho dos filhos.

Fogel e Barros (2008) não obtiveram efeitos significativos dos programas de transferência condicional de renda sobre a taxa de participação dos adultos, tanto estatisticamente quanto em termos de magnitude. Em relação à oferta de horas, os autores encontram um pequeno efeito negativo, porém não significante estatisticamente, para as mulheres pertencentes aos estratos mais baixos de renda familiar *per capita*.

Pedrozo (2010) encontrou algum efeito negativo sobre a oferta de trabalho dos adultos, principalmente das mulheres. O autor compara famílias logo abaixo da linha de corte da renda *per capita* familiar que define a participação do programa com famílias logo acima dela. Ele mostra que os adultos, principalmente as mulheres, logo abaixo da linha de corte do programa Bolsa Família em 2006 trabalham menos que os adultos em famílias logo acima da linha de corte. O autor também apresenta resultados econométricos em que variáveis de controle são utilizadas e encontra um efeito negativo da participação no BF sobre a oferta de trabalho dos adultos.

Em síntese, as evidências parecem sugerir que o BF reduz a oferta de trabalho dos adultos, principalmente entre as mulheres. Como parte delas são as mães de filhos em primeira infância, esse efeito pode ser positivo para o desenvolvimento saudável da criança. Mais problemático é o impacto sobre a oferta de trabalho dos demais adultos do domicílio. Isso pode ter repercussões negativas sobre o funcionamento do mercado de trabalho e o bem-estar de longo prazo das famílias.

4 PROPOSTAS PARA O BOLSA FAMÍLIA E OS PROGRAMAS SOCIAIS EM GERAL

Com base nessas evidências empíricas dos programas sociais e do Bolsa Família, pode-se concluir que o programa tem sido efetivo em focalizar as transferências de renda para as famílias mais pobres, mas, por outro lado, não tão efetivo em estimular de maneira significativa a acumulação de capital humano das novas gerações. Talvez o maior mérito do programa até agora tenha sido fazer com que as políticas sociais de transferências cheguem aos mais pobres. Criou-se no Brasil uma tecnologia de políticas públicas de alcance aos mais pobres, embora, obviamente, com variações regionais. O desafio está em aproveitar essa tecnologia para aumentar a eficácia e a eficiência das políticas sociais de modo a eliminar consistentemente a pobreza no Brasil.

Para isso, antes de tudo é importante reconhecer que a pobreza é um fenômeno multidimensional. Em uma perspectiva mais abrangente, pobreza pode ser definida como privação de capacidades. A privação de capacidades envolve uma série de restrições que podem significar não ter renda monetária suficiente para obter bens e serviços desejados, não ter capacidade física para desenvolver certas atividades, não ter acesso a educação e saúde, não ter livre acesso à troca de bens e serviços, não ter direitos civis e políticos respeitados etc. Vista sob o ângulo de privação de capacidades, a pobreza passa a envolver múltiplas dimensões além da simples carência de renda monetária (Sen, 1981; 1984).

Tendo isso em mente, propõem-se dois conjuntos de ações. O primeiro grupo é voltado para os aspectos de implementação e gestão das políticas sociais, e o segundo é voltado para o aprimoramento e aperfeiçoamento do desenho dos programas atuais.

4.1 AÇÕES DE IMPLEMENTAÇÃO E GESTÃO

Além dos programas de transferências de renda como o Bolsa Família e a LOAS, existem outros programas sociais nos estados e municípios, bem como em diversos Ministérios, como Educação, Saúde e Trabalho, que atuam diretamente no combate a alguma dimensão da pobreza. Esses programas são descentralizados e descoordenados e em muitos casos envolvem superposições. Talvez não seja mais o caso de criar novos programas ou reformular inteiramente programas existentes. Talvez seja mais importante saber que programas de fato alcançam seus objetivos e quais não são efetivos e organizá-los e geri-los de maneira coordenada a fim de aumentar sua efetividade e eficácia. Pode-se buscar um sistema coordenado de proteção social nos moldes do Sistema Chile Solidario, em que se institucionalizaram a intersetorialidade e a integralidade dos programas sociais. Seu programa de transferências de renda, Programa Puente, é a porta de entrada ao sistema mais geral de proteção social (Draibe, 2010).

Para haver um sistema unificado de proteção social é necessário estabelecer quais são seus objetivos e metas, como também quais os instrumentos de políticas públicas a serem utilizados. A formulação de metas implica de saída a criação de um conjunto de indicadores sociais capazes de mensurar quantitativamente essas metas, daí a primeira proposta de política pública:

Proposta Um: Formulação de Metas de Redução da Pobreza

A formulação de políticas de redução de pobreza deve ter objetivos claros e estratégias de implementação que devem ser constantemente avaliadas e revistas, e, para isso, a construção de indicadores sociais é fundamental.

A fim de se formular uma política de redução da pobreza, é possível selecionar e construir um conjunto de indicadores sociais que servem tanto como metas quanto como instrumentos de aferição e avaliação das políticas adotadas. Muitos indicadores já são elaborados por diversos institutos brasileiros e outros poderiam ser criados, dependendo das necessidades e dos objetivos. O importante é criar um conjunto de metas de redução de pobreza que tornem consistentes as políticas nacionais e locais. Obviamente os indicadores selecionados devem atender a alguns princípios aceitos e compartilhados por todos (Souza, 2004).

Atkinson *et al.* (2002, p. 190) propõem os seguintes critérios e princípios para a construção de indicadores de inclusão social na Comunidade Europeia, os quais parecem ser uma boa lista para organizar o debate brasileiro.

Para o conjunto dos indicadores sociais, os autores estabelecem três princípios:

i. o conjunto de indicadores deve ser balanceado entre as diferentes dimensões;

ii. os indicadores devem ser mutuamente consistentes, e o peso de um indicador particular no conjunto deve respeitar alguma proporcionalidade;

iii. o conjunto de indicadores deve ser transparente e acessível a todos os cidadãos.

Os princípios para cada indicador em particular são:

i. um indicador deve representar a essência do problema e ter uma interpretação normativa clara e reconhecida por todos;

ii. deve ser robusto e estatisticamente válido;

iii. deve ser sensível para captar intervenções de políticas públicas, mas não sujeito a manipulação;

iv. deve ser mensurável e comparável entre as diferentes regiões e, na medida do possível, comparável com os padrões internacionais das Nações Unidas;

v. deve ser suscetível de revisão;

vi. a mensuração de um indicador não deve impor muito custo sobre os cidadãos e os estados e municípios.

Ademais, os autores recomendam uma estrutura de indicadores sociais em três níveis. O primeiro nível consiste em um número restrito de indicadores líderes amplos que reflitam os elementos considerados mais importantes no combate à exclusão social. O segundo consiste em indicadores que descrevam outras dimensões do problema e que sirvam de apoio aos indicadores líderes. O terceiro nível, por fim, consiste em indicadores considerados relevantes pelos estados, regiões ou municípios que enfatizem aspectos regionais específicos e que ajudem a interpretar os indicadores dos níveis superiores.

Assim, seria possível pensar em uma política de combate à pobreza na qual os diversos aspectos do problema seriam refletidos nesse conjunto de indicadores. A política social estabeleceria metas abertas a serem perseguidas e conhecidas por todos. Tais metas seriam diferenciadas por esses três níveis e refletiriam as especificidades e heterogeneidades regionais. Essa política seria periodicamente avaliada num processo público.

Um Exemplo de Indicador Social Sintético

Existe uma rica bibliografia de indicadores sociais que as políticas de metas podem utilizar. Recentemente, muitos autores têm proposto a criação de indicadores de pobreza multidimensional que podem ser particularmente úteis para a formulação de metas (Bourguignon e Chakravarty, 2003; Atkinson 2003; Alkire e Foster, 2009; e Barros *et al.*, 2006c).

Uma formulação simples desse tipo de indicador é a seguinte. Considere:

i. Partir de uma série de dimensões de pobreza k, $k = 1, ..., K$. Exemplos de dimensões relevantes são renda, educação, saúde, trabalho, acesso a serviços etc.

ii. Cada dimensão tem várias subdimensões j, $j = 1, ..., J_k$. Educação, por exemplo, pode ter subdimensões tais como analfabetismo, escolaridade, proficiência, qualificação etc. Seja B_{ijk} a medida para o indivíduo i da subdimensão j da dimensão k, $i = 1, ..., N$.

iii. Seja $S_{ijk} = f(B_{ijk})$ o indicador de pobreza do indivíduo i na subdimensão j da dimensão k que mapeia a medida B_{ijk} à variável indicadora S_{ijk}, em que $f: R_+ \rightarrow \{0,1\}$. Por exemplo, S_{ijk} é igual a 1 se analfabeto e 0 caso contrário. Em caso de variáveis contínuas, pode-se estabelecer linhas de pobreza z_{jk} para cada subdimensão j da dimensão k. Se $B_{ijk} \leq z_{jk}$, o indivíduo é pobre na subdimensão j da dimensão k; caso contrário, ele é considerado não pobre.

iv. Um indicador de pobreza da subdimensão j da dimensão k pode ser dado pela média aritmética entre os indivíduos: $P_{jk} = \dfrac{1}{N} \sum\limits_{i=1}^{N} S_{ijk}$.

v. Adicionalmente, um indicador sintético de pobreza da dimensão k pode ser dado pela média aritmética entre as subdimensões: $P_k = \dfrac{1}{J_k} \sum\limits_{j=1}^{J_k} P_{jk} = \dfrac{1}{J_k} \dfrac{1}{N} \sum\limits_{j=1}^{J_k} \sum\limits_{i=1}^{N} S_{ijk}$.

vi. Por fim, um indicador sintético de pobreza pode ser dado pela média aritmética entre as dimensões:

$$P = \frac{1}{K} \sum_{k=1}^{K} P_K = \frac{1}{K} \frac{1}{J_k} \frac{1}{N} \sum_{k=1}^{K} \sum_{j=1}^{J_k} \sum_{i=1}^{N} S_{ijk} \,.$$

Esses indicadores sintéticos são flexíveis o suficiente para variar em função dos objetivos dos formuladores de políticas públicas. Além da seleção das dimensões e subdimensões a serem consideradas, pode-se escolher diferentes linhas de pobreza z_{jk}, bem como diferentes pesos para cada dimensão ou subdimensão do indicador sintético. Ademais, eles podem variar regional e temporalmente. Idealmente, essas escolhas devem refletir as preferências da sociedade. As metas podem ser estabelecidas para o indicador sintético P bem como para os indicadores das dimensões P_k e das subdimensões P_{jk}.

Obviamente construir um sistema público de metas com indicadores sociais requer a existência de bases de informações capazes de gerar esses indicadores. Felizmente, essas bases já existem. Além dos órgãos tradicionais de coleta de informações como o IBGE e o Seade, os próprios ministérios e órgãos públicos levantam informações sobre seus beneficiários e famílias. Em particular, o Cadastro Único para Programas Sociais do Ministério do Desenvolvimento Social é uma fonte valiosa de informações para tais objetivos.

Proposta Dois: Utilização do Cadastro Único e Unificação com Demais Cadastros de Programas Sociais para a Elaboração dos Indicadores Sociais

O Cadastro Único para Programas Sociais do MDS cadastra e atualiza as informações das famílias pobres brasileiras com o objetivo de selecionar os beneficiários do Programa Bolsa Família. Ele conta atualmente com cerca de 16 milhões de famílias em todos os municípios brasileiros, das quais 15 milhões têm renda *per capita* familiar mensal declarada inferior a R$120.

Os municípios são responsáveis pelo cadastramento, pelo acompanhamento das famílias e pela manutenção da base de dados. Eles devem planejar e organizar a coleta de dados, compilar e atualizar as informações e remetê-las ao Governo Federal. Competem ao Governo Federal a organização e supervisão do sistema, bem como o pagamento direto das transferências para as famílias via Caixa Econômica Federal.

O Cadastro Único levanta várias informações sobre as condições de vida dessas famílias pobres. Coletam-se informações sobre diversas dimensões, tais como: (i) vulnerabilidade (composição demográfica, presença de mulheres gestantes e amamentando, presença de indivíduos com necessidades especiais); (ii) educação (analfabetismo e escolaridade); (iii) mercado de trabalho (participação no mercado de trabalho, rendimento do trabalho, formalização); (iv) disponibilidade de recursos (rendimento e despesa familiar *per capita*); (v) bem-estar infantil (trabalho infantil, frequência e progressão escolares); e (vi) condições habitacionais (acesso a água, esgoto e energia elétrica).

Como demonstram Barros *et al.* (2009), dado o alcance do Cadastro Único, que praticamente o torna um censo demográfico das famílias pobres brasileiras, e dada a abrangência das informações obtidas, ele pode ser utilizado de várias maneiras de modo a potencializar o combate à pobreza no Brasil. Ele pode servir não somente para a seleção de famílias beneficiadas pelo Bolsa Família como também para selecionar beneficiários para outros programas sociais, definir cotas e graus de focalização de programas sociais e para a elaboração de diagnósticos e adequação de intervenções sociais, seja em níveis locais, estaduais ou nacionais, entre outros.

Ao se conseguir a unificação do Cadastro Único entre os níveis federal, estadual e municipal, bem como com outras bases de dados de programas de políticas públicas como, por exemplo, as informações sobre crianças e jovens dos censos escolares do Ministério da Educação, as dos programas de treinamento e qualificação do Ministério do Trabalho etc., obter-se-ia o primeiro passo indispensável para uma integração das políticas sociais do país. Com essas informações, pode-se construir os indicadores sociais em seus três níveis de abrangência e, com base neles, estabelecer metas de redução de pobreza em suas diferentes dimensões.

Uma das vantagens dessa unificação e ampliação do Cadastro Único é que se tem com ele um diagnóstico localizado das demandas e carências sociais e a possibilidade de avaliar as intervenções sociais e o desempenho das administrações locais. É importante enfatizar aqui o papel das avaliações. Antes de julgar normativamente uma política, a avaliação busca analisar sua efetividade (ela alcança o resultado desejado?) e a sua eficiência (poder-se-ia obter o mesmo resultado com menor custo?). Em outras palavras, avaliação significa aprender com os próprios erros e acertos. A fim de organizar o cadastro único e elaborar avaliações dos programas sociais com base nas informações cadastrais numa escala grande como essa, é importante haver alguma instituição capaz de gerir tudo isso de maneira aberta e democrática.

Proposta Três: Instituição de uma Agência Independente de Gestão do Cadastro Único e Avaliação dos Programas Sociais

Existem ainda poucas avaliações de políticas públicas no Brasil. Muitos programas são implementados nacional ou localmente sem que se saiba de seu verdadeiro alcance e impacto. A unificação do Cadastro Único permite que muitos programas sociais possam ser avaliados. Obviamente quem implementa uma política não deve avaliá-la por naturais conflitos de interesse. Propõe-se aqui a institucionalização de uma gestão dos programas socais aos moldes das agências reguladoras em que quem avalia as políticas não as implementa. Essa agência seria responsável pela gestão e confiabilidade do Cadastro Único e pelas avaliações dos programas implementados pelos formuladores de políticas públicas nacionais, estaduais ou locais. A separação das responsabilidades de avaliação e implementação é fundamental para a confiabilidade da avaliação. De fato, o financiamento centralizado pelo Governo Federal e a implementação descentralizada através dos municípios têm sido apontados pelo sucesso da boa focalização do programa (Lindert *et al.*, 2007).

4.2 AÇÕES DE APRIMORAMENTO DOS PROGRAMAS ATUAIS

Estando bem-informados com as avaliações dos programas sociais, pode-se estabelecer novos desenhos e reformulações de programas específicos. No caso do programa social de maior alcance, o Bolsa Família, as avaliações existentes sugerem que, de um lado, ainda existe espaço para ajustes finos na focalização e, de outro lado, ele não parece cumprir o objetivo maior de ampliação do investimento em capital humano das crianças e jovens pobres. Existem espaços e dimensões no desenho do programa que podem potencializar esses efeitos. Esta seção trata de algumas propostas para isso. A primeira proposta trata da melhoria da focalização.

Proposta Quatro: Melhorar a Focalização Através do Melhor Uso das Informações do Cadastro Único

Embora o Bolsa Família esteja relativamente bem focalizado nos mais pobres, existem algumas ações de baixo custo que podem melhorar a focalização do programa. A maneira mais simples é fazer um melhor uso das informações disponíveis no Cadastro Único. O cruzamento das informações das condições domiciliares disponíveis no Cadastro Único com as informações das pesquisas domiciliares como a PNAD do IBGE permite utilizar as técnicas de testes de médias para aferir com mais acuidade a condição de pobreza das famílias.

A segunda proposta trata de criação de novos incentivos para o aluno estudar.

Proposta Cinco: Adicional de Transferência por Ano de Estudo Completado em Forma de Poupança Acumulada

Sabe-se que a maioria dos alunos de 6 a 15 anos de idade frequenta a escola. Mesmo entre as crianças e jovens em famílias mais vulneráveis, cerca de 95% deles tem acesso à escola. Portanto, a condicionalidade de frequência à escola imposta pelo Bolsa Família hoje é redundante. Os problemas da educação básica atualmente são dois: a baixa qualidade da educação e a relativa baixa frequência ao ensino médio. Para criar incentivos aos estudantes de famílias vulneráveis para estudar e completar o ensino médio, propõe-se aqui criar um adicional no valor da transferência paga ao aluno em função da aprovação por ano de estudo. Contudo, essa transferência não é paga imediatamente. Cria-se uma conta poupança para esse aluno (a rigor um crédito) cujo valor se acumula ao longo dos anos escolares e a que ele somente tem direito quando completar o ensino médio. Desenho semelhante existe no México, com o Programa Oportunidades, com resultados bastante satisfatórios.

Proposta Seis: Maiores Recursos aos Municípios que Apresentarem Maiores Ganhos nos Desempenhos Médios dos Alunos Menos Favorecidos

A seleção e o monitoramento das famílias beneficiárias do Bolsa Família são feitos pelos municípios, mas a elaboração do programa, a gestão e a transferência de recursos são feitas diretamente pelo Governo Federal. A fim de incentivar os municípios a desempenhar bem as suas atribuições na gestão do Bolsa Família, o Governo Federal criou em 2006 o IGD (Índice de Gestão Descentralizada), que mede o desempenho dos municípios na gestão do programa e do Cadastro Único, levando em conta a qualidade dos registros cadastrais (validade e atualização) e o acompanhamento das condicionalidades de educação e saúde. Com base nesse indicador, os municípios que apresentam bom desempenho recebem mensalmente recursos para investir em atividades voltadas à gestão do Bolsa Família. Propõe-se aqui a utilização de recursos por parte dos municípios para a melhoria da qualidade da educação pública municipal, com o critério de distribuição dos recursos dependendo dos ganhos médios do aprendizado dos alunos beneficiários do Bolsa Família. A ideia é atrelar os incentivos dos alunos aos incentivos dos gestores municipais para melhorar a qualidade da educação municipal. Assim, os municípios ganham mais recursos não somente se estão gerindo melhor o Bolsa Família, mas também se o desempenho escolar dos beneficiários apresentar melhora expressiva.

Reformas Infraconstitucionais nas Previdências Privada e Pública: Possibilidades e Limites

Marcelo Abi-Ramia Caetano

1 INTRODUÇÃO

Este texto complementa a análise de Paulo Tafner e Fabio Giambiagi, encontrada neste volume, discutindo aspectos relacionados às reformas infraconstitucionais que estão em andamento ou que poderiam ser implementadas, a curto prazo, tanto na previdência privada como na previdência pública.

A próxima seção menciona os diferentes tipos de previdência existentes no Brasil, a "social", de natureza pública, e a complementar, de natureza privada, que é descrita em mais detalhe. A terceira seção apresenta estimativas do custo administrativo do INSS, comparando-o aos custos da previdência pública americana e também aos custos dos fundos previdenciários privados no Brasil. A quarta seção ilustra os resultados de reformas administrativas no regime geral para trabalhadores do setor privado, implantadas durante o segundo mandato do Presidente Lula. A quinta seção sugere possibilidades adicionais a explorar para redução dos custos do INSS. A sexta seção introduz os princípios que regem a previdência para os servidores públicos, seguindo-se, na sétima seção, uma discussão das iniquidades desse regime. A oitava seção inclui uma discussão dos prós e contras da introdução de uma previdência complementar para os servidores públicos federais. A nona seção discute os limites e as possibilidades para a reforma dos regimes previdenciários de servidores públicos estaduais e municipais. A décima seção conclui com uma avaliação dos benefícios da unificação da previdência complementar para todos os servidores nas diferentes esferas e níveis de governo.

2 A PREVIDÊNCIA COMPLEMENTAR

A previdência brasileira se segmenta em dois grandes pilares: a social e a complementar. A previdência social — administrada pelos diversos RPPS para os servidores públicos e pelo INSS para os demais trabalhadores — tem como objetivo fundamental repor renda até determinados limites e impedir que seus segurados se tornem pobres em função da perda de capacidade laborativa do grupo familiar. Certo é que na realidade concreta houve desvirtuamento desses objetivos. Somente para citar dois exemplos, há aposentadorias em idades baixas no INSS, ou seja, concedem-se aposentadorias mesmo sem perda de capacidade de trabalho ou vínculo empregatício. De modo análogo, há reposição de renda muito acima do salário médio da população nos RPPS nos quais ainda é possível receber aposentadoria de valor equivalente ao último salário — mesmo que seja bem superior ao teto do INSS — e acumular com pensões por morte na viuvez.

Paralelamente à previdência pública social, há a previdência privada complementar. A segmentação entre previdência social e complementar é comum a diversos países. Fundamenta-se na lógica segundo a qual cabe à previdência social garantir a renda básica familiar em caso de perda de capacidade de trabalho mediante benefícios de aposentadorias programadas, por invalidez e pensões por morte. A previdência privada oferece benefícios semelhantes, mas com caráter complementar à social. Trata-se, portanto, de um regime previdenciário voltado aos estratos de maior renda que demandariam remunerações de aposentadoria e pensão superiores às existentes no pilar social da previdência. O fato de, no Brasil, os RPPS permitirem aposentadorias equivalentes ao último salário torna a previdência complementar restrita aos trabalhadores vinculados ao RGPS, quais sejam, os do setor privado e das empresas estatais.

Há quatro diferenças fundamentais entre os dois pilares previdenciários. Primeiramente, a previdência social é compulsória. Por sua vez, a adesão à previdência complementar é facultativa. Ainda que indivíduos na informalidade não estejam inscritos no INSS, as normas jurídicas indicam obrigatoriedade de filiação. Em segundo lugar, o custeio da previdência social é tributário. Na previdência complementar, há contrato de aporte voluntário de contribuição. Terceiro, a previdência complementar é capitalizada, enquanto o RGPS e grande parte dos RPPS se financiam por repartição simples. Por fim, a previdência social tem como público-alvo toda a população do país, enquanto a previdência complementar se destina aos grupos de maior renda.

A previdência complementar no Brasil se estrutura em dois grandes grupos: as Entidades Fechadas de Previdência Complementar (EFPC) e as Entidades Abertas de Previdência Complementar (EAPC). A diferença básica entre as duas entidades é que os planos de benefícios oferecidos pelas EFPC estão disponíveis somente para trabalhadores vinculados a empresas patrocinadoras ou a entidade classista instituidora de fundo de pensão. Por seu turno, os planos administrados pelas EAPC são acessíveis a qualquer interessado, independentemente de vínculo com empresa ou entidade classista. A fiscalização e normatização da previdência aberta se fazem pela Superintendência de Seguros Privados (SUSEP), ligada ao Ministério da Fazenda. O órgão responsável pela previdência complementar fechada é a Superintendência Nacional de Previdência Complementar (PREVIC) vinculada ao Ministério da Previdência Social. Em decorrência da disponibilidade de dados, as estatísticas apresentadas nesta seção se limitarão à previdência fechada.

Independentemente da modalidade de previdência complementar, se aberta ou fechada, há três razões para estimar crescimento acentuado desse segmento de mercado. Primeiro, o envelhecimento populacional brasileiro é bastante acentuado. De fato, projeta-se que a participação de idosos na população mais que triplique nas próximas quatro décadas. A dinâmica demográfica amplia o público-alvo desse produto. Segundo, há perspectiva de crescimento da renda *per capita* dos brasileiros. Renda maior amplia a probabilidade de formação de poupança privada focada no financiamento da aposentadoria futura. Por fim, o envelhecimento populacional trará pesado fardo nas contas públicas, em especial nas áreas de saúde e previdência, o que estimulará tanto o governo quanto a população a pensar em alternativas à previdência social como fonte de renda na idade avançada. Na conjunção desses fatores, é de se esperar que mais pessoas demandem complementação.

Apesar da perspectiva favorável, há duas grandes limitações ao desenvolvimento da previdência complementar no Brasil. Primeiramente, os RPPS não apresentam teto de aposentadoria. Nesse sentido, servidores públicos não têm incentivos ao uso da previdência complementar porque sua previdência social já garante a reposição do seu último salário mesmo para aqueles funcionários públicos de renda elevada, tal como apresentado anteriormente neste texto. Em segundo lugar, o teto do RGPS é 2,5 vezes superior ao salário médio, o que reduz de modo considerável o público-alvo da previdência complementar.

O crescimento da previdência complementar trará benefícios do ponto de vista social e econômico. Em termos sociais, estimula-se modalidade adicional de provisão de renda na terceira idade, o que permitirá a um estrato crescente da população viver de modo mais seguro e confortável. Em termos macroeconômicos, incentiva-se a formação de poupança doméstica necessária ao crescimento econômico.

Paralelamente, a previdência se torna mais independente do orçamento público, o que facilita a formação de poupança por parte do governo e a redução da carga tributária. As grandes potencialidades trazem consigo importantes responsabilidades. Duas merecem destaque. A previdência complementar representa o esforço de décadas de poupança de diversas famílias que depositaram sua confiança em entidades previdenciárias para ter fonte adicional de renda em idades avançadas. Confiança e credibilidade são características essenciais para sustentabilidade do sistema. Há, portanto, necessidade de regras claras e atualizáveis quanto a governança, transparência e efetividade da fiscalização para que a previdência complementar não entre em debacle por sua própria incompetência. Por fim, investidores institucionais muito grandes ganham poder de mercado com capacidade de distorcer preços de ativos financeiros e também direcionar o capital acumulado para grupos ou setores favorecidos.

No que concerne aos dados da previdência complementar fechada, em 2009, somente 2.432 empresas patrocinaram fundos de pensão. Destas, 2.055 eram privadas, e as demais são empresas públicas ou estatais, números que se mantiveram estáveis na última década.

Apesar das poucas patrocinadoras, o total de ativos acumulado é expressivo e somou em dezembro de 2009 a quantia de R$491 bilhões, perfazendo 15% do PIB. Desse total, R$320 bilhões são detidos por EFPC patrocinadas por empresas do setor público. Curiosamente, embora a maioria das patrocinadoras seja privada, são as públicas que possuem a maior parcela dos ativos.

Esses fatores indicam o potencial de acumulação com o avanço de renda e consequente fomento da demanda por previdência complementar pelo qual o Brasil provavelmente passará.

O plano de investimentos da previdência complementar é dominado pela renda fixa. Pouco mais de 3/5 das aplicações se concentram nesse segmento. A terça parte se destina à renda variável, e os 5% restantes são investidos no segmento imobiliário e nas operações com participantes.

Como é usual no Brasil, a alocação de ativos muito se concentra em títulos públicos. A alta rentabilidade e liquidez da dívida pública, associadas ao seu baixo risco, estimulam essa concentração. Esse quadro pode ser cômodo do ponto de vista microeconômico dos responsáveis pelos investimentos de um fundo de pensão. Entretanto, na perspectiva macro, as consequências são adversas. Poupança que poderia se canalizar à acumulação de capital e ao crescimento do país se desloca para o financiamento da dívida governamental.

O viés em direção aos títulos públicos é fruto do gigantismo do Estado e de uma política fiscal menos austera que a ideal. Não se trata de tendenciosidade decorrente das preferências pessoais dos gestores das EFPC. Estes tão somente reagem aos incentivos que lhes são postos.

Em relação ao compartilhamento de riscos, nos últimos 20 anos há forte tendência de os planos se constituírem na modalidade de contribuição definida (CD) ou contribuição variável (CV) em detrimento do benefício definido (BD). De fato, em 1990, ¾ dos planos previdenciários eram do tipo BD. Em 2009, passaram a representar somente 1/3. Trata-se de uma tendência universal, dado que grandes empresas multinacionais dos países ricos ficaram em situação debilitada por assumirem os riscos previdenciários dos planos BD criados em meados do século XX.

No Brasil, a tendência de os patrocinadores assumirem menos riscos em relação aos planos de previdência se observa em duas frentes: a primeira, na redução da participação dos planos do tipo BD; a segunda, nas determinações jurídicas a respeito do equacionamento de eventuais déficits nas EFPC. A Lei Complementar 109/2001 estabelece que o equacionamento se dê por participantes e patrocinadores na proporção das suas contribuições. Por sua vez, a Lei Complementar 108/2001 determina que em hipótese nenhuma a contribuição do patrocinador excederá a do participante. Em outras palavras, essas normatizações estabeleceram que mesmo em planos BD o participante se responsabiliza pela cobertura de eventuais déficits por meio da elevação das suas contribuições. Nesse sentido, os participantes passam a compartilhar o risco equanimemente com a patrocinadora. Essas regras são particularmente relevantes para empresas do setor público, dado que o contribuinte não será mais o único a pagar por eventual déficit previdenciário dessas empresas.

A previdência complementar no Brasil, seja aberta ou fechada, deve passar por processo de crescimento acelerado no futuro próximo em função da elevação do nível de renda da população e das suas perspectivas de envelhecimento. O fortalecimento da previdência complementar é salutar para manutenção da previdência social. Ao obter aposentadoria por meio de sua própria poupança, reduz-se o vínculo de dependência da sociedade com o financiamento previdenciário por vias tributárias. Boa estratégia de sobrevivência para a previdência social, a qual — ao consumir 12% do PIB em um país jovem que rapidamente se envelhece — corre o risco de ruir sob seu próprio peso.

3 OS CUSTOS ADMINISTRATIVOS DA PREVIDÊNCIA SOCIAL

Existem no Brasil dois sistemas públicos de previdência social, o chamado "regime geral" (RGPS), para os trabalhadores do setor privado, e os diversos "regimes próprios", para o servidores públicos (RPPS). O elevado custo da despesa previdenciária brasileira se deve às regras de aposentadoria e pensões, pouco relacionadas a questões de administração. Quatro pontos merecem destaque: ausência de idade mínima, fórmulas de cálculo e regras de concessão para pensão por morte em desacordo com os padrões internacionais, sobreindexação dos benefícios para além da inflação de preços e regras especiais que se aplicam aos servidores públicos que permitem aposentadorias muito superiores às verificadas no RGPS. Ilusório admitir que o enfrentamento das questões previdenciárias no Brasil se limita a ajustes administrativos. Entretanto, esse fato não justifica o abandono de reformas nessa esfera. Há áreas com perspectivas de avanço na redução da despesa administrativa.

Para examinar essa questão, primeiro comparamos as despesas administrativas do RGPS com as de fundos de previdência do setor privado e com as do sistema público dos EUA. Segundo, apresentamos os avanços administrativos efetuados no passado recente. Finalmente, descrevemos áreas de atuação ainda a se explorar na esfera administrativa.

Não existem dados de custeio administrativo dos RPPS, o que impede análise comparativa para a previdência de servidores públicos. É possível, no entanto, comparar os custos administrativos do Instituto Nacional do Seguro Social (INSS), que gerencia o RGPS, com os da Social Security Administration (SSA), que seria o equivalente estadunidense ao INSS, assim como com entidades abertas de previdência complementar no Brasil. A conclusão é que o custo administrativo do INSS é alto na comparação internacional, mas baixo na nacional, o que aponta para potencial de redução de custos administrativos na previdência brasileira tanto na esfera pública quanto na privada.

TABELA 1 Comparativo da despesa administrativa entre o INSS e a SSA — 2009 valores (em percentuais)		
	INSS - Brasil	SSA - EUA
Despesa administrativa/benefícios	3,9	1,6
Despesa administrativa/receita	4,7	1,3
Despesa administrativa/(receita+benefícios)	2,1	0,7

Fonte: MPS e SSA.

Os dados mostram que a proporção da despesa administrativa em relação à soma da receita e despesa no Brasil é o triplo da americana. É uma diferença que chama a atenção, mas há de se atentar para limitações dessa comparação. Primeiramente, o INSS paga benefícios não relacionados ao RGPS, como os derivados da Lei Orgânica da Assistência Social (LOAS) e dos Encargos Previdenciários da União (EPU). Esse fato naturalmente aumenta o custeio administrativo. Como forma de minimizar esse impacto, consideraram-se no pagamento de benefícios da Tabela 1 os desembolsos com EPU e LOAS. Em segundo lugar, o Brasil apresenta infraestrutura e grau de desenvolvimento bem mais precários que os EUA. Há vários municípios sem rede bancária, cujo acesso aos postos do INSS apresenta obstáculos físicos etc. De modo análogo, em decorrência do nível de renda *per capita*, a informalidade brasileira supera a americana, o que justificaria maior gasto administrativo com a fiscalização das receitas previdenciárias. Tais deficiências brasileiras tornam nosso custo administrativo naturalmente mais elevado. Em terceiro lugar, mais de ¾ da despesa administrativa do INSS são com pessoal, o que, por questões jurídicas, é inflexível. Em quarto lugar, a despesa administrativa do INSS somou menos de R$10 bilhões em 2009, o que, comparado à dimensão do gasto previdenciário brasileiro, está longe de representar montante significativo.

Em suma, a diferença com a situação americana é ponto que necessita de melhor estudo para se apontar eventuais ganhos administrativos. Entretanto, a própria dimensão em termos absolutos dos gastos administrativos indica que reformas futuras devem ir além dessa esfera.

Curiosamente, ao se comparar o custo administrativo com o setor privado brasileiro, o resultado é favorável ao INSS. Na ausência de informações de custeio administrativo das entidades fechadas de previdência complementar, a comparação se fez com as entidades abertas que administram o Plano Gerador de Benefício Livre (PGBL) e o Vida Gerador de Benefício Livre (VGBL). Há uma limitação na comparação, dado que as taxas de administração dos PGBL e VGBL se cobram sobre o patrimônio, enquanto para o INSS a base é o fluxo de receitas e despesas. Entretanto, como o patrimônio acumulado por um fundo tende a superar seu fluxo, a comparação se enviesaria favoravelmente à previdência privada. Ademais, dada a estrutura oligopolizada, haveria potencial de redução de custos no setor, em função da possibilidade de aproveitamento de economias de escala em um ambiente marcado pela competição entre grandes agentes. Contudo, as taxas administrativas se mostram bem superiores àquelas praticadas pelo INSS. A depender do fundo e de seu administrador, a taxa de administração pode chegar a 4%. Além da taxa de administração, muitos fundos cobram taxas de carregamento que podem alcançar 5% sobre o valor das contribuições.

Esses dados sugerem que o custeio administrativo do RGPS é alto se comparado ao da SSA, mas baixo em relação às administrações privadas brasileiras. Nesse sentido, os esforços para redução da despesa administrativa devem ser alvo de análise tanto na esfera pública quanto na privada do Brasil.

4 REFORMAS ADMINISTRATIVAS RECENTES NA PREVIDÊNCIA BRASILEIRA

O segundo mandato do Governo Lula se caracterizou pela adoção de um conjunto de medidas administrativas e infraconstitucionais que permitiram ao RGPS aumentar sua receita e reduzir sua despesa, apesar da inexistência de alterações constitucionais ou reformas mais ambiciosas durante esse mandato. Dentre as reformas administrativas, cabe maior destaque à redução do volume de benefícios de auxílio-doença, que haviam saído de controle no início da década. O Gráfico 1 ilustra a evolução recente: desde seu pico até o momento atual houve redução de aproximadamente ¼ do volume de benefícios. Entretanto, a expansão no período de 2000 a 2005 foi tão expressiva que ainda há espaço para futuras diminuições. Em decorrência dessa contenção, a política de reversão do crescimento de auxílio-doença saiu da agenda de reformas. A atual agenda em relação ao auxílio-doença é a continuação do seu monitoramento para assegurar que aqueles que o recebam sejam os que efetivamente dele necessitam.

Outras medidas relevantes incluem o recadastramento dos benefícios previdenciários; a unificação da receita previdenciária com a receita federal, que permitiu ganhos de escala administrativos; o leilão da folha do INSS, em que os bancos passaram a pagar ao governo para ter os aposentados e pensionistas como seus clientes, quando antes era o governo que pagava aos bancos para efetuar o depósito mensal dos benefícios; assim como o ainda incipiente novo modelo das alíquotas do seguro de acidente do trabalho. Em relação a este, apesar da possibilidade de ajustes e da reclamação de grupos que tiveram aumento de suas alíquotas, é inegável o mérito de aproximar a precificação de um seguro público aos moldes adotados no setor privado, em que o prêmio pago para o seguro se relaciona com a incidência de sinistros. Cria-se o arcabouço para que a própria estrutura de alíquotas gere incentivos à redução de acidentes no trabalho, dado que a maior ou menor ocorrência desses eventos elevará ou reduzirá a alíquota paga no futuro.

GRÁFICO 1

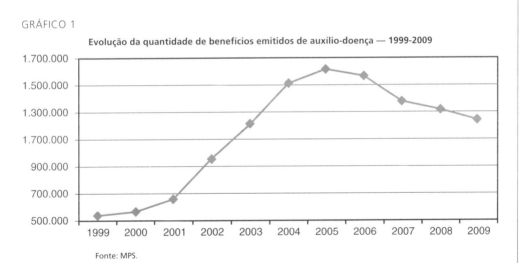

Evolução da quantidade de benefícios emitidos de auxílio-doença — 1999-2009

Fonte: MPS.

Apesar dessas reformas, as despesas do RGPS aumentaram de 6,0% do PIB em 2002 para 7,2% em 2009. Por sua vez, a despesa com a previdência dos servidores se manteve estável, gravitando ao redor de 4,1% do PIB. Em suma, as reformas administrativas adotadas no segundo mandato do Governo Lula foram extremamente relevantes, mas insuficientes para anular a trajetória crescente do gasto previdenciário, fato que aponta para o papel limitado dessa modalidade de reforma. O enfrentamento definitivo das questões previdenciárias deve se concentrar em características do desenho do plano: regras de acesso, fórmula de cálculo, parâmetros de indexação e financiamento.

5 POSSIBILIDADES A EXPLORAR NA ESFERA ADMINISTRATIVA

Destacam-se dois setores que merecem atenção nas reformas administrativas: a criação de uma entidade gestora única para os regimes próprios do serviço público e a securitização da dívida do regime geral.

Atualmente, muitos estados e municípios administram seus regimes próprios de forma fragmentada. É usual a situação em que cada poder — Executivo, Legislativo e Judiciário — apresenta processo independente de concessão e manutenção de benefícios de aposentadoria e pensões. Mesmo dentro do poder executivo, há vários casos em que as aposentadorias se concedem e se mantêm por órgãos distintos dos que gerem as pensões por morte. A criação de uma entidade gestora única para o RPPS ampliaria os ganhos por economias de escala e sinergias, em decorrência do fim da execução das mesmas tarefas por diferentes equipes. Ademais, a fragmentação torna o RPPS mais suscetível a fraudes.

O segundo potencial de reforma administrativa ainda não explorado seria a securitização da dívida do RGPS, particularmente interessante para devedores de menor porte, em relação aos quais os custos administrativos para recuperação de crédito são elevados. Isso poderia ocorrer mediante a criação de fundos de recebíveis de débitos previdenciários como forma de diluir o risco dos créditos entre diversos agentes ao invés de concentrá-los em poucas instituições financeiras.

Outras áreas com potencial de bom retorno na esfera administrativa seriam o combate às fraudes, o cruzamento das bases de dados do Governo Federal com as de administrações subnacionais e a auditoria de folhas de pagamentos, em especial dos RPPS de administração fragmentada.

6 A PREVIDÊNCIA DOS SERVIDORES PÚBLICOS

Dois aspectos marcam a diferença entre o regime geral e os diversos regimes próprios: a ausência de previdência complementar para os funcionários públicos, com a ausência de teto para aposentadoria, e seu caráter regressivo.

Os segurados vinculados ao Regime Geral de Previdência Social (RGPS), basicamente os empregados do setor privado, têm suas aposentadorias e pensões limitadas a um teto que equivale, nos dias atuais, a R$3.467,40. Esses trabalhadores devem recorrer a um fundo de previdência complementar caso queiram receber benefícios superiores ao teto. A previdência complementar pode ser tanto fechada, isto é, restrita aos funcionários de determinada empresa, ou aberta, ou seja, qualquer pessoa está livre para aderir ao plano independentemente do vínculo empregatício.

Por outro lado, para os funcionários públicos, a União, todos os estados, o Distrito Federal e 2.236 municípios têm, cada um, seu próprio RPPS.[1] Cada RPPS é independente dos demais em termos financeiros, isto é, cada ente da Federação cobre somente a insuficiência de caixa do seu próprio RPPS. Não há teto de aposentadoria ou pensão para os servidores

---

[1] Informações do Anuário Estatístico da Previdência Social de 2009.

públicos. Em várias situações ainda é possível receber benefício previdenciário equivalente ao último salário, embora as últimas reformas previdenciárias tenham criado um processo de extinção gradual da paridade da aposentadoria com o último salário do servidor público.

A segunda diferença marcante entre RGPS e RPPS é o caráter regressivo desse último. Em 2009, o orçamento público alocou 4,2% do PIB a 3,3 milhões de servidores públicos inativos e seus pensionistas, o que representou um valor médio mensal de benefício de R$3.344. Por sua vez, 7,2% do PIB se destinaram a mais de 23,5 milhões de benefícios do Regime Geral de Previdência Social (RGPS) em 2009, um valor médio mensal de R$735. Dado que o RGPS e a grande maioria dos RPPS se financiam por meio de repartição simples, isto é, pagam-se os benefícios com base nos tributos arrecadados da sociedade como um todo, há uma nítida transferência de recursos de toda a coletividade para financiamento das aposentadorias e pensões dos servidores públicos.

Um último ponto importante de se ressaltar é a capacidade limitada de adoção de reformas previdenciárias por parte de estados e municípios. Parte expressiva das condições de acesso aos benefícios de aposentadoria e pensão, suas fórmulas de cálculo, assim como suas regras de indexação estão definidas na Constituição Federal ou em marcos normativos federais. Em outras palavras, estão fora do poder de atuação de estados, municípios e Distrito Federal. Apesar de limitado, no entanto, tal poder não é nulo.

7 A PREVIDÊNCIA DOS SERVIDORES PÚBLICOS E AS QUESTÕES DE EQUIDADE

A equidade se analisa em uma ótica horizontal ou vertical. Em termos horizontais, tratam-se pessoas iguais de modo igual. Verticalmente, pessoas diferentes recebem tratamento distinto. Os RPPS são desiguais tanto na perspectiva horizontal quanto na vertical. Avanços na harmonização e redução da iniquidade entre o RPPS e o RGPS exigirão a criação da previdência complementar para servidores públicos.

Em termos horizontais, a desigualdade é consequência das diferentes regras que se aplicam aos estratos de maior renda do setor público e do setor privado. Um servidor público ainda pode, a depender das combinações de regras, receber aposentadoria equivalente ao seu último salário. Um trabalhador da iniciativa privada, entretanto, tem seu benefício limitado ao teto do RGPS. O segurado da iniciativa privada pode receber aposentadoria superior ao teto do RGPS, mas esta será fruto do seu esforço individual de poupança ou em conjunto com seu empregador. Em outras palavras, os benefícios previdenciários mais altos para os trabalhadores do setor privado não oneram os cofres públicos e, portanto, não fazem com que toda a sociedade, mediante a coleta de tributos, beneficie um grupo de pessoas de camada de renda elevada para os padrões brasileiros.

Uma evidência estatística de que a previdência complementar é focada nos estratos de maior renda é que o teto do RGPS é elevado ao se considerar o nível de renda médio no Brasil. Dados da Pesquisa Mensal de Emprego (PME) do Instituto Brasileiro de Geografia e Estatística (IBGE), de outubro de 2010, indicam que rendimento nominal médio era de

R$1.390,60 para trabalhadores da iniciativa privada com carteira assinada. Como o valor do teto de INSS é 2,5 vezes superior a esse rendimento médio, a previdência complementar no Brasil é claramente voltada ao segmento de renda mais alto.

Para muitos servidores públicos, essa previdência complementar é desnecessária, já que os benefícios que recebem pelo seu RPPS são elevados, conforme mostrado na Tabela 2 a seguir. A redução progressiva desses valores, com a criação da previdência complementar para servidores públicos, em nada contradiz os objetivos fundamentais de um regime de aposentadorias que são o combate à pobreza e a reposição de renda em um patamar compatível com a remuneração média da população. Ao contrário, a manutenção das atuais regras para os servidores públicos de maior rendimento é que contradiz esses princípios, porque em nada afeta o combate à pobreza e garante, por meio de recursos públicos, reposição de renda elevada para o padrão nacional.

TABELA 2 Despesa média com servidores aposentados da união por poder (valores em R$ correntes)

Poder	Aposentadoria média
Executivo civil	5.961
Ministério público da União	18.153
Legislativo	18.394
Judiciário	15.861

Fonte: Boletim Estatístico de Pessoal. Agosto/2010. Elaboração do autor.

O valor alto da aposentadoria não é o problema em si, a questão é que seu financiamento ocorre mediante recolhimento de tributos de toda a sociedade, e não por meio do uso de poupança acumulada previamente. Deve-se ter consciência da diferença entre previdência social e privada. O objetivo da previdência social é repor renda de acordo com os padrões médios da população. Não é seu intuito garantir aposentadorias elevadas para segmentos específicos da sociedade. Esse é o papel da previdência complementar.

A atual estrutura dos RPPS é regressiva e acentua as desigualdades em termos verticais. Isso se dá porque a tributação no Brasil, e em particular a de estados e municípios, muito se baseia no consumo. Tributos sobre o consumo apresentam maior incidência sobre as camadas mais pobres da população. São esses impostos regressivos que financiam as aposentadorias e pensões dos servidores de renda mais alta. A regressividade é, portanto, dupla: tributam-se mais os pobres e os recursos obtidos dessa tributação financiam benefícios previdenciários de pessoas melhor aquinhoadas.

Somente para ilustrar o ponto acima, no ano de 2009, o RGPS apresentou déficit de R$42,9 bilhões para dar cobertura a 23,5 milhões de brasileiros, enquanto o RPPS da União teve déficit de R$47,0 bilhões para pagar as aposentadorias e pensões de 936 mil servidores aposentados e seus pensionistas. O RPPS da União tem déficit superior ao RGPS em R$4,1 bilhões para atender uma quantidade de pessoas 25 vezes inferior.

A natureza de contribuição definida com a eventual criação da previdência complementar para os benefícios previdenciários que excederem o teto do RGPS é outra característica que reforça a equidade vertical. Com as atuais regras, eventuais insuficiências de caixa são cobertas com recursos do ente local. Como se sabe, a arrecadação pública advém da tributação, e não da venda ou comercialização dos seus próprios bens e serviços. Quando o governo necessita de recursos para financiar as aposentadorias e pensões de seus servidores, toda a sociedade tem que pagar a conta. Em outras palavras, os riscos associados à má gerência ou insuficiência de caixa dos planos de benefício são transferidos dos servidores para a sociedade e os contribuintes como um todo. Com a previdência complementar para servidores, a sociedade assumiria os riscos previdenciários até o limite do teto do RGPS, porém, para a parcela que supera o teto, serão os próprios servidores que arcarão com os riscos. Trata-se, portanto, de uma proposta que introduz novo compartilhamento de risco entre servidores e contribuintes e reforça a equidade do sistema previdenciário.

8 PRÓS E CONTRAS DA PREVIDÊNCIA COMPLEMENTAR PARA OS SERVIDORES PÚBLICOS

Além dos aspectos positivos referentes à equidade, a previdência complementar dos servidores públicos pode trazer ganhos de eficiência. Da perspectiva fiscal, os ganhos de longo prazo se contrapõem às perdas de curto prazo.

Um relevante progresso em termos de eficiência é que se permite desvincular a política previdenciária da política de pessoal do ente da Federação. A vinculação dessas políticas cria círculo vicioso tanto para servidores como para o governo. O exemplo dos professores mostra os efeitos inapropriados da política de vinculação. O baixo salário era um dos argumentos em favor das aposentadorias especiais para professores. Uma forma de compensar a pouca remuneração era permitir que professores se aposentassem mais cedo. A consequência dessa política é que em algumas décadas vários entes da Federação passaram a contar em sua folha com expressivo contingente de professores aposentados. Como há estreito vínculo entre a remuneração dos servidores ativos e aposentados, os reajustes salariais concedidos aos ativos deveriam se repassar aos inativos. Dadas as restrições orçamentárias dos entes da Federação, a vinculação salarial impediu o aumento tanto de ativos como de aposentados ou pensionistas, já que o aumento concedido ao professor da ativa traria expressivos impactos fiscais sobre a folha de inativos e pensionistas. A consequência de se procurar resolver um problema de mercado de trabalho por meio da previdência é que se criou um obstáculo adicional à valorização profissional dos professores. Em resumo, uma política que a curto prazo passa a impressão de ser benéfica à categoria mostra-se, no longo prazo, como algo que impede seu devido reconhecimento profissional e que impõe pesado fardo às contas públicas.

Do ponto de vista da política fiscal, a previdência complementar dos servidores públicos apresenta potencial de ganhos para ampliação da poupança do governo no longo prazo, contudo, no curto prazo, os custos de transição são evidentes. Há, portanto, um dilema em relação à instituição da previdência complementar no que se refere às contas públicas, qual seja, os benefícios de longo prazo se contrapõem aos custos de curto prazo.

Os benefícios de longo prazo ocorrem porque o custeio das futuras aposentadorias e pensões se dará por meio do uso dos ativos financeiros acumulados pelos servidores, e não caberá mais ao orçamento público o financiamento da previdência além do teto do RGPS para servidores. Os benefícios para a sociedade são claros em termos de equidade porque seus tributos não mais pagarão os valores elevados de aposentadorias de servidores. Em termos de política fiscal, o menor dispêndio governamental também abre espaço para redução da carga tributária sem causar riscos ao gerenciamento da dívida pública, porque os impostos se reduziriam em consequência do menor gasto. Isso permite a manutenção do equilíbrio das contas governamentais ao mesmo tempo em que os tributos ficam menores. Diminui, portanto, o risco de que a redução dos impostos hoje se traduza em maior tributação futura. Outro benefício de longo prazo é que a economia obtida do menor gasto com as aposentadorias dos servidores de renda mais elevada poderá se alocar em saúde, educação, segurança, infraestrutura etc., dispêndios estes que apresentam maior potencial de sustentar crescimento econômico de longo prazo.

Os custos de transição decorrentes da previdência complementar advêm da perda de arrecadação de contribuições previdenciárias nas primeiras décadas após sua instituição. A lógica é que as contribuições de quem vier a ingressar na previdência complementar se verterão para a acumulação de ativos que financiarão suas próprias aposentadorias. No entanto, todos aqueles que já auferem suas pensões continuarão a recebê-las do mesmo modo. Raciocínio análogo se aplica às pessoas que estão prestes a se aposentar ou que já contribuíram por muitos anos. Em outras palavras, a criação da previdência complementar não altera o valor dos fluxos de pagamentos de benefícios previdenciários no futuro próximo, porém traz redução imediata de arrecadação para o custeio das atuais aposentadorias e pensões. A rápida queda de arrecadação somente se compensa anos à frente com a limitação futura dos benefícios previdenciários ao teto do RGPS.

A proposta de criação de previdência complementar para servidores públicos ora em curso ameniza os custos de transição ao focá-la para os funcionários que vierem a ingressar após sua instituição. Trata-se de um meio de suavizar os custos de transição porque diminui a perda de arrecadação ao se restringir a um grupo futuro de servidores. No entanto, ela torna mais lento o alcance de uma situação em que todos os servidores públicos terão seus benefícios previdenciários limitados ao teto do RGPS.

Cálculos realizados pelo autor indicam que a trajetória do custo de transição se divide em três fases. A primeira etapa acontece nos primeiros 15 anos em que o custo de transição atinge um pico de aproximadamente 0,05% do PIB. Entre 15 e 30 anos após a instituição da previdência complementar, o custo de transição ainda é positivo, mas sua trajetória é descendente. A partir da terceira década, os benefícios da limitação das aposentadorias ao teto do RGPS começam a superar os custos associados às perdas de arrecadação, e os ganhos fiscais chegam a atingir aproximadamente 0,13% do PIB.

A razão para esse comportamento é que, nos primeiros 15 anos, poucos serão os novos ingressados no serviço público que já estarão se aposentando. Desse modo, a primeira fase se caracteriza pela contínua perda de arrecadação sem a respectiva limitação dos benefícios de maior valor ao teto do RGPS. A partir de então, esses novos servidores começarão a se aposentar. Daí, a força da limitação dos benefícios começará a se fazer presente. Em três décadas, grande parte das primeiras gerações já estará aposentada, logo os benefícios da limitação das aposentadorias e pensões ao teto começam a superar os custos associados à perda de arrecadação.

Em trajetória descrita anteriormente demonstra um *trade-off* intertemporal entre as perdas fiscais de curto prazo e os ganhos de longo prazo. Entretanto, também indica que os benefícios de longo prazo em muito superam os custos de curto prazo. Em outras palavras, em termos líquidos, a previdência complementar se paga no longo prazo, tanto porque seus custos de transição não exercerão tamanha pressão sobre o orçamento público como porque em uma perspectiva intertemporal os benefícios superam os custos.

Em síntese, a previdência complementar dos servidores apresenta potencial de avanços tanto de equidade horizontal e vertical quanto de eficiência. O dilema se encontra na política fiscal, entretanto, mesmo para ela a perspectiva intertemporal é favorável, porque os ganhos de longo prazo excedem os custos de curto prazo.

9 REFORMAS DOS RPPS DENTRO DOS LIMITES IMPOSTOS PELA LEGISLAÇÃO FEDERAL

Há vários limites que a legislação federal impõe às mudanças que um ente subnacional pode realizar em seu regime previdenciário. De modo a sistematizar o conjunto de possíveis ações, realizou-se sua divisão em três grandes grupos. O primeiro conjunto se refere às reformas administrativas. São ações relacionadas à gestão mais eficiente de um RPPS que independem de negociações com o poder legislativo local. O segundo conjunto é denominado reformas paramétricas. Referem-se a possíveis ajustes da legislação local ao que dita a legislação federal no que tange a regras de acesso às aposentadorias e pensões, suas fórmulas de cálculo, regras de indexação e alíquotas de contribuição. Por fim, as reformas estruturais em que se apontam caminhos para mudança de um regime de repartição para capitalização.

As medidas administrativas elencadas podem trazer melhor desempenho, seja por maior receita ou por redução de despesa. O fato de um RPPS se situar aquém da eficiência máxima de gestão é negativo ao indicar desperdício de recursos. Entretanto, do ponto de vista positivo, esse ente é capaz de obter grandes avanços por meio de ajustes de natureza administrativa que não requerem alterações em suas normas jurídicas e respectivas negociações com o legislativo local.

Avanços administrativos nos RPPS podem ocorrer via auditoria de folha, cruzamento da base de dados do ente com as do Governo Federal e formação de entidade gestora única com intuito de eliminar duplicação de atividades e tornar o regime menos suscetível a fraudes.

A possibilidade de uma reforma paramétrica no RPPS de um estado ou município é limitada, uma vez que muitas regras estão estabelecidas na Constituição brasileira e em leis federais. No entanto, há casos de entes da Federação que ainda precisam se adequar às várias mudanças promovidas pela legislação federal. Os principais pontos de atuação são: igualar o salário de contribuição ao de benefício, fim da promoção automática para o policial militar que entra em reserva, fórmula de cálculo dos benefícios com base no salário médio e não mais no último salário, aplicação da taxa marginal de 70% de reposição para pensão por morte que exceder o teto do RGPS, cobrança de contribuição de aposentados e pensionistas, aplicação dos tetos remuneratórios e indexação de algumas categorias de benefícios pela inflação de preços, e não de salários.

No que tange a reformas estruturais, há duas alternativas possíveis: criação de previdência complementar, já discutida em subseção anterior, e segmentação de massa.

O RPPS federal se financia em um regime de repartição simples, modalidade seguida pela grande maioria dos estados e municípios. Tal prática gera pressão para estrangulamento das contas públicas da União e dos entes subnacionais no longo prazo. Muitos dos RPPS já se encontram em déficit, situação que tende a se acentuar com o passar do tempo em função do acelerado processo de envelhecimento populacional. O Tesouro Nacional assim como os tesouros locais necessitam alocar quantia significativa de suas receitas ao pagamento da folha de inativos e pensionistas. A fim de aliviar as tensões fiscais, no longo prazo o RPPS deve se autofinanciar, ou seja, a folha de inativos e pensionistas se pagaria por meio dos ativos acumulados durante os anos de contribuição, e não por arrecadação tributária.

O maior obstáculo para a mudança do regime de repartição para o de capitalização é seu expressivo custo de transição. Com o intuito de mitigar os custos de transição, propõe-se uma transição gradual do regime de repartição para o de capitalização. A alternativa da segmentação de massa, apresentada a seguir, assim como a previdência complementar, exposta anteriormente, lida com essa questão.

A segmentação de massa consiste na divisão dos servidores do ente da Federação em dois grupos. O primeiro usualmente se compõe pelos atuais aposentados e pensionistas, assim como pelo pessoal ativo com maior tempo de contribuição. Dado que o regime se financia por repartição, essas pessoas não acumularam ativos suficientes para financiar seus benefícios previdenciários. O ente da Federação reconhece essa responsabilidade e continua a financiar os benefícios previdenciários desse grupo de servidores mais antigos por meio da repartição simples.

O segundo grupo se compõe por trabalhadores ativos com menor tempo de contribuição. Essa nova geração ainda conta com tempo suficiente para acumular poupança a fim de financiar suas pensões. Poderia, portanto, adotar a capitalização, o que tornaria o RPPS independente — na fase de fruição de benefício — dos recursos tributários arrecadados pelo ente da Federação.

Essa estratégia reduz o custo de transição, dado que ainda se utiliza a contribuição das gerações mais antigas para o financiamento dos benefícios do primeiro grupo. Não ocorre a perda total da arrecadação por parte do ente público, tal como se daria em uma transição imediata e integral para a capitalização. O ente deixa de arrecadar somente as contribuições do segundo grupo, as quais se converterão em ativos financeiros que se utilizarão no futuro para o pagamento dos benefícios previdenciários desse grupo. Embora se reconheça a relevância do custo de transição, recomenda-se a adoção dessa política por ser um modo de tornar o sistema previdenciário independente do orçamento do governo no longo prazo.

10 ECONOMIAS DE ESCALA NA PREVIDÊNCIA

A unificação de regimes previdenciários se justifica com base nas economias de escala e na equidade. Para melhor compreensão do argumento, é interessante recorrer à história da previdência social no Brasil, cuja fase de consolidação ocorre entre as décadas de 1920 e 1930. A estrutura organizacional consistia em vários institutos de aposentadorias e pensões vinculados a categorias profissionais específicas. Entre os mais conhecidos estavam o Instituto de Aposentadoria e Pensões dos Industriários (IAPI), dos bancários (IAPB), dos comerciários (IAPC) e o Instituto de Previdência e Assistência de Servidores do Estado (IPASE).

A estrutura fragmentada replicava custos administrativos ao multiplicar a estrutura de redes de atendimento, pessoal, contabilidade, custos de manutenção etc., ou seja, a fragmentação implicava deseconomias de escala. O segundo problema era que se permitiam regras diferenciadas de acordo com o instituto, o que gerava tratamento desigual entre as categorias. Esse problema se amenizou em 1960, quando se criou a Lei Orgânica da Previdência Social, a qual unificou a legislação referente aos diversos institutos de aposentadorias e pensões. Por fim, em 1966, os diversos institutos, à exceção do IPASE, consolidaram-se em torno do Instituto Nacional de Previdência Social (INPS). Surgiu, então, durante o governo militar, a estrutura previdenciária contemporânea, em que convivem dois regimes distintos de previdência social, um para o setor privado e o outro para o serviço público.

A unificação trouxe benefícios e custos. Os ganhos decorreram da maior racionalidade dos procedimentos administrativos, tratamento mais equânime para as diversas categorias ocupacionais e possibilidade de inserção na previdência social dos grupos não restritos às classes profissionais dos institutos de aposentadoria e pensão. Entretanto, faz-se necessário reconhecer a perda da unificação, que foi a transformação de regimes capitalizados em repartição. Claro que a descapitalização não é consequência da unificação, mas foi uma decisão política tomada à época que implicou custos de longo prazo substanciais para a solvência da previdência brasileira. Interessante exemplo de medida adequada acompanhada de ações impróprias.

Os argumentos a favor da unificação da gestão previdenciária são universais e se replicam nos dias hoje em duas circunstâncias: a unificação das entidades gestoras de previdência de um mesmo RPPS e a unicidade de entidade gestora para previdência complementar em caso de sua eventual criação.

Vale notar que, na esfera privada, o argumento do ganho de eficiência, por se atuar com menos ofertantes e cada um destes ser capaz de auferir menores custos médios por trabalhar com escala mais ampla, deve se contrapor à perda de competitividade em função de o mercado ficar com menor número de ofertantes. Em outras palavras, o menor custo médio pode significar maior peso morto caso as firmas usem seu poder de mercado para ampliar sua margem de lucro. Há no setor privado um *trade-off* entre ganho de eficiência e perda de competitividade. A escolha da melhor combinação entre esses dois efeitos contraditórios é complexa.

Essa argumentação muda de matiz ao se tratar de administração pública. O maior número de ofertantes não se traduzirá em maior concorrência, capaz de tornar os preços mais próximos ao custo marginal, porque não haverá concorrência entre os ofertantes. Haverá sim planos de previdência destinados a grupos específicos de servidores. Nesse sentido, a fragmentação na administração pública aumenta a suscetibilidade da captura da entidade gestora por interesses de grupos particulares com a geração de *rent-seeking*. Para a administração pública permanece, portanto, somente o argumento do ganho de escala.

Em relação à escala, cabe notar que uma entidade de previdência apresenta estrutura de custos que pouco varia em função da quantidade de participantes e assistidos, tais como custos para administração e manutenção de sistemas informatizados, contratação de pessoal administrativo, diretoria executiva qualificada, rede de atendimento aos filiados ao fundo de previdência etc. São custos que se diluem entre os diversos participantes, o que torna o custo médio decrescente. Trata-se, portanto, de um setor com espaço para consolidação. Para os servidores, uma entidade única de previdência significaria que eles teriam que destinar menor parcela de suas contribuições ao custeio administrativo de sua entidade, o que implicará mais recursos para aplicar em benefício próprio para aposentadoria futura.

Por essa linha de raciocínio, seria interessante que a União oferecesse a outros entes da Federação a possibilidade de adesão a seu plano de previdência complementar. Muitos deles sequer poderão criar planos de previdência complementar próprio em decorrência da falta de escala. Pode ser interessante para um município pequeno incluir os poucos servidores que ganhem além do teto em um plano de previdência complementar, mas ele estará impossibilitado de fazê-lo por sua própria conta se não tiver escala suficiente. A possibilidade de adesão à previdência complementar da União eliminará a limitação da escala própria ao se ter em vista que utilizará a escala já existente do Governo Federal.

O aumento de escala implica também avanços em equidade. Primeiro porque, com a possibilidade de adesão de entes menores à previdência complementar da União, haverá parcela maior de servidores com tratamento mais harmonizado com o setor privado e os contribuintes deixarão de assumir os riscos atuariais dos benefícios previdenciários de funcionários públicos de renda elevada. Segundo porque várias entidades impedem o tratamento igualitário para a previdência complementar de diferentes categorias de servidores e permitem que funcionários mais bem organizados e com maior poder de pressão sobre o orçamento público utilizem a previdência complementar como uma forma de *rent-seeking*.

A unificação é a estrutura administrativa ideal por tornar o gerenciamento mais racional, igualitário e de menor custo ao contribuinte. A oposição de setores corporativistas pode impossibilitar sua consecução. A falta de transparência nas contas da entidade gestora e atitudes inapropriadas podem transformar uma estrutura ideal em algo que seria preferível inexistir. A unificação não é uma panaceia, mas gera benefícios se for bem gerida.

GLOSSÁRIO

EPU — Encargos Previdenciários da União

IAPB — Instituto de Aposentadoria e Pensões dos Bancários

IAPC — Instituto de Aposentadoria e Pensões dos Comerciários

IAPI — Instituto de Aposentadorias e Pensões dos Industriários

IPASE — Instituto de Previdência e Assistência de Servidores do Estado

INSS — Instituto Nacional do Seguro Social

LOAS — Lei Orgânica da Assistência Social

MPS — Ministério da Previdência Social

PGBL — Plano Gerador de Benefício Livre

RGPS — Regime Geral de Previdência Social

RPPS — Regime Próprio de Previdência Social

SSA — Social Security Administration

VGBL — Vida Gerador de Benefício Livre

7

O CONTRATO SOCIAL
DA REDEMOCRATIZAÇÃO

Samuel de Abreu Pessoa

1 INTRODUÇÃO

A sociedade brasileira colhe o fruto de um arcabouço de política macroeconômica extremamente bem construído em associação a uma situação internacional muito favorável. A conjunção desses dois fatores ao longo dos anos do Governo Lula permitiu que as demandas dos diversos grupos que compõem a sociedade fossem atendidas sem que questões muito difíceis tivessem que ser enfrentadas. A popularidade expressa esse momento. Bacha e Schwartzman, na introdução deste volume, olham à frente e veem problemas na manutenção desse contrato social, além de notarem limitações principalmente de qualidade (e menos de provimento) de diversos serviços públicos essenciais. Apesar da popularidade, não vivemos em um mar de rosas.

O objetivo do comentário é, a partir da dinâmica do gasto público de 1999 até 2009, caracterizar o contrato social da redemocratização. A motivação inicial do comentário foi a constatação de certa dissintonia entre a sociedade — que aprovara o governo Lula em larga medida — e as inúmeras e persistentes críticas de diversos profissionais de economia e de setores da imprensa contra a gastança do Governo Federal. O entendimento do artigo é que a dissintonia surge de uma incompreensão da natureza do processo de crescimento brasileiro em seguida à redemocratização. Este comentário tem três seções. Na primeira descrevo como entendo o problema de sintonia entre a sociedade e diversos formadores de opinião e argumento que o Estado brasileiro não é perdulário. Em seguida descrevo as características do contrato social vigente e termino o artigo elaborando os limites à manutenção do equilíbrio social que tem prevalecido.

2 EVOLUÇÃO DO GASTO PÚBLICO

Interpretação popular entre os economistas é que a política fiscal do Governo Lula teria sido muito expansiva. É comum que se critique o crescimento do gasto público e em particular o crescimento do custeio. De maneira geral essa crítica se estende também ao governo anterior. No entanto, essa crítica não resiste a uma análise mais cuidadosa dos dados. De fato, o gasto consolidado para os três níveis da administração pública elevou-se entre 2002 até 2008 (último período que temos o dado consolidado) em 6,0 pontos percentuais (p.p.) do Produto Interno Bruto (PIB). Partiu de 32,3% do PIB em 2002 para 38,3% em 2009. Quando consideramos o período mais longo desde 1999, o crescimento foi de 9 p.p. do PIB. Quando tivermos os dados consolidados para 2009, observaremos crescimento ainda maior, visto que o PIB de 2009 foi muito baixo em função da crise. No entanto, ao investigarmos a abertura do gasto, não há sinais claros de desperdício ou de gastança.

A Tabela 1 apresenta a evolução do gasto da União de 1999 até 2009. Os valores excluem as transferências governamentais para os estados e municípios. O ano de 1999 é uma base de comparação adequada, pois representa o primeiro ano de funcionamento do regime de metas de inflação com câmbio flutuante. É um ano de forte ajuste fiscal, como também foi o caso de 2003. Nesse período de 11 anos o gasto da União cresceu 4,3 pontos percentuais (p.p.), como observado na penúltima linha e primeira coluna da tabela. Trata-se de elevação de 0,43 p.p. do PIB por ano. Isto é, o gasto cresceu bem acima do crescimento do PIB, que, por sua vez, apresentou crescimento bem superior ao da década anterior. Não seria possível reduzir o gasto e com ele a carga tributária? Certamente. Mas a questão interessante não é essa, mas sim onde cortar?

TABELA 1 Execução orçamentária da União excluindo transferências para estados e municípios e gastos com pagamento de juros (% do PIB)

	Despesa total	INSS	Gastos sociais	Investimento	Custeio saúde e educação	Pessoal	Custeio restrito	Outros
	(1)	(2)	(3)	(4)	(5)	(6)	(7)	(8)
1999	14,06	5,50	0,59	0,50	0,75	4,47	2,17	0,08
2000	14,44	5,58	0,58	0,66	0,90	4,57	2,07	0,08
2001	15,28	5,78	0,65	0,81	0,91	4,80	2,25	0,08
2002	15,75	5,96	0,78	0,92	0,90	4,81	2,30	0,08
2003	14,97	6,30	0,88	0,40	0,91	4,46	1,91	0,10
2004	15,33	6,48	1,11	0,37	1,06	4,31	1,88	0,11
2005	16,11	6,80	1,27	0,51	1,10	4,30	2,02	0,11
2006	16,78	6,99	1,42	0,74	1,13	4,45	1,95	0,10
2007	16,85	6,96	1,52	0,83	1,20	4,37	1,87	0,09
2008	16,51	6,64	1,57	0,94	1,25	4,35	1,65	0,12
2009	18,33	7,17	1,88	1,09	1,38	4,84	1,85	0,13
Variação 99-09	4,3	1,7	1,3	0,6	0,6	0,4	–0,3	0,0
Participação	100,0	39,2	30,1	13,7	14,9	8,5	–7,5	1,1

Os dados da tabela demonstram que houve forte esforço do governo para reduzir o gasto de custeio. A rubrica 'custeio restrito' — sétima coluna — apresentou no período queda de 0,5 p.p.[1] Em que pesem os fortes aumentos salariais, o gasto com pagamento de salários da União cresceu no período rigorosamente à mesma velocidade do PIB. Em 2009, a rubrica

---

[1] Classificação criada pelo economista e técnico do IPEA Mansueto Almeida. É o resultado da exclusão da rubrica "outras contas de custeio e capital", conhecida como OCC, de todos os gastos de investimento, de programas sociais e de custeio de saúde e educação. Estes últimos são mais bem caracterizados como atividade fim do que atividade meio.

'pessoal' (que inclui as aposentadorias do setor público) respondia pelos mesmos 4,8% do PIB de 2002. Ocorre que 69% do aumento do gasto público em excesso ao crescimento do PIB deveu-se ao crescimento do gasto referente às rubricas 'INSS' e 'outros gastos sociais', respectivamente segunda e terceira colunas da tabela. A elevação dos gastos com aposenta-doria do setor privado (INSS) é consequência da política de valorização do salário-mínimo, fruto da vinculação de inúmeros benefícios previdenciários ao piso salarial. Os gastos sociais elevaram-se em função da expansão do programa Bolsa Família. Simples assim. Parte do crescimento do gasto foi para o custeio da saúde e educação, que, rigorosamente, constituem atividade fim, tal como o programa do livro escolar, o apoio às prefeituras no transporte es-colar, a distribuição de remédios etc.

É forçoso reconhecer que a redução do crescimento do gasto público requererá repensar a política de elevação dos gastos sociais. Duas questões devem ser enfatizadas. Primeiro, os programas sociais representam transferências entre indivíduos. O setor público tributa toda a sociedade e transfere aos indivíduos conforme critérios decididos pelo Congresso Nacio-nal. Não se trata de gasto corrente. Evidentemente, do ponto de vista dos efeitos da tributação sobre o desestímulo à atividade produtiva, transferência e gasto corrente são equivalentes. Segundo, o crescimento dos programas sociais é responsável em boa medida pela popu-laridade do governo Lula. Assim, parece haver certa dissintonia entre inúmeros analistas e economistas, que bradam pelo fim da gastança e pela redução do custeio, e a população, que aprova por larga margem o governo Lula. Não há gastança, o custeio está controlado, e a po-pulação deseja a elevação das transferências referentes aos programas sociais.

3 O CONTRATO SOCIAL

Os números levantados na seção anterior expressam um contrato social que há na nossa so-ciedade que vigora desde a promulgação da Constituição de 1988 e que tem sido sistematica-mente renovado em seguidos pleitos. O processo de redemocratização gerou demanda para construção de um estado de bem-estar social extremamente abrangente. Temos hoje saúde, educação e aposentadoria públicas e universais. Além dos sistemas universais, temos uma série de programas desenhados para grupos da sociedade que visam cobrir riscos específicos de uma economia de mercado: seguro-desemprego, auxílio-doença e um sistema bastante generoso de pensão por morte são três exemplos.

Desse ponto de vista não há diferenças significativas entre os governos Lula e FHC. A Tabela 1 documenta que não há diferenças significativas na evolução do gasto público entre os dois governos. O mesmo padrão é obtido com relação à carga tributária total. No Governo FHC ela sobe 3,3 p.p. do PIB, saindo de 26,9% do PIB no Governo Collor/Itamar para 30,2% na média do período FHC, de 1995 até 2002. No Governo Lula há um novo salto de 4,1 p.p., atingindo na média do período 2003-2010 34,3% do PIB. Observa-se a mesma continuidade com relação à política de valorização do salário-mínimo. Assim, de 1995 até 2002, o valor real do salário-mínimo cresceu à taxa de 4,7% ao ano, e de 2003 até 2010, cresceu à taxa de 6,2% ao ano.

A longa continuidade na expansão da carga tributária e dos programas sociais por um período de mais de duas décadas e a enorme popularidade do governo Lula, que somente deu continuidade ao anterior e acelerou a velocidade de crescimento das transferências sociais, são sinal de que o contrato social apresenta ampla adesão da sociedade. Assim, é importante que os comentaristas e profissionais de economia, ao analisar as opções de política, sejam capazes de distinguir claramente as recomendações que constituem necessidades técnicas — por exemplo, o controle monetário é essencial para a manutenção da inflação em patamares civilizados — daquelas proposições de caráter distributivo que representam, portanto, opções legítimas da sociedade. Para essas últimas, o título de especialista de pouco adianta; o posicionamento será sempre de natureza pessoal, e a credencial será somente a de cidadão. Cada um com seu posicionamento e como cidadão se pronuncia nas urnas.

No contrato social vigente, a variável crescimento econômico tem sido residual. O crescimento tem sido o possível depois de atendidas as demandas dos programas sociais. Se por algum motivo a situação da economia melhora e o crescimento se acelera, o Congresso vota por elevação na velocidade de crescimento do valor dos benefícios vinculados aos programas sociais. A melhor expressão do contrato social atual é a regra que vincula o crescimento do benefício real do salário-mínimo ao crescimento do PIB. Dado que o crescimento do gasto público com programas sociais vinculados ao piso salarial se deve a dois motivos — o crescimento do valor real do salário-mínimo e o da cobertura, que, devido à dinâmica populacional, é positiva e crescente —, a regra em vigor, necessariamente, fará com que o gasto cresça a velocidade superior ao crescimento do PIB. O contrato social vigente requer crescimento da carga tributária. Por mais que ela seja muito elevada, o forte processo de formalização sugere que há espaço para elevação adicional da carga sem necessidade de elevação da carga tributária legal. No entanto, a elevação da carga tributária legal está sempre na agenda, como ilustrado pelo recente debate em torno da recriação da CPMF.

Por que motivo a sociedade tem se posicionado sistematicamente pela elevação da carga tributária e elevação das transferências sociais em vez de preferir um curso de ação que eleve o potencial de crescimento da economia? Será que o nível do gasto público para a área social é baixo comparativamente a países de renda próxima à nossa? Sabemos que esse não é o caso. Por exemplo, os gastos previdenciários do setor público com aposentadorias e pensões por morte dos trabalhadores do setor privado e do setor público correspondem a 11,2% do PIB. Países que têm perfil demográfico próximo ao do Brasil gastam de metade a um terço desse valor. Certamente não há carência de gasto público nas áreas sociais.

A forte demanda por elevação das transferências sociais deve-se à forte desigualdade de renda e, principalmente, à desigualdade de escolaridade, também muito elevada. A enorme desigualdade de escolaridade faz com que o crescimento econômico *per se*, isto é, sem a colaboração da expansão dos programas sociais, não seja capaz de atingir rapidamente os estratos mais desfavorecidos da sociedade. Do ponto de vista da maioria da população, é melhor um crescimento mais lento, mas com expansão dos programas sociais, do que um crescimento mais forte sem melhoras distributivas.

De fato, o salário básico (isto é, o salário pago ao trabalhador desqualificado e com pouca experiência profissional) tem acompanhado o salário-mínimo entre 2003 e 2009. O Gráfico 1 apresenta a evolução do salário-mínimo legal em valores correntes (linha com círculos, escala da esquerda) e a evolução do salário básico da economia (linha com quadrados, escala da esquerda), também em valores correntes. O salário básico da economia é o salário de um jovem negro, do sexo masculino e com curso primário incompleto.[2] As barras, que devem ser lidas na escala da direita, apresentam o salário básico como proporção do salário-mínimo legal. Desde 2003, o salário básico da economia estabilizou-se em torno de 1/3 do salário-mínimo legal. A elevação do salário-mínimo eleva toda a escala de salários dos trabalhadores mais desqualificados, explicando, em parte, a melhora da distribuição de renda observada nos últimos anos.

GRÁFICO 1

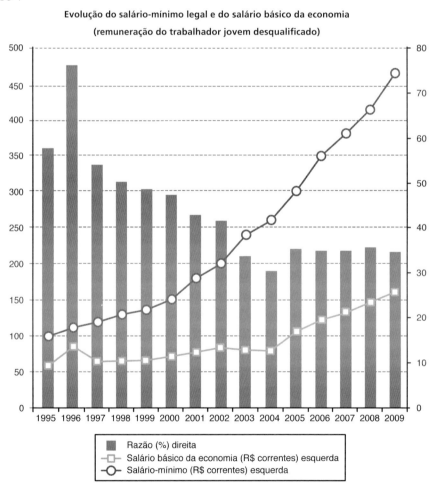

Evolução do salário-mínimo legal e do salário básico da economia
(remuneração do trabalhador jovem desqualificado)

---

[2] O salário básico da economia é a constante de uma regressão minceriana calculada para cada uma das PNAD, desde 1995 até 2009. Como a PNAD vai a campo a cada mês de setembro, os dados estão avaliados em R$ (reais) de setembro do ano corrente. Ver Barbosa Filho, Pessoa e Veloso, 2010.

O fato de a política de valorização do salário-mínimo ainda não ter tido impacto sobre o funcionamento do mercado de trabalho — a taxa de desemprego encontra-se no seu valor mais baixo da série histórica — sinaliza que os limites à continuação da política são unicamente fiscais. Assim, é sempre possível que a sociedade decida elevar a alíquota de impostos existentes ou mesmo criar novos impostos — como seria o caso com a recriação da CPMF ou com o imposto sobre exportação de commodities —, de sorte a manter o contrato social por mais alguns anos.

4 LIMITAÇÕES À TRANSIÇÃO PARA UM NOVO CONTRATO SOCIAL

Apesar da enorme popularidade do governo Lula, o modelo de desenvolvimento atual tem limites. Um deles é claramente a baixa capacidade de investimento em infraestrutura. Essa limitação tem sido agravada pela desconfiança do governo anterior, em comparação com o governo FHC, na contribuição que o setor privado pode dar à oferta de serviços de utilidade pública. As enormes demandas sociais liberam poucos recursos públicos para os investimentos. Frischtak (2009) contabiliza que os investimentos em infraestrutura públicos e privados para a média do período 2001-2007 foram da ordem de 2,11% do PIB e para o período 2008-2010 serão pouco acima, na casa de 2,18% do PIB.[3] Seriam necessários investimentos da ordem de 3% do PIB para manter o estoque de capital existente, acompanhar o crescimento demográfico e atender demandas de universalização em 20 anos do saneamento básico. Se quisermos ir além da universalização do saneamento básico em 20 anos e melhorar sensivelmente a infraestrutura, incluindo metrôs nas grandes regiões metropolitanas e melhoras dos transportes rodoviário e ferroviário, será necessário elevar os investimentos em infraestrutura para algo na casa de 4-6% do PIB.[4] Assim, o contrato social vigente produz uma velocidade extremamente baixa de melhora da infraestrutura. Em feliz expressão de Cláudio Frischtak, estamos progredindo muito nos espaços privados — as casas das classes D e C brasileiras estão bem equipadas e o carro deixou de ser um sonho reservado às classes A e B —, mas estamos muito atrasados e nos atrasando nos espaços públicos.

Provavelmente haverá algum momento à frente no qual a média da sociedade irá demandar que a velocidade de melhora dos espaços públicos e da infraestrutura em geral se eleve. Também é possível que a melhora educacional dos filhos das classes D e C faça com que surja uma demanda por crescimento econômico maior, de forma a tornar o mercado de trabalho mais dinâmico. Quando esse momento chegar, um candidato que vocalize mudança no desenho da política econômica em direção mais favorável ao crescimento e, consequentemente, tenha menor preocupação com a melhora distributiva poderá ganhar uma eleição presidencial. Esse momento ficará para 2014 ou 2018.

Evidentemente, a análise até o momento supôs que o atual modelo de baixo crescimento,

---

[3] Frischtak (2009). Ver Tabela 1, p. 310.
[4] Frischtak (2009), p. 307.

com forte crescimento da carga tributária e das transferências sociais, não apresente limites além dos dados pelo próprio processo democrático de escolha social. No entanto, a principal consequência, do ponto de vista macroeconômico, do atual contrato social é o baixo nível de poupança doméstica. A média das taxas trimestrais de poupança foi, para o período 1999-2010, excluindo o 4.º trimestre do último ano, de 16,2% do PIB. Esse valor é inferior aos 20% do PIB observado nos anos 1970. Essa queda é surpreendente, visto que a demografia hoje é muito mais favorável à poupança do que no passado. Hoje vivemos o período que os demógrafos chamam de bônus demográfico. Esse é o período em que a participação da População em Idade Ativa (PIA) na população total é máxima. É a época em que já não há tantas crianças para educar nem tantos idosos para cuidar. Nessa etapa do desenvolvimento demográfico da sociedade, geralmente poupa-se muito, pois a poupança das pessoas no mercado de trabalho ainda não é compensada pelo consumo dos idosos. Os países asiáticos, quando estão na fase do bônus demográfico, poupam 35% do PIB. Dessa forma, nossos níveis de poupança são extremamente baixos, e bem mais baixos do que os observados nos anos 1970.

Assim, a elevação do investimento requererá para o seu financiamento — dado que a poupança doméstica é baixa — elevação da poupança externa. Isto é, nos próximos anos, a manutenção do ciclo de crescimento na casa de 4,5% ao ano produzirá déficits externos persistentes, trazendo para a pauta dos macroeconomistas o problema da sustentabilidade externa do modelo de desenvolvimento atual. Os demais países estarão dispostos a nos financiar? Há medidas que podem ser tomadas para reduzir a fragilidade externa de nossa economia? A primeira questão é de difícil resposta. Requer a aposta em algum cenário externo. A segunda questão versa sobre tema que está sob nossa jurisdição. Meu entendimento é que a única forma de termos um modelo de crescimento baseado em poupança externa que seja estável no longo prazo é que a absorção de poupança não seja na forma de dívida denominada em moeda externa. A política econômica tem que ser muito explícita em desestimular a assunção por parte do setor privado de dívida externa em moeda externa. Isto é, é necessário evitar ao máximo o descasamento de moedas no passivo externo do país. Se essa condição for atendida, não há riscos de grandes crises externas, apesar de haver riscos de necessidade de correção de rota se o desejo das demais economias em nos financiar se alterar.

5 CONCLUSÃO

O comentário sugere que o padrão de provimento dos programas sociais bem como as principais características do desenvolvimento nas últimas décadas da economia e sociedade brasileiras são consequências do processo de escolha social que sustenta a democracia brasileira. As principais características são crescimento baixo com forte expansão da carga tributária e fortíssima expansão dos programas de transferências de renda entre indivíduos. Do ponto de vista de sua lógica interna, esse contrato social pode perdurar mais uma década pelo menos, pois ainda não foram esgotadas todas as possibilidades de elevação da carga tributária legal. No entanto, o contrato social apresenta desequilíbrios endógenos ao seu próprio desenvolvimento. Devido à baixíssima capacidade de poupança do Estado, a velocidade de acumulação de infraestrutura, principalmente infraestrutura urbana nas regiões metropolitanas, é extremamente baixa. Pelo ritmo atual, a universalização do saneamento básico levará muitas décadas para se completar. Pode ocorrer de o próprio processo de escolha social mudar o equilíbrio, de sorte que haja demanda pela elevação do investimento público. O grande limite externo à continuidade do contrato social é a necessidade de poupança externa para financiar o investimento.

Retornando ao início do texto, é possível que em alguns anos a insatisfação expressa por Bacha e Schwartzman na introdução ao presente volume seja compartilhada pela maioria da sociedade. Quando esse momento chegar, o equilíbrio político se alterará, e é possível, então, que diversas das sugestões feitas nos vários estudos que compõem este volume sejam demandadas pela sociedade.

PARTE 3

POLÍTICAS DE EDUCAÇÃO

8
A Evolução Recente e Propostas para a Melhoria da Educação no Brasil
Fernando Veloso

9
O Viés Acadêmico na Educação Brasileira
Simon Schwartzman

10
Pré-Escola, Horas-Aula, Ensino Médio e Avaliação
Naercio Aquino Menezes Filho

11
As Avaliações e os Desafios do Ensino Médio
Reynaldo Fernandes

A Evolução Recente e Propostas para a Melhoria da Educação no Brasil[1]

Fernando Veloso

1 INTRODUÇÃO

Após décadas de descaso em relação à educação, desde meados da década de 1990 houve uma evolução de vários indicadores educacionais no Brasil. Nesse período, foi praticamente universalizado o acesso ao ensino fundamental, e houve uma expansão expressiva do ensino médio. No entanto, a qualidade da educação ainda é muito baixa.

Neste capítulo, descrevemos o quadro educacional no Brasil e sua evolução recente. São analisados vários estudos sobre os determinantes do nosso baixo desempenho e experiências de reforma educacional em outros países. Uma lição importante é que os resultados das políticas dependem de forma crucial dos detalhes das intervenções e das características do ambiente local. Em função disso, para entender os possíveis efeitos de iniciativas de reforma no Brasil, é preciso caracterizar o contexto no qual elas atuariam.

Com esse objetivo, descrevemos o funcionamento do sistema educacional brasileiro, com ênfase no sistema de avaliação da educação básica, financiamento e gasto público em educação, participação do setor privado e organizações não governamentais e experiências recentes de reforma educacional no Brasil. Também são descritos aspectos importantes do marco legal que afetam a atribuição de responsabilidades, o financiamento das políticas educacionais e a implantação de iniciativas de reforma.

A criação de um sistema abrangente de avaliação da educação básica no Brasil propiciou as condições para que sejam desenhadas políticas eficazes nos próximos anos. Com base nas lições das experiências de reforma em outros países e na análise das características do sistema educacional brasileiro, são feitas recomendações de política para melhorar os indicadores educacionais no país.

O capítulo está dividido em seis seções, incluindo esta introdução. A segunda seção faz um breve diagnóstico do quadro atual da educação no Brasil e sua evolução desde meados da década de 1990. A terceira seção analisa vários estudos sobre os determinantes do desempenho educacional no Brasil. A quarta seção apresenta as lições de experiências de reforma em outros países. A quinta seção descreve o sistema educacional brasileiro. A seção final apresenta propostas para a melhoria da educação no Brasil.

---

[1] Gostaria de agradecer os comentários e sugestões de Naercio Aquino Menezes Filho e Reynaldo Fernandes, e dos organizadores deste volume, Edmar Bacha e Simon Schwartzman. Agradeço também os comentários de André Portela Souza, Daniel Santos, Fabio Giambiagi, Miguel Foguel, Paulo Ferraz, Samuel Pessoa e dos participantes dos seminários realizados na Casa das Garças.

2 O QUADRO EDUCACIONAL NO BRASIL

Desde meados da década de 1990, o acesso ao ensino fundamental no Brasil foi praticamente universalizado. Em 2009, 98% das crianças entre 6 e 14 anos frequentavam a escola. Entre 1995 e 2009, também verificou-se um importante aumento na taxa de atendimento dos jovens entre 15 e 17 anos. Em 1995, 64% dos jovens nessa faixa etária frequentavam a escola. Esse percentual elevou-se para 85% em 2009.[2]

Houve também um aumento expressivo nas taxas de conclusão do ensino fundamental e ensino médio. Em 1995, apenas 29% dos jovens com 16 anos haviam concluído o ensino fundamental, como mostra o Gráfico 1. Em 2007, esse percentual elevou-se para 61%. No mesmo período, a proporção de jovens de 19 anos com ensino médio completo elevou-se de 17% para 45%.[3]

GRÁFICO 1

Evolução da proporção de jovens com ensino fundamental completo aos 16 anos e ensino médio completo aos 19 anos — 1995-2007

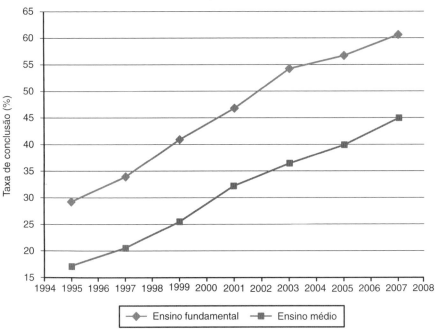

Fonte: Todos pela Educação (2008).

Portanto, desde 1995 ocorreu um progresso significativo nos indicadores de quantidade de educação no Brasil. No entanto, é preciso ressaltar dois pontos. Primeiro, embora a maior parte das crianças e jovens entre 6 e 17 anos esteja na escola, isso não significa que os alunos estão na série correta, devido ao elevado grau de repetência e evasão dos níveis de ensinos fundamental e médio. De acordo com IBGE (2010a), apenas 51% dos jovens de 15 a 17 anos estavam

---

[2] Ver IBGE (2010a).
[3] Ver Todos pela Educação (2008).

matriculados no ensino médio em 2009, como seria adequado para essa faixa etária. Segundo, embora tenha sido atingida a quase universalização do acesso ao ensino fundamental, uma parcela significativa das crianças ainda não conclui esse nível de ensino.

A evolução dos indicadores de qualidade nesse período é bem menos favorável. O Gráfico 2 mostra que entre 1995 e 2001 ocorreu uma queda significativa da qualidade da educação, medida pela fração de alunos da 4.ª e 8.ª séries do ensino fundamental e 3.ª série do ensino médio com desempenho adequado em Língua Portuguesa.[4] Entre 2001 e 2007, verificaram-se uma relativa estagnação da qualidade da educação na 8.ª série do ensino fundamental e 3.ª série do ensino médio e uma pequena recuperação na 4.ª série do ensino fundamental.[5]

GRÁFICO 2

Evolução do desempenho dos alunos do ensino fundamental e ensino médio em Língua Portuguesa — 1995-2007

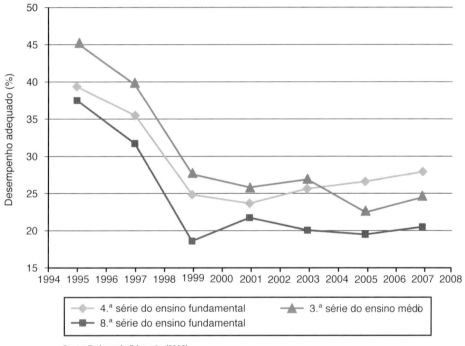

Fonte: Todos pela Educação (2008).

Em 2007, apenas 28% dos alunos da 4.ª série do ensino fundamental tiveram desempenho adequado para a sua série em Língua Portuguesa. Esses percentuais também foram muito baixos na 8.ª série do ensino fundamental (21%) e na 3.ª série do ensino médio (25%). Os resultados foram ainda piores em Matemática. Em 2007, somente 24% dos alunos da 4.ª série do ensino fun-

---

[4] A queda da qualidade da educação foi particularmente acentuada entre 1995 e 1999. Os dados de qualidade da educação baseiam-se na definição de desempenho adequado a cada série adotada pelo movimento Todos pela Educação. Para a 4.ª série do ensino fundamental, o desempenho adequado em Língua Portuguesa é uma pontuação acima de 200 pontos na escala do Sistema Nacional de Avaliação do Ensino Básico (SAEB), enquanto para a 8.ª série o ponto de corte é de 275 pontos. Para a 3.ª série do ensino médio, o desempenho adequado é acima de 300 pontos. Para mais detalhes, ver Todos pela Educação (2008).
[5] Desde 2006, o ingresso no ensino fundamental passou a ocorrer aos 6 anos de idade, com um período de transição até 2010. Com a efetivação dessa mudança, a 4.ª e 8.ª séries do ensino fundamental passam a ser denominadas 5.º e 9.º anos, respectivamente.

damental tiveram desempenho adequado para a sua série, enquanto na 8.ª série do ensino fundamental e na 3.ª série do ensino médio esses percentuais foram de 14% e 10%, respectivamente.

Fernandes e Natenzon (2003) apresentam evidências de que a queda da medida de qualidade da educação decorreu principalmente devido a uma mudança no perfil dos alunos, associada a uma redução expressiva do atraso escolar. Além disso, a piora do desempenho está em parte associada à incorporação ao sistema educacional de crianças e jovens provenientes de ambientes socioeconômicos mais desfavoráveis.

Nesse sentido, Filmer, Hasan e Pritchett (2006) argumentam que a dicotomia entre quantidade e qualidade da educação é inadequada. Segundo os autores, o foco da política educacional deve ser o aprendizado de todas as crianças e jovens em uma determinada faixa etária, incluindo as crianças e os jovens que estão fora da escola.[6] Eles argumentam que a inclusão de crianças no sistema educacional pode elevar substancialmente o aprendizado de uma coorte, mesmo que ocorra uma redução dos resultados observados nos testes.

Utilizando dados do *Programme for International Student Assessment* (PISA) de 2003, os autores calcularam o desempenho escolar da coorte de 15 anos de idade no Brasil e em outros países. A Tabela 1 apresenta a proporção dos jovens de 15 anos com desempenho escolar abaixo do nível mínimo de proficiência do PISA 2003 para o Brasil e outros países. No Brasil, 78% dos jovens de 15 anos apresentam desempenho inferior ao nível mínimo de proficiência em Matemática, em comparação a 39% no Uruguai, 50% no México e 2% na Coreia do Sul. Em Leitura, 57% dos jovens no Brasil apresentam desempenho inferior ao nível mínimo de proficiência, em comparação a 31% no Uruguai, 39% no México e 0% na Coreia do Sul. Em Ciências, a proporção de jovens com desempenho abaixo do mínimo no Brasil é de 64%, em comparação a 31% no Uruguai, 38% no México e 2% na Coreia do Sul.

TABELA 1 Proporção de jovens de 15 anos com desempenho escolar abaixo do nível mínimo de proficiência do PISA 2003			
Países	(em %)		
	Matemática	Leitura	Ciências
Brasil	**78**	**57**	**64**
Indonésia	68	45	39
Coreia do Sul	2	0	2
México	50	39	38
Tailândia	34	19	26
Turquia	67	50	57
Uruguai	39	31	31
Grécia	17	8	7
Japão	3	5	3
Estados Unidos	9	5	7

Fonte: Filmer, Hasan e Pritchett (2006).

---

[6] Marcelo Neri apresenta um argumento similar em Todos pela Educação (2008).

Portanto, o nível de aprendizado no Brasil é muito baixo. A qualidade da educação no Brasil também é inferior ao que seria de se esperar de um país com nosso nível de renda *per capita*. Isso é evidenciado no Gráfico 3, que mostra que o Brasil está abaixo da reta que apresenta a relação entre a renda *per capita* e a nota de Matemática no PISA de 2006. O mesmo padrão ocorre em Ciências e Leitura.

GRÁFICO 3

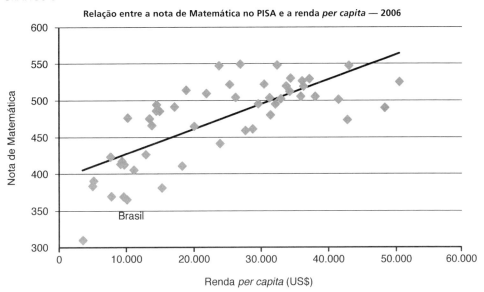

Fonte: Os dados de renda *per capita* foram obtidos da Penn World Table 6.3. Os dados da nota de matemática foram obtidos do PISA 2006.

3 DETERMINANTES DO DESEMPENHO EDUCACIONAL NO BRASIL

Embora a dimensão da quantidade de educação seja importante, a maioria dos estudos recentes no Brasil analisa os determinantes da qualidade do ensino. Um estudo de Menezes Filho (2007) examina os determinantes do desempenho dos alunos da 4.ª e 8.ª séries do ensino fundamental e da 3.ª série do ensino médio no exame de proficiência em Matemática do Sistema Nacional de Avaliação do Ensino Básico (SAEB) em 2003.

Os resultados mostram que características familiares e do aluno, como a educação da mãe, atraso escolar e reprovação prévia, são determinantes importantes do desempenho escolar. Variáveis que capturam um ambiente estimulante para os estudos, como número de livros e presença de computador em casa, também são positivamente correlacionadas com a nota em Matemática. Além disso, alunos que fizeram pré-escola têm um desempenho melhor em relação aos que iniciaram os estudos na 1.ª série.

A maioria das variáveis associadas à escola, como número de computadores, tamanho da turma, e características do professor, como escolaridade, formação continuada e salário, têm baixa correlação com o desempenho dos alunos. Por outro lado, o número de horas-aula tem uma associação significativa com o desempenho escolar.[7]

Menezes Filho (2007) também apresenta evidências de que os alunos das escolas privadas têm um desempenho superior ao dos alunos das escolas públicas em cerca de 18%, mesmo controlando por diferenças nas características dos alunos. Além disso, na rede privada existe uma associação positiva entre o salário dos professores e o aprendizado dos alunos, enquanto na rede pública não existe correlação entre essas variáveis.

Uma possível explicação para a diferença de desempenho entre os alunos da rede pública e privada seria um salário maior nas escolas privadas, que atrairia professores de melhor qualidade. Barbosa Filho, Pessoa e Afonso (2009) mostram que, se for considerado somente o salário, professores da rede pública ganham entre 5% e 10% menos que professores da rede privada. No entanto, quando são incluídos os benefícios previdenciários, o valor presente do contrato de trabalho dos professores das escolas públicas é substancialmente superior ao dos professores de escolas privadas.

Essas evidências indicam que a gestão escolar pode ter um papel importante na qualidade do ensino. Isso é condizente com um estudo de Menezes Filho e Amaral (2009) que analisa o efeito dos gastos municipais em educação no desempenho dos alunos da 4.ª e 8.ª séries do ensino fundamental em Matemática e Português. Os autores encontram que, comparando-se municípios com características semelhantes, a nota dos alunos em municípios com gasto por aluno elevado não é diferente, em média, da nota dos alunos em municípios que gastam pouco em educação. O trabalho conclui que não existe relação entre gastos educacionais municipais e desempenho escolar no Brasil.

Também é possível que os recursos que efetivamente chegam nas escolas sejam menores que os gastos oficiais, em função de corrupção, ou sejam alocados para usos diferentes dos que foram destinados. Ferraz, Finan e Moreira (2009) mostram que a existência de corrupção no uso de recursos destinados à educação reduz a nota de Matemática e Português na Prova Brasil dos alunos da 4.ª série do ensino fundamental. Os autores também documentam que a corrupção aumenta a repetência e evasão escolar. Além disso, municípios nos quais o diretor é eleito têm menor corrupção em educação que municípios nos quais o diretor é indicado pelo prefeito, o que aponta que o processo seletivo dos diretores pode ser importante para assegurar que os recursos destinados às escolas sejam devidamente monitorados.

Como mostrou Menezes Filho (2007), o fato de o aluno ter cursado a pré-escola tem um efeito importante no seu desempenho escolar. A literatura acadêmica mostra que a educação infantil pode gerar vários benefícios. Por exemplo, pesquisas em neurociência mostram que o aprendizado é mais fácil na primeira infância que em estágios posteriores da vida da criança. A educação infantil também pode contribuir para o estímulo de determinadas ca-

---

[7] Menezes Filho e Ribeiro (2009) utilizam dados do Sistema de Avaliação de Rendimento Escolar do Estado de São Paulo (SARESP) de 2007 e da Prova Brasil de 2005 para analisar os determinantes do desempenho escolar no estado de São Paulo. Entre as características do aluno, as variáveis mais importantes foram cor, escolaridade dos pais e ter cursado pré-escola. A variável da escola que teve maior impacto no aprendizado dos alunos foi um corpo docente permanente, formado por professores concursados, estável e sem muitas faltas.

racterísticas de comportamento e traços de personalidade, como sociabilidade, autoestima, persistência e motivação. Vários estudos mostram que, além de melhorar o desempenho escolar, essas características comportamentais reduzem a probabilidade de envolvimento com drogas e de participação em atividades criminosas.[8]

Em função dessas evidências, existe no Brasil um número crescente de estudos sobre os efeitos da educação infantil no desempenho educacional. Curi e Menezes Filho (2009) mostram que ter cursado a pré-escola tem efeitos positivos na conclusão de todos os ciclos escolares (primário, ginasial, secundário e superior) e crescente nos três primeiros. Além disso, a pré-escola está associada a um aumento de um ano e meio de escolaridade e a uma elevação de 16% na renda, independentemente do seu impacto na educação. Felício e Vasconcelos (2007) mostram que ter frequentado a educação infantil tem um efeito expressivo na nota de Matemática do SAEB dos alunos da 4.ª série do ensino fundamental.

Em resumo, os estudos sobre determinantes do desempenho educacional no Brasil mostram que características familiares e do aluno, como o nível de escolaridade da mãe e o fato de o aluno ter cursado a pré-escola, têm um impacto significativo no aprendizado. Além disso, existem evidências de que a gestão escolar pode ter um efeito importante no desempenho dos alunos.

4 LIÇÕES DAS EXPERIÊNCIAS DE REFORMA EDUCACIONAL

Diante do baixo desempenho educacional no Brasil e das possíveis razões para esse quadro, a questão que se coloca é como reformar o sistema educacional para melhorar o aprendizado. Segundo vários estudos, a qualidade do professor é um determinante fundamental do nível de aprendizado dos alunos.[9] No entanto, a qualidade do professor envolve principalmente fatores de difícil mensuração, como talento em lecionar, motivação, foco no aluno e interesse em testar novos métodos de ensino, entre outros. Em particular, ela não está fortemente correlacionada com variáveis observáveis, como o grau de experiência e o nível de formação dos professores.

Um programa de seleção de professores que tem se revelado promissor nos Estados Unidos é o *Teach for America (TFA)*. O TFA foi criado em 1989 e recruta candidatos com excelente desempenho formados em universidades de primeira linha.[10] Os candidatos selecionados passam por um programa de treinamento curto e intensivo, com um componente importante de prática em sala de aula. Em seguida, esses professores são alocados por um período mínimo de dois anos em escolas públicas localizadas em áreas de baixa renda, onde estão sujeitos à mesma escala salarial dos demais professores da rede pública que trabalham na mesma escola.

Decker *et al.* (2004) fizeram uma avaliação de impacto do TFA em Chicago, Los Angeles, Houston, Nova Orleans e Mississippi. Os autores compararam o desempenho dos alunos que

---

[8] Para uma discussão detalhada, ver Araújo *et al.* (2009).

[9] Ver Hanushek e Rivkin (2006).

[10] Para lecionar no TFA não é necessário que os candidatos tenham se formado em áreas relacionadas à docência.

tinham professores do TFA (grupo de tratamento) com colegas da mesma escola e série que tiveram aula com outros professores (grupo de controle). Os alunos foram previamente distribuídos de forma aleatória entre as turmas para assegurar que os alunos nos grupos de tratamento e controle tivessem as mesmas características.

Os autores mostram que os professores formados pelo TFA são diferentes dos professores de escolas públicas tradicionais em várias dimensões. Primeiro, conforme esperado, os professores do TFA têm uma forte formação acadêmica. Em particular, mais de dois terços dos professores do TFA foram formados em universidades classificadas como "mais competitivas", "altamente competitivas" e "muito competitivas", de acordo com o *Barron's Profile of American Colleges*. Em comparação, dentre os demais professores, somente 4% formaram-se em universidades do mesmo nível. Outra diferença importante é que a proporção de professores do TFA formados em áreas relacionadas à educação (25%) é bem menor que a dos demais professores (55%).

Os resultados mostram que os professores do TFA tiveram um impacto positivo significativo no desempenho dos seus alunos em matemática. Não foram encontrados efeitos no desempenho em leitura. Os autores concluem que o TFA é um programa que tem contribuído para elevar o aprendizado de alunos provenientes de ambientes socioeconômicos desfavoráveis, de uma forma eficiente em termos de sua relação custo-benefício.

Além de selecionar e reter bons professores, é importante criar incentivos para que os atores envolvidos e, em particular, os professores sejam induzidos a direcionar suas ações para a obtenção de melhores resultados. Nas últimas duas décadas, diversos países implementaram reformas com o objetivo de introduzir incentivos no sistema educacional voltados para a elevação da qualidade da educação. Embora os resultados dependam em grande medida de suas circunstâncias específicas, três mecanismos institucionais geralmente estão presentes, de forma isolada ou em conjunto: *accountability*, competição e descentralização com autonomia das escolas.[11] A seguir, discutiremos o significado de cada um desses conceitos e sua implementação na prática.

4.1 *ACCOUNTABILITY*

A ideia de *accountability* é responsabilizar os atores envolvidos no processo educacional pelos resultados e, dessa forma, criar incentivos para a melhoria do desempenho. Uma maneira de fazer isso é através da divulgação pública das notas das escolas, com o objetivo de gerar pressão por parte de pais e gestores sobre as escolas com piores resultados. Em geral, no entanto, são introduzidos mecanismos explícitos de recompensas e punições atrelados às metas educacionais, como bônus para os professores das escolas que elevam o aprendizado de seus alunos.

É preciso levar em conta várias dificuldades e detalhes no desenho do mecanismo. Primeiro, é necessário que o exame seja bem desenhado e avalie de forma adequada as compe-

---

[11] Ver Veloso (2009b).

tências cognitivas que os alunos devem adquirir em cada série e nível de ensino. Algumas distorções podem ocorrer nesse contexto. Uma é a situação conhecida como *teaching to the test*, que ocorre quando os professores concentram seus esforços exclusivamente nos tópicos que são avaliados no exame e desconsideram aspectos importantes, mas de difícil mensuração, como habilidades não cognitivas. Em casos mais extremos, pode ocorrer manipulação dos resultados da prova por parte de professores. Outra dificuldade decorre do fato de que circunstâncias aleatórias podem introduzir uma grande variabilidade nos resultados, sem refletir diferenças genuínas na qualidade das escolas.[12]

Mesmo que as notas em exames padronizados reflitam o nível de aprendizado dos alunos, um resultado conhecido na literatura é que elas são muito relacionadas a características socioeconômicas de suas famílias, como renda e educação dos pais. Outro problema potencial é a possibilidade de um incentivo perverso no sentido de os professores concentrarem seus esforços nos alunos com melhores chances de obter um bom resultado, em detrimento de alunos com problemas de aprendizagem. Por essas razões, sistemas educacionais baseados em *accountability* frequentemente complementam os resultados dos exames com outros indicadores, como taxas de repetência e evasão, ou metas de desempenho para subgrupos populacionais classificados em termos de raça e nível de renda.

Nos Estados Unidos, vários estados implantaram sistemas de *accountability* na década de 1990. Em 2002, foi introduzido um sistema federal, o *No Child Left Behind,* que estabelece que os estados devem instituir sistemas de *accountability* abrangendo todas as escolas públicas.

Não existem evidências empíricas conclusivas sobre os efeitos do *No Child Left Behind*. Dee e Jacob (2009) encontram que o *No Child Left Behind* teve um efeito positivo na nota de Matemática dos alunos da 4.ª e 8.ª séries. No entanto, os autores não encontram efeitos na nota de leitura em nenhuma das séries. Neal e Schanzenbach (2010) mostram que a introdução do *No Child Left Behind* em Chicago melhorou somente as notas dos estudantes localizados no meio da distribuição de habilidades e não teve impacto nos alunos nos extremos da distribuição. Isso sugere que os professores podem ter se concentrado nos alunos que tinham maior probabilidade de atingir as metas de desempenho.

Outra forma de introduzir *accountability* no sistema educacional é através da premiação de professores em função do resultado. Em 1996, o Chile implementou o *Sistema Nacional de Evaluación del Desempeño de los Establecimientos Educacionales Subvencionados* (SNED). As escolas públicas ou privadas subsidiadas pelo setor público com melhor desempenho recebem um bônus. O indicador de desempenho inclui o nível e variações na nota dos alunos em um exame padronizado, além da taxa de aprovação dos alunos. Além disso, são avaliados o grau de participação dos pais e as condições de trabalho dos professores.

Uma característica importante do SNED é que são construídos grupos de escolas com características semelhantes em termos de fatores socioeconômicos e localização geográ-

---

[12] Ver Kane e Staiger (2002).

fica, com o objetivo de premiar as escolas que apresentam a maior contribuição para o aprendizado dos seus alunos. Mizala e Romaguera (2005) apresentam evidências de que o SNED teve um efeito positivo no desempenho escolar dos alunos das escolas com maiores chances de serem premiadas.

Outros países também têm adotado iniciativas de premiação de professores de acordo com sua *performance*, embora de forma menos sistemática. Por exemplo, Lavy (2002) analisou um programa em Israel que premiou os professores das escolas que melhoraram o desempenho dos alunos. O autor mostra que o programa teve efeitos positivos nas notas dos alunos e que seu impacto foi maior nas notas dos estudantes provenientes de famílias com condições socioeconômicas mais desfavoráveis.

Glewwe *et al.* (2003) analisaram um programa que ofereceu incentivos monetários a professores no Quênia com base na média das notas dos alunos calculadas para cada escola. Os resultados mostram que, durante o período de duração do programa, ocorreu uma elevação significativa das notas dos alunos nas escolas que participaram do programa. No entanto, os autores não encontraram efeitos positivos um ano após o término do programa, o que sugere que o esforço dos professores possivelmente se concentrou em melhorar os resultados no curto prazo.

Embora existam várias experiências de premiação de professores, o uso da premiação aos estudantes como forma de introduzir incentivos para um melhor desempenho é menos conhecido. Um estudo recente de Fryer (2010) testou o impacto de incentivos financeiros sobre o desempenho dos alunos. Com essa finalidade, foram realizados experimentos nas escolas públicas de Chicago, Dallas, Nova York e Washington, nos quais foi distribuído um total de US$6,3 milhões para cerca de 20.000 estudantes em 261 escolas. Em Chicago e Nova York foram testados incentivos associados ao desempenho dos alunos em exames padronizados. Em Dallas e Washington foram introduzidos incentivos associados a tarefas específicas, como ler livros, frequentar a aula, ter bom comportamento e fazer o dever de casa.

Os resultados mostram que incentivos financeiros associados à nota em exames padronizados não foram efetivos para melhorar o desempenho dos estudantes. Por outro lado, incentivos associados a tarefas específicas, principalmente ler livros, tiveram impacto positivo na nota dos alunos. A interpretação de Fryer (2010) para esses resultados é que os estudantes não sabem o que fazer para melhorar suas notas. Por isso, segundo o autor, pode ser melhor associar incentivos a ações que possam ser controladas de forma mais direta pelos alunos e tenham potencial para aumentar o aprendizado.

4.2 ESCOLHA E COMPETIÇÃO

Enquanto sistemas de *accountability* procuram identificar as escolas de boa qualidade por meio de indicadores de desempenho, mecanismos com base na escolha e competição transferem essa decisão para os pais dos alunos. Uma forma de introduzir competição no sistema educacional é através da criação de um sistema de *vouchers*.[13] Os *vouchers* são vales educacionais que permitem que os pais possam matricular seus filhos em escolas privadas de sua escolha.[14] Esse modelo busca oferecer uma alternativa de educação de qualidade a um custo baixo, principalmente para estudantes de baixa renda.

Uma característica importante e menos conhecida dos *vouchers* é que, em sua versão mais abrangente, as transferências de recursos às escolas públicas são feitas com base no número de alunos matriculados. A ideia é que a perda de receita associada à queda do número de alunos matriculados crie incentivos para que as escolas de baixa qualidade melhorem seu desempenho.

Como no caso de mecanismos de *accountability*, é preciso considerar os detalhes e dificuldades no desenho de mecanismos de escolha e competição. Neal (2002) argumenta que os efeitos de *vouchers* dependem de forma crítica dos detalhes de sua implementação. Por exemplo, se as escolas privadas puderem selecionar os melhores candidatos, pode ocorrer um aumento da segregação de alunos por raça ou nível de renda.

Outro aspecto importante é que as famílias tenham informações objetivas sobre a qualidade das escolas. Um estudo de Hastings e Weinstein (2008) sobre o programa de escolha de escolas públicas em Charlotte-Mecklenburg apresenta evidências de que pais que tiveram maior acesso a informações objetivas sobre a qualidade das escolas, medida pela nota média dos seus alunos em exames padronizados, escolheram, em média, escolas de melhor qualidade. Essa escolha, por sua vez, melhorou o desempenho dos seus filhos nos exames.

Para que o modelo de *vouchers* afete não somente os alunos beneficiados pelo programa, mas também contribua para melhorar a qualidade de todas as escolas públicas, é importante que a perda de alunos tenha um impacto significativo na receita das escolas públicas. Por outro lado, é preciso que sejam criadas as condições para que as escolas públicas possam reagir à competição, o que geralmente envolve uma elevação do seu grau de autonomia.

A evidência existente sobre os efeitos de *vouchers* nos Estados Unidos não é conclusiva.[15] Dois países da América Latina, Colômbia e Chile, implantaram programas de *vouchers* em larga escala. O programa de *vouchers* da Colômbia, chamado *Programa de Ampliación de Cobertura de la Educación Secundaria* (PACES), foi estabelecido em 1991. O principal objetivo do PACES era elevar a taxa de matrícula no ensino secundário e, em particular, permitir que estudantes de famílias pobres tivessem acesso a escolas privadas de nível secundário de boa qualidade.

É importante destacar duas características do PACES que tiveram um efeito importante nos seus resultados. Primeiro, o programa foi voltado para famílias de baixa renda.

---

[13] Outra forma de introduzir escolha e competição no sistema público de educação é através da criação de *charter schools*. Como essa política também tem características importantes de descentralização e autonomia escolar, ela será discutida na próxima subseção.

[14] Em países onde as escolas públicas são pagas, os *vouchers* também podem ser utilizados nessas escolas.

[15] Ver Jacob e Ludwig (2008).

Segundo, não foi permitido que as escolas privadas participantes do programa selecionassem os candidatos. Caso o número de candidatos fosse maior que o número de vagas, a seleção deveria ser feita por sorteio. Angrist *et al.* (2002) mostram que os beneficiados pelo PACES tiveram notas significativamente maiores que os não beneficiados em exames padronizados. Em estudo posterior, Angrist, Bettinger e Kremer (2006) mostram que o PACES teve efeitos de longo prazo e que os beneficiados do programa tiveram maior probabilidade de concluir o ensino secundário e obtiveram melhores notas em exames de admissão na universidade.

No início da década de 1980, o Chile implementou um programa nacional de *vouchers*, além de outras mudanças importantes no sistema educacional, como a municipalização do ensino. Todas as escolas públicas e privadas de níveis primário e secundário subsidiadas pelo Estado participam do programa. As escolas privadas e redes municipais de escolas públicas recebem transferências de recursos públicos de acordo com o número de alunos matriculados. Além de ser muito mais abrangente, o modelo de *vouchers* chileno tem duas diferenças importantes em relação ao programa da Colômbia. A primeira é que todos os alunos podem se beneficiar do programa, e não apenas os provenientes de famílias pobres. A segunda é que as escolas privadas podem selecionar os candidatos, inclusive usando critérios de renda familiar.[16]

Hsieh e Urquiola (2006) analisaram os efeitos do programa de *vouchers* do Chile no desempenho escolar. Os autores não encontraram evidências de que o programa teve um efeito positivo nas notas de alunos em testes padronizados, taxas de repetência e anos de escolaridade. Por outro lado, os resultados indicaram que essa política aumentou a segregação de alunos, possivelmente porque os melhores alunos das escolas públicas se transferiram para escolas privadas. Segundo Hsieh e Urquiola, a competição induzida pelo sistema de *vouchers* se deu através de uma disputa pelos melhores alunos e não por esforços no sentido de elevar a qualidade da educação oferecida.

4.3 DESCENTRALIZAÇÃO E AUTONOMIA ESCOLAR

A descentralização pode contribuir para elevar o grau de *accountability*, na medida em que as comunidades locais têm maior incentivo e capacidade de monitoramento dos resultados das escolas. Além disso, governos e comunidades locais têm maior conhecimento sobre os problemas e necessidades das escolas de sua área. No entanto, a descentralização pode ter consequências adversas sobre a qualidade da educação quando o governo ou gestor local não tem capacitação técnica ou recursos adequados.

As experiências de descentralização bem-sucedidas caracterizam-se não somente por uma delegação administrativa de poderes do governo central para governos e comunidades locais, mas também por uma elevação do grau de autonomia e flexibilidade na gestão escolar.

---

[16] Várias mudanças no programa de *vouchers* chileno foram propostas recentemente, entre elas uma elevação substancial do valor dos *vouchers*, a concessão de valores mais elevados para alunos pobres e a proibição de seleção de alunos pelas escolas privadas.

Dessa forma, a descentralização pode se refletir em uma mudança dos incentivos dentro da escola e em uma melhoria do desempenho escolar.

Uma forma de aumentar o grau de autonomia das escolas é através das *charter schools*, que foram introduzidas nos Estados Unidos no início da década de 1990. Nessa modalidade, organizações privadas com ou sem fins lucrativos podem se candidatar, mediante um processo de concorrência, a receber recursos públicos para fornecer serviços educacionais. Os candidatos devem apresentar um plano educacional (*charter*) a uma autoridade pública. Em caso de aprovação, é estabelecido um contrato de gestão durante um determinado período, cuja renovação está sujeita ao cumprimento de metas educacionais que, em geral, incluem o desempenho de alunos em exames padronizados.

As *charter schools* são escolas públicas e não podem cobrar mensalidade. Caso o número de alunos seja maior que a disponibilidade de vagas, a seleção de candidatos deve ser feita através de sorteio. Uma diferença importante em relação às demais escolas públicas é que, como contrapartida à cobrança de resultados, as *charter schools* possuem um grau maior de autonomia e flexibilidade. Isso permite que sejam experimentadas diversas alternativas para melhorar o aprendizado, tornando as *charter schools* um laboratório potencial para testar inovações.

Um estudo recente de Zimmer *et al.* (2009) avalia o efeito de *charter schools* no desempenho escolar em Chicago, San Diego, Filadélfia, Denver, Milwaukee e nos estados de Ohio, Texas e Flórida. Os autores encontram que, em média, o efeito das *charter schools* na nota dos alunos em exames padronizados é similar ao das escolas públicas tradicionais. No entanto, em Chicago e na Flórida, os dois sistemas educacionais da amostra que possuem dados que permitem uma avaliação do impacto nas taxas de conclusão, as *charter schools* têm um efeito positivo substancial na probabilidade de os alunos concluírem o ensino médio e se matricularem no ensino superior.

Existe uma grande diversidade organizacional no modelo de *charter schools*. O *Knowledge Is Power Program* (KIPP) é uma rede de *charter schools* nos Estados Unidos que atende predominantemente alunos de famílias pobres e minorias étnicas. As escolas KIPP possuem uma abordagem intitulada *No Excuses* (Thernstrom e Thernstrom, 2003), caracterizada por um maior número de horas-aula por dia, um ano letivo mais longo, avaliações frequentes de professores e normas estritas de comportamento dos alunos. Muitos professores das escolas KIPP são egressos do programa *Teach for America*, descrito anteriormente. Os alunos recebem premiações por boas notas e por tarefas específicas, como frequentar as aulas e ter bom comportamento. Além disso, os pais assinam um compromisso com a escola, comprometendo-se a participar da vida escolar de seus filhos.

Angrist *et al.* (2010) avaliaram o desempenho dos alunos da KIPP Lynn, uma escola KIPP de Massachusetts. Os autores exploraram o fato de que *charter schools* com excesso de alunos devem selecionar os alunos através de sorteio, e compararam o desempenho dos ganhadores do sorteio (grupo de tratamento) com os perdedores (grupo de controle). Os resultados mostram que a KIPP Lynn teve um efeito positivo substancial no desempenho escolar de seus alunos em Matemática e leitura. Além disso, o impacto é maior para os piores alunos.

O estudo anterior avalia uma única *charter school*. Abdulkadiroglu *et al*. (2009a) fizeram uma avaliação de impacto do sistema de *charter schools* de Boston.[17] Os autores exploraram o caráter aleatório da seleção de alunos em situações em que ocorreu um excesso de candidatos, e compararam o desempenho dos ganhadores do sorteio (grupo de tratamento) com os perdedores (grupo de controle). Os resultados mostram que as *charter schools* de Boston têm um grande impacto no desempenho dos alunos na *middle school* (6.ª, 7.ª e 8.ª séries) e *high school* em testes padronizados de Matemática e leitura. Na *middle school*, os ganhos são suficientes para eliminar a diferença de desempenho entre alunos brancos e negros em matemática e reduzir em dois terços a disparidade em leitura. Na *high school*, os ganhos são suficientes para eliminar a diferença de desempenho entre alunos brancos e negros em Matemática e leitura.

É importante observar, no entanto, que esses resultados reportados não se aplicam a todo o universo de *charter schools* em Boston, já que foram consideradas na análise somente as escolas com excesso de demanda. Abdulkadiroglu *et al*. (2009a) argumentam, no entanto, que, sob o ponto de vista da política educacional, essas são as escolas mais relevantes, já que são as que provavelmente se expandirão caso as restrições à expansão do número de *charter schools* sejam relaxadas.

Uma característica importante dessas escolas é que quase todas compartilham o modelo *No Excuses* descrito anteriormente, caracterizado por uma maior duração do dia e do ano letivo, avaliações frequentes de professores e alunos e uma preocupação em incutir nos estudantes valores associados à disciplina e ética de trabalho.

Hoxby e Murarka (2009) fazem uma avaliação de impacto do sistema de *charter schools* de Nova York.[18] Assim como os estudos mencionados anteriormente, são analisadas *charter schools* que selecionaram alunos por sorteio, que correspondem à grande maioria das escolas em Nova York. Os resultados mostram que as *charter schools* de Nova York têm um impacto positivo no desempenho dos alunos entre a 3.ª e 8.ª séries em testes padronizados de Matemática e leitura. Embora a magnitude dos impactos seja significativa, ela é consideravelmente menor que a encontrada em Abdulkadiroglu *et al*. (2009a) para o sistema de *charter schools* de Boston, o que possivelmente reflete o fato de que a rede de *charter schools* de Nova York é bem maior e mais heterogênea que a de Boston.

Hoxby e Murarka (2009) também identificam as políticas e práticas escolares que estão correlacionadas a maiores elevações no aprendizado dos alunos. Uma observação importante é que, em geral, as *charter schools* com melhores resultados utilizam "pacotes de políticas". Por exemplo, escolas com ano letivo mais longo também tendem a ter mais horas de aula por dia. Embora os resultados sejam preliminares e não tenham uma interpretação causal, uma maior duração do ano letivo tem forte correlação com um aumento do aprendizado dos alunos.

---

[17] Ver Abdulkadiroglu, *et al*. (2009a) para uma apresentação não técnica dos resultados da avaliação de impacto das *charter schools* de Boston.

[18] Ver Hoxby, Murarka e Kang (2009) para uma apresentação não técnica dos resultados da avaliação de impacto das *charter schools* de Nova York.

Um experimento social ambicioso chamado *Harlem Children's Zone* tem sido conduzido em Nova York desde a década de 1990. Essa intervenção combina ações na área de educação e um amplo conjunto de ações sociais e comunitárias. As ações educacionais do *Harlem Children's Zone* abrangem diversos programas de educação infantil e *charter schools* de ensinos fundamental e médio. Entre os componentes sociais e comunitários do *Harlem Children's Zone* incluem-se diversos programas de saúde, nutrição, assistência social, esportes e lazer, voltados para as crianças e suas famílias.

As *charter schools* do *Harlem Children's Zone* adotam o modelo *No Excuses*. As escolas têm dias e ano letivo mais longos que as escolas públicas regulares e oferecem programas de reforço escolar depois das aulas e aos sábados. Existe uma grande ênfase em atrair e reter professores de elevada qualidade e são utilizados indicadores com base nas notas dos alunos para avaliar e premiar professores. Além disso, os alunos são premiados quando obtêm boas notas e frequentam as aulas.

Dois estudos recentes contribuíram para entender melhor os efeitos do *Harlem Children's Zone* sobre o desempenho educacional. Dobbie e Fryer (2009) avaliaram o efeito das *charter schools* do *Harlem Children's Zone* no desempenho dos alunos nos níveis de *elementary* e *middle school* em testes padronizados de Matemática e leitura. Os resultados mostram que as *charter schools* têm um grande impacto no desempenho dos alunos na *middle school* (6.ª, 7.ª e 8.ª séries) e *elementary school* em testes padronizados de Matemática e leitura. Na *middle school*, os ganhos são suficientes para eliminar a diferença de desempenho entre alunos brancos e negros em Matemática e reduzir pela metade a disparidade em leitura. Na *elementary school*, os ganhos são suficientes para eliminar a diferença de desempenho entre alunos brancos e negros em Matemática e leitura.

Segundo os autores, a qualidade das *charter schools* foi decisiva para a elevação do aprendizado dos alunos. Investimentos comunitários não explicam isoladamente a melhoria das notas. Dobbie e Fryer (2009) também mostram que as *charter schools* do *Harlem Children's Zone* são muito eficientes em termos de custo-benefício. O gasto por aluno nessas escolas é cerca de 20% maior que o da mediana do distrito de Nova York, o que é amplamente compensado pelo grande impacto no aprendizado.

Um segundo estudo, de Whitehurst e Croft (2010), chegou a uma conclusão semelhante. Foram encontrados efeitos positivos significativos do programa, e eles decorrem da qualidade das *charter schools* e não dos investimentos na comunidade.

5 SISTEMA EDUCACIONAL BRASILEIRO

Uma lição importante das experiências de reforma educacional é que os resultados das políticas dependem de forma crucial dos detalhes das intervenções e das características do ambiente local. Em função disso, para entender os possíveis efeitos de iniciativas de reformas no Brasil é preciso caracterizar o contexto no qual elas atuariam.

5.1 SISTEMA NACIONAL DE AVALIAÇÃO DA EDUCAÇÃO BÁSICA

Uma inovação fundamental da política educacional no Brasil desde meados da década de 1990 foi a criação de um sofisticado sistema de avaliação da educação básica, que propicia as condições para que sejam desenhadas políticas eficazes nos próximos anos.[19]

No que diz respeito à avaliação do ensino básico, a iniciativa mais importante foi a reformulação do Sistema Nacional de Avaliação da Educação Básica (SAEB). O SAEB foi criado em 1988, e a primeira avaliação foi realizada em 1990, mas em 1995 foram feitas diversas mudanças no SAEB. A principal foi a introdução de modificações metodológicas que permitiram a comparabilidade dos resultados ao longo do tempo. Além disso, o exame tornou-se bienal, e as provas passaram a ser aplicadas à 4.ª e 8.ª séries do ensino fundamental e à 3.ª série do ensino médio, em Matemática e Língua Portuguesa, o que permitiu que a qualidade do ensino médio também fosse avaliada. Finalmente, houve a inclusão das escolas privadas, o que aumentou a abrangência do exame e criou um parâmetro de referência para a avaliação das escolas públicas.

O SAEB é um exame amostral, ou seja, não são avaliadas todas as escolas. Em função disso, embora o SAEB seja uma ferramenta importante de avaliação da educação básica, ele não permite que sejam detectados os problemas de aprendizagem de cada escola e, consequentemente, não pode ser utilizado como um mecanismo de *accountability*.

Em 1998, foi criado o Exame Nacional do Ensino Médio (Enem), com o objetivo de avaliar o desempenho dos alunos da 3.ª série do ensino médio, ou que já tenham se formado e queiram ingressar no ensino superior. O Enem foi concebido como um instrumento de indução de uma reforma do currículo do ensino médio, na direção de um foco maior em competências, em contraposição à natureza enciclopédica da maioria dos vestibulares.

Em 2009, o Enem passou por uma reformulação significativa. O exame foi ampliado e passou a ter um foco maior em conhecimentos específicos, de modo a elevar sua aceitação como alternativa ao vestibular. No entanto, o aumento da escala do exame foi acompanhado de vários problemas operacionais e logísticos em sua implementação, que tornaram mais difícil concretizar seu objetivo de tornar-se o principal critério de acesso ao ensino superior.

Em 2005, foi criada a Prova Brasil, que avalia o aprendizado dos alunos de escolas públicas urbanas da 4.ª e 8.ª séries do ensino fundamental, em Língua Portuguesa e Matemática. Uma diferença fundamental em relação ao SAEB é que a Prova Brasil tem caráter censitário, ou seja, todas as escolas públicas urbanas da 4.ª e 8.ª séries do ensino fundamental são avaliadas.[20] Isso permite que seja calculada a nota de cada escola que participa do exame, o que cria a possibilidade de elaborar mecanismos de *accountability* das escolas em função dos seus resultados.

Essa possibilidade materializou-se em 2007, com a criação do Índice de Desenvolvimento da Educação Básica (IDEB). O IDEB é um indicador construído para escolas públicas, municípios e unidades da Federação que combina os resultados da Prova Brasil/SAEB com

---

[19] Para uma discussão sobre a construção do sistema de avaliação da educação básica no Brasil, ver Veloso (2009a) e Fernandes e Gremaud (2009).

[20] É preciso que as escolas públicas urbanas tenham pelo menos 20 alunos nas séries avaliadas.

a taxa de aprovação, obtida a partir de dados do Censo Escolar. A razão para combinar os dois indicadores é evitar possíveis distorções, como o estímulo à evasão de alunos de pior desempenho para obter uma nota maior na Prova Brasil. Por outro lado, escolas que deixam de reprovar seus alunos para tentar aumentar a taxa de aprovação estão sujeitas a uma queda nas notas da Prova Brasil e uma consequente redução do IDEB.

No mesmo ano, o Plano de Metas Compromisso Todos pela Educação, do Ministério da Educação, estabeleceu metas de desempenho no IDEB para o país, redes de ensino e escolas públicas até 2021 (divulgação em 2022), criando um sistema de *accountability* nacional. Também foram criadas metas intermediárias a cada dois anos, para que seja acompanhada a trajetória em direção ao cumprimento das metas em longo prazo.

Como mostra a Tabela 2, o IDEB correspondente às séries iniciais do ensino fundamental (4.ª série) elevou-se de 3,8 para 4,6 entre 2005 e 2009, superando a meta de 4,2 para 2009. Também foram verificados progressos no IDEB correspondente às séries finais do ensino fundamental (8.ª série), que se elevou de 3,5 para 4,0 entre 2005 e 2009, superando a meta de 3,7 para 2009. No ensino médio, no entanto, o aumento do IDEB foi menos expressivo, com uma elevação de 3,4 em 2005 para 3,6 para 2009, embora tenha sido atingida a meta de 3,5 para 2009.

TABELA 2 Índice de desenvolvimento da educação básica (IDEB) observado e projetado, segundo o nível de ensino — Brasil										
Nível de ensino	IDEB observado			Metas projetadas						
	2005	2007	2009	2009	2011	2013	2015	2017	2019	2021
Séries iniciais do ensino fundamental	3,8	4,2	4,6	4,2	4,6	4,9	5,2	5,5	5,7	6,0
Séries finais do ensino fundamental	3,5	3,8	4,0	3,7	3,9	4,4	4,7	5,0	5,2	5,5
Ensino médio	3,4	3,5	3,6	3,5	3,7	3,9	4,3	4,7	5,0	5,2

Fonte: INEP/MEC.

Na medida em que a qualidade da educação oferecida por unidade de ensino é mensurada pelo IDEB, as escolas podem ser cobradas em função do seu desempenho, o que contribui para melhorar os resultados. Isso representou um avanço considerável no uso da avaliação, já que foi criado um sistema de incentivos no qual a avaliação passou a ser sistematicamente utilizada para medir os resultados, corrigir os erros e aprimorar as políticas.

No entanto, existem algumas limitações no sistema de avaliação da educação básica que devem ser consideradas. Primeiro, como foi mencionado, vários estudos mostram a importância da educação infantil para o desempenho escolar. No entanto, ainda existem poucos indicadores de qualidade da educação infantil (creche e pré-escola) no Brasil.

Barros *et al.* (2010c) analisam uma base de dados de 100 creches da cidade do Rio de Janeiro, que inclui indicadores de qualidade abrangendo cinco categorias: infraestrutura;

saúde e condições sanitárias; atividades e estrutura do programa; recursos humanos; e relações da creche com os pais e a comunidade. Os autores mostram que existe uma grande heterogeneidade nos indicadores de qualidade das creches.

Também não existe uma avaliação externa em larga escala do nível de alfabetização das crianças. O Instituto Nacional de Estudos e Pesquisas Educacionais Anísio Teixeira (INEP) criou, em 2008, a Provinha Brasil, uma avaliação diagnóstica do estágio de alfabetização das crianças matriculadas no segundo ano de escolarização. No entanto, embora a Provinha Brasil seja elaborada pelo INEP, a sua aplicação e correção ficam a critério das redes, diferentemente das outras avaliações nacionais. Além disso, a sua formulação levanta questões associadas aos diferentes métodos de alfabetização.[21]

Outra questão importante diz respeito à avaliação do ensino médio. Esse nível de ensino lida com objetivos conflitantes, como preparar o aluno para o ensino superior, para ingressar no mercado de trabalho e para o exercício da cidadania. Castro (2009) argumenta que essa divergência de objetivos é própria desse nível de ensino, e cada país procura compatibilizá-los de acordo com suas circunstâncias específicas, como sua história e cultura. No entanto, segundo o autor, a forma como o ensino médio brasileiro foi organizado para lidar com essas demandas foi inadequada. Enquanto outros países oferecem várias opções nesse nível de ensino, combinando alternativas de caráter acadêmico e profissionalizante, no ensino médio brasileiro predomina um modelo voltado para o ingresso no ensino superior.

Como a Prova Brasil avalia somente alunos das escolas públicas da 4.ª e 8.ª séries do ensino fundamental, não é possível calcular o IDEB para cada escola pública do ensino médio. Uma questão que se coloca é em que medida seria desejável ter um IDEB para esse nível de ensino. Schwartzman (2010), por exemplo, argumenta que a criação de um IDEB para o ensino médio não seria necessariamente benéfica, já que poderia contribuir para consolidar o modelo de ensino médio unicamente voltado para a universidade, em detrimento de uma diversificação das alternativas oferecidas aos alunos.

5.2 FINANCIAMENTO E GASTO PÚBLICO EM EDUCAÇÃO

A Constituição de 1988 estabeleceu que a educação básica é responsabilidade dos estados e municípios, que devem destinar 25% de suas receitas de impostos e transferências à educação. Em 1996, a Lei de Diretrizes e Bases da Educação Nacional (LDB) estabeleceu as diretrizes da educação no Brasil. Os municípios devem oferecer a educação infantil em creches e pré-escolas e, com prioridade, o ensino fundamental. Os estados devem assegurar o ensino fundamental e oferecer, com prioridade, o ensino médio.

Em estados onde a rede municipal tinha uma grande participação no ensino fundamental, principalmente no Nordeste, o percentual de 25% da receita era excessivo para a rede estadual, mas insuficiente para a rede municipal. Além disso, o gasto por aluno em estados

---

[21] Para uma discussão das evidências sobre métodos de alfabetização, ver Academia Brasileira de Ciências (2007).

e municípios mais pobres era muito baixo. Em função disso, foram criados mecanismos de redistribuição de recursos da educação básica entre redes municipais e estaduais, de forma a reduzir a desigualdade do gasto por aluno e aumentar a eficiência da alocação de recursos.

Com esse objetivo, foi criado em 1996 o Fundo de Manutenção e Desenvolvimento do Ensino Fundamental e de Valorização do Magistério (Fundef), que foi implementado a partir de janeiro de 1998. O Fundef destinou 15% da arrecadação dos estados e municípios para a formação de um fundo fiscal, no âmbito de cada estado, cujos recursos foram distribuídos entre o estado e seus municípios de acordo com o número de alunos matriculados na rede local (estado ou município) de ensino fundamental. O Fundef também estabeleceu um valor mínimo nacional de gasto por aluno a ser observado para cada estado. Nos casos em que o estado não tivesse recursos para atingir o valor mínimo, foi estabelecida uma complementação por parte do Governo Federal. A emenda constitucional que criou o Fundef também determinou que 60% dos recursos do fundo deveriam ser destinados ao pagamento dos salários dos professores.[22]

Embora o Fundef tenha tido um papel importante na expansão do ensino fundamental, seu mecanismo de distribuição de recursos passou a criar dificuldades para a expansão do ensino médio.[23] Com o objetivo de corrigir essa distorção, entrou em vigor em 2007 o Fundo de Manutenção e Desenvolvimento da Educação Básica e de Valorização dos Profissionais da Educação (Fundeb), que substituiu o Fundef. O Fundeb consiste em um fundo de financiamento para a educação básica em cada estado nos moldes do Fundef, mas incluindo a educação infantil, o ensino médio e a educação de jovens e adultos (EJA). De forma similar ao Fundef, no Fundeb os recursos são distribuídos para as redes municipais e estaduais de acordo com o número de alunos matriculados em cada rede. Também foi estabelecido um gasto mínimo por aluno, que é complementado por recursos da União quando o estado não tem recursos para financiá-lo. Além disso, 60% dos recursos devem ser destinados ao pagamento dos salários dos professores.

Uma característica importante do Fundeb é que, por abranger toda a educação básica, ele permite que se corrijam desequilíbrios no financiamento de cada nível de ensino, criando condições para que o ensino médio e a educação infantil se beneficiem de uma elevação de recursos. Além de permitir uma redistribuição dos recursos da educação básica entre todos os níveis de ensino, a lei de criação do Fundeb estabeleceu uma elevação significativa da complementação da União. O aporte de recursos do Governo Federal ao Fundeb foi de R$2 bilhões em 2007, R$3,2 bilhões em 2008 e R$5,1 bilhões em 2009. Desde 2010, a contribuição da União passou a ser de 10% da contribuição total de estados e municípios.[24]

Enquanto o Fundeb transfere recursos para as redes municipais e estaduais, o Programa Dinheiro Direto na Escola (PDDE) transfere recursos diretamente para as escolas. O PDDE

---

[22] Menezes Filho e Pazello (2007) mostram que o Fundef elevou o salário dos professores em regiões carentes, e que isso resultou em uma melhoria do desempenho dos alunos nessas regiões.

[23] Ver Ulyssea, Fernandes e Gremaud (2006).

[24] A complementação da União no Fundeb é muito superior à que ocorria no Fundef, que foi de cerca de 1% do total dos fundos nos últimos anos de sua vigência.

foi criado em 1995 e presta assistência financeira, em caráter suplementar, às escolas públicas da educação básica das redes estaduais, municipais e do Distrito Federal e às escolas privadas de educação especial mantidas por entidades sem fins lucrativos. Os recursos são repassados para entidades jurídicas de direito privado, como as Associações de Pais e Mestres. Até 2008, o programa contemplava apenas as escolas públicas de ensino fundamental. Em 2009, foi ampliado para toda a educação básica, passando a abranger as escolas de ensino médio e de educação infantil. Em função disso, houve um aumento expressivo do valor das transferências. Em 2008, o PDDE transferiu R$692,7 milhões para 117,4 mil escolas. Em 2009, foi transferido R$1,1 bilhão para 134,1 mil escolas.

Além dos programas voltados para a elevação da oferta de educação, foram implantadas iniciativas no lado da demanda. Em 2001, foi criado o Bolsa Escola Federal, que estabeleceu o pagamento de R$15 por criança entre 6 e 15 anos (com limite para três crianças registradas por família) para famílias com renda mensal *per capita* de até R$90. Como contrapartida, as crianças em idade escolar deveriam estar matriculadas na escola e ter frequência de pelo menos 85% das aulas.

Em 2004, foi criado o Bolsa Família, que combinou o Bolsa Escola a outros programas de suplementação de renda. Entre as condicionalidades do programa, incluem-se o acompanhamento da saúde e do estado nutricional das famílias e a exigência de frequência à escola das crianças e jovens em idade escolar. Em 2008, foi criado o Benefício Variável Vinculado ao Adolescente, pago a todas as famílias com jovens de 16 e 17 anos frequentando a escola. Não existem evidências claras de que o Bolsa Família teve um efeito positivo na frequência escolar.

A Tabela 3 apresenta a evolução recente do gasto público em educação em relação ao PIB no Brasil, para os diversos níveis de ensino.[25] Como mostra a tabela, entre 2000 e 2005 o gasto público em educação foi relativamente estável, em torno de 3,9% do PIB. Desde então, esse valor elevou-se de forma significativa, atingindo 4,7% do PIB em 2008.[26] Essa elevação do gasto ocorreu integralmente no nível básico de ensino (ensinos infantil, fundamental e médio), que passou de 3,2% para 4% do PIB entre 2005 e 2008. No nível básico, a elevação do gasto foi maior no segundo ciclo do ensino fundamental (5.ª à 8.ª série) e no ensino médio.

A Tabela 4 apresenta a evolução recente do gasto público em educação no Brasil em relação ao PIB, para os diversos entes federativos (União, estados e Distrito Federal e municípios). A tabela mostra que o aumento dos gastos em educação entre 2005 e 2008 deu-se principalmente no âmbito dos estados. Isso é compatível com o maior investimento no segundo ciclo do ensino fundamental e no ensino médio documentado na Tabela 3, já que a oferta educacional nesses níveis de ensino é predominantemente de responsabilidade dos estados.

---

[25] O conceito de gasto utilizado é o de investimento público direto em educação, adotado pelo INEP/MEC. São incluídos nessa definição os valores despendidos em pessoal ativo e seus encargos sociais, despesas com pesquisa e desenvolvimento, transferências ao setor privado e outras despesas correntes e de capital. Não são incluídos os gastos com aposentadorias e pensões, investimentos com bolsas de estudo, financiamento estudantil e despesas com juros, amortização e encargos da dívida da área educacional. Para mais informações, ver http://www.inep.gov.br.

[26] Não existem estimativas disponíveis do gasto privado em educação em relação ao PIB no Brasil. Segundo a Pesquisa de Orçamentos Familiares (POF) 2008/2009, a despesa privada em educação no Brasil corresponde a 3% da despesa familiar em consumo e 2,4% da despesa total familiar (IBGE, 2010a). A estimativa de renúncia tributária em educação para 2008 foi de R$3,525 bilhões (Receita Federal, 2007). Agradeço a José Roberto Afonso pela referência.

TABELA 3 Gasto público em educação em relação ao PIB, por nível de ensino — Brasil: 2000-2008						
(em %)						
Ano	Todos os níveis	Educação básica	Educação infantil	Ensino fundamental		Ensino médio	Educação superior
				1.ª à 4.ª série	5.ª à 8.ª série		
2000	3,9	3,2	0,3	1,3	1,1	0,5	0,7
2001	4,0	3,3	0,3	1,3	1,1	0,6	0,7
2002	4,1	3,3	0,3	1,5	1,1	0,4	0,8
2003	3,9	3,2	0,3	1,3	1,0	0,5	0,7
2004	3,9	3,2	0,3	1,3	1,1	0,5	0,7
2005	3,9	3,2	0,3	1,4	1,1	0,4	0,7
2006	4,3	3,6	0,3	1,4	1,3	0,6	0,7
2007	4,5	3,8	0,4	1,5	1,4	0,6	0,7
2008	4,7	4,0	0,4	1,5	1,5	0,7	0,7

Fonte: INEP/MEC.

TABELA 4 Gasto público em educação em relação ao PIB, por dependência administrativa — Brasil: 2000-2008				
(em %)				
Ano	Total	União	Estados e Distrito Federal	Municípios
2000	3,9	0,7	1,7	1,5
2001	4,0	0,8	1,7	1,6
2002	4,1	0,7	1,8	1,6
2003	3,9	0,7	1,6	1,6
2004	3,9	0,6	1,6	1,6
2005	3,9	0,7	1,6	1,7
2006	4,4	0,7	1,9	1,8
2007	4,6	0,8	1,9	1,8
2008	4,7	0,8	2,0	1,9

Fonte: INEP/MEC.

A Tabela 5 apresenta a evolução recente do gasto público em educação por aluno em relação à renda *per capita* no Brasil, para os diversos níveis de ensino. Como mostra a tabela, o gasto por aluno na educação básica elevou-se de 11,7% para 16,6% da renda *per capita* entre 2003 e 2008. No mesmo período, o gasto por aluno no ensino superior caiu de 102,1% para 93,2% da renda *per capita*. A elevação do gasto na educação básica, combinada com a redução no ensino superior, reduziu a razão entre o gasto por aluno no ensino superior e na educação básica de 8,7 para 5,6 entre 2003 e 2008. No entanto, essa razão ainda é bem maior que a da OCDE, que é cerca de 2.[27]

---
[27] Ver OCDE (2009).

TABELA 5 Gasto público em educação por aluno em relação ao PIB *per capita*, por nível de ensino — Brasil: 2000-2008							
(em %)							
Ano	Todos os níveis	Educação básica	Educação infantil	Ensino fundamental		Ensino médio	Educação superior
				1.ª à 4.ª série	5.ª à 8.ª série		
2000	14,1	11,7	13,4	11,5	11,8	11,2	129,6
2001	14,4	12,0	12,0	11,3	12,7	12,6	126,8
2002	14,5	12,0	11,4	13,3	12,3	8,9	120,9
2003	14,0	11,7	12,6	12,4	11,7	9,9	102,1
2004	14,1	12,0	12,8	12,7	12,8	8,8	98,6
2005	14,5	12,3	11,7	13,7	13,1	8,6	97,0
2006	16,0	13,9	12,0	14,3	15,7	11,1	92,6
2007	17,4	15,3	13,8	16,0	16,7	12,2	92,3
2008	18,9	16,6	13,9	17,4	18,6	13,4	93,2

Fonte: INEP/MEC.

Em 2009, a Emenda Constitucional 59/2009 estabeleceu a exclusão gradativa dos gastos públicos em educação do cálculo da Desvinculação das Receitas da União (DRU), o que elevará de forma expressiva os recursos para a educação. Por outro lado, a mesma emenda ampliou a obrigatoriedade do ensino para a faixa etária de 4 a 17 anos.

Diante da elevação nos últimos anos dos recursos destinados à educação, uma questão que se coloca é como o gasto público em educação no Brasil se compara ao de outros países. Como mostra o Gráfico 4, países mais ricos em geral gastam mais em educação como proporção do PIB. No entanto, o gasto público em educação no Brasil está um pouco acima do esperado para um país com nosso nível de renda *per capita*. O que os dados mostram, portanto, é que o Brasil não gasta pouco em educação como fração do PIB.

Como a população em idade escolar no Brasil representa uma proporção mais elevada da população total que em outros países, o gasto por aluno como fração da renda *per capita* é menor no Brasil que nos países desenvolvidos. Enquanto o gasto público por aluno em todos os níveis nos países desenvolvidos varia entre 20% e 28% da renda *per capita*, a despesa por aluno no Brasil é de 18,9% da renda *per capita*, como mostra a Tabela 6.

No entanto, a principal diferença do gasto público no Brasil em relação ao de países desenvolvidos e em desenvolvimento diz respeito à alocação da despesa entre os diferentes níveis de ensino. Como mostra a Tabela 6, enquanto o gasto público por aluno nos países desenvolvidos em geral é superior a 20% da renda *per capita* nos níveis correspondentes ao nosso ensino fundamental e ensino médio, no Brasil a despesa nesses níveis de ensino é de 18% e 13,4%, respectivamente.[28] Por outro lado, o gasto público por aluno no ensino superior é muito alto no Brasil (93,2% da renda *per capita*) em comparação com países desenvolvidos e em desenvolvimento.

---

[28] Os níveis de ensino fundamental, médio e superior no Brasil não encontram uma correspondência exata na classificação da UNESCO (ISCED-97). Nessa classificação, os níveis primário (primary), secundário inferior (lower secondary), secundário superior (upper secundary) e terciário (tertiary) correspondem, respectivamente, ao primeiro ciclo do ensino fundamental (1.ª à 4.ª série), segundo ciclo do ensino fundamental (5.ª à 8.ª série), ensino médio e ensino superior. No texto, quando usamos a expressão "ensino fundamental" para os demais países em comparações internacionais, estamos nos referindo ao ensino primário do ISCED-97. Esse nível é comparável ao ensino fundamental, já que em outros países ele em geral dura seis anos. Além disso, o gasto por aluno no primeiro e segundo ciclos do ensino fundamental no Brasil é similar. Por exemplo, segundo dados do INEP/MEC, o gasto por aluno no primeiro e segundo ciclos correspondeu a 17,4% e 18,6% da renda *per capita* em 2008, respectivamente.

Isso corresponde a 5,2 vezes o gasto por aluno no ensino fundamental, muito acima da razão encontrada para os outros países, com exceção da Índia.

GRÁFICO 4

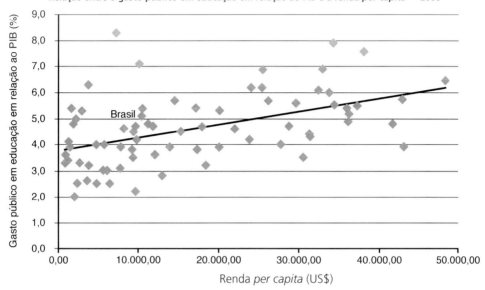

Relação entre o gasto público em educação em relação ao PIB e a renda *per capita* — 2006

Fonte: Os dados de renda *per capita* foram obtidos da Penn World Table 6.3. Os dados de gastos públicos em educação em relação ao PIB para o Brasil foram obtidos do INEP/MEC e são de 2008. Para os demais países, ver UNESCO (2010).

TABELA 6 Gasto público em educação por aluno em relação ao PIB *per capita*, por nível de ensino, 2006

(em %)

Países	Ensino fundamental	Ensino médio	Ensino superior	Todos os níveis	Razão superior/ fundamental
Brasil	18,0	13,4	93,2	18,9	5,2
Argentina	13,2	20,3	14,2	15,8	1,1
Chile	11,1	12,4	11,5	11,7	1,0
Coreia do Sul	17,2	22,2	9,5	16,7	0,5
Espanha	19,4	24,0	23,5	22,3	1,2
Estados Unidos	22,2	24,6	25,4	23,9	1,1
França	17,1	26,6	33,5	24,7	1,9
Índia	8,9	16,2	55,0	14,0	6,2
Irlanda	15,0	22,8	26,4	19,8	1,8
Japão	21,9	22,4	19,1	21,5	0,9
México	13,4	13,8	35,4	15,5	2,6
Portugal	22,4	34,0	28,8	28,0	1,3
Reino Unido	22,1	27,3	29,2	25,8	1,3
Uruguai	8,5	10,4	18,1	10,6	2,1

Fonte: Os dados do Brasil foram obtidos do INEP/MEC e são de 2008. Para os demais países, ver UNESCO (2010).

O Gráfico 5 mostra, com base em dados de uma amostra de países, a relação entre o gasto por aluno no ensino fundamental como proporção da renda *per capita* e a nota de

Matemática obtida no PISA. Como mostra o gráfico, a nota de Matemática do Brasil no PISA está muito abaixo do que seria de se esperar, dado nosso nível de despesa por aluno no ensino fundamental. Isso indica que existe um grau de ineficiência elevado no sistema educacional brasileiro e que a criação de incentivos adequados pode contribuir de forma significativa para melhorar a qualidade da educação no país.

GRÁFICO 5

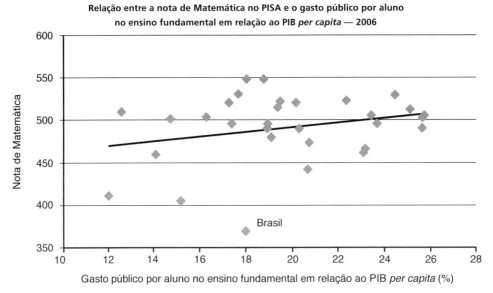

Fonte: Os dados de gasto público por aluno no ensino fundamental em relação ao PIB *per capita* para o Brasil foram obtidos do INEP/MEC e são de 2008. Para os demais países, ver UNESCO (2010). Os dados da nota de Matemática foram obtidos do PISA 2006.

5.3 PARTICIPAÇÃO DO SETOR PRIVADO E ORGANIZAÇÕES NÃO GOVERNAMENTAIS

Uma forma de introduzir mecanismos de incentivos no sistema público de educação e, com isso, elevar sua eficiência é através de parcerias público-privadas (PPPs). A ideia básica é combinar a eficiência do setor privado com a característica do setor público de dar acesso a todos, particularmente aos mais pobres. Outro aspecto importante de algumas modalidades de parcerias é que elas criam um mecanismo de competição por recursos públicos que, por sua vez, gera incentivos para um melhor desempenho das escolas públicas.

Existem três grandes categorias de parcerias público-privadas, dependendo do tipo de contrato entre o setor público e o setor privado (incluindo organizações não governamentais).[29] A primeira refere-se a contratos nos quais o setor público compra insumos utilizados na produção de serviços educacionais, como serviços de gestão escolar, desenho de currículo, com-

---

[29] Para uma descrição de PPPs em educação na América Latina, ver Patrinos (2006).

plementação do ensino regular, fornecimento de transporte e merenda escolar, entre outros. Esse é o modelo mais comum de PPPs em educação no Brasil.

Um exemplo de PPP na qual o governo contrata serviços de complementação escolar do setor privado é a parceria entre escolas públicas e o Instituto Ayrton Senna. Ao longo da última década, um número crescente de redes estaduais e municipais passou a adotar programas do Instituto Ayrton Senna voltados para a correção do fluxo escolar (Acelera Brasil e Se Liga) e melhoria da gestão escolar (Gestão Nota 10 e Circuito Campeão). Em 1998, o Instituto Ayrton Senna atuava em 24 municípios, enquanto em 2008 a sua atuação expandiu-se para 624 municípios em 21 estados.

O Acelera Brasil é um programa de correção do fluxo escolar para crianças da 1.ª à 4.ª série do ensino fundamental que apresentam defasagem de dois ou mais anos em relação à série. O Se Liga é um programa voltado para a alfabetização de crianças frequentando as séries iniciais do ensino fundamental com defasagem idade-série de pelo menos dois anos. O Gestão Nota 10 é um programa voltado para o ensino fundamental que atua em quatro áreas de gestão educacional: aprendizagem, ensino, rotina escolar e política educacional. Uma ação importante do programa é propor e verificar o cumprimento de metas tanto para as unidades escolares como para as secretarias de educação. O Circuito Campeão capacita profissionais para formar equipes capazes de alcançar metas relacionadas com o nível de alfabetização e aprendizagem nos cinco primeiros anos do ensino fundamental.

Barros *et al.* (2010d) avaliaram o impacto desses quatro programas do Instituto Ayrton Senna no desempenho educacional de alunos nas primeiras séries do ensino fundamental nas redes públicas de ensino. Os autores mostram que os programas do Instituto Ayrton Senna contribuíram para a melhoria de vários indicadores de fluxo escolar, como uma maior aprovação, menor taxa de abandono e redução da distorção idade-série. A magnitude do impacto foi expressiva. Dependendo do indicador, o progresso na melhoria do fluxo escolar foi de duas a cinco vezes mais rápido em municípios que adotaram os programas em comparação com municípios que não foram beneficiados pelas ações do Instituto.

Um exemplo de PPP na qual o governo contrata serviços de gestão do setor privado é a parceria entre a Fundação Lemann e escolas públicas. Por exemplo, o programa Gestão para o Sucesso Escolar (GSE), criado em 2003, é um curso de formação em ensino à distância para gestores de escolas públicas que tem como objetivo introduzir em sua prática gerencial a lógica da gestão por resultados, direcionando o foco da escola para o aprendizado de seus alunos.

O Instituto Unibanco também desenvolve projetos em parceria com o setor público e organizações da sociedade civil, com foco em ações voltadas para a melhoria do ensino médio. O Projeto Jovem de Futuro oferece apoio técnico e financeiro a escolas públicas de ensino médio para a concepção, implantação e avaliação de um plano de melhoria da gestão escolar. O Jovem de Futuro também estimula as escolas que participam do programa a adotar programas de incentivos, como bônus para professores e alunos associados aos resultados. O Projeto foi desenvolvido pelo Instituto Unibanco em 2006 e implantado em Minas Gerais e Rio Grande do Sul em 2008. Em 2009 o Projeto também foi implantado no estado de São Paulo.

Silva (2010) fez uma avaliação de impacto do primeiro ano do programa em Minas Gerais e Rio Grande do Sul. Os resultados indicam que o Projeto Jovem de Futuro teve um grande impacto na nota média dos alunos e contribuiu para a redução da desigualdade nas notas dos alunos das escolas participantes.

Outro exemplo de parcerias é a contratação, por parte de escolas públicas, de métodos estruturados de ensino elaborados por organizações privadas, que incluem material pedagógico, organização curricular e treinamento de professores, entre outros serviços educacionais. Em 2008, cerca de 30% dos municípios de São Paulo tinham parcerias desse tipo com organizações privadas, abrangendo 14% do total de estudantes da rede municipal.

Leme *et al.* (2010) estimaram o impacto do uso de métodos estruturados de ensino na nota dos estudantes da rede municipal de São Paulo. Os autores mostram que municípios que utilizam métodos estruturados de ensino tiveram maior elevação na nota de matemática e português na Prova Brasil na 4.ª e 8.ª séries em comparação com municípios que não adotaram métodos estruturados. Os municípios com pior desempenho inicial foram os que mais se beneficiaram do uso do material estruturado. Os autores ponderam, no entanto, que é possível que parte dessa associação positiva se deva ao fato de que municípios que adotaram métodos estruturados tenham características não observáveis diferentes de municípios que não utilizaram esses métodos.

Um exemplo interessante de PPP com foco na gestão tem sido executado em Pernambuco. Em 2005, a Lei n.º 12.965 criou a modalidade de Centro de Ensino Experimental (CEE), que são escolas públicas geridas em parceria com o setor privado e organizações não governamentais. Os CEEs foram concebidos como um experimento em algumas escolas da rede pública, que passaram a ter maior autonomia e flexibilidade em termos de remuneração e seleção de professores e diretores, em troca de metas de desempenho.

Em 2008, a Lei Complementar n.º 125 criou o Programa de Educação Integral, com o objetivo de difundir o modelo de gestão dos CEEs no estado. Os Centros de Ensino Experimental passaram a se chamar Escolas de Referência em Ensino Médio.

As Escolas de Referência em Ensino Médio são escolas de ensino médio em regime de tempo integral, que utilizam um modelo de gestão disponibilizado pelo Instituto de Co-Responsabilidade pela Educação (ICE). Elas têm um currículo estruturado, e são estabelecidas metas de aprendizagem. Os professores são selecionados dentre o conjunto de professores concursados do estado e precisam ser aprovados em uma prova de conhecimentos específicos. Eles têm dedicação exclusiva e são avaliados em função do cumprimento de metas acadêmicas. Os professores com melhor avaliação recebem um bônus de desempenho. Diretores de escola que não atingem suas metas podem ser removidos do cargo.

A segunda categoria de PPPs em educação diz respeito a situações nas quais o governo contrata uma organização privada para fornecer serviços educacionais para um determinado grupo de estudantes, ou seja, o governo compra o produto educacional fornecido por escolas privadas. Um exemplo dessa modalidade são os *vouchers*. O Programa Universidade para Todos (ProUni) é uma modalidade de PPP na qual o governo compra um produto educacional do setor privado. Esse programa prevê a concessão de bolsas para alunos carentes por parte de instituições particulares de ensino superior, em troca da isenção de determinados impostos federais. Nesse sentido, o ProUni é um programa de compra de vagas e não um programa de *vouchers* propriamente dito. Essa diferença é relevante já que, num sistema de *vouchers*, a instituição pública que perde alunos para instituições privadas passa a receber menos recursos do governo, o que fornece incentivos para um melhor desempenho.

Na terceira modalidade de PPPs em educação, o governo contrata uma organização privada com ou sem fins lucrativos para que ela seja responsável pelo funcionamento de uma escola pública, incluindo todas as atividades envolvidas nesse processo. Essa organização tem autonomia em relação à contratação de funcionários, podendo estabelecer contratos de trabalho diferenciados em relação aos contratos vigentes no setor público. Um exemplo dessa modalidade são as *charter schools*.

No Brasil, não existem *charter schools* nos moldes americanos, mas há exemplos dessa categoria de PPP na área de saúde. Nesse caso, o setor público faz um contrato de gestão com organizações sociais no qual são estabelecidas metas de desempenho em troca de maior autonomia e flexibilidade de contratação e demissão. Em geral, o regime de trabalho é regido pela Consolidação das Leis do Trabalho (CLT).

Outro papel importante do setor privado e organizações não governamentais é a avaliação de políticas públicas. Por exemplo, a Fundação Itaú Social realiza avaliações econômicas de vários projetos sociais, incluindo uma análise de custo-benefício. Além disso, o Curso de Avaliação Econômica de Projetos Sociais capacita gestores de projetos sociais e políticas públicas.

Deve ser também ressaltado o engajamento crescente da sociedade civil na educação, em que se destaca o surgimento em 2006 do movimento Todos pela Educação. O Todos pela Educação criou cinco metas de desempenho educacional: toda criança e jovem de 4 a 17 anos na escola; toda criança plenamente alfabetizada até os 8 anos; todo aluno com aprendizado adequado à sua série; todo jovem com o ensino médio concluído até os 19 anos; e investimento em educação ampliado e bem gerido. Essas metas complementam as do IDEB e também foram estabelecidas para o período até 2021 (divulgação em 2022), com metas intermediárias ao longo da trajetória.[30]

5.4 EXPERIÊNCIAS RECENTES DE REFORMA EDUCACIONAL NO BRASIL

Embora recentes, existem no Brasil algumas experiências de reforma educacional.[31] Em 2008, a Secretaria de Educação do Estado de São Paulo implantou o Programa de Qualidade na Escola. Foram criadas metas de desempenho para cada escola estadual até 2030, às quais estão associadas metas anuais. As metas são baseadas no Índice de Desenvolvimento da Edu-

---

[30] Apesar da semelhança dos nomes, que reflete a parceria entre o movimento da sociedade civil e o Ministério da Educação, as metas do movimento Todos pela Educação são diferentes das estabelecidas pelo Compromisso Todos pela Educação do MEC, embora exista forte complementaridade.

[31] Para uma discussão sobre experiências de *accountability* no Brasil, ver Brooke (2006) e Andrade (2008).

cação do Estado de São Paulo (IDESP). O IDESP combina a taxa de aprovação com as notas dos alunos da 4.ª e 8.ª séries do ensino fundamental e 3.ª série do ensino médio nos exames de proficiência em Língua Portuguesa e Matemática do Sistema de Avaliação de Rendimento Escolar do Estado de São Paulo (SARESP).[32]

Uma inovação importante foi a implantação de um sistema de bônus de desempenho para diretores, professores e funcionários, associado ao cumprimento das metas. A Bonificação por Resultados foi instituída pela Lei Complementar n.º 1078, de 17 de dezembro de 2008. Em escolas que cumprem integralmente suas metas, o bônus pode equivaler a 2,4 salários mensais. O bônus é dividido igualmente entre todos os funcionários da escola, com um desconto em função do número de faltas no ano letivo.

Segundo Castro (2010), uma medida fundamental para a criação do sistema de metas e premiação de escolas em São Paulo foi a revisão da metodologia do SARESP em 2007, que passou a adotar a mesma métrica do SAEB e da Prova Brasil. Isso tornou seus resultados comparáveis aos exames nacionais e ao longo do tempo. Outra mudança importante foi a implantação de uma base curricular comum nos ensinos fundamental e médio, que permitiu que os professores passassem a conhecer os conteúdos que seriam objeto da avaliação das escolas. Ela também passou a orientar os programas de formação inicial e continuada dos professores e programas de reforço escolar.

Em Pernambuco, foram criadas em 2008 metas de desempenho para cada escola estadual, baseadas no Índice de Desenvolvimento da Educação Básica de Pernambuco (IDEPE). O IDEPE combina a taxa de aprovação com as notas dos alunos da 4.ª e 8.ª séries do ensino fundamental e 3.ª série do ensino médio nos exames de proficiência em Língua Portuguesa e Matemática do Sistema de Avaliação Educacional de Pernambuco (SAEPE).

No mesmo ano, foi criado em Pernambuco o programa de Bônus de Desempenho Educacional (BDE). Este programa foi instituído e regulamentado pela Lei n.º 13.486 de 1.º de julho de 2008 e Lei n.º 13.696 de 18 de dezembro de 2008 e pelo Decreto n.º 32.300, de 8 de setembro de 2008.[33] O bônus de desempenho somente é pago para as escolas que cumprem pelo menos 50% da meta. Para as escolas que atingem mais de 50% da meta, o bônus é proporcional ao grau de cumprimento. Além disso, o valor total a ser pago é fixo, de modo que o valor recebido por uma escola depende do desempenho das outras escolas, o que introduz um componente de competição entre as escolas que não existe no sistema de premiação de São Paulo.

Em Minas Gerais, foi criado em 1992 o Programa de Avaliação da Escola Pública de MG. O sistema de avaliação de Minas Gerais passou por sucessivas mudanças, que culminaram na criação do Sistema Mineiro de Avaliação da Educação Pública (SIMAVE) em 2000.[34] O SIMAVE inclui o Programa de Avaliação da Rede Pública de Educação Básica (PROEB) e o Programa de Avaliação da Alfabetização (PROALFA). O PROEB é um exame anual que avalia o desempenho em Matemática e Língua Portuguesa de todos os alunos da 4.ª e 8.ª séries do ensino fundamental e 3.º ano do ensino médio de todas as escolas

---

[32] Para uma discussão detalhada do Programa de Qualidade da Escola de São Paulo, ver Ferraz (2009).
[33] Para uma discussão detalhada do Bônus por Desempenho em Pernambuco, ver Ferraz (2009).
[34] Para mais informações, ver http://www.educacao.mg.gov.br.

estaduais.[35] O PROALFA avalia o nível de alfabetização dos alunos da 1.ª, 2.ª e 3.ª séries do ensino fundamental.

Com base nos resultados do PROEB e do PROALFA, foram criadas metas para cada escola estadual. Uma característica do sistema de metas de Minas Gerais que o diferencia dos casos de São Paulo e Pernambuco é o fato de que a meta das escolas estaduais em Minas Gerais inclui indicadores do nível de alfabetização, como o percentual de alunos da 2.ª série do ensino fundamental que atingem o nível recomendável de leitura e a proficiência média nessa série.[36]

O sistema de metas e premiação de desempenho escolar de Minas Gerais está inserido num contexto mais amplo de reforma do Estado. O Acordo de Resultados, criado em 2003 através da Lei n.º 14.694 e implantado em 2007, é um contrato de gestão através do qual o governo estabelece metas para cada unidade de atuação governamental. Em contrapartida, essas unidades obtêm maior autonomia gerencial e financeira, e, em caso de cumprimento das metas, os servidores recebem um prêmio por produtividade.

O Acordo de Resultados tem duas etapas.[37] A primeira etapa é um conjunto de metas e prêmios de desempenho estabelecidos entre o governo do estado e as secretarias. Na segunda etapa, cada secretaria estabelece metas e prêmios para as unidades sob sua responsabilidade. No caso da educação, os prêmios para os funcionários dependem do cumprimento das metas da escola, de sua Superintendência Regional de Ensino (SRE) e da Secretaria de Educação. O valor individual depende de sua remuneração e da proporção de dias trabalhados.

Assim como em São Paulo, foi implantado em Minas Gerais um currículo para as escolas estaduais. Ele se caracteriza por um Conteúdo Básico Comum (CBC), que descreve as competências e conhecimentos que devem ser adquiridos pelos alunos em cada série. O CBC tornou-se a matriz de referência para o SIMAVE e para o estabelecimento de metas de aprendizado por escola.

Desde o início de 2009, importantes mudanças têm ocorrido na rede municipal de educação do Rio de Janeiro. Foram aplicados testes para todos os alunos da rede pública municipal da 3.ª à 5.ª série, que revelaram que 28.000 crianças eram analfabetas funcionais. As crianças de todas as séries também foram avaliadas em testes de português e matemática, que revelaram que 40% dos alunos apresentavam defasagem de aprendizado em matemática e 20% em português. Os alunos que foram identificados como analfabetos funcionais passaram por um programa de realfabetização. Os estudantes com defasagem de aprendizado foram encaminhados a programas de reforço escolar.

Foram criadas orientações curriculares, que estabelecem o que deve ser ensinado em cada série a cada bimestre, além de cadernos pedagógicos para apoiar o trabalho do professor em sala de aula. Os alunos passaram a ser avaliados por meio de provas bimestrais unificadas, elaboradas com a supervisão de consultores externos. Além disso, foi criada a Prova

---

[35] A partir de 2004, as escolas municipais também passaram a ser avaliadas pelo PROEB. Elas também são avaliadas anualmente pelo PROALFA.

[36] Cerca de 62% das escolas estaduais em Minas Gerais oferecem os anos iniciais do ensino fundamental.

[37] Agradeço a Eder Campos pelas informações fornecidas sobre o Acordo de Resultados.

Rio, uma avaliação externa anual de todas as escolas municipais. Em 2009, foram avaliados os alunos da 2.ª e 6.ª séries em português e matemática. Desde 2010, passaram a ser avaliados também os alunos da 3.ª e 7.ª séries, o que permitirá que o desempenho dos alunos seja acompanhado ao longo do tempo.

Os servidores que trabalham nas escolas com melhores resultados são premiados com um bônus. No entanto, só recebem o prêmio os diretores, professores e funcionários que tiverem menos de cinco faltas por ano. Foi criado ainda o Programa Escolas do Amanhã, em 150 escolas localizadas em áreas violentas. Uma de suas características é uma educação em tempo integral, incluindo atividades culturais, esportivas e de reforço escolar.

6 RECOMENDAÇÕES DE POLÍTICA EDUCACIONAL

Desde meados da década de 1990 ocorreram progressos significativos na elaboração de instrumentos de avaliação no Brasil, que culminaram na criação de um sistema de *accountability* do Governo Federal, além de alguns sistemas de *accountability* estaduais. O próximo passo consiste em utilizar a avaliação dos resultados de forma sistemática para aprimorar a política educacional.

Existem alguns elementos comuns nas experiências de sucesso em educação. O Relatório McKinsey (Barber e Mourshed, 2007) analisou as características dos sistemas educacionais dos países que se destacam nas avaliações internacionais e dos que conseguiram melhorar seu desempenho através de experiências de reforma. Segundo o relatório, os sistemas educacionais bem-sucedidos caracterizam-se por três elementos fundamentais. Primeiro, eles atraem candidatos muito qualificados para a carreira de professor através de mecanismos rigorosos de seleção e progressão na carreira. Segundo, o desempenho do professor é medido pela sua capacidade de fazer com que o aluno aprenda. Em função disso, existem mecanismos de apoio e incentivo para assegurar que os professores sejam instrutores efetivos. Finalmente, o desempenho do sistema educacional é medido pela sua capacidade de fazer com que todos os alunos aprendam, independentemente de suas características socioeconômicas. A utilização de instrumentos de avaliação e uma boa gestão são importantes para fazer o acompanhamento individualizado dos alunos que é necessário para que esse objetivo seja alcançado.

Também existem alguns estudos qualitativos que identificaram as características de escolas e redes municipais no Brasil que obtiveram bons resultados na Prova Brasil e no IDEB, dados a sua localização geográfica e o perfil socioeconômico de seus alunos.[38] No caso das redes municipais, uma característica associada ao bom desempenho é a existência de planejamento e uma boa gestão. Existe um acompanhamento contínuo das escolas por parte dos gestores, e as atividades das escolas são estruturadas em torno de objetivos claros e planejamento pedagógico. Outra característica das escolas e redes municipais bem-sucedidas são professores efetivos na transmissão de conhecimento, conforme captado por aspectos quali-

---

[38] Ver Ministério da Educação (2007) para uma análise de escolas bem-sucedidas e Ministério da Educação (2008) para uma avaliação de boas práticas de redes municipais.

tativos, como o seu entusiasmo e comprometimento com a aprendizagem dos alunos. Assim como no relatório da McKinsey, as boas práticas no Brasil estão associadas a um acompanhamento individualizado dos alunos através de avaliações internas e externas.

Embora existam padrões semelhantes nas experiências de sucesso, as políticas específicas através das quais os bons resultados foram obtidos variam consideravelmente entre países, escolas e redes públicas. Em geral, os resultados das políticas educacionais dependem de forma crucial dos detalhes das intervenções, das características do ambiente em que elas atuam e da qualidade dos recursos humanos envolvidos.

A seguir, apresentaremos uma estratégia para melhorar os indicadores educacionais no Brasil baseada nas lições da literatura acadêmica e de experiências bem-sucedidas. Essa estratégia baseia-se em quatro elementos: (1) experimentação e inovação; (2) formação, seleção e retenção de professores de qualidade; (3) planejamento e gestão; (4) políticas específicas para alunos e escolas com condições socioeconômicas desfavoráveis. A discussão de cada elemento será ilustrada por diferentes políticas e ações que são promissoras.

6.1 EXPERIMENTAÇÃO E INOVAÇÃO

Em essência, melhorar a educação é um processo de aprendizado baseado em um diagnóstico dos problemas e na avaliação contínua dos resultados. A avaliação permite que os problemas sejam identificados e que sejam elaborados mecanismos de *accountability* e cobrança de resultados, o que cria incentivos para que os problemas sejam resolvidos. Sob o ponto de vista da política educacional, diante da incerteza em relação aos resultados, é necessário construir um sistema de experimentação no qual a avaliação dos resultados possa contribuir para a correção dos erros e o aprimoramento das políticas. Nesse sentido, fazemos as seguintes recomendações.

■ Avaliar as Políticas Educacionais

O setor privado e organizações não governamentais têm desempenhado um papel importante na avaliação econômica de projetos educacionais no Brasil, incluindo não somente uma avaliação de impacto, mas também uma análise de custo-benefício.

No entanto, não existem avaliações sistemáticas de políticas governamentais na área educacional no Brasil. Essa avaliação seria muito importante para permitir que programas educacionais que sejam eficientes sob o ponto de vista de sua relação custo-benefício sejam mantidos e replicados em maior escala e programas com baixo benefício em relação aos custos sejam descartados.

Um modelo que pode ser considerado nesse sentido é o *Institute for Education Sciences* (IES), órgão do Ministério da Educação dos Estados Unidos responsável pela área de pesquisa educacional. O IES abrange quatro Centros: *National Center for Education Statistics*, *National Center for Education Research*, *National Center for Educational Evaluation and Regional Assistance* e *National Center for Special Education Research*.

O *National Center of Education Statistics* é responsável pela principal avaliação do país, o *National Assessment of Educational Progress*. O *National Center for Education Research* realiza pesquisas, financia a realização e avaliação de experiências inovadoras e fornece recursos para a criação de bases de dados de desempenho escolar que possam ser utilizadas para avaliar intervenções educacionais.

O *National Center for Educational Evaluation and Regional Assistance* realiza avaliações de políticas educacionais financiadas com recursos federais. Essas políticas incluem não somente as políticas executadas diretamente pelo Governo Federal, mas também políticas estaduais implantadas com transferências do Governo Federal. Finalmente, o *National Center for Special Education Research* realiza pesquisas voltadas para alunos com necessidades especiais.

No Brasil, o INEP tem um papel similar ao do *National Center for Education Statistics*, sendo responsável pela realização de avaliações nacionais, como a Prova Brasil, SAEB e Enem, e tem algumas atribuições de fomento a pesquisas similares ao *National Center for Education Research*. No entanto, nenhum órgão do Ministério da Educação tem as atribuições do *National Center for Educational Evaluation and Regional Assistance*. Nesse sentido, uma possibilidade interessante seria que o MEC passasse a contratar avaliações externas ou uma agência independente fosse criada com a finalidade de fazer avaliações de impacto e análise de custo-benefício das políticas educacionais.

■ Estimular Experiências Inovadoras

No Brasil, os estados e municípios são responsáveis pela educação básica. No entanto, o Governo Federal tem um papel importante no sentido de incentivar e financiar inovações na área educacional e disseminar informações sobre as experiências de sucesso.

Um exemplo interessante é o *Race to the Top*, um fundo de cerca de US$4 bilhões criado pelo governo Obama em 2009 para financiar programas estaduais de reforma educacional que tenham potencial para elevar o aprendizado dos alunos. Os estados que se candidatam a receber os recursos devem apresentar um plano de reforma educacional que inclui quatro áreas. A primeira é a adoção de padrões de aprendizagem e sistemas de avaliação de qualidade elevada. Segundo, devem ser criadas bases de dados com notas padronizadas dos alunos, que possam ser utilizadas para avaliar os professores e diretores das escolas, além de permitir o acompanhamento individualizado dos estudantes. Terceiro, é preciso apresentar propostas para melhorar o processo de seleção e retenção de professores e diretores. Por último, os estados devem apresentar uma estratégia para melhorar o desempenho de escolas com resultados insatisfatórios em exames padronizados.

Outro exemplo desse tipo de iniciativa nos Estados Unidos é o programa federal *Promise Neighborhoods*. Conforme discutido no texto, o *Harlem Children's Zone* é um experimento social ambicioso que tem sido conduzido em Nova York desde a década de 1990 e combina ações na área de educação a um amplo conjunto de ações sociais e comunitárias. O *Promise Neighborhoods* fornece recursos federais para que iniciativas semelhantes à *Harlem Children's Zone* sejam adotadas em 20 cidades americanas.

Em resumo, a ideia de que o Governo Federal pode estimular a inovação na área educacional é promissora e deveria ser considerada no Brasil, embora o formato não deva ser necessariamente igual ao adotado em outros países.

■ Criar Escolas Experimentais

Uma forma menos conhecida de estimular inovações em educação é através da modalidade de escolas experimentais, como foi feito em Pernambuco. Em 2005, a Lei n.º 12.965 criou a modalidade de Centro de Ensino Experimental (CEE). Os CEEs foram concebidos como um experimento em algumas escolas da rede pública, que passaram a ter maior autonomia e flexibilidade em termos de remuneração e seleção de professores e diretores, em troca de metas de desempenho.

Em 2008, a Lei Complementar n.º 125 criou o Programa de Educação Integral, com o objetivo de difundir o modelo de gestão dos CEEs no estado. Os Centros de Ensino Experimental passaram a se chamar Escolas de Referência em Ensino Médio. As Escolas de Referência em Ensino Médio são escolas de ensino médio em regime de tempo integral que utilizam um modelo de gestão disponibilizado pelo Instituto de Co-Responsabilidade pela Educação (ICE).

Recentemente, a Secretaria Municipal de Educação do Rio de Janeiro anunciou que, em 2011, implantará no segundo ciclo do ensino fundamental um modelo de escolas experimentais chamado Ginásio Experimental Carioca. O objetivo é testar inovações pedagógicas em pequena escala que possam ser replicadas para o conjunto da rede caso tenham bons resultados. Várias características do programa são semelhantes ao modelo de Pernambuco. Em particular, serão escolas em tempo integral, e os professores terão dedicação exclusiva.

Independentemente do modelo específico das escolas, o mecanismo de escolas experimentais permite que inovações educacionais sejam testadas em pequena escala. Caso sejam bem-sucedidas, podem ser replicadas em maior escala para toda a rede pública.

■ Utilizar Contratos de Gestão com Organizações Sociais para Criar *Charter Schools*

Outra forma de estimular a experimentação é através da criação de *charter schools*. Nessa modalidade de parceria público-privada em educação, o governo estabelece um contrato de gestão com uma organização privada, com ou sem fins lucrativos, para que ela seja responsável pelo funcionamento de uma escola pública. Em troca de metas de desempenho, essa organização tem maior autonomia e flexibilidade em relação à contratação de funcionários, podendo estabelecer contratos de trabalho diferenciados em relação aos contratos vigentes no setor público. O modelo de *charter schools* nos Estados Unidos tem estimulado a adoção de várias inovações educacionais, que podem ser benéficas para o conjunto da rede pública.

Embora existam no Brasil várias experiências de parceria público-privada em educação, não há *charter schools* nos moldes americanos. Uma forma de implantar esse modelo é por meio de contratos de gestão entre o setor público e organizações sociais, nos quais seriam estabelecidas metas de desempenho em troca de maior autonomia, como já existe na área de saúde.

6.2 FORMAÇÃO, SELEÇÃO E RETENÇÃO DE PROFESSORES DE QUALIDADE

Segundo vários estudos, a qualidade do professor é um determinante fundamental do nível de aprendizado dos alunos. Nesse sentido, os dados sobre a formação de professores no Brasil são bastante preocupantes. Um estudo divulgado pelo INEP em 2009 descreve as características dos professores brasileiros da educação básica.[39] De um total de 1.882.961 professores, 80% trabalham exclusivamente na rede pública de ensino, 16,4% lecionam exclusivamente na rede privada e 3,6% atuam na rede pública e privada.

Em relação à escolaridade dos professores da educação básica, somente 61,6% possuem nível superior completo com licenciatura, que representa a formação adequada para lecionar na educação básica, segundo a Lei de Diretrizes e Bases da Educação (LDB). Os dados também revelam um descompasso significativo entre a formação do professor e a disciplina na qual leciona, tanto nas séries finais do ensino fundamental quanto no ensino médio. Por exemplo, considerando o conjunto de professores que lecionam da 5.ª à 8.ª série, somente 44,7% dos professores de Matemática apresentam formação adequada para atuação na disciplina. A proporção de professores com formação adequada é de 69% em Língua/Literatura Portuguesa, 52,2% em Ciências, 53,1% em História e 48,4% em Geografia.

Embora o fato de o professor ter formação na disciplina que leciona seja importante,[40] vários estudos mostram que a qualidade do professor não é fortemente correlacionada a características observáveis do docente. A seguir, fazemos algumas recomendações para melhorar o processo de formação, seleção e retenção de professores de qualidade no Brasil.

■ Avaliar a Qualidade dos Professores

Um estudo abrangente analisou experiências de 25 países da Organização para Cooperação e Desenvolvimento Econômico (OCDE), com o objetivo de identificar políticas bem-sucedidas de recrutamento, formação, remuneração e retenção de professores de qualidade.[41] Uma das principais recomendações do estudo é estabelecer de forma clara o conjunto de competências que os professores devem adquirir para tornarem-se instrutores efetivos, ou seja, professores de boa qualidade. Esse conjunto de competências deve ser derivado das metas de aprendizagem dos alunos e alinhado a programas de formação inicial e continuada de professores.

A qualidade do professor envolve principalmente fatores de difícil mensuração, como talento em lecionar, motivação, foco no aluno e interesse em testar novos métodos de ensino,

---

[39] Ver INEP (2009).
[40] Ver Harris e Sass (2007).
[41] Ver Mckenzie e Santiago, (2005).

entre outros. Diante disso, uma medida de qualidade que tem sido crescentemente utilizada é o valor adicionado do professor, medido como a contribuição do professor para a elevação da nota do aluno em exames padronizados.[42] Nos Estados Unidos, o *Teacher Incentive Fund*, do Governo Federal, fornece recursos para estados e distritos adotarem medidas de valor adicionado como componentes de seus sistemas de avaliação de professores.

Rockoff *et al.* (2010) analisam um experimento piloto conduzido pela Secretaria de Educação da cidade de Nova York, no qual um grupo de diretores recebeu informações objetivas sobre o valor adicionado dos seus professores. Os autores mostram que o uso de informações objetivas por parte dos diretores elevou a probabilidade de troca de professores pouco efetivos e teve um efeito positivo na nota dos alunos.

Estudos recentes mostram que a combinação de informações objetivas e subjetivas sobre o desempenho dos professores pode ser eficaz para identificar professores de qualidade. Por exemplo, Rockoff e Speroni (2010) mostram que um bom desempenho do professor em avaliações objetivas, baseadas no valor adicionado do professor, e em avaliações subjetivas por parte de examinadores externos, está positivamente correlacionado a elevações futuras na nota dos alunos.

Essas evidências indicam que o uso de medidas de valor adicionado para avaliar professores seria um componente importante de uma política eficaz de avaliação de professores no Brasil. Para isso, seria necessário criar bases de dados que associem o desempenho dos alunos com seus professores. Essas medidas objetivas deveriam, por sua vez, ser complementadas por avaliações subjetivas por parte dos diretores e examinadores externos.

■ Remunerar Professores com Base na Sua Qualidade

Uma vez criada uma forma de avaliar a qualidade do professor, é preciso recompensar o professor com bom desempenho. Essa pode ser uma forma bastante efetiva de atrair e reter os melhores professores. Neste texto foram descritas várias experiências de remuneração dos professores com base no seu desempenho. Alguns estados, como São Paulo, Pernambuco e Minas Gerais, criaram metas para as escolas públicas, e premiam os professores e diretores com base no grau de cumprimento das metas. Embora o princípio seja semelhante, os detalhes de implementação são diferentes e precisam ser levados em conta ao serem replicados em outros estados.

Em São Paulo, todas as escolas que atingem suas metas são premiadas. No caso de Pernambuco, o bônus de desempenho somente é pago para as escolas que cumprem pelo menos 50% da meta. Para as escolas que atingem mais de 50% da meta, o bônus é proporcional ao grau de cumprimento. Além disso, o valor total a ser pago é fixo, de modo que o valor recebido por uma escola depende do desempenho das outras escolas, o que introduz um componente de competição entre as escolas que não existe no sistema de premiação de São Paulo. Em Minas Gerais, o valor da premiação depende do cumprimen-

---

[42] Para uma discussão recente dos méritos e limitações dessa medida para avaliar e premiar professores, ver Hanushek e Rivkin (2010).

to das metas da escola, de sua Superintendência Regional de Ensino (SRE) e da Secretaria de Educação.

Nesses programas, o valor do bônus depende do resultado da escola e não da contribuição específica do professor. Uma forma que tem sido adotada para introduzir alguma diferenciação individual é através do desconto ou não concessão do bônus em função do número de faltas do professor. Outra forma adotada recentemente pelo governo de São Paulo foi criar um programa de progressão na carreira que depende do desempenho individual do professor.

Na implantação de programas de avaliação e remuneração de professores associada ao desempenho, é preciso levar em consideração a resistência dos sindicatos. Brooke (2006) argumenta que a resistência do sindicato de professores contribuiu para o fim de um programa promissor adotado no Paraná, chamado Boletim da Escola. Grindle (2004) analisa o papel dos sindicatos de professores em várias experiências de reforma educacional adotadas na América Latina na década de 1990. Segundo a autora, uma forma de aumentar o grau de cooperação com os sindicatos é fazer com que a implantação das reformas esteja associada a melhores condições de trabalho, salários e oportunidades de ascensão profissional.

Gall e Guedes (2009) analisam a experiência recente de reforma educacional de Nova York e o papel dos sindicatos de professores e diretores. Os autores mostram que, durante o período da reforma, o sindicato de professores conseguiu obter um aumento de salários de 43%. Os autores também argumentam que a implantação de algumas iniciativas de reforma sob a forma de projeto piloto permitiu que os bons resultados iniciais ajudassem a superar a resistência de políticos e sindicatos.

Em resumo, existem diferentes formas de recompensar professores de qualidade, assim como diversas medidas de desempenho do professor. A avaliação das iniciativas de premiação e progressão na carreira associadas ao desempenho adotadas recentemente no Brasil será importante para que outros estados e municípios possam escolher o modelo mais adequado.

6.3 PLANEJAMENTO E GESTÃO

Uma boa gestão envolve, de um lado, assegurar que os atores envolvidos no processo educacional, como pais, diretores e professores, tenham os recursos e o conhecimento necessários para melhorar o desempenho dos alunos. Além disso, é preciso que existam incentivos adequados. Nesse sentido, fazemos as seguintes recomendações.

■ Estabelecer Metas Claras de Aprendizagem e Integrá-las com a Avaliação, Currículo, Material Pedagógico e a Formação Inicial e Continuada dos Professores

Com base em uma análise de sistemas de avaliação na América Latina, Valverde (2009) argumenta que as experiências bem-sucedidas se caracterizam por uma integração entre padrões de aprendizagem, metas, estrutura curricular, material pedagógico e formação inicial e continuada dos professores.

O Plano de Metas Compromisso Todos pela Educação, do Ministério da Educação, criou metas do IDEB para a 4.ª e 8.ª séries do ensino fundamental em cada escola pública urbana. Embora essa iniciativa tenha sido importante, existem algumas limitações. Em particular, é necessário que as escolas e redes criem metas de aprendizagem para as demais séries do ensino fundamental e do ensino médio. Além disso, o SAEB e a Prova Brasil avaliam a proficiência dos alunos em matemática e português. Embora essas habilidades básicas sejam fundamentais, as escolas e redes devem complementar as metas de aprendizagem nessas disciplinas com outras áreas do conhecimento.

Poucos estados possuem currículos bem definidos e integrados com as metas de aprendizagem, o sistema de avaliação e os programas de formação de professores. No entanto, existem algumas experiências promissoras. Alguns estados, como São Paulo e Minas Gerais, criaram recentemente uma base curricular comum nos ensinos fundamental e médio, o que permitiu que os professores passassem a conhecer os conteúdos que seriam objeto da avaliação das escolas. O currículo também passou a orientar os programas de formação inicial e continuada dos professores e programas de reforço escolar.

■ Elevar o Grau de Autonomia das Escolas Públicas

A descentralização pode contribuir para elevar o grau de *accountability*, na medida em que as comunidades locais têm um maior incentivo e capacidade de monitoramento dos resultados das escolas. No Brasil, desde meados da década de 1990 tem se verificado uma significativa municipalização das matrículas no ensino fundamental. No entanto, não existem evidências de que houve um impacto positivo na proficiência dos alunos.[43]

As experiências de descentralização bem-sucedidas caracterizam-se não somente por uma delegação administrativa de poderes do governo central para governos e comunidades locais, mas também por uma elevação do grau de autonomia e flexibilidade na gestão escolar. Dessa forma, a descentralização pode se refletir em uma mudança dos incentivos dentro da escola e numa melhoria do desempenho escolar.

Uma experiência interessante nesse sentido é o Programa de Autonomia Escolar de Nova York (*Empowerment Schools*).[44] Através desse programa, os diretores de escolas da cidade de Nova York passaram a ter autonomia para elaborar o orçamento, contratar professores, tomar decisões sobre o currículo e a grade horária e escolher os tipos de assistência técnica necessários para a escola. Em contrapartida, os diretores passaram a ser responsabilizados pelos resultados de aprendizado da escola, podendo ser demitidos caso não sejam atingidas as metas de desempenho dos alunos.

O princípio da autonomia foi implantado de forma gradual. O programa foi iniciado com um piloto em 2004/2005, com uma adesão voluntária de 29 escolas, que formaram a Zona de Autonomia (*Empowerment Zone*). A escala do programa elevou-se ao longo do tempo, e em

---

[43] Ver Leme, Paredes e Souza (2009).
[44] Para uma descrição do Programa de Autonomia Escolar de Nova York, ver Gall e Guedes (2009).

2008/2009 o Programa de Autonomia Escolar foi estendido para todas as escolas públicas de Nova York. Segundo Gall e Guedes (2009), a estratégia de iniciar o processo através de um programa piloto, de adesão voluntária, foi fundamental para a implantação posterior da autonomia escolar em toda a rede pública.

Conforme mencionado anteriormente, outra forma de elevar o grau de autonomia das escolas públicas é através da criação de *charter schools*. Nesse caso, também é adotado o princípio de conceder maior autonomia para as escolas em troca de maior *accountability*, mas isso é feito através de um contrato de gestão com uma organização privada.

6.4 POLÍTICAS ESPECÍFICAS PARA ALUNOS E ESCOLAS COM CONDIÇÕES SOCIOECONÔMICAS DESFAVORÁVEIS

Existem vários exemplos de que escolas de qualidade podem fazer muito para elevar o aprendizado de crianças criadas em ambientes socioeconômicos desfavoráveis. Entre eles incluem-se várias *charter schools* bem-sucedidas, como as da rede KIPP, da *Harlem Children's Zone* e das cidades de Boston e Nova York.

Uma característica importante dessas escolas é que quase todas compartilham o modelo *No Excuses*, caracterizado por uma maior duração do dia e ano letivo, avaliações frequentes de professores e alunos e uma preocupação em incutir nos estudantes valores associados à disciplina e ética de trabalho.

Várias *charter schools* bem-sucedidas têm professores provenientes do programa *Teach for America*. O *Teach for America* foi criado em 1989 e recruta candidatos com excelente desempenho formados em universidades de primeira linha para lecionar por um mínimo de dois anos em escolas que atendem famílias de baixa renda. Os candidatos selecionados passam por um programa de treinamento curto e intensivo, com um componente importante de prática em sala de aula. Posteriormente foi criada uma versão internacional do programa chamada *Teach for All*. Recentemente, foi criado no Brasil o Ensina!, que faz parte da rede *Teach for All*.[45]

Também existem vários estudos que mostram que programas de educação infantil de qualidade são eficazes para melhorar o desempenho escolar de crianças criadas em ambientes socioeconômicos desfavoráveis.[46] Esses programas também contribuem para o estímulo de determinadas características de comportamento e traços de personalidade, como a sociabilidade e a autoestima. Além de melhorar o desempenho escolar, essas características comportamentais reduzem a probabilidade de envolvimento com drogas e de participação em atividades criminosas.

As intervenções bem-sucedidas de educação infantil envolvem uma combinação de características que são similares, em vários aspectos, ao modelo *No Excuses*. Os professores recebem treinamento intensivo e possuem formação específica para lecionar no segmento de edu-

---

[45] Para mais informações, ver http://www.ensina.org.br.
[46] Para uma descrição e análise de intervenções de educação infantil bem-sucedidas, ver Araújo *et al.* (2009).

cação infantil. Outra característica importante é um baixo número de crianças por professor, para permitir que os professores dediquem uma atenção diferenciada para cada criança. Além disso, existe uma estrutura curricular que estabelece uma rotina de ensino bem planejada. Finalmente, existe um grande esforço em envolver os pais na educação de seus filhos.

No Brasil, existem algumas experiências recentes que utilizam um modelo semelhante ao *No Excuses*. Por exemplo, as Escolas de Referência em Ensino Médio de Pernambuco são escolas de regime em tempo integral que possuem um currículo estruturado e estabelecem metas de aprendizagem. Os professores são selecionados com base em uma prova de conhecimentos específicos. Eles têm dedicação exclusiva, são avaliados em função do cumprimento de metas acadêmicas, e aqueles com melhor avaliação recebem um bônus de desempenho. Os diretores que não atingem suas metas podem ser removidos do cargo. Também existe uma grande ênfase em transmitir valores e características de comportamento que estimulem os alunos a concretizar seus objetivos. Uma das metas do programa é que 50% dos alunos de ensino médio de Pernambuco sejam atendidos por essas escolas até 2012.

Embora sejam intensivos, os programas bem-sucedidos de intervenção educacional em ambientes socioeconômicos desfavoráveis possuem, em geral, benefícios muito superiores aos custos. Portanto, trata-se de uma política educacional que pode ao mesmo tempo aumentar a eficiência e reduzir a desigualdade social.

O Viés Acadêmico na Educação Brasileira[1]

Simon Schwartzman

1 INTRODUÇÃO

O objetivo deste texto é chamar a atenção para o forte viés acadêmico que tem sido um grande obstáculo à diferenciação do sistema educacional brasileiro e à melhora de seu desempenho. O texto tem sete partes, além desta introdução. A primeira parte, conceitual, discute a importância da diferenciação institucional e curricular na educação e mostra como ela tende a ser inibida pelo viés acadêmico que deriva do valor "posicional" da educação, além de seu valor como capital humano.

A segunda parte trata do ensino médio. Dada a grande heterogeneidade da população brasileira que chega a esse nível, exigir que todos façam o mesmo currículo de tipo acadêmico, sem abrir espaço para alternativas, significa na prática condenar a maioria ao fracasso. O viés acadêmico que impede a diferenciação vem dos equívocos da Lei de Diretrizes e Bases da Educação de 1988, que se contrapõe às evidências consolidadas por Cunha e Heckman sobre os processos de desenvolvimento intelectual e emocional a partir da infância e suas implicações para as políticas educativas em idades posteriores. Os trabalhos de Heckman e associados têm tido grande influência no desenvolvimento da educação pré-escolar no Brasil, mas suas consequências para o ensino médio, profissional e tecnológico não têm sido consideradas. A terceira parte faz uma crítica ao Exame Nacional do Ensino Médio, que, no seu atual formato, contribui para reforçar o academicismo e impedir a diferenciação do ensino médio brasileiro. A quarta e quinta partes tratam da grande dificuldade que o Brasil tem de desenvolver os segmentos de ensino técnico, de nível médio, e tecnológico, de nível superior, argumentando que a política mais recente do Governo Federal de criação de Institutos de Tecnologia pode significar um passo atrás, e não um progresso em relação a isso. A última parte trata da pós-graduação brasileira, mostrando que ela também acabou por desenvolver um sistema fortemente acadêmico, autorreferido e fechado em si mesmo, de qualidade heterogênea, e com pouco impacto em termos de desenvolvimento tecnológico e aplicações. A conclusão traz uma referência ao Processo de Bologna, que vem tornando a educação superior europeia muito mais diversificada e flexível, e concluindo que, apesar da importância crescente que a educação vem tendo nas políticas públicas, a discussão no Brasil tem sido muito tímida, mais voltada para melhorar incrementalmente o que temos, e muito menos para rever seus pressupostos e abrir novos horizontes; e que a consideração do tema do viés acadêmico pode ser uma oportunidade, quem sabe, para avançar nessas questões.

---

[1] Agradeço a Edmar Bacha, Claudio de Moura Castro e Reynaldo Fernandes pelas críticas e comentários à primeira versão deste texto. Este capítulo foi aceito para publicação em Pensamento Educativo, *Revista de Investigación Educacional Latinoamericana* (PEL), Santiago de Chile, v. 48, n. 1, 2011.

2 VIÉS ACADÊMICO, DIFERENCIAÇÃO E BENS POSICIONAIS EM EDUCAÇÃO

O termo *academic drift* (que pode ser traduzido por deriva ou viés acadêmico) é usado na literatura especializada de educação superior para descrever a tendência das instituições de ensino em aumentar seu *status* imitando os modelos organizacionais e conteúdos das de mais prestígio, reduzindo assim a diversidade dos sistemas educacionais, que, em nome da igualdade, se tornam cada vez mais estratificados, hierarquizados e ineficientes (Neave, 1979; Rhoades, 1990). No Brasil esse viés não só ocorre de forma intensa, mas é consagrado em lei, do ensino médio à pós-graduação, com graves prejuízos para a maioria dos estudantes e da sociedade como um todo. O objetivo deste texto é discutir essa questão em relação ao ensino médio, ensino técnico profissional, ensino de graduação e de pós--graduação no Brasil.

Existem várias razões pelas quais a diversidade é importante (Van Vught, 2008). Primeiro, sistemas educacionais diferenciados são melhores para dar acesso à educação para estudantes com histórias e níveis diferentes de formação, dando oportunidades realistas de sucesso para a maioria. Segundo, ao proporcionar diferentes entradas e possibilidades de transferência, sistemas diversificados estimulam a ascensão social e econômica, criando um leque mais amplo de oportunidades e permitindo mudanças de percurso. Terceiro, sistemas diversificados respondem melhor às necessidades do mercado de trabalho, que requerem pessoas com diferentes tipos e graus de competência. Quarto, a diversidade atende às necessidades de reconhecimento social de diferentes grupos sociais, que ficam excluídos em sistemas unificados pautados nos padrões acadêmicos e de desempenho dos setores mais educados, que são geralmente também os mais ricos. Quinto, sistemas diferenciados permitem combinar a educação de elite com a educação de massas, atendendo a um público heterogêneo e às diferentes demandas do mercado de trabalho. Sem diferenciação, quando a educação se massifica os sistemas unificados acabam sendo pressionados a reduzir seus padrões de qualidade, nivelando-se por baixo e impedindo que instituições de excelência se desenvolvam e se mantenham. Sexto, sistemas diferenciados são mais eficientes, porque os objetivos de cada instituição ou setor são mais ajustados às características de seus estudantes. Finalmente, sistemas diversificados dão mais oportunidade para a experimentação e a inovação, que pode se dar em instituições e setores específicos, sem depender de grandes mudanças no sistema como um todo.

Se os benefícios da diferenciação são tantos, como se explica o viés acadêmico que leva os sistemas educativos à uniformidade? Parte da explicação tem a ver com o fato de que o valor da educação não depende, simplesmente, do que ela produz em termos de conhecimentos e competência, reconhecidos pelas pessoas como um bem em si mesmos e também pelo mercado de trabalho, mas também da posição relativa das pessoas em uma escala de prestígio e reputação. Essa escala de prestígio e reputação é mantida e estimulada pelas pessoas e instituições que nelas ocupam as posições mais altas, que todos os demais tentam emular.

A proposição de que a educação é um bem "posicional", geralmente atribuída a um texto de 1977 de Fred Hirsch (Hirsch, 1977), tem servido de contraponto às teorias de capital humano que predominam na literatura econômica sobre a educação.[2] Para Hirsch, a educação teria uma dimensão absoluta, cuja qualidade aumenta com bons estudantes, bons professores, boas instalações e assim por diante: e uma dimensão relativa, segundo a qual a qualidade consiste na diferença entre os níveis educacionais de uns em relação aos obtidos pelos outros. Isso o leva a concluir que, na medida em que a educação é um mecanismo de seleção, a possibilidade de que todos avancem é uma ilusão. O mesmo valeria para o mercado de trabalho, em que as oportunidades de bons empregos podem ser aumentadas melhorando a competência das pessoas, mas ao mesmo tempo distribui os que buscam trabalho ao longo de uma hierarquia de empregos, oferecendo diferentes condições de trabalho, renda e posição social. A dimensão absoluta se refere aos requisitos de desempenho de indivíduos, organizações e sociedades, e se expressa na maneira pela qual escolas, empresas e governos buscam cumprir seus objetivos melhorando a qualidade do ensino, melhorando a produtividade, as margens de lucro, e desenvolvendo a economia. A dimensão relativa, ou posicional, por outro lado, tem a ver com como cada um se coloca em uma hierarquia implícita ou explícita de prestígio, quando indivíduos, universidades e empresas buscam maximizar seu capital reputacional, um bem que é inerentemente escasso nesse tipo de competição e que tem grande importância para recrutar melhores estudantes e professores, colocá-los nas melhores posições no mercado de trabalho e atrair mais recursos de investimentos públicos e privados. Robert K. Merton, em 1968, já havia mostrado como na ciência opera o efeito bíblico do Evangelho de São Mateus, segundo o qual "ao que tem, dar-se-lhe-á, e terá em abundância; mas ao que não tem, até aquilo que tem lhe será tirado" e o mesmo efeito se observa na educação, e especialmente na educação superior (Merton, 1968).

A tese principal é que essas duas dimensões da educação, absoluta e relativa, podem estar em tensão, produzindo altos custos e ineficiência, sobretudo quando a dimensão posicional predomina. A disputa por posições de prestígio pode trazer benefícios, na medida em que estimula todos a competir por qualidade e desempenho. Mas pode levar também a grandes ineficiências, quando as pessoas se tornam sobrequalificadas ou com qualificações irrelevantes, porque se comparam umas com as outras, e não com as demandas externas do mercado de trabalho; quando os recursos se concentram demasiadamente no topo da hierarquia; e quando muitos se perdem no processo de competição pelas posições mais elevadas, deixando de buscar objetivos diferenciados e mais realistas próprios de sistemas diferenciados. Para evitar os efeitos perversos do viés acadêmico é necessário que outros atores além dos que já ocupam as posições de mais prestígio nas hierarquias estabelecidas, interessados nos diferentes produtos e resultados da educação, possam exercer influência e abrir espaço para alternativas.

---

[2] O que se segue é baseado em Brown, Phillip (2003).

3 A CRISE DE QUALIDADE E O VIÉS ACADÊMICO DO ENSINO MÉDIO[3]

As avaliações mais recentes da educação brasileira, realizadas pelo Ministério da Educação através da Prova Brasil para o ensino fundamental, assim como pela OECD, pelo Programa Internacional de Avaliação de Estudantes (PISA), para os estudantes de 15 anos, mostram pequenos progressos que também ocorrem no ensino médio, que, no entanto, estão longe de ser satisfatórios e não garantem que haverá continuidade.[4] No ensino médio, as médias obtidas pelos alunos da 3.ª série em português nas escolas públicas evoluíram de 260 para 262 pontos entre 2005 e 2009, e em matemática, de 260 a 266. O consenso dos especialistas que acompanham esses números, através do movimento Todos pela Educação,[5] é que o mínimo requerido nessa etapa seriam 300 pontos em português e 350 em matemática. As notas médias do setor privado não são muito melhores, e, em 2009, somente 30% dos alunos em todo o país, dos setores público e privado, conseguiram o mínimo em português e 11%, o mínimo em matemática.

Essa é a situação dos que chegam até o final do ensino médio. A permanência de crianças e jovens na escola no Brasil é hoje muito melhor do que no passado, com quase 99% das crianças de 11 anos estudando. Aos 14, no entanto, essa participação já cai para 95%, aos 17 para 76% e aos 18 para 54% (dados da PNAD 2009). Dos jovens de 15 a 17 anos que deveriam estar no ensino médio, somente 49% lá estão, 33% ainda estão no ensino fundamental e 15% já abandonaram a escola. Aos 23 anos de idade, em 2009, 58% da população tinha obtido pelo menos 11 anos de escolaridade (que correspondem ao ensino médio completo na classificação utilizada pelo IBGE nas PNADs), 20 pontos percentuais a mais do que a geração anterior, hoje com 45 anos de idade (ver Gráfico 1).

GRÁFICO 1

Fonte: IBGE, PNAD 2009.

---

[3] Esta seção se baseia, em parte, em dois textos anteriores (Schwartzman, 2010a e 2010c).
[4] A Prova Brasil consiste em exames de português e matemática aplicados a todos os alunos nos 5º e 9º anos das escolas do país acima de certo porte, de forma compatível com o Sistema de Avaliação da Educação Básica (SAEB), de tipo probabilístico, aplicada também aos estudantes no final do ensino médio. Os resultados da Prova Brasil e do SAEB são combinados com dados de fluxo escolar no cálculo do Índice de Desenvolvimento da Educação Básica (IDEB).
[5] http://www.todospelaeducacao.org.br/.

A combinação dos dados de qualidade com cobertura indica que menos de 20% da população jovem brasileira está atingindo os níveis mínimos de competência em língua portuguesa (leitura e compreensão de textos) e somente 6% em matemática. Tais valores, considerados cada vez mais como mínimos também para o mercado de trabalho, colocam sérias indagações não só quanto às causas de serem tão baixos, mas, sobretudo, sobre o que fazer para melhorá-los.

As causas, como evidenciado nos textos de Fernando Veloso e Naercio Aquino Menezes Filho neste volume, começam com a precariedade da educação pré-escolar, e continuam ao longo dos oito ou nove anos do ensino fundamental. Além de diferenças individuais em motivação e tipos de inteligência, os estudantes chegam ao ensino médio com limitações e atrasos que vão se acumulando ao longo dos anos. Resumindo uma grande literatura sobre o tema, Flávio Cunha e James Heckman escrevem que "qualquer análise do desenvolvimento humano precisa considerar três observações bem estabelecidas sobre habilidade. A primeira observação é que habilidade faz diferença. Um grande número de estudos empíricos documentam que a habilidade cognitiva é um importante determinante de salários, escolaridade, participação em crime e sucesso em muitos aspectos da vida econômica e religiosa (...). A segunda observação, estabelecida mais recentemente, é que as habilidades são por natureza múltiplas. Habilidades não cognitivas (perseverança, motivação, preferências intertemporais, aversão a risco, autoestima, autocontrole, preferência por lazer) têm efeitos diretos sobre salários (controlando por educação), escolaridade, gravidez adolescente, tabagismo, crime, desempenho em provas de habilidades e muitos outros aspectos da vida social e econômica. (...) A terceira observação é que a distinção entre natureza e criação (*nature versus nurture*) é obsoleta. Genes e ambiente não podem ser separados em modelos lineares que identificam a variância de cada modelo" (Cunha e Heckman, 2007).

As evidências apresentadas por Cunha e Heckman sobre a importância da educação infantil e pré-escolar têm sido muito mencionadas no Brasil e utilizadas para justificar a expansão desses níveis iniciais que tem ocorrido nos últimos anos. No entanto, suas evidências sobre o que ocorre com o grande contingente de jovens que não se beneficiaram desses investimentos iniciais não têm sido consideradas. Essas evidências são, primeiro, que o desenvolvimento intelectual, medido pelos testes de inteligência (IQ) que avaliam a capacidade cognitiva, pode ser estimulado até 10 anos de idade, mas tal desenvolvimento cessa a partir daí. A segunda é que, quanto mais tarde é feito o trabalho de compensar os déficits de formação inicial, mais caros e menos efetivos eles se tornam. A terceira é que a intervenção tardia pode ter resultados importantes se orientada para competências não cognitivas, mas programas compensatórios em sala de aula para corrigir déficits cognitivos iniciais têm resultados medíocres (*"classroom remediation programs designed to combat early cognitive deficits have a poor track record"*).

Isso coloca em questão a uniformidade do ensino médio no Brasil, assim como dos programas de educação de jovens e adultos (EJA), que pretendem fazer com que pessoas que abandonaram a escola recuperem, de forma acelerada, as mesmas competências e conhecimentos gerais que, por diferentes razões, deixaram de adquirir nas idades apropriadas. A existência dessas diferenças, que têm forte correlação com variações econômicas, familiares, culturais e étnicas, é um tema central das discussões de política educacional nos Estados Unidos, em que o grande dilema é entre tratar a todos como se fossem iguais, deixando que as diferenças existentes acabem se impondo, ou reconhecer as diferenças e tratá-las como tais (Coleman, 1990; Gottfredson, 2005; Paige e Witty, 2010).

A maneira de lidar com esse problema no ensino médio é conhecida, embora não seja simples: abrir um leque de alternativas para que as escolas possam oferecer cursos diferentes e os estudantes possam trilhar caminhos de formação distintos, adequados à formação anterior que conseguiram ter e também a seus interesses. Isso não ocorre em países pequenos, ricos e muito homogêneos, como a Finlândia, em que praticamente todos os estudantes têm boa educação desde o início e acesso a uma formação mais abrangente e igualitária no nível médio, mas é a regra em praticamente todos os demais países. Na maioria dos países essa diferenciação se dá entre o ensino médio convencional, mais acadêmico, e o ensino profissional e técnico, que, na Austrália e Alemanha, por exemplo, inclui a maioria dos estudantes (ver Tabela 1).

TABELA 1 Porcentagem de alunos de ensino médio em cursos técnicos — países diversos	
Austrália	40,5
China	18,6
Brasil	4,8
Chile	23,9
Bélgica	41,7
França	20,0
Alemanha	22,0

Fonte: Instituto de Estatística da UNESCO, 2008.

Reynaldo Fernandes, em seu texto, reconhece o problema, menciona as principais alternativas que outros países adotam para lidar com a questão (o modelo americano das "*comprehensive high schools*" e o modelo europeu de escolas técnicas e acadêmicas separadas), mas entende que nenhuma delas seria exequível no Brasil, concluindo que o melhor caminho para o país seria continuar apostando no ensino médio acadêmico que temos hoje, buscando torná-lo mais atrativo para os estudantes e enfatizando mais os conhecimentos e habilidades úteis para a vida. Existem de fato problemas sérios de custo para a criação de um sistema de ensino médio diferenciado como o americano, que também tem seus problemas, e não teria sentido criar um sistema escolar socialmente estratificado como os implantados na Europa décadas atrás e que hoje estão sendo objeto de crítica e revisão (Schwartzman e

Christophe, 2005); mas esses problemas não justificam a insistência em políticas que contribuem para acentuar o problema.

Os passos necessários para mudar essa situação, que não implicam custos imediatos, são acabar com a atual obrigatoriedade de um currículo de ensino médio sobrecarregado e uniforme, permitir que o ensino técnico e profissional se desenvolva de forma independente, dando acesso ao ensino superior onde couber, e descontinuar o Exame Nacional de Ensino Médio no atual formato, como única ou principal via de acesso ao ensino superior. O acesso ao ensino superior não deve depender de qualificações formais de um ou outro tipo, mas sim de competências que sejam específicas para cada tipo de formação, que possam ser avaliadas de forma separada. O próprio ensino superior, na medida em que se massifica, também precisa se diversificar, criando múltiplas vias de formação curta ou longa, mais acadêmica ou mais vocacional.[6]

A insistência brasileira em manter um ensino médio com tanta ambição, disfuncionalidade e ineficiência como o atual não se deve somente a uma questão de custos, mas faz parte da visão mais geral, que permeia todas as políticas sociais do país, de que todos devem ter acesso a todos os direitos e benefícios (no caso, os da formação acadêmica e seu desdobramento em cursos universitários futuros), mesmo que na prática isso signifique a exclusão e a frustração da maioria das pessoas. Em relação a custos, existe hoje um consenso de que os investimentos em educação devem aumentar significativamente, mas estes investimentos não deveriam ser feitos para reforçar os defeitos do sistema educacional que temos.

A legislação brasileira, no passado, previa a existência de diferentes tipos de ensino médio — o científico e o clássico, de preparação para as carreiras acadêmicas, e os ensinos industrial, agrícola, comercial e normal, entre outros, que deveriam colocar os alunos diretamente no mercado de trabalho. Com o tempo, essas diferenciações foram desaparecendo, e a Lei de Diretrizes e Bases da Educação Nacional de 1996 terminou por liquidá-las de vez, ao estabelecer uma longa e detalhada lista do que todos os estudantes brasileiros deveriam estudar, incluindo "o estudo da língua portuguesa e da matemática, o conhecimento do mundo físico e natural e da realidade social e política, especialmente do Brasil" (§1.º), o ensino da arte (§2.º), a educação física (§3.º), o ensino da história do Brasil e de suas diversas etnias (§4.º) e língua estrangeira a partir da 5.ª série (§5.º). Além disso, o artigo 27 lista uma série de outros conteúdos associados aos valores de cidadania e orientação para o trabalho, enquanto o artigo 28 trata da especificidade do ensino nas áreas rurais. O artigo 32 detalha mais as competências a serem desenvolvidas no ensino fundamental, incluindo a "compreensão do ambiente natural e social, do sistema político, da tecnologia, das artes e dos valores em que se fundamenta a sociedade", e o artigo 36 detalha alguns dos conteúdos requeridos no ensino médio, incluindo, no § 1.º, "I – domínio dos princípios científicos e tecnológicos que presidem a produção moderna; II – conhecimento das formas contemporâneas de linguagem; III –

---

[6] O termo "*vocational education*" (educação vocacional) é usado internacionalmente para se referir aos cursos voltados de forma mais imediata para o mercado de trabalho, diferentemente dos cursos mais acadêmicos ou de formação universitária. No Brasil usam-se as expressões "educação técnica" para a educação vocacional de nível médio e "educação tecnológica" para a de nível superior, embora nem sempre esses cursos tenham efetivamente conteúdo técnico.

domínio dos conhecimentos de Filosofia e de Sociologia necessários ao exercício da cidadania". Finalmente, o §2.º desse artigo estabelece que "o ensino médio, atendida a formação geral do educando, poderá prepará-lo para o exercício de profissões técnicas", seja no próprio estabelecimento de ensino, seja em cooperação com instituições especializadas em educação profissional. Nos anos mais recentes, emendas parlamentares incluíram seis novos conteúdos obrigatórios, interpretando ao pé da letra a Lei de Diretrizes e Bases: filosofia, sociologia, artes, música, cultura afro-brasileira e indígena e direitos das crianças e adolescentes. Temas como educação para o trânsito, direitos do idoso e meio ambiente também aparecem como obrigatórios, e existem várias centenas de projetos de lei acrescentando outros conteúdos (Tupinambás, 2010).

Diante das enormes exigências da formação geral obrigatória, a permissão da LDB para a formação técnica é inócua. Essa legislação gerou dois efeitos perversos: a sobrecarga dos currículos escolares acadêmicos, sobretudo do ensino médio, e o sufocamento da educação vocacional, que só pode ser cursada de forma concomitante ou após o término do ensino médio convencional, ou então em cursos de educação não formal, como os proporcionados pelo Centro Paula Souza, do governo do estado de São Paulo, ou por instituições como o SENAI.

Hoje, o currículo regular do ensino médio exige que os alunos cursem cerca de 14 disciplinas diferentes, perfazendo cerca de três mil horas de estudo ao longo de três anos. O resultado é que, na grande maioria das escolas, todas as matérias acabam sendo dadas de forma rasa, burocrática e superficial, sem possibilidade de aprofundamento e formação verdadeira. Um dos principais programas do Ministério da Educação para esse nível é o Ensino Médio Inovador, de incentivos a escolas que satisfaçam determinados critérios de desempenho, mas que, apesar de uma retórica aparentemente inovadora, só abre espaço para que 20% da carga horária dos cursos seja oferecida fora da grade escolar convencional. Os estudantes que queiram adquirir uma formação vocacional precisam cumprir todas essas exigências formais e, além disso, cursar as matérias específicas de tipo técnico. Como não é possível que os estudantes optem pelos estudos técnicos no lugar do ensino acadêmico, e como os que conseguem terminar bem o ensino médio acadêmico são candidatos naturais ao ensino superior, não é de admirar que tão poucos estudantes busquem esse caminho. Em 2009, conforme o Censo Escolar do Ministério da Educação, havia 9,8 milhões de estudantes de nível médio no país, mas somente cerca de 850 mil em cursos técnicos regulares, uma proporção extremamente pequena se comparada com a de outros países.

4 A DISFUNCIONALIDADE DO ENEM

Essa tendência à uniformidade é agravada pelo Exame Nacional do Ensino Médio, o ENEM, que o Governo Federal tem tentado transformar no principal mecanismo de acesso ao ensino superior e, ao mesmo tempo, um padrão de qualidade e instrumento de reforma do ensino médio, combinando objetivos distintos que acabam conflitando entre si (Oliveira, 2010).

A maneira clássica de avaliar o que os estudantes aprenderam no ensino médio são as certificações de conhecimentos feitas por professores ou agências certificadoras externas, em disciplinas selecionadas. São o *Abitur* alemão, o *Baccalauréat* francês e o *A-level* inglês, que servem como referência para as universidades em seus processos seletivos. Uma alternativa são os exames de competências mais genéricas, como redação, vocabulário, raciocínio lógico e matemático, que não estão associados a currículos específicos mas avaliam competências consideradas importantes para o prosseguimento dos estudos, como o *Scholastic Aptitude Test* (SAT) dos Estados Unidos.

Criado na década de 1990, o ENEM, em sua concepção inicial, buscava criar um padrão de referência de qualidade para os estudantes que terminam o ensino médio do país através de "uma única prova, multidisciplinar, com uma redação e 63 questões objetivas, baseadas numa matriz de cinco competências e 21 habilidades, não estando dividido, portanto, por disciplina, como é o caso da maioria dos demais exames" (Castro e Tiezzi, 2005). Na tentativa de torná-lo um exame que pudesse substituir os vestibulares universitários, em 2009, o Ministério da Educação, em negociações com as universidades federais, transformou o exame em uma verdadeira maratona, com 200 questões a serem respondidas em dois dias. O novo ENEM pretende avaliar os estudantes em quatro grandes áreas de competência (linguagens, códigos e suas tecnologias; matemática e suas tecnologias; ciências da natureza e suas tecnologias; ciências humanas e suas tecnologias)[7] sem abrir espaço para opções, o que obriga os estudantes e as escolas de ensino médio a cobrir todo o currículo enciclopédico existente. Criado de forma precipitada, o ENEM tem tido problemas sérios de implementação, e suas provas têm sido muito criticadas quanto ao conteúdo. Pressionadas pelo Ministério da Educação, a maioria das universidades brasileiras admite hoje os resultados do ENEM como parte de seu processo de seleção, mas com pequeno peso nas instituições de mais prestígio, que não dispensam seus vestibulares.

Mais grave do que os problemas de implementação, no entanto, é a concepção por detrás desse exame unificado e enciclopédico, que dificulta a diversificação e melhoria da qualidade da educação média. Para reverter essa situação, seria necessário que os estudantes do ensino médio tivessem diante de si um grande leque de opções, da formação vocacional e técnica à formação científica ou humanista, e pudessem ser avaliados e certificados nas áreas profissionais e de conhecimento que escolhessem. As instituições de ensino superior, por sua parte, poderiam considerar os resultados dessas avaliações ou certificações, desde que houvesse reconhecimento da qualidade do trabalho das agências de certificação, conforme o perfil dos alunos que busquem. Um sistema de avaliação amplo e diferenciado como esse não teria como ser administrado pelo Ministério da Educação, que poderia, no entanto, ter o papel de certificar as agências certificadoras, que, como em muitos países, poderiam ser privadas ou públicas e administradas por governos estaduais, associações profissionais e empresas da área de educação. Exames como o SAT americano poderiam continuar a existir, mas seriam utilizados de forma variável e em combinação com outros exames e certificações de nível médio. A introdução de um sistema como esse, no entanto, requer uma nova visão a respeito da natureza e do papel da educação média na sociedade brasileira.

---

[7] http://www.enem.inep.gov.br/.

5 O VIÉS ACADÊMICO NA EDUCAÇÃO TÉCNICA E PROFISSIONAL

Nos anos 1980, o Governo Federal criou uma série de Centros Federais de Educação Profissional e Técnica — cerca de um por estado — a partir de antigas escolas de aprendizes e artífices que deveriam proporcionar educação técnica e profissional de nível médio. Como entidades federais, os CEFETs passaram a contar com recursos humanos e financeiros muito superiores aos das redes escolares estaduais e municipais. Neles só era possível entrar através de disputados exames de seleção (os chamados "vestibulinhos"), e assim se transformaram em vias de acesso para cursos universitários de prestígio. Com isso, eles deixaram de cumprir sua função inicial, que era a de formar técnicos de nível médio para o mercado de trabalho. Nos anos 1990 houve uma tentativa do Governo Federal de reverter essa situação, separando as vertentes técnicas e acadêmicas dos CEFETs, de tal maneira que os alunos pudessem escolher entre elas, e fazendo com que a vertente técnica, que não daria acesso ao ensino superior, ficasse destinada a pessoas que de fato buscassem uma inserção mais imediata em atividades de nível médio no mercado de trabalho.

Essa política encontrou forte resistência não só entre alunos como entre professores dos CEFETs cuja aspiração era se igualar, em termos de prestígio e carreira funcional, aos professores das universidades federais. Esse objetivo foi finalmente atingido no governo Lula, com a aprovação da Lei n.º 11.892, de 30 de dezembro de 2008, que criou 38 Institutos Federais de Educação Profissional, Científica e Tecnológica, juntando cerca de 100 instituições de ensino de diversos níveis. Segundo o *site* do Ministério da Educação, "são 38 institutos federais presentes em todos os estados, oferecendo ensino médio integrado, cursos superiores de tecnologia e licenciaturas. Também integram os institutos as novas escolas que estão sendo entregues dentro do plano de expansão da rede federal. Essa rede ainda é formada por instituições que não aderiram aos institutos federais, mas também oferecem educação profissional em todos os níveis. São dois CEFETs, 25 escolas vinculadas a universidades e uma universidade tecnológica".[8] Os novos Institutos Federais são equiparados, para todo efeito, com as universidades federais, inclusive com a criação de centenas de novos cargos de reitor e de direção superior. A diferença é que podem também continuar proporcionando ensino técnico de nível médio concomitantemente ao ensino convencional.

A criação de um conjunto de instituições de nível superior dedicadas à formação profissional de curta duração, de inserção mais rápida ao mercado de trabalho, seria uma evolução importante no Brasil, onde a maioria dos cursos superiores é de quatro anos ou mais. A legislação brasileira prevê a existência destes cursos, que recebem a denominação "cursos tecnológicos", mas eles são considerados de pouco prestígio e baixo valor de mercado, e por isso são pouco procurados. No censo do ensino superior do INEP de 2008, foram encontrados 5.155 mil estudantes em cursos presenciais, dos quais somente 412 mil estavam em cursos tecnológicos, 84% dos quais em instituições privadas. Há uma tendência de crescimento, mas a partir de níveis muito baixos. Os CEFETs, enquanto isso, tinham cerca de 40 mil estudantes em nível superior. Não há nenhuma indicação de que os recém-criados Institutos Federais

---

[8] http://redefederal.mec.gov.br/index.php.

venham a alterar de forma substancial essa situação. Existe um precedente que inspira preocupação, a USP Leste, um *campus* da Universidade de São Paulo criado em uma área carente de periferia da cidade de São Paulo, a Zona Leste, que teria por objetivo oferecer cursos de tipo vocacional e de curta duração de mais fácil acesso e não disponíveis no *campus* principal de Butantã. Vários anos depois de sua implantação, a USP Leste se aproxima cada vez mais da USP tradicional, por pressão de seus alunos e professores, todos querendo os benefícios do prestígio e reconhecimento dos cursos mais tradicionais da universidade mãe. Por outro lado, o Centro Paula Souza, também do estado de São Paulo, tem uma experiência muito mais promissora de ensino técnico e profissional. Isso indica que não é uma boa ideia fazer com que a mesma instituição proporcione cursos que requerem culturas e requisitos tão diferentes.

6 O VIÉS ACADÊMICO NA EDUCAÇÃO SUPERIOR

A educação superior brasileira se expandiu bastante na última década, atendendo hoje a cerca de 6.148 estudantes em cursos de graduação e 330 mil em cursos de pós-graduação, segundo a PNAD de 2009. Existe uma explicação simples para esse crescimento, que são as grandes vantagens oferecidas pelo mercado de trabalho, sobretudo pelo setor público, para os portadores de credenciais de nível superior, como apresentado na Tabela 2. Essa tabela mostra os grupos de ocupação que têm mais de 100 mil pessoas com educação superior e compara, dentro de cada grupo, a renda mensal média dos que não têm educação superior e dos que atuam no setor público e no setor privado.

No setor privado, a renda média dos que têm educação superior é 4,2 vezes maior do que a dos que não a têm; no setor público, é 2,5 vezes maior, porque os salários no setor público são relativamente altos mesmo para os que não têm educação superior. A maior categoria de profissionais de nível superior é a de professores, cuja renda média não é muito alta se comparada à de algumas outras categorias, mas que ganham um prêmio substancial quando adquirem um diploma universitário e um emprego público.

TABELA 2 Renda média de todos os trabalhos por grupos ocupacionais com e sem educação superior, no setor privado e público(*)							
	Renda média				Total de pessoas		
	Sem educação superior		Com educação superior				
Grupos de ocupação	Setor público	Setor privado	Setor público	Setor privado	Total sem superior	Total superior	Total geral
Profissionais do ensino (com formação de nível superior)	1.426,58	981,36	2.160,26	1.710,25	611.085	1.960.147	2.571.232
Profissionais das ciências biológicas, da saúde e afins	2.306,52	1.579,84	4.777,95	3.983,51	110.442	986.027	1.096.469

Continua

Continuação

Grupos de ocupação	Renda média				Total de pessoas		
	Sem educação superior		Com educação superior				
	Setor público	Setor privado	Setor público	Setor privado	Total sem superior	Total superior	Total geral
Escriturários	1.372,24	848,06	2.472,63	942,62	4.993.791	948.387	5.942.178
Gerentes	2.308,38	2.033,53	4.281,23	2.456,47	2.515.754	906.183	3.421.937
Profissionais das ciências sociais e humanas	1.658,36	1.522,98	5.537,73	2.435,67	424.990	818.837	1.243.827
Profissionais das ciências exatas, físicas e da engenharia	2.295,52	2.170,72	5.375,50	4.060,78	161.997	579.675	741.672
Técnicos de nível médio nas ciências administrativas	1.506,73	1.488,90	4.304,61	1.756,58	1.899.258	554.161	2.453.419
Profissionais das ciências jurídicas	4.286,10	1.159,78	8.632,86	3.452,04	79.339	523.746	603.085
Dirigentes de empresas e organizações (exceto de interesse público)	2.207,96	4.682,07	2.720,18	5.992,15	541.876	382.374	924.250
Trabalhadores dos serviços	828,57	525,70	2.597,03	532,78	18.305.433	314.256	18.619.689
Vendedores e prestadores de serviços do comércio	1.324,97	666,02	3.705,06	693,76	8.459.437	293.275	8.752.712
Comunicadores, artistas e religiosos	1.679,58	780,04	3.126,50	1.072,43	607.345	185.468	792.813
Trabalhadores de atendimento ao público	1.037,21	638,97	1.799,75	679,81	2.429.311	179.332	2.608.643
Técnicos de nível médio das ciências físicas, químicas, engenharia e afins	2.019,55	1.325,71	3.217,41	1.454,23	1.256.133	177.015	1.433.148
Professores leigos e de nível médio	1.043,27	643,33	1.501,58	714,59	1.010.355	131.773	1.142.128
Militares	1.883,77	1.995,02	3.852,91	2.245,54	608.744	126.172	734.916
Membros superiores e dirigentes do poder público	2.637,38	1.766,08	4.928,57	2.269,24	126.706	116.309	243.015
Técnicos em nível médio dos serviços culturais, das comunicações e dos desportos	1.211,44	984,68	2.794,86	1.170,64	389.336	103.943	493.279
Média total	1.295,11	737,19	3.267,20	3.099,00			

(*) ocupações com mais de 100 mil pessoas de nível superior

Fonte: PNAD 2009.

A outra vantagem do ensino superior é que, com ele, a renda cresce de forma significativa ao longo da vida, enquanto a renda dos que só completam o ensino médio cresce muito menos (Gráfico 2). Isso ajuda a explicar por que o ensino superior de curta duração, que no Brasil se denomina "sequencial" ou "tecnológico", praticamente não se desenvolveu. A tendência será de crescimento dos cursos tecnológicos, na medida em que ficar claro para seus alunos que os cursos não são um beco sem saída, mas permitem aproveitar os créditos e continuar estudando se a pessoa tiver interesse, motivação e oportunidades.

GRÁFICO 2

Fonte: PNAD 2009.

A política educacional do governo Lula para o ensino superior consistiu basicamente em ampliar o acesso ao ensino superior, seja através de cotas nas universidades públicas, seja com o ProUni, de compra de vagas no setor privado mediante isenção de impostos, seja com o programa ReUni, de estímulo financeiro para que as universidades federais abram mais vagas, seja, finalmente, com a criação de novas universidades federais. Entre 2002 e 2008, pelos dados do Censo do Ensino Superior do Ministério da Educação,[9] as matrículas dos cursos de graduação aumentaram em 46%. O setor privado aumentou em 57%, comparado a um aumento de 21% nas universidades federais, fazendo com que a participação do setor privado passasse de 70% para 75% das matrículas. O número de formados aumentou em 72%, e o aumento foi de 87% no setor privado e de 18% nas universidades federais. Diante desses

---

[9] Existem duas fontes de dados sobre o ensino superior no Brasil, o censo do ensino superior feito pelo INEP junto às instituições e a pesquisa domiciliar do IBGE feita por amostragem (PNAD). Os totais não coincidem integralmente; a pesquisa do INEP tem mais informações sobre cursos e instituições, e a PNAD mais informações de tipo individual.

números, fica claro que não são as políticas de inclusão do Governo Federal que explicam o crescimento, mas sim a capacidade de atendimento à demanda por parte do setor privado.

Também fez parte das políticas do governo Lula alterar o sistema de avaliação da educação superior que havia sido iniciado na década de 1990. Sem entrar nos detalhes mais técnicos dos instrumentos desenvolvidos para esse fim, discutidos em outra parte (Schwartzman, 2008a), basta dizer que essa avaliação não estabelece os padrões de qualidade considerados adequados para as diversas áreas de formação (por exemplo, qual é a qualificação mínima aceitável para um médico?), limitando-se a ordenar os cursos superiores e as instituições de melhores a piores; e não toma em consideração as grandes diferenças institucionais e os objetivos dos diferentes cursos de graduação, forçando todos a seguir os mesmos moldes, tanto em relação aos conteúdos ensinados quanto aos requisitos considerados necessários para a boa educação superior, que seriam os das universidades de pesquisa.

A ideia de que o ensino superior de qualidade deve ser necessariamente universitário e associado à pesquisa está consagrada na Constituição brasileira de 1988, que diz em seu artigo 207 que "as universidades gozam de autonomia didático-científica, administrativa e de gestão financeira e patrimonial, e obedecerão ao princípio de indissociabilidade entre ensino, pesquisa e extensão". A Lei de Diretrizes e Bases da Educação de 1996 reconhece que as universidades são somente parte de um sistema mais amplo de educação superior, gozando de autonomia que não é dada a outros tipos de instituição, e que para isso precisam cumprir certos requisitos de produção intelectual e ter uma fração importante de professores com doutoramento e em tempo integral; mas não diz quais seriam as funções específicas e os atributos desejáveis dos demais tipos de instituição.

Na prática, a educação superior brasileira, ao invés de convergir para o modelo único preconizado pela Constituição, se diferenciou cada vez mais, com um pequeno número de instituições mantendo as características de universidades e a maior parte, no setor público como no privado, dedicando-se quase que exclusivamente a atividades de ensino. Hoje a legislação reconhece a existência de universidades, centros universitários, institutos superiores e faculdades isoladas, mas esse reconhecimento não se traduz em uma diferenciação de currículos e de sistemas de avaliação de qualidade. As instituições públicas criadas por lei já nascem como universidades, e as privadas têm que ser aprovadas como tal pelo Ministério de Educação, com maiores ou menores dificuldades conforme a época. O fato de uma instituição ser ou não, formalmente, uma universidade diz pouco sobre o trabalho que realiza, e de fato a pesquisa e o ensino de pós-graduação de qualidade se concentram em poucas instituições da região centro-sul do país.

Isso, em si, não seria um problema — em todos os países a massificação do ensino superior levou a uma grande diferenciação entre as instituições, assim como à expansão do ensino superior privado, empresarial ou filantrópico, que no Brasil atende hoje a 75% da demanda. O problema está em que, embora na prática essa diferenciação tenha ocorrido, ela não é de fato reconhecida e legitimada, mantendo uma situação de viés acadêmico com sérias consequências para o país. No setor público, todas as universidades federais são consideradas iguais para efeito de remuneração dos professores, funcionários públicos em sua grande maioria, com contratos de tempo integral e dedicação exclusiva, desempenhem ou não atividades de pesquisa e extensão universitária que justifiquem esse tipo de contrato. Essa situação torna o ensino superior público brasileiro extremamente caro, em termos de gastos por aluno, o que é ainda agravado pela gratuidade, que é a norma para as instituições públicas de ensino. Para o setor privado, a existência de uma avaliação centralizada baseada nos critérios do setor público dificulta que elas busquem atender de maneira diferenciada os estudantes que recebem — normalmente mais velhos, que trabalham durante o dia e não tiveram uma educação média de qualidade que os habilite para cursos superiores com maiores exigências acadêmicas. O resultado é que o ensino superior brasileiro entrega hoje ao mercado de trabalho, todos os anos, cerca de meio milhão de pessoas formadas cuja qualificação real é desconhecida e, muito provavelmente, precária, mas que se beneficiam das recompensas que o setor privado, e, sobretudo o público, ainda dá aos portadores de credenciais acadêmicas. Isso pode ser visto em parte na Tabela 2, pelo grande número de pessoas com educação superior que trabalham em atividades de nível médio, como escriturários e técnicos de nível médio, assim como pelo fato de que somente cerca de 20% das pessoas formadas em direito no país conseguem passar no exame da Ordem dos Advogados do Brasil.

7 O VIÉS ACADÊMICO DA PÓS-GRADUAÇÃO

Com cerca de 11 mil doutores formados e 32 mil artigos acadêmicos publicados anualmente em periódicos indexados internacionalmente,[10] o Brasil criou o maior sistema de pós-graduação da América Latina e um dos maiores dos países em desenvolvimento. Ao lado de suas virtudes, que são muitas, esse sistema padece de problemas de viés acadêmico semelhantes aos existentes na educação média e superior, o que faz dele um sistema voltado em grande parte para si mesmo, formando doutores que são em sua grande maioria contratados pelas próprias instituições que os formam, e com pouco impacto no desenvolvimento tecnológico e na transferência de conhecimentos para o setor produtivo e a implementação de políticas públicas (Schwartzman, 2008b; Schwartzman, 2010b).

Na maioria dos países, os mestrados são cursos de curta duração voltados para o mercado de trabalho; no Brasil, ainda predominam os mestrados acadêmicos, voltados para a qualificação de professores. As publicações científicas, embora tenham aumentado significativamente nos últimos anos, têm baixo impacto em termos das citações que recebem, valendo, sobretudo, como pontos para o sistema de avaliação mantido pela CAPES. A produção de patentes e conhecimentos transferidos para o setor produtivo é bastante baixa. Finalmente, nenhuma universidade brasileira figura entre as 100 melhores nos diversos *rankings* internacionais que buscam identificar as melhores universidades do mundo. É possível questionar esses *rankings* de muitas maneiras (Altbach e Balán, 2007; Salmi, 2009; Salmi e Saroyan, 2007), mas não há dúvida de que a ausência brasileira no cenário universitário internacional está associada, pelo menos em parte, ao provin-

---

[10] Estes e outros indicadores estão disponíveis no site do Ministério de Ciência e Tecnologia (http://www.mct.gov.br/).

cianismo da educação superior e da pós-graduação no Brasil, com poucos estudantes estrangeiros, grande dificuldade em contratar professores estrangeiros, impedindo a busca efetiva de talentos, e a política mais recente das agências financiadoras de pesquisa e pós-graduação de reduzir o apoio a estudantes brasileiros que queriam continuar seus estudos no exterior.

8 CONCLUSÃO

Os problemas derivados do viés acadêmico são só um dos aspectos de um quadro muito mais amplo de problemas da educação brasileira, mas que limita fortemente o que pode e deve ser feito para melhorar sua qualidade em seus diferentes níveis. Em todo o mundo, os países discutem e buscam soluções sobre como lidar com a massificação da educação em todos os níveis, em temas como o papel da educação acadêmica e vocacional, a educação compensatória e a educação continuada, os modelos de organização e diferenciação da educação superior e sua internacionalização, o papel do Estado e do setor privado no provimento da educação em todos os níveis, e dos vínculos e relações entre a pesquisa acadêmica e a pesquisa tecnológica. Na educação superior, os países europeus estão empenhados em um amplo movimento de reforma conhecido como "Processo de Bolonha",[11] que busca, por um lado, estabelecer padrões de qualidade que possam ser aceitos e reconhecidos por diferentes países, permitindo a mobilidade de estudantes e de profissionais, e, ao mesmo tempo, criar um sistema extremamente flexível de estudos, com um nível inicial de três anos, de educação geral ou vocacional, seguido por um ciclo profissional de um a dois anos e um terceiro nível de estudos avançados de três a quatro anos, criando assim espaço para combinar a educação geral, a educação vocacional, a educação profissional e a formação científica e técnica de alto nível.

Em contraste, apesar da importância crescente que a educação vem tendo nas políticas públicas, a discussão no Brasil tem sido muito tímida, mais voltada para melhorar incrementalmente o que temos, e muito menos para rever seus pressupostos e abrir novos horizontes. A consideração do tema do viés acadêmico pode ser uma oportunidade, quem sabe, para avançar nessas questões.

---

[11] http://ec.europa.eu/education/higher-education/doc1290_en.htm.

PRÉ-ESCOLA, HORAS-AULA, ENSINO MÉDIO E AVALIAÇÃO

Naercio Aquino Menezes Filho

1 INTRODUÇÃO

Por muito tempo a educação básica foi esquecida pelos formuladores de políticas públicas no Brasil. Durante grande parte do século passado, a prioridade para o desenvolvimento econômico era a industrialização, a ser perseguida através da concessão de incentivos para a formação de capital físico, ou seja, máquinas e equipamentos. Enquanto outros países, como Argentina, Chile e especialmente Coreia do Sul, investiam maciçamente em educação básica, no Brasil a única preocupação educacional que existia era com o ensino superior, ou seja, com a construção de universidades públicas para educar a elite. Acreditava-se que o desenvolvimento viria coordenado por essa elite esclarecida e com investimentos elevados em capital físico. O crescimento econômico decorrente desse processo aumentaria a renda de toda a população, de tal forma que todos se beneficiariam ("*a rising tide lifts all boats*").

Entretanto, após alguns anos de crescimento acelerado, as crises da inflação e da dívida provocaram as chamadas décadas perdidas (1980 e 1990). Agora, com a retomada do crescimento, o Brasil tem dificuldades para competir internacionalmente com países que oferecem uma educação de qualidade. O crescimento hoje em dia não está mais baseado somente na acumulação de fatores (capital e trabalho), mas depende fundamentalmente de inovações, que exigem trabalhadores qualificados. Assim, o Brasil tem hoje que resolver seu problema mais sério, que é sua ampla deficiência de capital humano.

Somente no final do século passado a sociedade brasileira começou a despertar para o grande problema que tinha pela frente. Em primeiro lugar, era necessário resolver o problema de acesso à escola. Como resultado da preocupação excessiva com máquinas e equipamentos, as taxas de atendimento escolar eram relativamente baixas no Brasil. No início dos anos 1980, por exemplo, a taxa de escolarização líquida no ensino médio (pessoas de 15 a 17 anos de idade que frequentam esse nível) era de apenas 15%. Ao longo dos anos 1990, a permanência na escola aumentou substancialmente, e a taxa de escolaridade líquida no ensino médio é de 50% hoje em dia.

2 AS CAUSAS DOS AVANÇOS RECENTES

Quais as causas desse avanço educacional? Tudo começou com a Constituição de 1988, que descentralizou a alocação de recursos educacionais para os municípios e estabeleceu limites mínimos de gastos para todas as unidades da Federação. Em seguida surgiram os programas de progressão continuada, que evitaram as altas taxas de repetência que ocorriam nos anos 1970 e 1980 e regularizaram o fluxo escolar, diminuindo a defasagem idade-série. Depois, surgiram os programas Bolsa Escola e Bolsa Família, que fizeram com que até as famílias mais pobres colocassem seus filhos na escola, aumentando marginalmente a matrícula. Em seguida, o Fundef, que entrou em vigor em 1998, fez com que a alocação de recursos dependesse não somente das receitas dos estados e municípios, mas também do número de alunos matriculados no ensino fundamental. Finalmente, o Fundeb, aprovado recentemente, incluiu o ensino infantil e médio na conta da distribuição de recursos para os estados e municípios, o que deu o impulso final a esses dois ciclos.

Restava a questão da qualidade do ensino. Com a construção dos sistemas de avaliação, na década de 1990, a sociedade brasileira descobriu que a qualidade da nossa educação era péssima, como mostraram os primeiros resultados dos exames do SAEB. Além disso, a participação do Brasil no exame internacional do PISA em 2000 mostrou que os alunos brasileiros estavam entre os mais mal colocados entre todos os países participantes, tanto em leitura como em matemática. Com a entrada de novos alunos no sistema educacional, como decorrência das reformas descritas anteriormente, o desempenho médio dos alunos nos exames de proficiência declinou ainda mais. Como mostra Veloso em seu texto neste volume, só mais recentemente os resultados do SAEB começaram a mostrar uma evolução mais positiva, principalmente nas séries iniciais.

3 AS RECENTES MELHORIAS DE DESEMPENHO

O quadro comparativo mais recente da evolução da qualidade da educação no Brasil pode ser obtido através da análise dos resultados da última edição do PISA (2009), que mostra o desempenho dos alunos de 15 anos de idade de vários países nos exames de proficiência em Leitura, Matemática e Ciências. O desempenho dos alunos brasileiros continua muito ruim, mas vem crescendo ao longo dos anos. Entre os 65 países que participaram do exame, o Brasil ficou em 57.º lugar em matemática. Para termos uma ideia de quão crítica é a nossa situação, 70% dos alunos brasileiros estão no nível mais baixo de desempenho em matemática, em comparação com apenas 8% dos coreanos. Em relação aos nossos vizinhos sul-americanos, os alunos brasileiros obtiveram um desempenho em leitura parecido com os colombianos, acima dos argentinos e peruanos, mas abaixo dos chilenos e uruguaios.

Porém, entre 2000 e 2009 o desempenho dos alunos brasileiros aumentou 16 pontos em leitura, 52 pontos em matemática e 30 pontos em ciências, um dos maiores aumentos observados entre os países participantes. Obviamente, como o nível dos alunos brasileiros estava entre os mais baixos, essa melhora somente recupera parte do atraso, mas pelo menos estamos caminhando na direção correta. Outro ponto importante é que o aumento da proficiência em leitura ocorreu de forma bastante desigual. Enquanto o desempenho dos nossos melhores alunos aumentou cerca de 30 pontos, entre os piores praticamente não houve melhora. Assim, a desigualdade na qualidade da educação está aumentando. Vale notar também que grande parte do avanço obtido em leitura ocorreu entre as meninas, tendo o crescimento da nota entre os meninos sido insignificante.

4 OS RESULTADOS POSITIVOS DO CHILE E DE XANGAI

É importante analisar também os resultados obtidos pelos alunos chilenos, país sul-america-no que implementou diversas reformas nos últimos anos para melhorar a qualidade da sua educação. Em leitura, por exemplo, o desempenho dos alunos chilenos aumentou 40 pontos na última década, mais do que o dobro dos brasileiros. Entretanto, no caso do Chile o desem-penho aumentou mais entre os piores alunos do que entre os melhores. Assim, a qualidade da educação no Chile melhorou com queda na desigualdade, o melhor dos mundos. Por fim, a melhora ocorreu tanto entre os meninos como entre as meninas.

Mas, que políticas educacionais tiveram efeito tão positivo no Chile? Segundo o relatório do próprio PISA, as principais políticas foram o foco nas escolas com pior desempenho, o aumento do número de horas-aula, mudanças no currículo nacional, aumento dos gastos com educação e avaliação completa do desempenho dos professores das escolas públicas, incluindo observação do seu desempenho em classe. Os professores que forem reprovados três vezes nessa avaliação são demitidos. Além disso, as escolas e os professores com melhor desempenho recebem mais recursos e maiores salários. Por fim, há muitos anos vigora no Chile uma política de *vouchers*, que são distribuídos para famílias, que podem utilizá-los para pagar escolas privadas de sua escolha. Essas políticas educacionais vão ao encontro das preconizadas por Veloso. Na verdade, direcionar o aumento de gastos com educação para mais horas-aula, focar nas escolas com pior desempenho e introduzir medidas que aumen-tem a meritocracia na vida escolar parecem ser receitas para o sucesso. É interessante notar também que durante muitos anos o caso do Chile foi visto como um exemplo de fracasso das reformas liberalizantes na educação. Entretanto, o que os resultados mais recentes mostram é que as reformas educacionais podem levar muito tempo para se materializar em melhoras na proficiência dos alunos.

A grande surpresa dos últimos resultados do PISA foi o desempenho dos estudantes da província chinesa de Xangai, que participaram pela primeira vez do exame e obtiveram um desempenho espetacular. Os estudantes chineses ficaram em primeiro lugar em Leitura, Matemática e Ciências, superando todos os países da OCDE e os demais países participan-tes. Em matemática, os chineses obtiveram 600 pontos, quase 38 pontos acima do segundo colocado (Cingapura), 113 pontos acima dos EUA e 214 pontos acima da média dos alunos brasileiros. É claro que o desempenho dos alunos de Xangai não reflete o aprendizado dos alunos chineses como um todo, visto que Xangai é uma das províncias mais desenvolvidas da China, com alto nível de capital humano. Mas, se compararmos o seu desempenho com o dos alunos do Distrito Federal (a unidade brasileira com melhor desempenho), a diferença ainda é de 175 pontos.

5 COMO ACELERAR O DESEMPENHO EDUCACIONAL BRASILEIRO

Como podemos conseguir acelerar o desempenho educacional brasileiro? Em primeiro lugar, é necessário entender melhor o papel da pré-escola. As pesquisas mais recentes sobre educação no Brasil enfatizam o papel fundamental que a pré-escola tem no desempenho futuro das crianças. Cunha, Heckman e Schnnach (2010), por exemplo, enfatizam a importância dos investimentos em habilidades cognitivas (raciocínio lógico, memória) e não cognitivas (motivação, perseverança) para o desempenho futuro das crianças, principalmente das mais pobres. Em particular, os autores mostram que é mais difícil substituir os investimentos em habilidades cognitivas nas diferentes fases do ciclo de vida, o que implica que os investimentos no desenvolvimento cognitivo têm que ser realizados bem cedo. No caso das habilidades não cognitivas, as possibilidades de substituição permanecem relativamente constantes ao longo da vida, de forma que, para os jovens que não tiveram a atenção adequada no início da vida, o investimento tardio tem que ter como alvo essas habilidades, que são mais facilmente alteradas e são muito importantes para o desempenho futuro no mercado de trabalho.

No caso brasileiro, Curi e Menezes Filho (2009) mostram que as pessoas que cursaram a pré-escola têm maior probabilidade de concluir o ensino fundamental, o médio e o superior. Além disso, essas pessoas têm (em média) um desempenho melhor nos testes de proficiência na 4.ª, 8.ª e 3.ª séries do ensino médio e conseguem um salário maior no mercado de trabalho. Hoje em dia, cerca de 70% das crianças de 4 a 6 anos de idade frequentam a pré-escola, mas há diferenças marcantes entre as unidades da Federação. Assim, é muito importante universalizar o acesso à pré-escola e desenvolver mecanismos para avaliar a qualidade da educação que é oferecida nesse nível.

Outro ponto importante do ponto de vista de estratégia educacional é o número de horas que o aluno brasileiro permanece na escola. A moda de horas-aula nas escolas públicas brasileiras é de apenas 4 horas. Se subtrairmos desse total o tempo que o professor utiliza para fazer os alunos ficarem quietos e fazer a chamada, o intervalo entre as aulas e o recreio, o tempo efetivo de aula não ultrapassa 3 horas na maioria dos casos. Lavy (2010) utiliza dados do PISA de vários países para mostrar que mais horas-aula aumentam o desempenho dos alunos em testes de proficiência de leitura e matemática, mesmo controlando por diversos outros fatores, inclusive o *background* familiar. Da mesma forma, Oliveira e Menezes Filho (2010) mostram que as horas-aula têm um impacto importante sobre o desempenho dos alunos no Brasil.

O interessante é que é possível aumentar o número de horas-aula sem aumentar significativamente os recursos já alocados com educação, desde que haja planejamento. Em primeiro lugar, devemos notar que está havendo uma diminuição no número de crianças atendidas no ensino fundamental, devido à transição demográfica que está ocorrendo no Brasil, com diminuição acentuada da taxa de fecundidade e, consequentemente, do tamanho das gerações mais novas. Em pouco tempo haverá salas de aula ociosas no ensino fundamental brasileiro. É necessário que esses espaços sejam usados de forma racional. O ideal seria diminuir o número de turnos nas escolas e aumentar o número de horas-aula em cada turno.

Vale a pena notar também que os recursos gastos com educação estão aumentando ao longo do tempo e continuarão a aumentar no futuro, com o fim da lei que desvinculava as receitas dos gastos com educação (DRU), o crescimento do PIB e a diminuição do número de alunos no ensino fundamental. É necessário usar esses recursos para aumentar a frequência e a qualidade da pré-escola, aumentar o número de horas-aula e transferir alunos dos cursos noturnos do ensino médio para o diurno, nos quais o aproveitamento do ensino tende a ser superior.

Além disso, é necessário tornar o ensino médio mais atraente para o aluno. Quando o mercado de trabalho está aquecido, como nos dias de hoje, o jovem que está mais interessado em comprar um tênis novo agora do que em pensar no mercado de trabalho no longo prazo abandona a escola, mesmo que seja somente por uma perspectiva de emprego, que pode não ser real. Quanto mais a economia estiver crescendo e gerando empregos para jovens menos qualificados, maior é o custo de oportunidade de permanecer na escola. Em 2009, 19% dos jovens de 18 e 19 anos não estavam estudando nem trabalhando. É um público que desistiu da escola mesmo sem estar trabalhando, provavelmente porque entendeu que as disciplinas ensinadas na escola não eram úteis para o mercado de trabalho ou por ter uma taxa de desconto intertemporal muito elevada. Assim, é necessário que o ensino médio seja mais voltado para o que o jovem precisa. Escolas técnicas e profissionalizantes são fundamentais nesse sentido, desde que consigam operar com custos baixos. Elas devem ser vistas como alternativa ao ensino médio formal tradicional, com dezenas de disciplinas obrigatórias. É importante inclusive utilizar as salas de aula ociosas do ensino fundamental para misturar salas de ensino técnico nas escolas públicas tradicionais.

É necessário também aprimorar o nosso sistema de avaliação, descrito e analisado por Veloso. Tendo em vista a introdução de novas políticas de remuneração por desempenho em várias redes, está na hora de o INEP ter um sistema de avaliação que acompanhe os alunos ao longo do tempo, para medirmos o valor adicionado por escola. Em vez de cada rede estadual ter um exame específico, haveria ganhos de escala significativos se o INEP pudesse coordenar esforços e montar um banco de dados longitudinal que mostrasse, juntamente com o censo escolar, quanto efetivamente cada aluno está aprendendo em cada série.

A meu ver, as principais medidas educacionais preconizadas por Veloso estão na direção correta e devem ser desenhadas para serem submetidas a um rigoroso processo de avaliação. A ideia é que as redes implementem uma série de medidas diferenciadas para grupos de escolas definidos aleatoriamente, sendo que haveria também um grupo de escolas de controle em que nenhuma nova medida seria implementada, para que o impacto das medidas pudesse ser avaliado de forma científica. Assim, um grupo de escolas (sorteado aleatoriamente) ofereceria mais horas-aula para os alunos na própria escola; em outro grupo os alunos teriam atividades extracurriculares fora da escola; em determinadas escolas os professores receberiam bônus por desempenho; um outro grupo teria monitores-tutores para ajudar os alunos com mais dificuldades a fazer a lição de casa; algumas escolas utilizariam softwares especializados para ajudar os alunos a aprender matemática; outras ainda teriam coordenadores cuja função seria aproximar a família da escola; um grupo teria um processo de avaliação de desempenho dos professores com observação de sala de aula e, por fim, um grupo de escolas receberia mais recursos para usar como quisessem. Depois de um ano, o progresso dos alunos seria avaliado (com relação aos alunos das escolas que formam o grupo de controle) e seria possível saber que medidas efetivamente tiveram maior impacto no aprendizado. Essas medidas seriam então combinadas e generalizadas pelo sistema.

Em suma, o desempenho dos alunos brasileiros vem melhorando na última década, graças a uma série de políticas educacionais corretas que foram sendo introduzidas por diferentes ministros, no sentido de descentralizar a gestão, criar sistemas de avaliação, divulgar os resultados das avaliações por escola e estabelecer metas para cada uma delas. Além disso, inovações nas redes estaduais e municipais de educação, principalmente aquelas com ênfase na meritocracia, tiveram um papel importante. Entretanto, esse avanço tem ocorrido de forma lenta, e puxado pelo desempenho dos melhores alunos e das meninas. Agora é hora de acelerar o ritmo do progresso educacional, com medidas que enfatizem a pré-escola, o aumento do número de horas-aula, a ampliação dos cursos diurnos, a mudança no currículo do ensino médio tradicional e a introdução de inovações que estejam sujeitas a um rigoroso processo de avaliação de impacto. Dessa forma conseguiremos atingir o desempenho dos alunos chilenos no curto prazo e, quiçá, dos alunos de Xangai no médio prazo.

As Avaliações e os Desafios do Ensino Médio

Reynaldo Fernandes

1 INTRODUÇÃO

Fernando Veloso, em seu texto neste volume, nos oferece um amplo diagnóstico da evolução do desempenho educacional brasileiro no período pós-redemocratização. Ele destaca os avanços obtidos, as grandes deficiências que ainda persistem e sugere possíveis caminhos a serem trilhados no futuro próximo.

O Brasil possui um sistema educacional construído ao longo de décadas. Ainda que as experiências internacionais possam servir de inspiração, a tentativa de recriá-las em nosso país, sem a devida contextualização, pode redundar em fracasso. Como destacado por Veloso, "uma lição importante das experiências de reforma educacional é que os resultados das políticas educacionais dependem de forma crucial dos detalhes das intervenções e das características do ambiente local. Em função disso, para entender os possíveis efeitos de iniciativas de reformas educacionais no Brasil, é preciso caracterizar o contexto no qual elas atuariam".

A leitura do texto de Veloso nos permite identificar um tripé, sobre o qual o sistema brasileiro de educação básica estaria sendo edificado. A posição que Veloso parece defender e com a qual eu concordaria é que tal tripé deveria ser preservado em qualquer proposta de reforma educativa. O tripé seria formado por:

1. *Descentralização na oferta dos serviços educacionais.* A oferta de educação básica está a cargo de estados e municípios. Atualmente a educação infantil é de responsabilidade dos municípios e o ensino médio é responsabilidade dos estados. Já a educação fundamental é compartilhada entre estados e municípios.[1]
2. *Critérios de financiamento definidos pela Federação.* Determinação de vinculação orçamentária para cada uma das esferas de governo e critérios de distribuição dos recursos, dentro dos estados, de acordo com as matrículas.
3. *Avaliação centralizada.* Um sistema de avaliação que permita a comparação entre unidades da Federação, entre redes de ensino e entre escolas.

Uma das principais vantagens da descentralização está no seu potencial de gerar inovações, na medida em que mais alternativas de políticas são postas em teste. Além disso, ela permite tratar melhor as diversidades locais e, assim, propiciar uma melhor gestão. No entanto, para que essa vantagem potencial da descentralização se materialize, seria necessário garantir algumas precondições. Primeiro, é preciso identificar e difundir as experiências de

---

[1] A União possui um papel complementar nessa esfera: o de fornecer assistência técnica e financeira aos estados e municípios; o de definir as diretrizes curriculares nacionais e o de regular a formação de professores. A regulação do ensino superior, que inclui as escolas de formação de professores, está sob responsabilidade do Governo Federal.

sucesso. Segundo, é necessário produzir informações que possibilitem a população local julgar a qualidade da educação oferecida e cobrar os gestores e governantes por melhorias. Por fim, é preciso dotar o poder local com recursos e capacidade técnica para gerir suas escolas. Como destaca Veloso, "a descentralização pode ter consequências adversas sobre a qualidade da educação quando o governo ou gestor local não têm capacitação técnica ou recursos adequados". Os critérios de financiamento definidos pela Federação e a avaliação centralizada são elementos importantes na busca de se estabelecer tais precondições.

A Constituição de 1988 estabeleceu que estados e municípios destinassem um mínimo de 25% de suas receitas de impostos e transferências à educação. Para o Governo Federal esse percentual foi de 18%.[2] Tais vinculações têm garantido um volume minimamente razoável de recursos para o setor. Veloso mostra que o Brasil não possui um gasto público comparativamente baixo em educação. Esse gasto, como proporção do PIB, está ligeiramente acima do que seria esperado para um país com a mesma renda *per capita*.[3] E mais, os gastos públicos em educação, como proporção do PIB, vêm se elevando nos anos recentes. Isso, no entanto, não impede que haja redes de ensino muito carentes de recursos.

O Fundo de Manutenção e Desenvolvimento da Educação Básica e de Valorização dos Profissionais da Educação (Fundeb), sucessor do Fundo de Manutenção e Desenvolvimento do Ensino Fundamental e de Valorização do Magistério (Fundef), tem a finalidade de proporcionar um mínimo de recursos para todas as redes de ensino. O Fundeb consiste em um fundo de financiamento estadual em que o estado e seus municípios contribuem com 20% da arrecadação de impostos e transferências, e a distribuição dos recursos, entre estado e municípios, é feita de acordo com o número de matrículas. É estabelecido um valor mínimo por aluno, cabendo à União um aporte complementar de recursos para estados que não atingem esse valor mínimo. Esse desenho, ainda que sujeito a aprimoramentos, produz maior equidade no sistema e, assim, responde a uma das principais críticas da descentralização em um país com desigualdades regionais: a de que crianças que nascem em regiões pobres estariam condenadas a frequentar escolas igualmente pobres.

Ainda que recursos sejam importantes, eles não garantem uma boa educação. Uma determinada rede pode ter recursos suficientes, mas desperdiçá-los. Um elemento importante no combate à ineficiência na utilização de recursos é a disponibilidade de informações mais objetivas sobre a qualidade do ensino nas escolas e redes. A existência de um sistema centralizado de avaliação — ao fornecer indicadores de desempenho dos estudantes que sejam comparáveis entre unidades da Federação, redes de ensino e escolas — cumpre essa função.

A divulgação dos resultados da Prova Brasil e do IDEB — por escolas, redes de ensino e unidades da Federação — aumentou o grau de *accountability* no sistema educacional brasileiro. Tais informações possibilitam ao público local realizar uma maior cobrança de governantes e gestores do sistema por melhorias no ensino e auxiliam os pais na hora de escolher

---

[2] A partir de 1994, com o Fundo Social de Emergência e posterior Desvinculação das Receitas da União (DRU), o percentual de vinculação para o Governo Federal passou a ser de 14%.

[3] Evidentemente, isso não significa afirmar que não seria necessário aumentar os gastos em educação. Apenas constata que, em comparação com países de renda *per capita* similar, o Brasil possui um gasto próximo da média.

a escola para seus filhos. Além disso, esse sistema tem contribuído para a identificação de boas experiências e de situações que merecem maior atenção e possibilitou ao Ministério da Educação (MEC) criar um sistema de metas individualizadas por escolas, redes de ensino e unidades da Federação. O objetivo das metas, pactuadas entre o MEC e as secretarias de educação de estados e municípios, foi o de aumentar a mobilização da sociedade e, assim, obter um maior comprometimento das redes e escolas com a melhoria do IDEB.[4]

Uma crítica que se faz a esse sistema é que os indicadores considerados não refletem apenas a qualidade das escolas ou das redes de ensino, mas também as condições socioeconômicas e a bagagem cultural dos estudantes. Tal crítica se baseia na hipótese de que o público interessado é incapaz de extrair o "sinal de qualidade" de uma determinada escola ou rede de ensino por, por exemplo, compará-la com escolas ou redes de ensino que possuam público similar. Ela desconsidera que pode ser mais fácil para o público relacionado à escola (pais de alunos, professores e diretores) estabelecer o parâmetro correto de comparação do que para qualquer analista distante dessa realidade.[5] De qualquer modo, as evidências existentes indicam que a introdução de programas de *accountability* baseados em resultados dos estudantes em exames padronizados tende a elevar a proficiência dos estudantes nesses exames.[6]

Esse quadro dá um resumo dos caminhos recentes que o país trilhou na construção de seu sistema de educação básica. Como vimos, o desenho atual possui vários aspectos que poderiam ser considerados desejáveis. No entanto, as deficiências existentes na educação brasileira ainda são enormes, e superá-las pode exigir mudanças nada triviais de se pôr em prática. Nestes comentários, gostaria de destacar um ponto apenas tangenciado por Veloso: a questão da avaliação e estrutura do ensino médio.

2 DESAFIOS DO ENSINO MÉDIO: AVALIAÇÃO E ORGANIZAÇÃO

Como apontado anteriormente, as evidências internacionais têm mostrado que os programas de *accountability* contribuem para um melhor desempenho dos estudantes nos exames adotados. Então, uma questão relevante é saber se os exames cobrem os aspectos essenciais sobre os quais a escola deveria se debruçar. A questão do estreitamento do currículo ou estreitamento dos objetivos da escola é uma preocupação constante nos debates sobre *accountability* educacional.

O sinal que o IDEB fornece às escolas é claro: priorize suas ações para que os alunos obtenham os conhecimentos e habilidades exigidos pela Prova Brasil e cuidem para que os alunos caminhem no sistema sem repetências. Para a primeira fase do ensino fundamental não parece haver problemas. Grande parte dos educadores, acredito, concordaria que nessa etapa do ensino as disciplinas de língua portuguesa e matemática são as fundamentais.

---

[4] Para uma discussão mais detalhada sobre o sistema de avaliação e *accountability* no Brasil, ver Fernandes e Gremaud (2009).

[5] Esse problema, no entanto, tende a ser mais grave quando prêmios e sanções são automaticamente atrelados aos indicadores de *accountability*.

[6] Embora parte dessa melhoria possa ser devida a uma "inflação de notas" (aumento da pontuação nos exames sem melhora no aprendizado), as evidências apontam que parte do aumento das notas reflete uma melhora da qualidade das escolas. Ver Fernandes e Gremaud (2009).

Ao final do ensino fundamental, se limitar a tais disciplinas é mais questionável. Mas, avaliar as escolas do ensino médio com base apenas em língua portuguesa e matemática é, reconhecidamente, insuficiente. Aliás, esse foi um dos motivos para não se estender a Prova Brasil para o ensino médio. Para essa fase de ensino, o Brasil possui outra avaliação: o Exame Nacional de Ensino Médio (ENEM). No entanto, o uso do ENEM com a finalidade de *accountability* tem sido questionado. É preciso reconhecer que a discussão sobre a avaliação do ensino médio é mais complexa. Antes de discutirmos como avaliar o ensino médio, precisamos saber o que queremos dele.

Por exemplo, Schwartzman (2010) argumenta que um IDEB realizado para escolas de ensino médio contribuiria para consolidar o modelo de um único tipo de escola, quando o ideal seria uma maior diversificação das alternativas oferecidas aos alunos. Nesse caso, a crítica é antes sobre o desenho do ensino médio do que sobre a avaliação propriamente dita.

Grosso modo, os sistemas educacionais maduros iniciam com "letramento" e "numeramento" e finalizam com a aprendizagem para inserção no mercado de trabalho. Embora haja essa diretriz comum, os países diferem em seus sistemas de ensino. Em relação aos primeiros anos de escolarização (o equivalente ao nosso ensino fundamental), as diferenças não são tão expressivas: uma escola única de caráter não vocacional. A diferenciação se dá a partir do ensino médio. Ainda que haja uma grande diversidade de desenhos, podemos pensar em dois modelos de referência, aos quais vamos denominar modelo europeu e modelo norte-americano.

No modelo europeu, as trajetórias educacionais, no nível do ensino médio, se dividem entre acadêmica e profissional/vocacional. A primeira prepara o estudante para a universidade e a segunda, para o mercado de trabalho. Pode haver subdivisões em cada uma dessas trajetórias. No ensino profissional há dois tipos de desenhos. A escola técnica, que agrega ensino técnico-profissional à escola acadêmica, e a escola vocacional, que possui um currículo acadêmico reduzido e se concentra na formação de um ofício. De modo geral, o tipo de escola que o estudante frequenta não depende apenas de sua vontade. É preciso ser aceito, e muitos, em virtude de seu desempenho, não têm alternativa senão cursar uma escola vocacional.

Por sua vez, o modelo norte-americano possui uma escola única de nível médio: a *comprehensive high school*. Nela, no entanto, os alunos possuem flexibilidade em escolher sua formação, combinando disciplinas acadêmicas e profissionais. Ainda que a *high school* ofereça disciplinas profissionais, ela não prepara os estudantes para exercer um ofício, como nas escolas profissionais do modelo europeu. Aqueles que não vão para as universidades podem obter a profissionalização nos *community colleges* ou nos *two-year colleges*. Essa trajetória poderia ser comparada à dos nossos cursos superiores em tecnologia.[7]

Por certo, cada um desses modelos possui vantagens e desvantagens. O modelo norte-americano tem sido elogiado por ser flexível e inclusivo, mas a formação para exercer um

---

[7] Os *community colleges* e *two-year colleges* surgiram com a função de fornecer os dois primeiros anos do bacharelado, o qual deveria ser concluído em uma universidade. Enquanto essa função ainda está presente, muitos vão a essas instituições para obter uma formação profissional com intenção de ir diretamente para o mercado de trabalho.

ofício é mais longa e, portanto, mais cara.[8] Já o modelo europeu, apesar de garantir uma formação profissional (superior ou média) para a maioria dos jovens, é acusado de reforçar a estratificação social: filhos das famílias mais abastadas vão para as universidades, e os demais se dirigem para as escolas vocacionais de ensino médio. Sem entrar na discussão de qual modelo seria o mais apropriado, o fato é que, para o Brasil, qualquer um desses caminhos seria extremamente difícil de adotar.

Caminhar para o modelo norte-americano exigiria transformações profundas em nosso sistema de ensino, com custos de transição tão elevados que, provavelmente, inviabilizariam tal alternativa. Por exemplo, essa estratégia envolveria completa mudança física de nossas escolas. A *comprehensive high school* norte-americana, que oferece um grande leque de disciplinas optativas (acadêmicas e profissionais), é incompatível com escolas pequenas e integradas com o ensino fundamental, como é o caso de nossas escolas de ensino médio. Por sua vez, a adoção do modelo europeu requereria um enorme esforço para construir uma expressiva rede pública de escolas profissionais. Escolas profissionais não são baratas. Na verdade, são mais caras do que escolas acadêmicas. É difícil imaginar os estados, com toda a dificuldade que enfrentam com suas escolas atuais, se engajando em tal empreitada. Deixar essa tarefa para o Governo Federal não parece ser também uma alternativa viável. Adotar medidas para aprimorar o sistema que temos parece ser o caminho mais recomendável para melhorar o ensino médio.

Nosso sistema caminhou para uma escola única de ensino médio não vocacional, que deve ser cursada por todos. O ensino profissional de nível médio agrega disciplinas de cunho profissional ao ensino acadêmico comum a todos, o que pode ser feito concomitante ou subsequentemente ao ensino médio regular. Assim, as disciplinas profissionais associadas à formação técnica de nível médio são complementares, ao invés de substitutas, à formação acadêmica comum.

Além de não possuirmos uma escola profissional alternativa ao ensino acadêmico regular, a proporção de jovens que frequentam a educação profissional é pequena. Menos de 10%, quando na Europa essa proporção chega a 50%. Embora a maioria dos alunos de ensino médio curse o ensino não profissionalizante, a maior parte não ingressa no ensino superior.[9] Dada a evasão escolar antes do final do ensino médio, concluímos que a maioria dos brasileiros transita da escola para o mercado de trabalho sem obter uma formação profissional.

Essa rigidez na estrutura do nosso ensino médio tem sido alvo de críticas. A existência de diferentes trajetórias possibilitaria que os jovens, com diferentes interesses e potencialidades, pudessem encontrar um caminho mais condizente com sua situação. Isso contribuiria para um melhor casamento entre escolas e estudantes e, como consequência, uma redução da evasão escolar.

---

[8] Em carreiras como Direito e Medicina, a formação se dá nas escolas profissionais, onde o aluno ingressa após quatro anos de bacharelado. Mesmo nas demais carreiras, os quatro anos de bacharelado podem se mostrar insuficientes, obrigando os estudantes ingressar no mestrado ou doutorado para obter os conhecimentos e habilidades exigidos pelo mercado de trabalho. Isso porque os dois primeiros anos de bacharelado são comuns para todas as carreiras. Então, a formação específica tem duração de apenas dois anos, o que parece insuficiente para a maioria dos casos.

[9] Fernandes e Narita (2001) mostram que mais de 60% das pessoas que concluem o ensino médio não ingressam no ensino superior. Os dados desse estudo foram atualizados até 2006 e o resultado não se alterou significativamente.

É preciso reconhecer, no entanto, que o fato de o ensino médio acadêmico não preparar os estudantes para exercerem um ofício não significa que ele não fornece aos estudantes conhecimentos e habilidades úteis para o trabalho. As evidências disponíveis apontam que os ganhos salariais de frequentar o ensino médio são muito grandes. Além dos ganhos diretos, cursar o ensino médio abre a possibilidade para que o indivíduo obtenha instrução superior, a qual possui um prêmio salarial ainda mais elevado. Por exemplo, Fernandes e Narita (2001) mostram que, para pessoas com idênticas características observáveis, aquelas com nível médio completo ganham um salário em torno de 60% mais elevado do que aquelas com nível fundamental de ensino. Já as pessoas com superior completo ganham, em média, 130% a mais do que aquelas com nível médio. De posse de tais evidências, somos levados a concluir que os ganhos de frequentar o ensino médio que aí está são elevados. Não se pode associar a evasão escolar à falta de benefícios gerados pelo ensino médio.

O fato de muitos jovens abandonarem a escola sem concluir o ensino médio não é um problema exclusivamente brasileiro.[10] Alguns pesquisadores têm argumentado que o jovem que evade a escola ignora ou desconta pesadamente as consequências futuras de sua ação. Nessa linha de raciocínio, o caminho para tornar a escola mais atrativa passa por aumentar os benefícios ou reduzir os custos contemporâneos à frequência escolar. Benefícios, embora expressivos, que ocorrerão no futuro teriam pouco valor para os jovens no momento que eles decidem evadir a escola. Esse comportamento presente orientado poderia explicar também por que jovens são mais propensos a adotar comportamentos de risco.[11]

Por essa linha de raciocínio, seria preciso aumentar a atratividade da escola, mas sem retirar dela os elementos que geram retornos tão elevados. A estratégia de ampliar as possibilidades de trajetórias educacionais soa atraente. No entanto, requer cautela. Trajetórias alternativas devem ser opcionais e não impostas a certos grupos de estudantes, com base em desempenho ou qualquer outro critério. Sabemos que o retorno da escola que temos é elevado, mas nada sabemos sobre os retornos que seriam gerados por essas novas escolas. Então, uma estratégia que incentive pesadamente a migração para tais escolas é, no mínimo, temerária. Não é nada claro que a elevada taxa de evasão de nossos jovens é fruto da escola única que temos. Reformulação do ensino nas atuais escolas de ensino médio — reduzindo seu caráter enciclopédico, por exemplo — pode ser um caminho mais frutífero.

Dada a discussão anterior, uma possível diretriz para se alterar o ensino médio seria:

1. Ter como objetivo que a maioria dos brasileiros conclua o ensino médio acadêmico. A obtenção de uma vaga em uma escola de nível médio regular (não vocacional) seria mantida como um direito de todos.
2. Reformular o ensino médio acadêmico, enfatizando os conhecimentos e habilidades úteis para a vida. O ensino médio não vocacional deveria ser encarado como a etapa final do ensino geral e não como uma etapa intermediária entre o fundamen-

---

[10] Ver Bridgeland *et al.* (2006) para o caso dos Estados Unidos.
[11] Ver Gruber (2001) para referências dessa discussão em economia e psicologia do desenvolvimento.

tal e o ensino superior. A aprendizagem de um ofício seria deixada para os cursos profissionais (de nível médio ou superior).

3. Autorizar o funcionamento de escolas vocacionais de nível médio do tipo europeu (com currículo acadêmico reduzido). Ainda que a prioridade seja a escola não vocacional, é preciso reconhecer que muitos jovens não possuem interesse em cursá--la. Então, a escola vocacional seria uma alternativa.

Eu, certamente, não possuo total clareza de como essas diretrizes seriam concretizadas. Entretanto, alguns pontos parecem importantes. Primeiro, os conhecimentos e habilidades enfatizados no ensino médio não vocacional deveriam levar em conta que os estudantes podem seguir diferentes caminhos profissionais. Eles podem, inclusive, não dar continuidade aos estudos. Segundo, conhecimentos e habilidades úteis para a vida devem levar em conta as necessidades do mundo do trabalho. Entretanto, possuir conhecimentos e habilidades úteis para o mercado de trabalho é diferente de ter um ofício. Por fim, a definição de tais conhecimentos e habilidades deveria ser precedida de ampla discussão com todos os atores relevantes (Ministério da Educação, Consed, Undime, universidades, representantes dos professores etc.).

Nesse ponto, a existência de um exame de final de ciclo parece fundamental. A construção desse exame poderia operacionalizar a discussão sobre os conhecimentos e habilidades que seriam desejáveis que os alunos obtivessem ao final do ensino médio. Todos os alunos que cursaram o ensino médio acadêmico, o que inclui os estudantes das escolas técnicas (que agregam ensino profissional ao ensino acadêmico), seriam submetidos a ele. Assim, o exame de final de ciclo teria duas funções: sinalizar para as escolas o que elas deveriam priorizar e ser um instrumento de *accountability*.

Seria importante também que o exame de final de ciclo substitua o vestibular. Enquanto os vestibulares existirem, eles vão continuar a pautar os currículos de ensino médio. É muito difícil para dirigentes educacionais adotar um currículo que, embora considerem o mais apropriado, reduza a probabilidade de seus estudantes de ingressarem numa boa universidade.

Para finalizar a proposta, seria necessário instituir as escolas vocacionais de ensino médio. Os alunos dessas escolas não necessitariam se submeter ao exame de final de ciclo. Mas, para todos os efeitos legais, os alunos nelas formados devem ser considerados graduados no ensino médio. A questão mais difícil é saber quem vai oferecer tais cursos. O caminho mais natural parece ser via o sistema S. Hoje o sistema S recebe recursos públicos de 2,5% da folha de salários (1,5% para serviço social e 1,0% para a formação profissional). Com a regulamentação das escolas vocacionais, é bastante provável que ele se interesse em oferecer tais serviços. Por sua vez, acordos e incentivos do poder público poderiam ajudar nesse processo de engajamento do sistema S.

3 CONCLUSÃO

Nestes comentários, procurei destacar um ponto específico tratado no texto de Veloso: a questão da avaliação e *accountability* no ensino médio. Meu argumento é que a falta de acordo sobre como deve ser a avaliação no ensino médio reflete, na realidade, uma falta de acordo de como o ensino médio deve ser estruturado.

A escola única e de formação geral é a tônica dos sistemas educacionais de todo o mundo até o final do ensino fundamental. No Brasil isso se estende até o ensino médio. Não é claro, no entanto, que isso é tão ruim como muitos alegam. Os retornos do ensino médio acadêmico têm se mostrado muito elevados. E a evasão na faixa etária ideal para cursar o ensino médio não pode ser facilmente associada a esse desenho. Isso não significa que a instituição de uma escola vocacional de ensino médio não seja algo que venha contribuir para a formação de nossos jovens.

Dentro dessa lógica, entretanto, o ensino médio não vocacional deveria ser encarado como a etapa final do ensino geral e não como uma etapa intermediária entre o fundamental e o ensino superior. Um exame de final de ciclo seria fundamental para consolidação desse modelo.

Por fim, é preciso que após a conclusão do ensino médio se abram oportunidades de profissionalização. É preciso facilitar o acesso de uma população que está chegando ao final do ensino médio e não dispõe de recursos para frequentar um bom ensino superior. O caminho da formação superior em dois anos (os cursos tecnológicos) parece atrativo. Mas, para isso, é preciso que o poder público atue nesse sentido. Entretanto, esse já é outro assunto.

PARTE 4

POLÍTICAS DE SEGURANÇA PÚBLICA

12
Segurança Pública nas Grandes Cidades
Sergio Guimarães Ferreira

13
Regionalização e Diversidade da Criminalidade
Claudio Beato

14
Medidas Fracas em Tempo de Crise: As Políticas de Segurança Pública no Brasil
Leandro Piquet Carneiro

15
Fases e Tendências no Debate sobre Políticas Públicas de Segurança no Brasil
Denis Mizne

12

SEGURANÇA PÚBLICA NAS GRANDES CIDADES

Sergio Guimarães Ferreira[1]

1 INTRODUÇÃO

O Brasil é um dos países mais violentos do mundo. Pela única estatística metodologicamente consistente entre diferentes países, que utiliza óbitos por agressão de acordo com classificação padronizada pela Organização Mundial de Saúde (OMS),[2] em 2005 o Brasil era o sexto colocado do *ranking* de homicídios, com 25,8 óbitos por agressão para cada 100 mil habitantes. Na comparação com países da América do Sul, o Brasil era o terceiro colocado em taxa de homicídios, atrás somente da Venezuela e da Colômbia. Chile (5,9), Argentina (5,4) e Uruguai (4,5) são muito mais pacíficos. Entre os países desenvolvidos, à exceção dos Estados Unidos (6,0) e do Canadá (1,6), todos os demais têm taxas inferiores a 1 morte por 100 mil habitantes (Waizelfisz, 2010).

O Brasil também tem uma enorme população carcerária. Para cada 500 habitantes, existe uma pessoa presa. Essa taxa só é inferior às dos Estados Unidos e da Rússia, segundo dados do International Centre for Prison Studies, citados pela revista *The Economist* (2010).[3] O gasto público com segurança pública das três esferas de governo alcança atualmente 2,5% do PIB (segundo dados da Secretaria do Tesouro Nacional de 2009), ou cerca de metade do que se gasta com educação. Esse percentual era de 1% em 2000, ou seja, ao longo da década a despesa mais do que dobrou e os resultados não melhoraram.

Existem estratégias que recorram à prevenção da violência através da combinação de ação policial com foco em territórios conflagrados e indivíduos com elevado grau de letalidade? Existem melhorias possíveis nas agências de combate ao crime que permitiriam reduzir a criminalidade sem aumentos adicionais do gasto público? Felizmente, diversas experiências nacionais e internacionais mostram que a chave do sucesso na rápida redução da criminalidade (e das taxas de homicídio em particular) depende da combinação de reorganização corporativa e focalização de estratégias. O correto mapeamento do crime depende de uma estrutura sofisticada de obtenção de informações, a partir do cruzamento de dados de natureza investigativa das mais variadas fontes — denúncias anônimas, batidas policiais, além

---

[1] As opiniões expressas neste artigo não representam necessariamente aquelas dos orgãos e instituições com os quais mantenham vínculos profissionais. Agradeço a Claudio Beato, Denis Mizne, Edmar Bacha, José Marcelo Zacchi, Leandro Piquet, Simon Schwartzman e aos participantes do Seminário Agenda Pendente, em outubro de 2010, por comentários à versão anterior. Erros, omissões e imprecisões são de minha inteira responsabilidade.

[2] A estatística de homicídios mais utilizada se baseia nos dados do Subsistema de Informação sobre Mortalidade (SIM), do Ministério da Saúde, para "causa de óbito por agressões de terceiros que utilizam qualquer meio para provocar dano, lesão ou a morte da vítima", definidos nos agrupamentos X85 a Y09, no capítulo XX da 10.ª revisão da classificação internacional de doenças (CID-10, da Organização Mundial de Saúde). Os dados do SIM-SUS utilizam metodologia da OMS e, portanto, são úteis para comparações internacionais. De acordo com a Lei n.º 6.216/1975, nenhum sepultamento pode ser feito sem certidão de registro de óbito correspondente. Esse registro deve ser feito à vista de atestado médico (ou de testemunhas qualificadas). A certidão fornece dados sobre estado civil, idade, sexo, naturalidade, local de residência e local do falecimento.

[3] Os Estados Unidos têm 748 presos para cada cem mil habitantes, e a Rússia, 600. O Brasil tem cerca de 240 presos por cem mil habitantes, seguido de Irã, Reino Unido, China e Canadá.

dos dados que dão entrada no sistema através do preenchimento de boletins de ocorrência em delegacias informatizadas.

Muitos sistemas policiais têm informações extremamente ricas, organizadas em softwares que possibilitam tanto a análise georreferenciada (permitindo diagnósticos de crime por território e por horário do dia) quanto a associação de diferentes eventos (crime e local) a um mesmo indivíduo. O primeiro tipo de dado é uma condição necessária para uma prevenção policial eficiente. O segundo tipo permite que recursos investigativos sejam despendidos nos indivíduos de maior letalidade, aumentando a produtividade e o foco da investigação criminal.

Contudo, não basta a existência de informação organizada de forma inteligente. Incentivos internos à polícia militar (preventiva) e civil (investigativa) precisam estar alinhados com a missão de cada instituição, respectivamente, de prevenir o crime e de punir o delinquente. Instrumentos de cobrança de resultados e de bônus por desempenho têm sido utilizados de forma cada vez mais frequente em diversas estruturas policiais, no Brasil e nos Estados Unidos. Para isso, são muito importantes a construção de indicadores sumários de criminalidade e a definição de metas quantitativas (por departamento, companhia policial ou distrito) que impliquem esforço coletivo substancial para serem alcançadas.

A recompensa pelo alcance da meta deve refletir o benefício marginal social de redução da criminalidade, de forma que a função objetivo dos agentes (policiais) reproduza a função objetivo do principal (sociedade). Em síntese, a melhoria da governança corporativa das agências de combate ao crime é o elemento mais importante em uma agenda de segurança pública.

Além da reestruturação das agências de combate ao crime, um elemento fundamental é o aumento da focalização das políticas de segurança. Não é possível policiar intensamente todos os lugares, portanto esforços e recursos devem ser concentrados em territórios conflagrados. Não é possível punir todos os criminosos em um momento de crise, por isso mais recursos de investigação e o encarceramento devem ser utilizados com foco em criminosos mais letais e cujo comportamento represente maior ameaça para a sociedade. Diversas experiências mostram que o foco em territórios conflagrados e em indivíduos de maior periculosidade é uma forma rápida e eficaz de reduzir substancialmente a criminalidade.

O uso da força, ou a disponibilidade de seu uso imediato quando necessário, é precondição para qualquer política de redução de criminalidade em territórios conflagrados. Um número crescente de estudos mostra que a certeza da punição é mais importante do que a intensidade da punição, como elemento de dissuasão do criminoso.[4] Assim, uma política preventiva eficiente dependerá da rapidez com que os recursos punitivos poderão ser despachados.

O investimento em formas de comunicação das novas regras com a população-alvo da política é muito importante para que a mudança de regime seja incorporada pelos criminosos em potencial (que decidem entre se engajar ou não em atividade criminal), na forma de novos *beliefs* (probabilidade subjetiva mais alta de ser punido caso cometa um delito).

---

4 Ver Durlauf e Nagin (2010) para uma boa resenha da literatura acadêmica sobre políticas mais eficazes de dissuasão (tradução que utilizo para *deterrence*, ao longo deste texto).

A correta definição do público-alvo da estratégia policial induz ao aumento de eficiência. Tipicamente jovens do sexo masculino, com passagens pelo sistema socioeducativo, são mais propensos a cometer crimes do que jovens do sexo masculino sem histórico de passagem pelo sistema. Também criminosos em regime de liberdade condicional ou cumprindo pena em regime aberto ou de semiliberdade merecem atenção especial. Algumas experiências mostram que o retorno desses indivíduos ao território é um elemento perturbador e que pode levar a uma reversão da pacificação conquistada. Por exemplo, a explosão da criminalidade em Medellín em 2008-2010 se deve, ao menos em parte, à chegada de "desmobilizados" a um território mal policiado.[5]

Assim, estratégias focalizadas que incluam um acompanhamento de egressos do sistema prisional, com histórico de passagem pela polícia ou pelas varas de infância e adolescência, em particular, ou mais genericamente grupos de indivíduos mais propensos ao delito, são mais eficientes do que estratégias de prevenção generalistas. As primeiras produzem mais efeito sobre a dissuasão de novos crimes e, portanto, economizam recursos da sociedade (na forma de mortes evitadas e mais vagas nos presídios).[6]

A focalização de ações em fatores determinantes da criminalidade violenta, ou em indicadores-meio de letalidade, como a repressão ao porte de arma de fogo em territórios conflagrados, também pode ser bastante eficiente para reduzir a taxa de homicídios, como mostram diversas experiências nacionais e internacionais.

Uma estratégia de prevenção ampla pode incluir, com sucesso, programas sociais bem focalizados que procurem atuar sobre fatores indutores de criminalidade. Os custos e benefícios do engajamento em atividades criminais nem sempre são motivados por fatores econômicos. Comportamento de pares (*peer effects*) ou exemplos de sucesso (*role models*) podem ser importantes na decisão individual. A compreensão das redes sociais de jovens infratores ou em risco de infração penal é um grande desafio intelectual. A atuação focalizada de forma a influenciar tais redes é um grande desafio de formulação de políticas públicas.

Estratégias de integração amplas (que no Brasil têm sido denominadas sob a alcunha de "defesa social") exigem um alto grau de coordenação de atores públicos, com custos de transação proporcionais. As estruturas de governança tornam-se complexas e a cobrança de resultados cada vez mais difícil na medida em que o número de *stakeholders* aumenta. Dificuldades à parte, os programas emblemáticos possuem ações integradas de secretarias de assistência social de estados e prefeituras atuando conjuntamente com agentes de *parole* (no caso dos Estados Unidos)[7] ou varas de infância e adolescência (no caso do Brasil) na prevenção do crime. Convênios federais nos Estados Unidos exigem dos governos lo-

---

5 Ver relatório Medellín Cómo Vamos, 2010.
6 Ver Kleiman (2009) para um modelo comportamental em que criminosos decidem cometer ou não crimes baseados em expectativas de serem pegos — expectativas essas adaptadas de forma bayesiana. Nesse caso, a focalização em determinados grupos — em detrimento de um policiamento aleatório — possibilita o alcance de equilíbrios não violentos com menos recursos de policiamento. Dito de outro modo, com escassos recursos de monitoramento, equilíbrios não violentos surgem quando o policiamento é aleatório, enquanto equilíbrios pacíficos surgem quando o policiamento focaliza territórios ou indivíduos.
7 Ao longo deste artigo, a maioria dos exemplos internacionais citados é dos Estados Unidos. Optei por selecionar experiências avaliadas cientificamente ou ao menos relatadas com detalhes em *policy papers*. Também não quero sugerir com isso que as políticas devam ser copiadas literalmente para ambientes institucionalmente distintos. Ao longo de todo este artigo, a ideia de experimentação, monitoramento e avaliação de resultados estará subjacente.

cais ações integradas que não somente envolvam diversos atores da justiça criminal como também incluam ações sociais complementares a serem executadas por outras áreas de governo.

Mesmo sem alterar o código penal e a lei de execução penal é possível reduzir substancialmente a taxa de crimes violentos, a partir do que se pode concluir dos estudos de casos submetidos a processos rigorosos de avaliação econométrica. Processos de desinflação de crimes são rápidos e sustentáveis por longo tempo. Trajetórias completamente distintas de taxas de violência são possíveis em cidades e estados cujos cidadãos estão sujeitos às mesmas normas constitucionais. O principal ponto deste artigo é que isso decorre da combinação de governança corporativa das agências policiais, integração de ações no território e, sobretudo, focalização das estratégias.

Com a mesma legislação, um aumento da eficiência das agências de combate ao crime leva necessariamente a um aumento da qualidade do aprisionamento e, muito provavelmente, da quantidade total de detenções.[8] As experiências mais importantes de políticas de combate ao crime, ao combinarem prevenção focalizada a aumento da capacidade investigativa, resultam em grande aumento da população prisional. É comum observar uma melhor reorganização policial ocorrer concomitantemente a um grande aumento da taxa de encarceramento. Assim, é importante que as prisões estejam preparadas para receber esse aumento da população carcerária.

Este artigo é dividido em seis seções, além desta. Na segunda seção, apresento estatísticas de homicídio por região para o Brasil e como elas se comparam entre cidades. Também mostro como a vitimização é bem definida por gênero e, principalmente, por grupo etário e território. Na terceira seção, discuto os impactos sociais da violência. Na quarta seção, passo a detalhar boas práticas de governança corporativa nas agências de combate ao crime, apresentando as experiências mais emblemáticas no mundo e no Brasil. Na quinta seção, apresento políticas que foram bem-sucedidas em agir sobre o território, combinando repressão, prevenção e ações sociais bem focalizadas em público-alvo bem definido. A sexta seção discute políticas educacionais focalizadas em adolescentes e que foram bem-sucedidas em reduzir a criminalidade, além de outras intervenções de caráter não policial que são importantes e fortemente complementares à política de segurança pública. A sétima seção conclui discutindo o papel fundamental do Governo Federal em uma agenda de segurança pública, ao coordenar o monitoramento e a avaliação de experiências locais, estimular a integração e premiar as melhores práticas.

2 A DIMENSÃO DA VIOLÊNCIA NO BRASIL

O Gráfico 1 mostra que a taxa de homicídios brasileira cresceu em média 1,7% ao ano no período 1980-2003, alcançando 28,9 mortes por 100 mil habitantes. Em 2007, o número de homicídios por 100 mil habitantes foi de 25,2.

---

[8] Pode ocorrer que a política de policiamento se torna tão bem-sucedida em dissuadir novos crimes que acabe reduzindo o número de aprisionamentos, mas pelo menos em um primeiro momento a sinalização de mudança de regime exigirá aumento do aprisionamento para os grupos-alvo da política.

GRÁFICO 1

Taxas de homicídios por 100 mil habitantes, Brasil

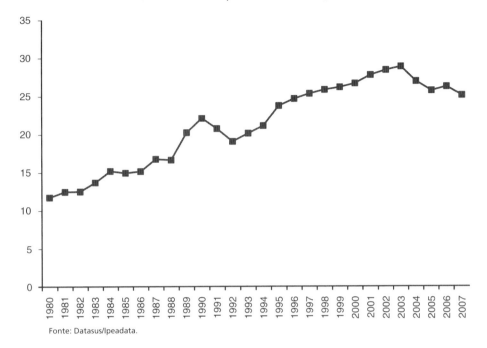

Fonte: Datasus/Ipeadata.

GRÁFICO 2

Taxas de homicídios por 100 mil habitantes no Brasil por regiões

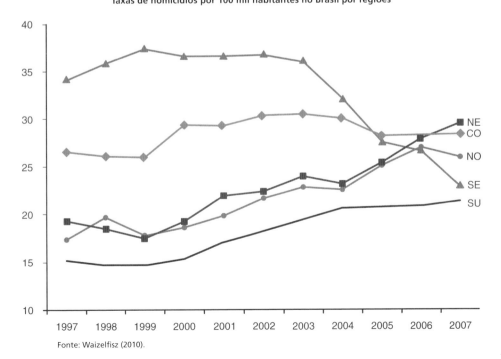

Fonte: Waizelfisz (2010).

Existe grande diferença de desempenho entre as regiões. A ligeira queda a partir de 2003 é produto da combinação de grande queda na Região Sudeste e grande aumento na Região Nordeste, onde o número de mortes por homicídios cresce de 11,8 mil mortes em 2003 para 15,4 mil em 2007.[9]

A evolução nas capitais é bastante heterogênea. Em 2007, a capital mais violenta do país era Maceió, com taxa de 97,4 homicídios por 100 mil habitantes, seguida por Recife (87,5) e Vitória (75,4). Em números absolutos, a cidade do Rio de Janeiro é a mais violenta, com 2,2 mil mortes por agressões. Entretanto, em taxas, o Rio (35,7) foi, em 2007, menos violento do que Belo Horizonte (49,5), Curitiba (45,5) ou Porto Alegre (47,3). As duas capitais com menores taxas de homicídio em 2007 foram Palmas (12,8) e São Paulo (17,4).[10]

Essas mudanças radicais nas posições relativas suscitam questões sobre as causas desses movimentos. Demografia, renda, urbanização são fatores que afetam a propensão das pessoas em cometerem crimes? Qual a importância da política pública, especificamente, a capacidade do Estado de policiar, de investigar e de punir?

Em uma análise de prazo mais longo, há um explosivo crescimento dos homicídios em Minas Gerais, de 7,7 por 100 mil habitantes em 1997, para 22,6 em 2004, e uma súbita interrupção desse movimento, com posterior queda (20,8 em 2007). Demografia, renda ou política pública?

Existem razões para acreditarmos que a demografia explica parte da evolução do crime tanto no Brasil como no resto do mundo. A população jovem (15 a 24 anos) é usualmente muito mais propensa a morrer de morte violenta do que outros grupos etários. Enquanto a taxa de homicídio brasileira foi de 25,2 mortes, para a coorte entre 15 e 24 anos a razão entre mortes e população foi de 50,1 mortes por 100 mil habitantes. A razão entre as taxas de homicídios de jovens (50,9) e não jovens (19,2) é extremamente elevada, mas curiosamente similar aos padrões norte-americanos. Nos Estados Unidos, a taxa de homicídios de jovens era de 12,9, enquanto a de não jovens era de 4,9, em 2007. Em países europeus, como França e Alemanha, a taxa de homicídios de não jovens é ligeiramente superior à de jovens.[11]

Não somente as taxas de homicídio entre jovens são maiores do que entre não jovens como são responsáveis pelas grandes variações no longo prazo. O Gráfico 3 mostra a evolução da taxa de homicídios em jovens e não jovens no Brasil, entre 1980 e 2007. A taxa de homicídios de não jovens mantém-se estável durante todo o período, oscilando em torno de 20 mortes por 100 mil não jovens. Toda a variação na violência ocorre entre jovens. Em 1980, a taxa de homicídios era de 30 mortes, e em 2007, de 50.

---

[9] Em termos de taxa de homicídio, os cinco estados mais violentos em 2007, por ordem, eram Alagoas (59,6), Espírito Santo (53,6), Pernambuco (53,1), Rio de Janeiro (40,1) e Mato Grosso (30,7). Em 1997, os cinco mais violentos eram, por ordem, Rio de Janeiro (58,8), Espírito Santo (50,0), Pernambuco (49,7), São Paulo (36,1) e Roraima (35,4). O desempenho de São Paulo é espetacular, porque era o quarto estado mais violento do país em 1997 e em 2007 torna-se o terceiro menos violento (15,0). O Rio de Janeiro, embora tenha caído apenas de primeiro para quarto, também tem uma redução substancial na taxa de homicídios.

[10] Na comparação com o início da série, em 1997, as maiores mudanças no *ranking* e nas taxas são verificadas na capital paulista, que era a quarta do *ranking*, com 56,7 mortes por 100 mil habitantes, e passou a ser a penúltima (taxa de 17,4). O Rio também cai na terceira posição no *ranking* para a 14ª, respectivamente com queda de 65,8 para 35,7 mortes por 100 mil habitantes. Por sua vez, Belo Horizonte era a 22.ª do *ranking* em 1997 (taxa de 20,7) e em 2007 era a sexta mais violenta do país (taxa de 49,5). Situações mais graves ocorrem em Maceió, que tinha taxas três vezes menores em 1997, e em Salvador, onde a taxa de homicídios sobe de 28,5 para 49,3 no período 2004-2007.

[11] Geralmente a concentração de homicídios nessa faixa etária é relativamente comum nas estatísticas internacionais, entre os países mais violentos. Isso não é verdade para países menos violentos. Waizelfisz (2010) reporta que em 46% dos 79 países para os quais se têm dados comparáveis de saúde a taxa de homicídios de não jovens supera a de jovens.

GRÁFICO 3

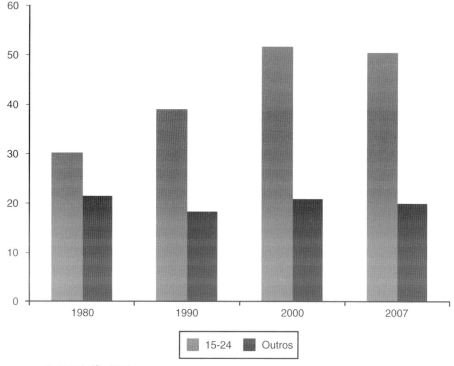

Fonte: Waizelfisz (2010).

Como o crime tem características demográficas marcantes, é natural esperar que mudanças na composição demográfica afetem as taxas de homicídio. Por exemplo, o comportamento das taxas de homicídio em São Paulo não é unicamente decorrente de inovações em políticas públicas. O tamanho da população de jovens (15-25 anos) atinge um máximo em fins de 1999, caindo a partir daí, o que coincide com a trajetória da violência no estado (De Mello e Schneider, 2010). Em outros países, a demografia também explica movimentos na taxa de criminalidade.[12]

Outro fato estilizado é que homicídio é quase predominantemente um crime cometido por homens contra homens no Brasil. Em 2007, 92,7% dos mortos eram do sexo masculino, chegando a 93,9% quando a vítima tinha entre 15 e 24 anos.

Alguns estudos procuram associar indicadores agregados de violência a variáveis socioeconômicas, como desemprego (por exemplo, Guimarães, Ribeiro e Saboia, 2009) ou desigualdade (por exemplo, Cerqueira e Lobão, 2003). O problema desses estudos decorre da excessiva agregação em que os dados de criminalidade ou vitimização (em nível de cidades ou de estados) são disponibilizados. Criminalidade e desemprego, por exemplo, exibem enorme

---

[12] Apenas para citar alguns exemplos, nos Estados Unidos, a legalização do aborto causou uma redução da população jovem 15 anos depois, o que coincidiu com a queda das taxas de criminalidade — que ocorre primeiro nos estados que se antecipam à decisão da Suprema Corte. Os autores interpretam essa relação causal como evidência de que potenciais homicidas deixaram de nascer como resultado da legalização do aborto (Donohue III e Levitt, 2000). Na China, a elevação da criminalidade no período 1988-2004 é fortemente explicada pelo aumento da proporção de homens na população (Edlund et al., 2007).

grau de variabilidade no nível local, de forma que a média significa muito pouco nesses casos.[13] Estudos que façam uso de dados com circunscrição geográfica menos abrangente (bairro, área planejamento, ou favelas, dentro de uma mesma cidade) teriam mais sucesso em captar as relações entre variáveis socioeconômicas e criminalidade.

Uma das características mais importantes da violência urbana é sua concentração territorial nas grandes cidades. Altas taxas de homicídio, por exemplo, não são uniformemente distribuídas. A *clusterização* da violência é um fenômeno bastante conhecido dos estudos criminológicos há mais de cem anos (Quetelet, 1835). Nos Estados Unidos, Sherman *et al.* (1989) mostram que somente 3% das esquinas de Minneapolis geravam 50% dos chamados policiais. Weisburd *et al.* (2004) mostram que 50% dos incidentes reportados em Seattle se localizam em 5% da área da cidade.

Rivero e Rodrigues (2009) mostram, através de análise cartográfica, que grande parte da vitimização por homicídios da cidade do Rio de Janeiro ocorre em alguns poucos setores censitários da cidade. De acordo com os dados das autoras, favelas tendem a ser mais violentas do que áreas de não favelas. Com efeito, as autoras concluem que 444 das 751 favelas (identificadas pela cartografia do Instituto Pereira Passos) correspondem às áreas de alta concentração de violência (ou seja, estão entre os 20% mais violentos setores censitários da cidade). As autoras concluem que "a residência das vítimas de homicídio fica em áreas onde está concentrada a maioria das favelas da cidade e pertencem aos bairros onde se registram as maiores taxas de ocorrência de homicídios" (Rivero e Rodrigues, 2009, p. 20).

Esse padrão não é uma idiossincrasia carioca. Beato (2008) mostra que a alta concentração em determinados *hotspots* é também o padrão de Belo Horizonte no período 1995-1998. Enquanto alguns locais de Belo Horizonte tinham taxas no período 2000-2001 que eram acima de 200 mortes por cem mil habitantes, como Barragem Santa Lúcia, a média da região metropolitana era de 26 mortes por cem mil.

3 EFEITOS ECONÔMICOS E SOCIAIS DA VIOLÊNCIA URBANA

Segurança pública, ao conferir os direitos de ir e vir, de se relacionar, de transacionar e de se comunicar, é precondição para a fruição de benefícios urbanos. A ausência de segurança deixa os indivíduos ao arbítrio dos donos de territórios, ditadores instalados em feudos por toda a cidade. Com isso, destrói negócios e o prazer do lazer — ou quase tudo em que consiste a vantagem de viver em grandes aglomerados urbanos.

Territórios conflagrados pela explosão de violência tendem a empobrecer por via de diversos e distintos vetores. Evidência preliminar mostra que a violência potencialmente afeta o desempenho de alunos em sala, na medida em que introduz insegurança ao ambiente de aprendizado. Monteiro e Rocha (2010), combinando dados do Disque-Denúncia e da Secretaria Municipal de Educação do Rio de Janeiro, mostram que conflitos entre facções

---

[13] Levitt (2001) discute as dificuldades de regressões entre taxa de desemprego e criminalidade e propõe alternativas de análise empírica. Citando como exemplo a cidade de Chicago, o autor mostra que a taxa de desemprego varia entre 3% e 45%, dependendo da vizinhança, e a taxa de desemprego média da cidade foi de 13%.

de criminosos afetam negativamente o aprendizado dos alunos. Em particular, os autores mostram que, quanto maior o número de dias com tiroteios nas proximidades de uma escola, pior o desempenho de seus alunos em testes padronizados, como a Prova Brasil.

Estabelecimentos comerciais fechados, em decorrência da fuga de empresas ao se verem cercadas por favelas perigosas — onde a incidência de roubos de carga e a ameaça física aos funcionários são constantes —, contribuem para a depressão econômica de regiões tomadas pelos chamados *hotspots* de violência.

Cidades com elevadas taxas de criminalidade tendem a ser fator de emigração e esvaziamento econômico. Essa hipótese é testada por Cullen e Levitt (1999), que, com dados de 137 cidades norte-americanas com mais de 100 mil habitantes, no período 1977-1993, mostram que crime causa queda da população e empobrecimento. Utilizando dados individuais, os autores mostram que há substancial mudança migratória dentro de cada região metropolitana motivada por ambiente de criminalidade. Dentre os que migram, pessoas mais ricas têm muito maior probabilidade de se deslocarem do que pobres. Os autores concluem que a migração motivada pela violência impõe custos nos que ficam através da desvalorização da propriedade. Outros autores encontram fortes impactos negativos da criminalidade sobre o valor da propriedade (Gibbons, 2004; Lynch e Rasmussen, 2001; Bowes e Ihlanfeldt, 2001; Linden e Rockoff, 2008).

Alguns tipos de crimes, ao expulsarem os mais ricos, têm efeito multiplicador na demanda de serviços e rebate na demanda por postos de trabalho entre os mais pobres. Particularmente, firmas com propriedade estrangeira de capital são mais sensíveis a essa dimensão de criminalidade, como mostram microdados de empresas colombianas (Pshisva e Suarez, 2010).

Crimes violentos afetam predominantemente os mais pobres. Pobres têm baixa capacidade de "votar com os pés", ou de se defender pelo uso de segurança privada. Isso é verificado pela literatura econométrica. Di Tella *et al.* (2010) usam dados da Argentina do final da década de 1990, quando se observa uma explosão de violência, e verificam que o aumento da vitimização entre pobres é maior do que em outros grupos. O aumento da vitimização entre pessoas de baixa renda é mais de 50% superior àquele ocorrido nos grupos de alta renda. Observam que assaltos a residências aumentam particularmente entre pobres. Os autores sugerem que grupos de alta renda têm mais acesso à segurança privada, o que lhes permite se proteger contra roubos de residência. Na Colômbia, homicídios afetam predominantemente os pobres. Gaviria e Vélez (2001), através de análise de dados colombianos, mostram que o aumento dos homicídios gerou muito mais vítimas entre pobres do que entre não pobres. Isso é verdade também em grandes metrópoles brasileiras. Beato (2008) mostra que a distância era inferior a 350 metros na maior parte das mortes na favela de Morro das Pedras, em Belo Horizonte, em 2002.

Ambientes violentos afetam a vida do pobre de forma muito mais acentuada. Na Colômbia, as famílias expulsas de territórios têm perda permanente de riqueza e jamais se recuperam. Os autores observam que apenas 25% das pessoas que perdem suas casas devido à deflagração de conflito recuperam-nas. E, mesmo nos casos em que recuperam seus ativos, não conseguem recuperar o padrão de vida anterior (Ibañes e Moya, 2010).

Territórios vitimados pela violência endêmica sofrem um processo de implosão, na medida em que vítimas e agressores fazem parte da mesma comunidade, na maioria das vezes. Levitt e Venkatesh (2001) combinam análise econométrica e etnográfica para estudar a história de vida de 105 homens que tinham de 17-26 anos em 1991 e moravam em um prédio de um conjunto habitacional de baixa renda em Chicago, dominados por gangues no auge da epidemia de *crack*. Esses homens são procurados e entrevistados dez anos depois, em 2001. Na amostra de 105 homens, 77% tinham sido detidos e 60% efetivamente encarcerados (em média por mais de dois anos). Cerca de 10% estavam mortos dez anos depois, e a média de feridas de tiros recebidos pelos sobreviventes era de 0,41 por pessoa.

O padrão dos trabalhos empíricos que trabalham com o microcosmo gerador da criminalidade endêmica parece indicar que há um forte elemento de interdependência dos indivíduos em tomar atitudes violentas, consumir drogas, andar armados e se engajar em atividades ilegais. O amplo diagnóstico sobre as favelas de Belo Horizonte que inicialmente sofreram intervenções do Programa Fica Vivo (ver Seção 5) mostra que a violência nesses locais é perpetrada por gangues, compostas por jovens, e que o padrão de vitimização aponta para estreita proximidade de residência entre vítima e agressor. Entre os motivos identificados para homicídios relatados em pesquisas de vitimização, predominam motivos direta ou indiretamente relacionados ao tráfico e consumo de drogas: dívidas de drogas, acerto de contas entre traficantes, guerra de traficantes, disputa de pontos de tráfico são citados em 70% dos casos em que respondentes identificam algum motivo (Beato, 2008).

Ou seja, a violência urbana é fortemente concentrada no território, e essa concentração é retroalimentadora. A retroalimentação introduz não linearidades, sendo assim compatível com grandes flutuações ao longo do tempo e dentro da cidade que não são explicadas por características observáveis do território.

Há um papel exercido por redes sociais na proliferação de violência no território — que não tem sido muito bem captado por econometristas, mas tem sido estudado por sociólogos.[14] Fatores como a presença de *role models* (exemplos de sucesso, ídolos) e *peer effects* (comportamento dos pares) são provavelmente importantes, mas os mecanismos através dos quais essa influência ocorre ainda precisam ser mais bem compreendidos. Alguns autores falam em escalada da violência como um fenômeno típico, em que a uma agressão inicial se seguem retaliações (Braga *et al.*, 2000; Soares, 2006).

Qual o resultado que a presença de redes sociais tem sobre o desenho das políticas públicas? Em primeiro lugar, a redução de curto prazo nas taxas de homicídios em territórios sob epidemia tem que ser feita através de tratamento de choque: ocupação permanente, ou percebida como permanente ou uma operação de saturação completa. Em segundo lugar, a destruição das redes sociais negativas deve ser seguida pela criação de referências positivas que as substituam. Em terceiro lugar, a manutenção de um ambiente coletivo virtuoso exige atenção com a complementaridade entre território e o ambiente dos presídios, casas de custódia e instituições socioeducativas.

---

[14] Ver Wilson e Herrmstein (1980) para uma introdução à literatura psicológica e sociológica sobre comportamento criminal.

Bayer *et al.* (2009) estudaram 8.000 jovens em instituições correcionais da Flórida durante dois anos, incluindo registros de detenção posteriores ao fim do período correcional. Eles acharam forte evidência de *peer effect* em praticamente todos os tipos de crimes. Também encontraram efeitos de formação de *networking* mais fortes para jovens encarcerados em instituições mais próximas ao território de residência.

Em estudo feito com jovens entre 25 e 35 anos em guetos de Chicago, observa-se que cada ano de detenção aumenta em US$2.000 anuais a renda obtida com atividades ilegais, o que é um indício do impacto de *networking* decorrente da prisão (Levitt e Venkatesh, 2001). Programas que visem acompanhar o detento fora da prisão, em sua reinserção social, são cruciais, principalmente porque o retorno desse indivíduo pode ser perturbador do equilíbrio pacificado de determinado território.

Em resumo, a ação sobre o território parece ser importante no tratamento do fenômeno criminal e para a redução permanente das taxa de homicídios. A estratégia no território exigirá: a) retomada territorial; b) manutenção das taxas baixas de violência por via de política social e urbana (*lato sensu*); c) complementando-se com estratégias de prevenção criminal eficientes por parte da polícia, e (d) interação com o sistema prisional a fim de acompanhar a reinserção no território do ex-detento ou jovem egresso do sistema socioeducativo.

4 GOVERNANÇA CORPORATIVA NA POLÍCIA: EXPERIÊNCIAS BEM-SUCEDIDAS

Existem diversas experiências bem-sucedidas de reforma na polícia, que lograram êxito em reduzir a violência e a criminalidade em geral. As mais marcantes são as feitas nas polícias de Nova York, Los Angeles, Bogotá, São Paulo e Minas Gerais, mas avanços importantes têm ocorrido em outros estados, como é o caso do Rio de Janeiro e de Pernambuco.

Todas as experiências de reforma corporativa da polícia citadas aqui resultam em substancial queda na criminalidade. Alguns elementos comuns são observados em todas as experiências. Primeiro, a melhoria substancial da qualidade da informação. Segundo, o uso da informação com a finalidade de planejamento de ações, a partir da elaboração de diagnósticos detalhados do crime em cada território policiado. Terceiro, o monitoramento constante das ações em cada território. Quarto, a criação de mecanismos de troca permanente de ideias entre os gestores, municiados pelos indicadores monitorados. Quinto, a instituição de mecanismos de cobrança de resultados, incluindo premiação por mérito e tratamento adequado para os casos de insucessos (reavaliações do diagnóstico, intenso escrutínio dos resultados, punição do gestor quando aplicável).

Em Nova York, o processo de reforma da polícia se inicia em 1993 e tem resultados bastante rápidos. A base da política nova-iorquina foi um *turnaround* gerencial na polícia metropolitana, baseado na definição de metas gerenciais por tipo de crime e reuniões mensais de cobrança de resultados, monitoramento das ações, redefinição dos diagnósticos e, por último, uma revisão do plano de ações. Tais reuniões são fortemente municiadas por estatísticas georreferenciadas, o que exige melhoria do sistema de coleta de dados, adaptação do sistema de distribuição de informações e transformação dessas informações em conhecimento, para produção de inteligência de planejamento. A essa dinâmica de reuniões gerenciais municiadas por dados denominou-se Compstat. Diz-se ter essa dinâmica não só forçado um melhor planejamento das ações, mas inibido a corrupção policial (Bratton, 1998). Diversas agências de justiça participavam do processo, pelo menos como ouvintes.[15]

Um resultado da maior integração policial foi o aumento substancial na taxa de detenção para todos os tipos de crime. O aumento da taxa de detenção acaba sendo um dos grandes responsáveis pela redução da criminalidade (Corman e Mocan, 2002). A taxa de roubos caiu de 18, em 1991, para 5 por 100 mil habitantes em 2001. A taxa de homicídios caiu de 14 para 4 por 100 mil no mesmo período. Todos os demais tipos de crime experimentam quedas substanciais e, posteriormente, manutenção em patamares baixos. Em Nova York, as reformas na polícia têm sido apoiadas pela sociedade civil, especialmente através da New York Police Foundation, estabelecida em 1971 por empresários e líderes civis de Nova York, que financia programas e projetos de pesquisa voltados para a melhoria da gestão da polícia.[16]

Outro caso emblemático de sucesso é o de reforma da polícia de Bogotá, com efeitos substanciais sobre as taxas de homicídios naquela cidade. Ao contrário de outras cidades colombianas como Medellín e Cartagena, a queda das mortes em Bogotá é um fenômeno local, ocorrendo em meados dos anos 1990, quando a criminalidade na Colômbia explodia (Llorente e Rivas, 2005).

Em Bogotá, a queda dos homicídios e de outros crimes foi obtida em paralelo a uma redução do número de policiais, em função de demissões em larga escala. A taxa de habitantes por policial sobe de 469, em 1994, para 658 em 2003. Ou seja, foi um caso bem caracterizado de aumento da produtividade policial.

A taxa de prisão por homicídio triplicou no período, enquanto no resto da Colômbia permaneceu estável. Em relação aos assaltos, Bogotá tinha uma taxa de prisão por assaltos abaixo do resto da Colômbia, e passa a ter uma taxa mais alta. A velocidade com que a detenção se tornava inquérito e este virava processo na promotoria foi elemento fundamental para o aumento das taxas de prisão. Um plano de desarmamento foi posto em prática, e também uma lei de fechamento de bares foi instituída. Sanches *et al.* (2003) mostram que o aumento do aprisionamento é fator causal da redução de diversos tipos de crimes em Bogotá.

Além disso, uma série de programas comunitários de cidadania e convivência foi instituída (Mision Bogotá) — sendo essa uma marca que acabou ficando mais famosa do que o próprio processo de reestruturação da polícia. Bogotá teve também uma experiência de parceria entre governo municipal e associação comercial, para a criação de zonas seguras na

---

[15] A melhor descrição do processo é dada por Bratton (1998, p. 233): "We held Compstat twice a week. ... We soon moved to the operations room ... a space large enough to hold a borough's ten precinct commanders, plus each precinct's detective-squad commander and key personnel, as well my command staff. ... Until this time, a precinct commander would never in his or her career expect to talk consistently and directly to the chief of department, the first deputy, or the police commissioner. ... Each commander was called upon to report on his precinct about once a month, and we had his precinct's numbers in front of us. So did everyone else in the room. Notable statistics were listed — murders, robberies, felonious assaults, cases cleared (listed by year and crime), domestic violence — and significant increases were printed in red. ... When it was their turn to report, each precinct's leader came loaded with information, statistics, and ideas, ready to fire. We called that being 'in the barrel'."

[16] Ver <http://www.nycpolicefoundation.org>.

cidade, nas quais se aumentou o policiamento ostensivo (Projeto Zonas Seguras). Câmaras de gestão locais foram criadas, reunindo membros do governo e empresários.

O resultado final desse processo foi a queda dos homicídios de 70, em 1993, para 30 por 100 mil em 2002, enquanto no mesmo período a taxa média de homicídios na Colômbia (incluindo Bogotá) caiu de 74 para 68. No período recente, a taxa de homicídios em Bogotá tem oscilado em torno de 20 por 100 mil.

O caso mais emblemático de sucesso no combate ao homicídio no Brasil é o conseguido pela Secretaria de Segurança Pública do Estado de São Paulo. Em 1980, a taxa de homicídios de São Paulo era de 13,7 por 100 mil habitantes por ano — comparada a 11,7 do Brasil. De 1980 a 1999, as taxas paulistas subiram de forma acelerada, chegando a 44,4 mortes por 100 mil em 1999. A partir de 1999, começa a cair de forma acelerada, e menos de uma década depois chega a 15 homicídios por 100 mil habitantes.

Além da taxa de homicídios, São Paulo tem redução substancial no número de crimes violentos — embora a comparação com o resto do país não seja possível nesse caso dada a ausência de indicadores padronizados para todos os estados. Após atingir um pico de 964 crimes violentos por 100 mil habitantes em 2000, essa taxa cai continuamente até 2008, quando atinge 678 crimes por 100 mil (queda de 30%).

Há uma série de coincidências nesse período que impedem uma análise precisa do que causou a queda da criminalidade em geral, e em particular a queda da taxa de homicídios. Contudo, inovações policiais provavelmente respondem por uma fração importante desse desempenho. A estratégia paulista se baseia em informação, produção de conhecimento e gestão policial municiada pela informação. Com efeito, em 1999, cria-se o Infocrim, um sistema de georreferenciamento de dados criminais, assim como o Fotocrim, uma ampla base de dados fotográficos de procurados e pessoas na prisão — cadastro que contém mais de 300 mil criminosos (Camilo e Kahn, 2008). Em 2000, cria-se o Disque-Denúncia. Também em 2000, cria-se a Rede Intragov, que implanta links de comunicação entre todas as companhias de polícia militar do estado e unidades de polícia civil, bem como se estabelece a delegacia eletrônica, a fim de facilitar a notificação de crimes pela população, e delegacias participativas, para melhorar o atendimento e a eficiência investigativa. Já nesse ano se compatibilizam as áreas de atuação das polícias civil e militar, e criam-se procedimentos operacionais padrão para a polícia militar.

Diversas iniciativas de integração das polícias militar e civil são feitas, como cursos superiores de polícia integrados, para promoção aos cargos de delegados de primeira classe e coronel.

Em 2001, é instituído o Plano de Combate aos Homicídios da Divisão de Homicídios e Proteção à Pessoa, com ênfase na captura de homicidas contumazes. Também é criado o Copom on-line, software de análise em tempo real das ligações de 190.

Em 2002, o pessoal administrativo da PM passa a ser terceirizado, assim como agentes penitenciários que guardam muralhas dos presídios. Em 2003, são criados o Departamento de Inteligência Policial da Polícia Civil (DIPOL) e seu programa de escutas Guardião. Em 2004, surge o sistema Ômega de investigação, que permite o cruzamento e a visualização de relações entre criminosos, telefones e ocorrências. Também, cria-se na PM um sistema que permite armazenar informações sobre pessoas, armas e veículos, e que gera estatísticas para planejamento de policiamento. As operações Saturação conduzidas pelo choque em áreas controladas pelo tráfico começam a ser realizadas em 2006. Essas e outras inovações explicariam por si sós a queda de criminalidade em São Paulo.

Tais mudanças estruturais, na gestão tanto da polícia militar quanto da polícia civil, levam a um aumento na população carcerária. No período 1994-1998, o número de presos em São Paulo subiu de 55 mil para 73 mil (um crescimento médio de 6,7% ao ano). Em 2003, o número de presos chegou a 123 mil (um crescimento médio de 11,2% no período 1998-2003), de acordo com Kahn (2004). Considerando que o percentual de presos por homicídio permaneceu em torno de 10% em todo o período (era de 8% em 2002, de acordo com o Censo Penitenciário), esse aumento do encarceramento incapacitou um número substancial de homicidas.

Diversos outros fatores podem também ter influenciado o comportamento das taxas de homicídio e de crimes violentos em São Paulo. A lei de fechamento de bares também deve ter contribuído para a queda no estado de São Paulo, e em alguns municípios em particular. Contudo, a lei de fechamento não ocorreu de forma generalizada, mas pode-se dizer que a lei seca causou queda importante na taxa de homicídios nos municípios que a adotaram.[17]

Uma característica marcante de São Paulo foi o engajamento de vários municípios na feitura de planejamentos municipais em políticas preventivas que complementaram as ações de justiça criminal executadas pelo estado. A lei seca foi apenas um exemplo, adotada em Diadema e outras cidades do estado. O papel efetivo das guardas municipais, com lógicas de policiamento orientado para a solução de problemas, complementou e reforçou a ação da polícia militar (Miki, 2008).

Por último, o terceiro setor exerceu importante papel de articulação entre diferentes órgãos públicos e no planejamento de políticas, principalmente através do Instituto Sou da Paz e do Instituto São Paulo contra a Violência (Veloso e Ferreira, 2008; Mizne, 2008).

Minas Gerais foi outro estado que reformou suas práticas policiais, onde se destaca o IGESP, uma sistemática de gestão por resultados na polícia, iniciada em 2005, com o estabelecimento de metas, em moldes quase idênticos aos do Compstat. A participação do Ministério Público e do Poder Judiciário nas reuniões é incentivada, assim como das prefeituras — muitas vezes representadas pelos próprios prefeitos. Cada AISP (Área Integrada de Segurança Pública) é obrigada a apresentar um plano trimestral de ação operacional, embasado em diagnóstico qualitativo e quantitativo, e que deve envolver o delegado e o oficial da PM. O sistema contempla também o método de solução de problemas como orientação da atuação dos policiais na ponta.

Segundo estudo feito por Soares e Viveiros (2010), estimativas mais conservadoras indicam uma queda de 24% nos crimes contra a propriedade e de 13% em crimes contra a pessoa em áreas policiadas através do IGESP. Os autores mencionam que tais efeitos resultam

---

[17] Em média, esse efeito teria sido de 12% (Biderman *et al.*, 2009).

da melhor coordenação de ações e ganhos informacionais decorrentes do sistema estatístico georreferenciado.

Além do Fica Vivo (ver Seção 5) e do IGESP, outras inovações ocorreram na gestão do policiamento mineiro. Em primeiro lugar, uma ótica de ação integrada entre programas de prevenção de abrangência ampla (não apenas policial) levou à criação da Secretaria de Defesa Social, que acumula tanto as polícias civil e militar quanto a gestão do programa Fica Vivo e outras intervenções de cunho territorial de natureza não policial.[18]

A política mineira de segurança pública foi fortemente baseada na integração entre as polícias, o que "permitiu aos comandos das unidades na ponta, em particular as delegacias distritais e as companhias de polícia responsáveis por uma mesma delimitação territorial, a adoção rotineira de procedimentos conjuntos de planejamento operacional" (Sapori, 2008). Cursos integrados de treinamento nas respectivas academias de polícia (militar e civil) também compõem o elemento de integração. Para essa administração conjunta, redefiniram-se as áreas das circunscrições das unidades policiais, estabelecendo-se limites geográficos comuns entre companhias de polícia militar e delegacias de polícia civil.

Um esforço no campo da criação de bases de dados também deve ser mencionado: o Sistema Integrado de Defesa Social (SIDS), que integra os sistemas preexistentes da polícia civil, DETRAN, Carteira de Habilitação, Recursos Humanos, administração de frotas e polícia militar.

O impacto de toda essa reformulação do sistema de defesa social sobre o crime ainda não foi estudado a fundo. Após substancial aumento da taxa de homicídios no estado, no período 1994-2000, esse indicador se estabiliza a partir de 2002, mantendo-se estável desde então. Concomitantemente, há uma queda substancial da taxa de crimes violentos por 100 mil habitantes, de 542 em 2002 para 300 em 2009.

Por último, cabe falar das políticas inovadoras que estão ocorrendo no estado do Rio de Janeiro. Além das Unidades de Polícia Pacificadora (ver Seção 5), de longe a principal inovação da política de segurança no Rio de Janeiro por se tratar de uma mudança de 180° na forma de proceder com territórios pobres e mal policiados, a Secretaria de Segurança tem lentamente, mas de forma segura, logrado êxitos importantes em melhoria de gestão.

O Rio de Janeiro tem um histórico de microrreformas gerenciais na polícia, mas que são realizadas em um processo de *stop and go*, ao sabor das mudanças políticas (trocas de comando no governo estadual ou, mais frequentemente, por pressões do Legislativo estadual). Algumas inovações gerenciais no Rio de Janeiro inspiraram reformas mais profundas em outros estados. Tais reformas, contudo, nunca mudaram a forma de atuar da polícia do estado. Por exemplo, em fins da década de 1990, foi instituído o programa Delegacia Legal, que gradualmente tem eliminado a carceragem das delegacias e, de forma mais importante, criou um acervo de dados alimentado diariamente e que permite melho-

---

[18] Minas Gerais não foi o primeiro a inovar criando uma Secretaria de Defesa Social, tendo sido precedido por Diadema, que também acumula na mesma secretaria a guarda municipal e programas de direitos humanos e tratamento do jovem em risco de infração. Outros modelos podem levar ao mesmo objetivo de integração de políticas de prevenção a violência no território. Não defendo aqui nenhuma fórmula predefinida.

rar substancialmente a identificação das áreas e horários críticos, por tipo de crime e por cada esquina identificável da cartografia estadual. Esse programa sofreu fortes resistências dentro da polícia civil e durante muito tempo não foi utilizado pela polícia militar (Soares, 2003; Campos, 2008). Desde 1999, o território do estado do Rio de Janeiro está dividido em áreas integradas de segurança pública, cuja concepção tinha a finalidade de incentivar o trabalho integrado das duas polícias. Isso também nunca funcionou de forma adequada. Reuniões como as realizadas pelo IGESP não ocorrem no Rio de Janeiro.

O governo Cabral, iniciado em 2007, passa a conceder maior autonomia operacional à Secretaria de Segurança Pública e total liberdade para a escolha dos comandos das polícias. Esse processo de "blindagem" tem sido importante para que reformas gerenciais atualizem e aprofundem o arcabouço criado em 1999 — e posteriormente esvaziado. São partes desse processo algumas medidas recentes, mas ainda em caráter quase experimental.

Em primeiro lugar, as AISP foram subdividas em Circunscrições Integradas de Segurança Pública (CISP), territórios sob a responsabilidade comum de uma delegacia distrital e de uma companhia da polícia militar, a exemplo do que ocorreu em 2002 em Minas Gerais. Municiado pelos dados da Delegacia Legal, foi criado um sistema de indicadores e metas, em 2009. Os prêmios são pagos pelo alcance de metas em quatro indicadores de crime: homicídio doloso, roubo de veículos, roubo de rua e latrocínio, com diferentes pontuações dependendo do grau de redução de crime no período e do tipo de crime cuja meta foi batida.[19]

O experimento de independência operacional ainda é recente para ser analisado. Contudo, o combate às milícias através das investigações da DRACO, levadas até o fim com o aprisionamento de diversos envolvidos, é um sintoma dessa maior independência. O envolvimento de policiais e ex-policiais com atividades ilícitas, desenvolvidas a partir de controle territorial e instituição de terror, motivou a criação de uma Comissão Parlamentar de Inquérito na ALERJ, e que terminou em efetiva colaboração informal entre o Legislativo, a polícia civil, o Ministério Público e a Polícia Federal. Esse experimento de sucesso não teria sido possível sem a independência operacional da Secretaria de Segurança Pública.[20]

Tal como em outros lugares, no Rio de Janeiro setores da sociedade civil foram muito importantes em diversos aspectos. Um grupo grande de empresários financiou diretamente a reorganização gerencial do estado e em particular da Secretaria de Segurança. O mapeamento de processos críticos, a criação de indicadores de processo e a modernização da gestão foram feitos em larga escala por uma empresa privada especializada em reengenharia de processos no setor público, custeada diretamente pela sociedade civil. Periodicamente, o governador se reunia com tais financiadores para prestar contas dos andamentos das reformas, o que se tornou um importante mecanismo de *accountability* e espaço de suporte político para as ações reformistas e para a independência gerencial da Secretaria de Segurança. Além do financiamento, um grupo menor de empresários e membros da academia influenciou na

---

[19] Para uma análise da política de segurança pública no Rio de Janeiro no período 2007-2010, ver Ferreira (2011).

[20] O problema, contudo, continua sem solução e exigirá um maior envolvimento do Governo Federal nesse processo, e possivelmente uma mudança da legislação penal que regulamente o crime de milícia e o torne hediondo. O endurecimento da legislação penal para crimes graves, sem direito aos benefícios de progressão de pena típicos da lei de execuções penais, seria um complemento importante e que ajudaria muito os estados no combate a grupos que controlam o território.

elaboração de diagnósticos e na formulação de políticas tanto na Secretaria de Segurança quanto no estado como um todo. O contato com a sociedade civil, portanto, passa a se dar em formas mais pragmáticas, a partir da identificação conjunta de gargalos e proposição de soluções concretas. O governador, ao abrir esse canal direto de interação, criou uma forma de estar sempre sendo informado de novas e boas práticas de gestão pública na área. A criação de canais com organismos multilaterais permitiu ao Executivo estadual não somente fontes de financiamento — que propiciaram um aumento de investimento na máquina pública —, mas também uma troca constante de percepções e ideias entre os secretários e seus assessores, de um lado, e especialistas internacionais, do outro. A criação de mecanismos informais de cobrança ou de controle social foi importante para que reformas gerenciais internas ocorressem e produzissem resultados.

5 ESTRATÉGIAS DE POLICIAMENTO EM BASE LOCAL

O primeiro elemento para garantir uma redução sustentável da criminalidade é a reforma gerencial. O segundo elemento é o desenvolvimento de estratégias de combate ao crime que sejam bem focalizadas. As experiências de sucesso mostram que tais estratégias são sempre precedidas pelo diagnóstico que permite: (a) mapear territórios conflagrados, (b) identificar os agressores e grupos de agressores mais frequentes e (c) identificar os fatores causais (porte de armas, drogadição etc.) no território. Tais experiências também mostram, como elemento comum, a integração das ações no território, a qual envolve diferentes agências de combate ao crime (inclusive de diferentes jurisdições). Em muitos casos, a integração inclui a participação de agências tradicionalmente responsáveis pela administração de políticas de bem-estar, como secretarias de assistência social ou de saúde pública.

Além da focalização e da integração de ações, outros dois componentes presentes em vários casos de sucesso são a intensidade das operações e campanhas de comunicação bem estruturadas. Por intensidade, entende-se a concentração de recursos humanos e físicos de policiamento nos territórios focais em níveis muito mais elevados do que a média, por um período de tempo suficiente para desarticular os elementos epidemiológicos (ou seja, fatores causais prováveis, identificados através do diagnóstico preliminar). Por campanha de comunicação entende-se a criação de canais e de linguagem que seja eficaz em mudar o custo esperado de punição por parte dos agressores. Uma campanha benfeita e mensagens transmitidas de forma clara são elementos muito importantes para poupar recursos escassos com processos de encarceramento (recursos escassos da polícia judiciária, do Ministério Público, das varas criminais e do sistema penitenciário).[21]

A experiência mais famosa de gestão territorial é de Boston. O projeto original ocor-

---

[21] Lochner (2007) mostra que criminosos respondem na direção correta especificada pelo comportamento racional quando a probabilidade percebida de ser pego aumenta. Contudo, o que afeta essa probabilidade não é determinado de forma clara. Indivíduos têm conjunto de informação limitado e não conhecem a verdadeira taxa de risco. Primeiro, percepções respondem ao próprio histórico de detenção (dado o histórico criminal). Seguindo uma prisão, indivíduos cometem menos crimes — compatível com o efeito dissuasão. Jovens que cometem delitos e não são presos revisam para baixo a probabilidade subjetiva. O histórico de punição de irmãos ou parentes afeta de maneira similar essa percepção individual sobre o risco idiossincrático de ser detido, em face de uma decisão de cometer um crime.

reu no início de 1996. Boston tinha um típico problema de violência juvenil, combinada de forma explosiva com a presença de armas de fogo. Entre fins de 1980 e início de 1990, os homicídios entre jovens aumentaram 230%. O projeto (*Boston Gun Project*), desenvolvido em uma parceria do departamento de polícia de Boston com a Kennedy School of Government, envolveu a organização de um grupo de trabalho entre diversas agências envolvidas na repressão e na prevenção do crime. Esse grupo, sob a orientação de acadêmicos, desenvolveu diagnósticos sobre a violência no território, fazendo uso de ferramentas de quantificação estatística e de avaliação qualitativa.

No diagnóstico, descobriu-se que 1.300 membros de gangues (menos do que 1% da população jovem com menos de 24 anos) eram responsáveis por 60% de todos os homicídios juvenis em Boston e que a maioria destes ocorria em áreas concentradas geograficamente e como resultado de retaliações.

Como resultado do diagnóstico, o grupo desenhou uma estratégia de intervenção de impacto rápido. A estratégia (Operação Cessar-Fogo) consistia em dois elementos: o primeiro foi o estabelecimento de uma operação punitiva e repressiva, voltada para a prisão de criminosos mais contundentes. Na operação, houve a participação de diversas agências. Especificamente, representantes do sistema criminal passaram a expedir mandados de prisão mais rapidamente e de forma coordenada com a polícia.

O segundo elemento consistiu em aplicar pesada punição às gangues quando armas de fogo fossem encontradas no território. Essa estratégia policial (denominada *pulling levers*) foi comunicada claramente aos jovens envolvidos com as gangues. Fóruns com membros de gangues, envolvendo várias agências de repressão, comunicavam as novas regras.[22] Parte da estratégia envolvia quantificar e informar os jovens sobre as perspectivas que encontrariam no sistema penal caso fossem pegos. Por exemplo, um cartaz dizia: "*Arrested with one bullet, sentence 19 years and seven months, no possibility of parole*".[23]

O foco da ação policial era a retirada das armas e não o tráfico de drogas. Gangues por sua vez têm interesses econômicos (Levitt e Venkatesh, 2000) e regulam o uso de armas para proteger esses interesses (Cook e Ludwig, 2006).[24] Assim, políticas que aumentam o custo subjetivo de andar armado, ou de alguém da gangue andar armado, tendem a reduzir o porte de armas, e possivelmente as taxas de homicídios. Além disso, operações envolvendo agências federais visavam à repressão do comércio ilegal de armas. Cooper *et al.* (2001) encontram grande efeito causal (da ordem de 60%) sobre os homicídios imediatamente depois da operação.[25]

Embora não se saiba ao certo sua importância para a queda de homicídios em Boston, é

---

[22] As agências envolvidas eram: Boston Police Department, Drug Enforcement Agency; Alcohol, Tobacco and Firearms (ATF), State Police, US Attorney, Probation, Parole e assistentes sociais da prefeitura.

[23] *Parole* é a liberação supervisionada de um prisioneiro antes do término de cumprimento da pena. Não é equivalente mas se assemelha ao regime aberto do direito penal brasileiro. *Probation* é a sentença que pode ser imposta por uma corte criminal em lugar do encarceramento, o que geralmente é feito somente em casos de pequenos delitos.

[24] Pesquisa etnográfica com jovens de gangues em Chicago, onde a mesma estratégia foi aplicada, mostra que jovens evitam o porte de armas, como explica um chefe de gangue: "Se eles não têm armas, eles não causam problemas, ninguém (a polícia) vem aqui atrás deles, e as coisas fluem bem. E, se eles precisam de uma arma, nós mesmos damos a eles" (Cook e Ludwig, 2006).

[25] Alguns autores ponderam, contudo, que a queda da criminalidade ocorrida após 1996 teria se dado de qualquer maneira, pois se trataria de movimento de reversão à média (Rosenfeld *et al.*, 2005).

provável que a articulação comunitária em torno do problema da violência tenha tido efeitos sobre o bem-estar da população dos conjuntos habitacionais. O que se convencionou chamar "A Estratégia de Boston" foi produto da articulação de alianças entre igrejas (*Ten Point Coalition*), funcionários da secretaria municipal de serviço social e membros do setor privado.

Metodologias de policiamento comunitário orientadas para a solução de problemas passaram a ser adotadas onde antes a polícia não atuava. Por essa metodologia gerencial, as ações policiais variam de acordo com as características de cada comunidade, ao passo que as estratégias de segurança pública em geral passam a envolver não apenas ações policiais, mas também a participação de outras agências do governo, como aquelas relacionadas às áreas de urbanização, infraestrutura, saúde e educação: o policial identifica e descreve o problema, analisa-o, define ações em resposta ao problema e avalia as ações empregadas. A interação com a comunidade, através do estabelecimento de fóruns, é a base para o funcionamento adequado desse sistema de policiamento. O treinamento dos policiais na metodologia foi realizado em parceria do departamento de polícia de Boston com o Boston Management Consortium, uma agência sem fins lucrativos financiada por empresários locais e que fornecia consultoria gratuita em gestão para agências de governo local. Ou seja, o polícia se aproximou da comunidade policiada para entender os problemas locais, dos empresários locais para obter *expertise* para novas metodologias e de outras agências de governo na busca de soluções que não eram de caráter policial (Pruitt, 2005).

Portanto, a estratégia de Boston envolve diversas características desejáveis para lidar com o problema criminal. Em primeiro lugar, a identificação do problema como causado pela posse de armas no território e a retomada do território com a finalidade de retirar as armas, com substancial aumento das penalizações. Em segundo, a atuação integrada das agências de justiça para desmantelar as gangues no território. Em terceiro lugar, parcerias comunitárias e com o terceiro setor, a fim de instituir um policiamento orientado para a solução de problemas. Não é claro qual elemento foi mais importante para a redução da violência naquela cidade.

Inspirado em Boston, o Projeto Vizinhanças Seguras de Chicago tem a finalidade de criar a integração entre polícias locais, estaduais e federais na concepção e execução de estratégias de combate ao tráfico e porte de armas, além de interação com associações comunitárias para desestruturar as gangues no que tange ao medo que elas impõem à comunidade. Esse programa incentiva a experimentação e a adaptação às características locais do crime.[26] O programa incentiva parcerias com a universidade na condução de avaliações de impacto, e assim o próprio desenho do programa é orientado para permiti-las (inclusive a constituição de grupos de controle bem definidos na partida do programa).

No caso de Chicago, há três objetivos intermediários: reduzir a demanda por armas entre jovens infratores, reduzir sua oferta através de intervenções no mercado local de armas e atuar no território a fim de prevenir a violência com as armas. Para atingir esses objetivos, o programa Vizinhanças Seguras definiu quatro ações: (a) aumentou o número de processos

---

[26] Ver <www.psn.gov>.

federais encaminhados à justiça por porte de armas; (b) aumentou o tempo de sentença em processos federais por porte de arma; (c) aumentou as atividades policiais no combate à oferta de armas; e (d) atuou nas comunidades violentas a fim de fazer marketing sobre riscos de detenção, através de encontros com membros de gangues organizados por agências de justiça.

O marketing em comunidades é feito principalmente com foco em jovens egressos do sistema penal (geralmente em *parole* ou em *probation*), obrigados a comparecer mensalmente a reuniões organizadas pelos agentes de justiça. Assim que liberados da justiça, esses indivíduos recebem correspondência alertando sobre as penalidades envolvidas pelo porte de arma e solicitando o comparecimento a tais reuniões. A dinâmica da reunião envolve três etapas: uma primeira, de comunicação das penalidades; uma segunda, de troca de experiências (geralmente alguém vai à frente e diz o que tem feito para se manter longe das armas e da violência); e uma terceira, onde todos os ofertantes de programas sociais — do terceiro setor e das agências de governo — anunciam suas ofertas e as condições para elegibilidade. Os programas incluem assistência psicológica aos dependentes químicos, aconselhamento com mentores, programas de treinamentos, entre outros.

As atividades de justiça criminal são executadas de forma coordenada, envolvendo varas criminais locais, o Ministério Público e o departamento de polícia de Chicago. Reuniões semanais são mantidas com procuradores para analisar cada caso relacionado ao uso de armas de fogo, bem como analisar todos os agravantes de forma a maximizar a pena do acusado e encaminhar o processo à corte (federal ou estadual) mais rigorosa.

O projeto piloto foi conduzido de forma a propiciar avaliação de impacto. O grupo de tratamento foi definido como 22 territórios localizados na zona oeste de Chicago. A taxa de homicídio dos territórios de tratamento em 2002 (o programa foi deslanchado em 2003) era de 75,5 mortes anuais por 100 mil habitantes (a média da cidade era 22 por 100 mil). Um grupo de controle foi definido na zona sul da cidade (com 30 áreas) — geograficamente distantes para minimizar efeitos de migração. A taxa de homicídios média na área de controle era de 50 mortes por cem mil.[27] As diferenças nas taxas de homicídio tinham se mantido estáveis durante todo o período 1980-2000, ou seja, as duas áreas observaram grandes aumentos da taxa de homicídios durante o período 1985-1995 e estavam em tendência de redução da criminalidade desde então, mas as diferenças se mantinham aproximadamente as mesmas.

Uma análise de painel mostra que o efeito líquido do programa foi de 37% nos territórios tratados. Papachristos *et al.* (2007) dividem o programa Vizinhanças Seguras em um vetor de ações, para as quais indicadores de intensidade são elaborados. Para captar a importância da comunicação aos jovens em risco de infração através dos fóruns, os autores acompanham ao longo do tempo o número de indivíduos atendendo aos fóruns mensais. Para captar a importância da intensidade policial em cada área, observam ao longo do tempo o número de

---

[27] Tanto o grupo de tratamento quanto o de controle tinham taxas de criminalidade bem mais altas do que o restante da cidade para diferentes tipos de crime (assaltos e porte ilegal de armas).

apreensões de armas. E, para analisar o impacto do agravamento da penalidade, os autores acompanham a evolução do número de processos federais movidos pelo Ministério Público em cada território. Como variáveis dependentes (ou indicadores de resultado), os autores observam as taxas de homicídios e outros crimes graves ocorridos.

Em primeiro lugar, a presença em fóruns tem efeito muito importante sobre os resultados (um aumento de 1% em pessoas frequentando fóruns implica queda de 13% dos homicídios). Também o número de apreensões de armas tem bastante impacto sobre as taxas de homicídios (a cada dez armas apreendidas, o número de homicídios cai 2%). O aumento no número de processos encaminhados à justiça, por sua vez, tem baixo impacto sobre o número de homicídios.

Assim, o experimento de Chicago mostra que tanto a intensidade policial com foco em controle de armas quanto a comunicação benfeita ao grupo focal alvo do programa são essenciais para a redução das taxas de homicídios. Por outro lado, o agravamento das penas não altera a decisão dos indivíduos de cometer homicídio, a julgar pelos resultados do Projeto Vizinhanças Seguras de Chicago.

Inspirado na Estratégia de Boston, o programa Fica Vivo foi implantado em Belo Horizonte no início de 2001 e posteriormente estendido para o resto do estado de Minas Gerais. Assim como em Boston, houve uma parceria com a universidade (especificamente com o Centro de Estudos de Criminalidade e Segurança Pública, CRISP, vinculado à UFMG). Pesquisas de vitimização foram realizadas nas seis áreas-piloto (seis favelas violentas da cidade), e Morro das Pedras foi selecionada para ser objeto da intervenção inicial.

Assim como em Boston, o programa tinha como público-alvo a população de jovens em risco de conflito com a lei, geralmente vinculados às gangues. Adicionalmente, foram identificadas a forte presença de armas de fogo nos territórios e a elevada incidência de crimes cometidos com o seu uso. Entre 1999 e 2001, 78% dos homicídios ocorridos nessas áreas envolveram o uso de armas de fogo. Também foi identificado que os homicídios eram fortemente relacionados com as gangues locais.

O objetivo das intervenções do Fica Vivo era o aumento do custo da atividade criminal, obtido por meio de ações de ocupação policial sempre que ocorresse um homicídio. Essa ação tinha a finalidade de causar fortes prejuízos ao tráfico de drogas e gerar processos judiciais contra os líderes das gangues — criminosos com elevado impacto negativo sobre a comunidade. As operações eram feitas de forma articulada entre Ministério Público, varas criminais e polícias civil e militar. A ideia era que a punição por desvios (porte de armas e homicídios) fosse feita de forma rápida, severa e certeira, para dissuadir o comportamento criminoso.

Uma vez pacificado o território, programas sociais integrados eram executados de forma articulada entre estado e prefeitura, com o objetivo de aumentar o benefício de não cometer crimes.[28] Esse segundo elemento objetivava a construção de capital social através de campanhas de conscientização nas escolas e da adoção de diversas medidas socioeducativas:

---

[28] Tanto no caso do problema policial quanto no caso do problema social, câmaras locais foram criadas, com a participação dos atores relevantes em cada caso. Ver Beato (2008).

criaram-se programas de treinamento e oportunidades para jovens que contaram com a participação de empresas privadas, do serviço social da indústria (SESI) e do SEBRAE de Minas Gerais.

O efeito do programa sobre a taxa de homicídios é bastante acentuado. O efeito do programa em Morro das Pedras é forte (queda de 70%) e significativo em um primeiro momento, e se enfraquece ao longo do tempo (Silveira *et al.*, 2010). Para as demais favelas incluídas posteriormente, o impacto é menor. Particularmente, o que o Fica Vivo consegue realizar nessas outras favelas é na melhor das hipóteses desacelerar o crescimento (Peixoto *et al.*, 2008).

O Rio de Janeiro, diferentemente de Boston, Chicago e Belo Horizonte, apresenta controle explícito por gangues fortemente armadas em diversas áreas de favela pertencentes à cidade ou a municípios da região metropolitana do estado. Essas gangues, cuja principal atividade é o tráfico de drogas, policiam permanentemente e regulam a entrada de pessoas, mercadorias e serviços no território sob seu domínio. As quadrilhas são sempre ligadas a um dos consórcios criminais do estado (Comando Vermelho, Terceiro Comando e Amigos dos Amigos) e disputam os pontos de venda de tóxico nas favelas. Os chefes dos comandos estão atualmente presos (muitos deles fora do estado, em presídios federais). As gangues gozam de relativa autonomia operacional, mas decisões de tomada de territórios geralmente são feitas de forma articulada com as lideranças nos presídios e envolvem algum grau de coordenação com outras gangues pertencentes ao mesmo comando.

A polícia não entra nas favelas controladas pelo tráfico, a não ser em operações de guerrilha urbana — e quando o faz utiliza blindados. Essas incursões são feitas pelas suas tropas de elite: o BOPE, da Polícia Militar, e o CORE, da Polícia Civil.

A partir de dezembro de 2008, o governo do estado começa um programa de retomada de territórios e instalação de unidades físicas de policiamento. À diferença de programas anteriores, em que destacamentos foram instalados em algumas favelas da cidade,[29] a intensidade de recursos humanos aplicados no policiamento nessas áreas foi sem precedentes históricos e a instalação física das Unidades de Polícia Pacificadora (UPP) sinaliza que o Estado democrático está entrando — dessa vez trazendo direitos e deveres.

Assim, de forma muito mais profunda do que nos demais casos, a retomada no Rio de Janeiro é, num primeiro estágio, um programa de ocupação militar pela polícia, e somente num segundo estágio, uma ocupação policial no sentido original do termo. Como tal, o número de habitantes por policial nas UPP é de 101. Apenas como base de comparação, a média do estado é de 405.[30]

Assim, idealizado para ser um programa de desarmamento, pela forma como resolveu abordar a questão — com a ocupação territorial —, rapidamente o porte de armas deixa de ser um problema no território. As estatísticas de ocorrências criminais caem a números muito próximos de zero. Outro efeito observado é um aumento da denúncia por abusos de

---

[29] Para referências sobre o funcionamento do GPAE, Grupamento de Policiamento em Áreas Especiais, ver Veloso e Ferreira (2008).
[30] Ver Ferreira (2011) para uma análise do programa das Unidades de Polícia Pacificadora.

direitos civis, que antes eram "resolvidos" pelo poder local e assim não geravam boletins de ocorrência. Um exemplo é um aumento de denúncias de violência doméstica.

A mudança quase instantânea do perfil das ocorrências passa a requerer da polícia técnicas de aproximação com a comunidade, diagnóstico dos principais problemas e desenho de estratégias para resolver problemas que são, predominantemente, de natureza não criminal.

Por isso, os policiais das unidades de policiamento são recém-concursados na polícia militar e formados para ser uma "nova polícia", com concepção moderna de policiamento por proximidade, e sem as denúncias de corrupção que geralmente fazem parte do dia a dia da PM naquele estado. Os capitães das unidades de policiamento são selecionados dentre os melhores quadros da polícia, geralmente jovens com princípios éticos sólidos e habilidades para liderar e resolver conflitos.

Um resultado do programa das UPP, como efeito colateral, é o sufocamento do comércio de drogas em favelas (as favelas inicialmente retomadas são localizadas em zonas prósperas da cidade, onde o consumo de psicotrópicos é alto). A queda do faturamento levou os traficantes a agir de forma articulada, aterrorizando a população com ataques aleatórios na região metropolitana (especialmente, incendiando veículos). Esse fato causou uma reação das forças de segurança pública, que, de forma articulada com as Forças Armadas, retomaram o principal centro logístico do crime na capital. Este evento teve importantes repercussões sobre a agenda federal de segurança pública, o que é abordado brevemente na conclusão deste artigo.

Alguns *caveats* devem ser mencionados. Primeiro, o programa, até a publicação deste livro, ainda não havia alcançado áreas onde as taxas de homicídios são particularmente elevadas, (exceção da Cidade de Deus), e uma vez que isso ocorra, exigirá uma intensidade de recursos humanos da polícia sem precedentes e de forma permanente.[31] Em segundo lugar, as condições iniciais, que potencialmente são fatores de risco da epidemia social, ainda estão presentes. A criação do programa UPP Social, inicialmente coordenado pela Secretaria de Assistência Social e Direitos Humanos do estado e posteriormente transferido para a prefeitura, é um fato promissor, e lembra a estrutura de planejamento integrado de experiências bem-sucedidas. Em terceiro lugar, o governo Cabral atuou de forma correta mas tímida quando o assunto foi reformar a polícia, particularmente a PM. Com isso, o sucesso do programa dependerá de instrumentos de controle social — particularmente uma imprensa atenta aos desvios de conduta dos policiais.

Embora o custo direto de se manter ostensividade por longo tempo seja relativamente baixo,[32] o custo de oportunidade na forma de crimes que se evitariam em áreas menos policiadas é bastante mais elevado. O ritmo com que futuramente o policiamento nas áreas conflagradas poderá ser reduzido dependerá do tratamento dessas áreas em outras di-

---

[31] Até a publicação deste livro, a retomada do Complexo do Alemão ainda não fazia parte do programa, na medida em que a ocupação vinha sendo mantida preponderantemente pelas Forças Armadas.

[32] Supondo que um salário-base do polícial no Rio de Janeiro é de R$1.200, a expansão nesse nível de ostensividade das UPPs para todo o restante da capital implicaria por ano cerca de 595 milhões de reais por ano entre custeio e investimento, o que se compara a um orçamento de segurança pública da ordem de R$3 bilhões por ano.

mensões, relacionadas ao legado de um histórico de elevada violência. Na próxima seção, analiso estratégias complementares de natureza social que podem ajudar a estabilizar a pacificação.

Antes disso, cabe lembrar que a ostensividade age no sentido de alterar as expectativas do infrator quanto à probabilidade de punição. Não se pode abrir mão da ostensividade se não existe uma boa tecnologia de monitoramento de eventos. Esse problema de monitorar o comportamento de grupos focais é enfrentado pelos agentes de *parole* nos Estados Unidos, que têm que ficar marcando entrevistas com um grande lote de criminosos em regime aberto e verificando sua adesão às condições do regime aberto. Uma condição geralmente imposta é que o apenado se abstenha do consumo de drogas. Esse monitoramento é imperfeito, o que gera uma baixa expectativa de punição e consequentemente violação das condições de *parole*.

Uma demonstração de que a expectativa de ser pego afeta diretamente o comportamento do criminoso e reduz a probabilidade de reincidência é dada pelo baixo percentual de novas condenações quando existe monitoramento eletrônico. Di Tella e Schargrodsky (2010) mostram que, enquanto o percentual médio de reincidência de ex-detentos é de 22% na Argentina, o monitoramento eletrônico faz a taxa cair para 13%.

Outro exemplo bem-sucedido de política que aumenta a certeza da punição para criminosos em *probation* é o Projeto Hope no Havaí. Uma estratégia de comunicação de endurecimento do regime é um importante componente do programa. Esse projeto submete os condenados a exames laboratoriais para testar uso de drogas, e punição com um a dois dias de confinamento em caso positivo, ou de ocorrência de outras violações do período de *probation*. Com a redução da penalidade, menores prejuízos estão em jogo, o que permite à corte havaiana tomar decisões mais rápidas e menos burocratizadas. A instituição do programa foi possível com mudança nos processos administrativos nas varas criminais havaianas. O aumento da velocidade na punição reduziu substancialmente o número de violações entre os indivíduos incluídos no programa, o que por sua vez reduziu de forma significativa o custo de monitoramento, levando a ainda menor incidência de violações (Kleiman, 2009).

Tecnologias de monitoramento imperfeitas forçam as agências de justiça a optar por elevados custos de prevenção. O caso extremo é justamente as UPP, com sua elevada ostensividade no território, única maneira (cara) de aumentar a certeza da punibilidade pelo criminoso.

6 DEFESA SOCIAL: PROGRAMAS INTERSETORIAIS COM FOCO EM REDUÇÃO DA VIOLÊNCIA

Reduzir a criminalidade, e particularmente a taxa de crimes violentos, depende crucialmente de policiamento. Contudo, a existência de programas sociais bem focalizados complementa as atividades policiais por diversos motivos. Em alguns casos, a existência de programas sociais, quando combinados com o aumento da probabilidade percebida de ser punido, aumenta o benefício líquido da não delinquência ou, o que dá no mesmo, diminui a utilidade esperada da delinquência. Geram esse tipo de impacto, por exemplo, programas bem desenhados de reinserção de egressos do sistema penitenciário,[33] ou programas de capacitação de jovens infratores. Existem experiências promissoras no Brasil, mas pouquíssima avaliação delas. A Secretaria Estadual de Assistência Social e Direitos Humanos (SEASDH) do Rio de Janeiro iniciou em 2010 uma avaliação do programa federal Protejo, que capacita para o mercado de trabalho jovens que cometeram ou sofreram violência. O programa concede uma bolsa de R$100 por mês aos jovens em troca de participação em cursos de capacitação para o mercado de trabalho. Para avaliação do programa, uma amostra aleatória de jovens foi construída de forma a permitir a comparação de resultados do programa em diferentes pontos do tempo. Como o programa está sendo executado em comunidades pacificadas e não pacificadas, será possível conhecer a eficácia de programas de treinamento e de bolsas para jovens em risco de infração em diferentes ambientes. O desenho do processo de seleção permitiu a aleatorização dos jovens, criando-se um grupo de controle que será acompanhado ao longo de dois anos juntamente com o grupo de tratamento. Um dos resultados preliminares que a linha de base já produziu diz respeito à dificuldade de encontrar candidatos ao programa dentro do grupo de maior risco. Ou seja, existe um problema de focalização que se deve à natureza do processo de seleção dos candidatos.

Programas de capacitação, tendem a ter relação custo-benefício mais alta do que aqueles que investem no desenvolvimento de habilidades não cognitivas.[34] Formas de estimular o desenvolvimento de tais habilidades podem ser feitas pela via de programas de tutoria para adolescentes em escolas, como o *Big Brothers/Big Sisters* (BB/BS) nos Estados Unidos. O BB/BS escolhe voluntários adultos, combinando-os com jovens entre 10 e 16 anos com pai ou mãe ausente, com o propósito de criar laços de amizade dos jovens com adultos. Em um experimento aleatório, uma avaliação de impacto mostrou que jovens no programa tinham menos chance de experimentarem drogas −46%) ou álcool (−27%). Também tais jovens se envolveram com menor frequência em agressões físicas (−32%), além de melhorar o desempenho acadêmico em diversas dimensões, por exemplo, aumentando a frequência em aula (−52% de dias faltosos), segundo Tierney e Grossman (1995).

O *Quantum Opportunity Program* (QOP) oferece a estudantes vulneráveis aconselhamento e incentivos financeiros de US$2 para cada hora despendida em atividades específicas (metade paga à vista e metade depositada em um fundo para financiar a universidade). Estudantes selecionados aleatoriamente para o programa passaram a interagir com mentores

---

[33] Raphael (2010) apresenta uma boa resenha das avaliações de impacto de programas de emprego voltados para egressos do sistema prisional.

[34] Habilidades cognitivas são aquelas utilizadas no processo de aquisição e produção de conhecimentos. Habilidades não cognitivas, como a capacidade de se relacionar com outras pessoas, de trabalhar em grupo, de persistir diante de insucessos iniciais, são também relacionadas a sucesso no mercado de trabalho, como um número crescente de estudos empíricos mostra. As capacidades de empreender e de liderar são habilidades não cognitivas com impacto direto no sucesso profissional. A neurociência tem mostrado que, enquanto a parte do cérebro responsável pelo processamento de informações amadurece cedo (no período da infância), aquela relacionada à formação de habilidades não cognitivas segue se desenvolvendo até fins da adolescência, o que se constitui em importante janela para intervenção e que tem sido pouco explorado pela política educacional. Ver Carneiro, P. e J. Heckman (2003) para revisão da literatura relacionada.

a partir da oitava série do ensino fundamental (equivalente ao primeiro ano da *high school*, nos Estados Unidos). Por quatro anos, ou seja, durante toda a *high school*, esses jovens interagem com tutores e fazem atividades monitoradas fora da escola (como visitas a museus). Jovens observados dois anos após o fim do "tratamento" tinham uma taxa de detenção igual à metade da do grupo de controle, não sujeito ao tratamento (28% *versus* 56%). A taxa de condenação (aprisionamento) do grupo de tratamento foi de 4%, comparada a 16% do grupo de controle (Taggart, 1995).

De forma geral, a experiência mostra que programas focalizados em adolescentes e jovens vulneráveis têm mais chances de sucesso quando a intervenção é feita com o jovem ainda na escola (Carneiro e Heckman, 2003). O aluno que evadiu do sistema escolar é muito mais insensível a esses tipos de programa. Duas lições decorrem daí. Primeiro, o trabalho de assistência social no território tende a ser mais bem-sucedido, tanto em focalização quanto em impacto, se articulado com a escola. Segundo, ainda não se sabe como alterar as decisões de jovens que já tomaram a decisão de evadir. Criatividade, interdisciplinaridade e experimentação serão as chaves para o progresso nessa área.

Uma área em que o uso da prevenção policial tem sido um completo fracasso é no combate ao tráfico de drogas. Isso não seria um problema se drogadição não fosse um fator condicionante de comportamentos criminais que vão além do mero tráfico e consumo de psicotrópicos. Existe uma vasta literatura que relaciona drogadição a violência, crimes contra a propriedade e deterioração social, ou seja, que identifica nesse tipo de vício um gerador de externalidades negativas que vão além do círculo familiar. Mocan e Tekin (2006), por exemplo, mostram que existe um impacto causal de 23% do uso de cocaína em crimes contra a propriedade e de 16% em crimes violentos, utilizando uma amostra de gêmeos morando em diferentes lares. Em uma amostra de 3500 moradores de *inner-cities* nos Estados Unidos e que sofreram tratamento contra o vício em clínica especializada, foi possível observar que o tratamento reduziu o uso da droga, o que causou uma redução de 54% nos crimes contra a propriedade (Jofre-Bonet e Sindelar, 2002).[35]

A focalização do tratamento em apenados em diferentes regimes e em egressos do sistema prisional é uma forma que tem sido utilizada em alguns países, mas não há experiência que possa ser exaltada como panaceia. Essa questão ainda não está resolvida, mas, no caso brasileiro, em face da epidemia de crack em grandes cidades, chama atenção o fato de o Ministério da Saúde não dispor de um programa que, por meio de transferências de recursos, incentive governos subnacionais, juntamente com parceiros privados, a desenvolver estruturas modernas de tratamento contra drogadição.

Concluindo, um importante componente de pacificações territoriais é a articulação das ações de prevenção de natureza intersetorial e intersecretarial. Ambas têm que ser bem focalizadas. A taxa de criminalidade é o indicador de resultado ou finalístico de um programa de pacificação. Contudo, gravidez precoce, drogadição, baixo capital social, desestruturação familiar, alcoolismo são sinais de alerta ou indicadores de antecedência em processos de

---

[35] Pollack, Reuter e Sevigny (2010) fazem uma resenha de avaliações de impacto de programas clínicos de tratamento da drogadição.

explosão de violência. É perfeitamente possível fazer baixar a violência no território mesmo sem interferir nos demais elementos que aumentam a predisposição a uma epidemia criminal. Contudo, o custo em termos de ostensividade para atingir o mesmo objetivo será mais alto e o novo equilíbrio menos estável na ausência de intervenções intersetoriais que atuem nos fatores epidemiológicos.

7 CONCLUSÃO E DIGRESSÕES SOBRE O PAPEL DO GOVERNO FEDERAL NO COMBATE À VIOLÊNCIA NAS CIDADES

Existem diversas experiências locais que poderiam maximizar o retorno da política de segurança pública sem mudar valores orçamentários ou legislação penal. O argumento-chave deste artigo é que muito pode ser feito antes que optemos por mudar o código penal, e mesmo antes que mais gastos orçamentários sejam reservados para a segurança pública.

Reformas gerenciais baseadas em uso intensivo de análise de dados e na elaboração de diagnósticos realimentados por monitoramento costumam funcionar em ambientes tão diversos quanto Nova York, Bogotá e Belo Horizonte. Existem diversos mecanismos para a criação de tal dinâmica de troca franca de ideias, mas a instituição de meritocracia na escolha das chefias e a remuneração por desempenho (com definição de metas anuais) são esteios desse ciclo virtuoso organizacional.

Um problema pouco discutido aqui foi a corrupção policial, e isso não foi feito porque, embora mais deletéria do que a corrupção de outros servidores públicos, a forma de combatê-la é semelhante: primeiro, despolitização da liderança como basilar para a instituição de meritocracia na corporação; segundo, mecanismos de *accountability* tais como os discutidos exaustivamente aqui; terceiro, agilização dos processos de exoneração por desvio de conduta. A demissão de policiais é um instrumento importante para a reorganização administrativa das polícias, tendo sido usado em larga escala em Bogotá (quando o número de habitantes por policial subiu de 400 para 600 enquanto o crime violento despencava). Um exemplo de que é possível tal *fast-track* mesmo com uma legislação trabalhista tão rígida quanto a brasileira foi dado por São Paulo, em 2002, com a criação da Procuradoria Disciplinar e posteriormente, em 2009, com a instituição da Coordenadoria de Procedimentos Disciplinares (CPD), vinculada à Procuradoria Geral do Estado (PGE) e que centraliza todos os processos disciplinares. Além disso, São Paulo simplificou o processo de demissão, reduzindo o número de testemunhas exigidas para que o processo administrativo seja encaminhado.[36]

A focalização adequada no criminoso em potencial assim como a integração das ações são elementos importantes de uma política com base territorial. Cabe ao Governo Federal um papel indutor de boas práticas. O Governo Federal, a partir do Pronasci, tem induzido estados e municípios a executar programas sociais que complementam de forma importante as políticas de segurança pública. Contudo, os programas são executados de forma não coordenada. Nesse sentido, programas federais que articulem ações integradas no território, nos

---

[36] Jornal *O Estado de São Paulo*, setembro de 2009.

moldes do Vizinhanças Seguras, são a direção a seguir. Não basta ter na prateleira uma lista de programas filosoficamente bem construídos, pois ações dispersas acabam tendo pouco resultado prático.

O Governo Federal deve permitir e estimular também a experimentação, que pode ser tanto na forma de procedimentos adotados na seleção de um dado público-alvo, mas pode também incluir variações substanciais na natureza do programa. Usualmente, os convênios federais com governos subnacionais permitem pouca discricionariedade ao governo local. Programas como o Protejo, do Ministério da Justiça, poderiam admitir variações que permitissem, por exemplo, a introdução de elementos de tutoria mais incisivos. Também a mudança na forma como os jovens são encaminhados, muito dependente de redes sociais locais que acabam levando para o programa jovens associados àquelas redes, seria uma forma para melhorar a focalização. Alterações no cardápio de cursos disponíveis, redução do período de duração desses cursos e instituição de um sistema de pontuação ou de créditos poderiam premiar pequenos progressos — tão importantes para jovens infratores — que tendem a ter problemas de autoestima e baixa persistência.

Experimentação é muito importante, e junto com a experimentação cabe ao Governo Federal induzir a avaliação. O objetivo da avaliação não deve ser rejeitar o programa como um todo, mas avaliar como pequenas variações institucionais alteram seus resultados. O Governo Federal deveria estimular os estados e municípios a fazer avaliações dessa natureza, não só as custeando, mas premiando com mais recursos jurisdições que avaliem seus programas.

Sistemas georreferenciados são cada vez mais baratos, mas uma base cartográfica é algo caro. Convênios federais que possibilitem aos governos locais ter cartografia no nível de detalhe exigido pela gestão policial são necessários, e os Ministérios da Justiça e das Cidades têm um papel importante nisso. Hoje em dia, ferramentas como o *City Stat* (aplicados em Baltimore) podem cruzar informações variadas, desde que georreferenciáveis, e se transformar em importante instrumento de gestão (Baxandall e Euchner, 2003). Outro exemplo dos Estados Unidos é o programa federal MAPS (*Mapping and Analysis for Public Safety*), que financia pesquisas que apliquem ferramentas georreferenciadas na administração pública.[37]

O Governo Federal, como importante agente financiador de projetos locais, deveria ter um papel indutor de boas práticas. O estímulo à experimentação, condicional à criação de ambiente propício à avaliação de impacto (por exemplo, com a definição de um grupo de tratamento e um grupo de controle em cada projeto inovador), deveria tornar-se prioridade nas ações mediante convênio com o Ministério da Justiça.

O Governo Federal tem feito pouco para capacitar gestores de segurança pública em planejamento. De certa forma, a criação da Força de Segurança Nacional desviou recursos que poderiam ter sido aplicados em capacitação local. Por exemplo, a estruturação de um Compstat ou metodologias de policiamento orientado para solução de problemas mereceriam mais suporte do Governo Federal. Nesse sentido, a construção de indicadores de de-

---

[37] Ver <http://www.ojp.usdoj.gov/nij/maps/>.

sempenho deveria ser estimulada pelo Ministério da Justiça. Hoje em dia, graças ao movimento Fórum Brasileiro de Segurança Pública, existe algum esforço para padronização de indicadores básicos. Contudo, como tal esforço não é induzido mediante mecanismos de bonificação, gera poucos resultados práticos. Por exemplo, a produção de indicadores padronizados — com a mesma metodologia em todos os estados — deveria ser um elemento condicionante de convênios na área de defesa social. O Governo Federal proveria assistência técnica para que tais indicadores fossem produzidos, inclusive tecnologia necessária para sua elaboração. Indicadores a serem produzidos e que hoje não existem de forma padronizada, por exemplo, são a taxa de criminalidade por áreas integradas de segurança pública ou a taxa de prisão por tipo de crime. A inexistência desse tipo de dados inviabiliza estudos acadêmicos em criminologia. A ausência de tais dados explica por que a ciência criminológica ainda é dominada por estudiosos com formação jurídica, e não dividida, como nos Estados Unidos, com acadêmicos especializados em economia, sociologia e estatística.

Muito foi mencionado e citado aqui sobre as inter-relações entre prisões e territórios. Políticas locais que acompanhem egressos na reinserção social devem ser estimuladas. Indicadores de reincidência, uniformes entre diferentes estados, devem ser produzidos. Experiências devem ser comparadas e inovações estimuladas. Toda flexibilização na legislação que permita parcerias público-privadas devem ser permitidas. Prisões geridas pelo setor privado sob regime de concessão devem ser estimuladas como forma de melhorar a qualidade do serviço e aumentar a oferta de vagas no sistema. Ao mesmo tempo, para presos de menor periculosidade e maiores perspectivas de reinserção, programas de média e alta complexidade de natureza intersetorial e multidisciplinar (que combinem tratamento à drogadição com programas educacionais que estimulem habilidades não cognitivas) devem ser estimulados. O Governo Federal tem papel central nesse processo, tanto no papel consultivo aos governos locais quanto no papel de indutor — mediante transferências condicionais via convênio e que premiem o cumprimento de metas de indicadores padronizados.

Em quais casos seria justificável um papel ativo do Governo Federal na alocação de recursos humanos no combate ao crime? Na maior parte das vezes, sendo crime um fenômeno local e não havendo fortes evidências de migração do criminoso, não caberia a atuação do Governo Federal. Contudo, o crime utiliza recursos que provêm de outros estados: por exemplo, a droga vendida nas ruas de São Paulo e grande parte dos produtos ilegais vendidos nas ruas do Rio de Janeiro por camelôs são internalizadas no país através da fronteira do Paraná com o Paraguai. O mesmo ocorre com as armas utilizadas por assaltantes que roubam veículos para revender no Paraguai. A internacionalização do crime é um fenômeno que se intensificou com a globalização, e as alternativas existentes exigem um envolvimento crescente das autoridades de fronteira — não somente da Polícia Federal, mas também do controle sanitário ou das agências reguladoras como ANVISA.[38]

Ou seja, a tecnologia produtora de crimes possui diversas economias de escopo, e muitas

---

[38] Naím (2005) mostra as diversas facetas da internacionalização e o aumento da sofisticação que decorreu de inovações tecnológicas, por um lado, e como contrapartida da maior liberdade de comércio de bens e fatores no mundo, de outro.

dessas atividades envolvem elos internacionais ou interestaduais e se beneficiam de legislação frouxa ou de leniência administrativa da jurisdição de origem — caso em que cabe a participação direta da Polícia Federal.

A lavagem de dinheiro resultante do comércio ilegal sempre se dá através de elos com o setor legal — e tais elos passam muitas vezes despercebidos. A utilização da capilaridade da Polícia Rodoviária Federal para combater o crime urbano a partir do controle do trânsito de caminhões nas fronteiras interestaduais (caminhões que podem incluir carregamentos de mercadorias ilegais) em parceria, por exemplo, com as polícias civis e com a própria fiscalização fazendária estadual, é uma ideia promissora. No caso do Rio de Janeiro, por exemplo, um acordo entre a polícia civil e a inspetoria fiscal de fronteira criou dificuldades para o comércio ilegal de combustíveis — cujo fluxo de caixa muitas vezes alimenta financeiramente outros crimes. As finanças do tráfico de drogas no Rio de Janeiro podem envolver a compra de terras no Mato Grosso, por exemplo. O rastreamento de tais transações é função da Polícia Federal e faz parte de uma estratégia integrada de combate ao crime. Nesse sentido, não há muita novidade aqui a não ser dizer que a integração operacional entre polícias locais e federais deve ser estimulada ao limite.

Além da repressão às atividades criminais que ultrapassam fronteiras dentro da Federação, existem casos em que o Governo Federal tem que intervir diante da incapacidade dos órgãos locais de se defenderem. O crime de milícia ou a formação de máfias dentro dos estados e municípios e que usam de ameaças para obter favorecimentos são exemplos disso. A forma como as milícias se relacionam com os governos locais — seja financiando ou formando quadros do legislativo local, seja tendo policiais militares e civis diretamente envolvidos no crime — ameaça o estado de direito de forma tão grave que, no limite, pode capturar — no sentido aplicado pelos cientistas políticos — o processo de tomada de decisão na alta hierarquia do governo local. É muito comum esse tipo de crime evoluir para estágios de corrupção endêmica ou estrutural do estado. Dois exemplos práticos podem ser dados: o Espírito Santo, no início da década de 2000, quando o crime de pistolagem era intermediado por membros do Poder Judiciário (Soares *et al.*, 2009), ou o Rio de Janeiro, no caso do envolvimento da cúpula da polícia civil com as milícias ou com a máfia de caça-níqueis, em fins de 2006.

Nesses casos, é difícil imaginar uma redução do problema a proporções não endêmicas sem a participação ativa e liderança tanto do Ministério Público quanto da Polícia Federal na investigação e na repressão. Cabe também ao poder executivo federal a liderança na proposição de reformas no código penal que o adaptem para esses novos fenômenos criminais. Por exemplo, uma mudança da legislação penal que regulamente o crime de milícia e o torne hediondo deve ser estudada. Na Itália, uma lei específica (Artigo 416 bis, crime de associação criminosa) foi importante na prisão de uma série de mafiosos ligados à Camorra napolitana (Saviano, 2008).

O endurecimento da legislação penal para crimes graves, sem direito aos benefícios de progressão de pena típicos da lei de execuções penais, seria um complemento fundamental e que ajudaria muito os estados no combate a grupos que controlam o território.

Os atentados terroristas de novembro de 2010 no Rio que precederam a bem-sucedida operação militar de invasão do Complexo do Alemão com o auxílio das Forças Armadas no mesmo mês chamam atenção para pelo menos três aspectos que demandam mudanças de legislação federal. O primeiro é que tais atentados, baseados em ataques aleatórios a cidadãos comuns, orquestrados a partir de ordem das chefias dos comandos criminais em presídios federais, não são tipificados como terrorismo no código penal. Nesse caso, na ausência de poderio militar para enfrentar o processo de expansão das UPP, os grupos criminosos usaram explicitamente esses atentados para pressionar, pela via do medo, o governo estadual a desistir da estratégia de reconquista de territórios. As ordens dadas a partir desses presídios e as respostas a elas identificam claramente que tais criminosos são líderes de comandos terroristas e não "apenas" grandes narcotraficantes.

O segundo ponto é que tais ordens partiram de prisões de segurança máxima. Ou seja, como pode uma prisão de segurança máxima ser tão permissiva em relação a visitas, único mecanismo pelo qual tal comunicação pode ocorrer?[39] O confinamento em tais equipamentos deveria ser total e absoluto, e qualquer comunicação externa só poderia ocorrer acompanhada de agente público federal e mediante gravação de som e vídeo, pois do contrário a segurança não é máxima. A capacidade de se comunicar com agentes externos (advogados e familiares) tende a aumentar o poder de barganha de tais criminosos inclusive dentro do próprio presídio — porque aumenta a capacidade deles de retaliar contra os próprios agentes penitenciários e diretores de presídios. Da mesma forma, não deveria ser permitida a comunicação entre presos em tais estabelecimentos correcionais.

Em terceiro lugar, cabe discutir o papel das Forças Armadas como força de dissuasão em casos de crise extrema. A política de retomada militar, ao forçar a antecipação da conquista do Complexo do Alemão, necessitou de auxílio das tropas militares. Para que o cronograma de UPP seguisse seu ritmo, foi necessário que tropas do exército ficassem no território até que a polícia tivesse contingente de policiais suficiente para a construção de UPP com a envergadura exigida para tal ambiente. Casos extraordinários como esse exigem soluções extraordinárias, e a legislação deve ser alterada para que não obstaculize tais alternativas. A invasão da Vila Cruzeiro necessitou de blindados militares. Uma política de segurança não pode depender de permissões especiais de compras de blindados militares pela polícia para ser exercida em plenitude. Portanto, as Forças Armadas devem, através de convênios com os estados, colocar à disposição equipamentos e tropas para que sejam utilizados em eventos extremos. Note que isso é muito diferente de dizer que as Forças Armadas devem ser corresponsáveis pela política de segurança, cujas estratégias devem ser delineadas em âmbito estadual e que devem operar cotidianamente com recursos estaduais.

Por fim, cabe ao Governo Federal liderar o processo de mudança na legislação penal. Em que direção? De forma a maximizar, dada a limitação de recursos, o poder de dissuasão e de incapacitação do sistema penal. Uma legislação bem focalizada que tenha como objetivo maximizar a incapacitação deve despender recursos orçamentários escassos de forma a prender por mais tempo indivíduos mais perigosos. Onde e quando a incapacitação é menos

---

[39] Ver *O Globo*, 19/12/2010, sobre a prisão federal de Catanduva.

necessária, as inovações tecnológicas e de procedimentos dentro da polícia mostram que é possível maximizar dissuasão através de prevenção bem focalizada e bem comunicada. A redução do custo de monitoramento do território e de indivíduos, permitido com as novas tecnologias, aos poucos faz do aprisionamento indiscriminado uma alternativa ruim. O uso do acompanhamento intensivo de presos em regime aberto (chamado *community correction*) ou a instalação de monitoramento eletrônico são alternativas ao encarceramento e poupam recursos para que o sistema prisional se concentre em criminosos cuja incapacitação por longo tempo seja imprescindível. Não se trata portanto de punir mais, mas de punir melhor.

REGIONALIZAÇÃO E DIVERSIDADE DA CRIMINALIDADE

Claudio Beato

O texto de Sergio Guimarães Ferreira, neste volume, é ambicioso, competente e bem informado na literatura sobre políticas públicas para controle de homicídios e crimes violentos. A discussão de uma agenda pendente é feita a partir de revisão de experiências bem-sucedidas no Brasil e em outros países que poderiam ser replicadas. Os casos mais notáveis da literatura estão presentes, tais como o Ceasefire de Boston, Safe Neighborhood em Chicago, Fica Vivo de Minas Gerais, Medellín e a Cultura Cidadã de Bogotá ou o caso de São Paulo. Temos também a revisão das estratégias mais promissoras de policiamento orientado para problemas ou focado em *hotspots* e de governança integrada de defesa social.

A ambição talvez seja excessiva ao tomar todo o Brasil como objeto de discussão, dispondo somente dos dados de homicídios produzidos pelo Ministério da Saúde produzidos e analisados em segunda mão. Várias são as razões para guardarmos certa cautela em relação a esses dados, que têm a ver com o fato de essa base se restringir a informações de centros que dispõem de equipamentos de saúde, e também com a diversidade oculta das motivações que resultam em homicídios. De qualquer maneira, é o que temos de comparável, pois não dispomos de outras séries temporais, ou mesmo de pesquisas nacionais de vitimização.[1]

1 REGIONALIZAÇÃO E DIVERSIDADE

Caberia, então, uma análise mais acurada, ao combinarmos regionalmente essas informações sobre homicídios com variáveis de desenvolvimento econômico. Seria uma maneira de termos um retrato regional mais preciso, na hipótese de que nem todos os territórios brasileiros compartilham os mesmos problemas, ou requerem soluções parecidas. Vários indícios corroboram essa hipótese, tais como o perfil regional distinto das mortes por arma de fogo ou algumas evidências a respeito das motivações envolvidas nesses homicídios.

Uma maneira de fazer essa regionalização é através de uma análise de conglomerados municipais, com base numa Árvore Geradora Mínima, como em Assunção, Beato, Castro e Silva

---

[1] A primeira pesquisa nacional de vitimização está sendo realizada pelo Datafolha/CRISP, e seus resultados deverão ser entregues em 2011.

(2004). Obtém-se como resultado a definição de 40 conglomerados, agrupados em quatro conjuntos, de acordo com as características de criminalidade e de variáveis sociodemográficas:[2]

A. *Zonas metropolitanas de violência urbana.* No primeiro grupo, composto por 112 municípios, 5 dos quais são capitais, estão aquelas cidades com elevadas taxas de homicídios, entre 30 e 50 por 100 mil habitantes por ano, e melhores indicadores de desenvolvimento. Estão ali regiões metropolitanas situadas na Região Sudeste, tal como o estado do Rio de Janeiro, especialmente os municípios de Rio de Janeiro, Seropédica, Japeri, Nova Iguaçu, Queimados, Belford Roxo, Duque de Caxias, Nilópolis e São João de Meriti. Nesse grupo está também o conglomerado composto por municípios do interior do Rio, tais como Petrópolis, Magé, Guapimirim, Niterói, São Gonçalo, Itaboraí, Maricá, Teresópolis, Cachoeiras de Macacu e Nova Friburgo, além de municípios da Região dos Lagos, como Saquarema, Silva Jardim, Araruama, Arraial do Cabo, Casimiro de Abreu, Cabo Frio, Macaé e São Pedro da Aldeia. Nesse grupo, no estado de São Paulo, estão Embu, Itapecerica da Serra, São Paulo, Osasco, Taboão da Serra, Carapicuíba, Jandira, Diadema, São Bernardo do Campo, São Vicente, Santo André, Guarulhos, São Caetano do Sul e Cubatão.

No entorno da cidade de São Paulo temos, ainda, Cotia, Ferraz de Vasconcelos, Santos, Suzano e Itaquacetuba. No Espírito Santo, os municípios de Vitória, Viana, Vila Velha e Serra. Ainda na Região Sudeste, temos municípios localizados na região metropolitana de Belo Horizonte, tais como a própria Belo Horizonte, Contagem, Ibirité, Ribeirão das Neves, Vespasiano, Sabará e Santa Luzia. Mais a nordeste, temos municípios situados na região metropolitana de Recife, como Cabo de Santo Agostinho, Vitória de Santo Antão, Jaboatão dos Guararapes, Recife, Olinda, Camaragibe e Paulista.

Nesse primeiro grupo encontramos cidades com graus de desenvolvimento mais elevados e altas taxas de homicídio. Situadas em zonas metropolitanas ou áreas próximas a elas, são cidades onde se concentram fenômenos ligados às gangues de jovens e ao narcotráfico. Também é onde ocorrem de forma predominante os crimes violentos contra o patrimônio e, especialmente, os assaltos à mão armada. No interior das cidades, é possível identificar *hotspots* (áreas quentes) para cada tipo de crime. Em geral, os crimes contra o patrimônio situam-se ao redor das áreas comerciais, onde transeuntes são alvos específicos de roubos e roubos à mão armada. Já os crimes contra a pessoa e os homicídios tendem a concentrar-se nas áreas mais pobres dessas cidades.

B. *Zonas de expansão de violência.* O segundo grupo é composto por municípios com taxas de homicídio elevadas, porém não tão altas quanto as do primeiro grupo (entre 20 e 30 homicídios por 1.000 habitantes por ano). Esse grupo conta com 799 municípios, correspondentes a 14,5% do total, em áreas do interior de diversos estados. Neles tem ocorrido a expansão dos homicídios num fenômeno semelhante ao das grandes regiões metropolitanas do primeiro grupo. Não por acaso, encontram-se numa zona concêntrica no entorno das grandes regiões metropolitanas de seus estados. Assim, temos uma grande mancha situada no interior de São Paulo que se estende ao Triângulo Mineiro. No interior de Pernambuco, é a zona que se delineia

---

[2] Esta análise foi feita com dados até o ano de 2005. Alguns municípios terão sua posição alterada no ano de 2011.

em torno de Caruaru. Temos, também, algumas capitais, como João Pessoa na Paraíba, além de Lagarto, Aracaju e Nossa Senhora do Socorro em Sergipe. Essa zona se estende ainda por Maceió, por outras cidades em seu entorno e algumas zonas do interior de Pernambuco. Trata-se, principalmente, de municípios das zonas de expansão interiorana, abrangendo conglomerados concentrados em cidades de porte médio no interior do Rio de Janeiro, Espírito Santo e algumas cidades de fronteira em Minas Gerais, Rondônia, Mato Grosso, São Paulo, Paraná, Amapá, Pernambuco e Mato Grosso. Na Região Norte, temos cidades como Santarém, Altamira e Marabá no Pará. Em São Paulo, a área que se estende do nordeste até o sul do Rio de Janeiro e a alguns municípios do sul de Minas Gerais. No Mato Grosso, existe uma zona que compreende Campo Grande e Dourados.

Essas regiões de expansão de violência são cidades de porte médio que tendem a desenvolver mecanismos de deterioração da segurança parecidos com os que ocorrem nas grandes cidades, inclusive com a concentração de crimes em "áreas quentes". Muitas delas têm assistido à proliferação de grupos de jovens associados a atividades criminosas. Nesses locais, os mecanismos de controle social também se deterioram, uma vez que o crescimento das cidades enfraquece as formas tradicionais de controle e não propicia o surgimento de formas alternativas a elas. Favelização crescente e ausência de estratégias de controle específicas para áreas deterioradas têm conduzido a essa situação de desorganização nas zonas urbanas interioranas.

C. Zonas de criminalidade tradicional. No terceiro grupo, temos muitas cidades com taxas menores (entre 10 e 20 homicídios por 100 mil habitantes) e que contêm 3.517 municípios, ou 64% do total. Temos algumas capitais, como Manaus, Boa Vista, Rio Branco, que estão situadas numa grande área compreendida por Amazonas, Acre e Roraima. Essa área se equivale a outra existente no Rio Grande do Sul e que vai até o interior de Santa Catarina. Outra região contida nesse grupo abrange alguns municípios do norte de Minas Gerais, Tocantins, sul do Maranhão e Piauí, além de outros na fronteira do Pará.

Trata-se de áreas que sempre foram consideradas violentas, pois são zonas de expansão agrícola e de fronteira, com mecanismos rarefeitos de polícia e justiça, em que é muito frequente a utilização de armas para a solução de conflitos. Pode-se dizer que todas as regiões brasileiras em diferentes momentos da história vivenciaram esse tipo de violência.

D. Zonas de baixa violência. Temos, finalmente, o grupo formado por baixas taxas de homicídio e baixo desenvolvimento, que corresponde a 19,6% do total. São áreas no norte de Minas, em quase todo o estado do Ceará, Maranhão, bem como grandes áreas no interior dos estados e regiões mais isoladas, compostas por pequenos municípios e frequentemente mais distantes dos grandes centros.

Essa regionalização sugere uma realidade muito mais diversa do que o Sergio delineia. Os problemas regionais do Brasil são bastante distintos, e as soluções também o serão. Muitas soluções discutidas no texto não se aplicarão às diferentes zonas. A bem da verdade, Sergio não está preocupado em entender o Brasil em sua diversidade, mas sim com o problema da violência nos ambientes urbanos em geral e na cidade do Rio de Janeiro em particular.

Sem dúvida, essa área e outras similares a ela são prioridades inquestionáveis no Brasil, e justificam muitas das atenções discutidas.

2 URBANIZAÇÃO E VIOLÊNCIA

O fenômeno mais estreitamente associado ao crescimento dos crimes violentos no Brasil é a urbanização. A rigor, poderíamos dizer que crimes violentos são fenômenos urbanos associados a processos de desorganização nos centros urbanos, nos quais os mecanismos tradicionais de controle se deterioram, tal como ocorreu em outros países. Uma das mais influentes pensadoras dos problemas urbanos das grandes cidades, Jacobs (1961, prefácio) dizia que devemos entendê-las como ecossistemas cuja diversidade e interdependência cumpririam a função de revitalização e controle. Não podemos compreender o crescimento da criminalidade violenta no Brasil sem buscarmos as razões dessa desorganização que ocorre em seu interior, e que se instala mais intensamente em algumas de suas áreas mais violentas. Há alta concentração espacial na distribuição do crime, seguindo o princípio de Pareto, tanto do ponto de vista intramunicipal como do intermunicipal: poucos locais concentram grande número de crimes e poucos criminosos cometem a maioria dos delitos. Duas cidades brasileiras, Rio e São Paulo, concentram um terço dos homicídios, bem como poucos *hotspots* concentram a grande maioria de crimes violentos nessas cidades. Os impactos desse tipo de distribuição espacial para a configuração das cidades, assim como para o desenvolvimento de mecanismos de controle e desenho de políticas públicas, são óbvios.

Novas possibilidades de análise se abrem com base nessa perspectiva. Dificilmente encontraremos uma associação forte entre indicadores socioeconômicos e os homicídios se observarmos os dados de forma agregada. Entretanto, ao analisarmos espacialmente, constatamos que os homicídios se concentram em áreas desorganizadas e pobres, da mesma maneira que os crimes contra o patrimônio ocorrem onde há maior disponibilidade de alvos.

Um estudo feito por Ramos e Monteiro (2009) para a cidade de São Paulo ilustra bem esse ponto. Foram utilizados dados de setores censitários com percentual de chefes de família que ganham até um salário-mínimo como uma *proxy* para pobreza. Foi utilizada uma técnica chamada *geographically weighted regression*, um tipo de análise de regressão. Em regressão "normal", supõe-se que o relacionamento que se está modelando permanece o mesmo em qualquer lugar na área estudada, como se os parâmetros da regressão fossem válidos para todo o território. Muitas vezes porém não é esse o caso. As correlações podem variar no espaço, e muitas das relações observadas no nível global não se mantêm quando observadas localmente. Assim, a correlação entre indicadores socioeconômicos e homicídios pode ser mais forte em algumas partes da cidade do que em outras. Os resultados indicam que, embora existam muitas áreas pobres na cidade, não é em todas elas que se encontra uma relação forte com os dados de violência. Isso, provavelmente, ocorre porque existe uma conjunção de fatores que, associados à pobreza, podem levar à violência. Ou seja, não é a pobreza em si mesma, mas uma soma de aspectos que se relacionam entre si, nos quais a pobreza é uma das condições necessárias, mas não é o suficiente.

As implicações desse tipo de resultado para as políticas públicas são muito claras. Reduzir a pobreza na cidade como um todo pode não ter um impacto significativo para a redução dos homicídios, mas fazê-lo de forma focalizada em alguns desses *hotspots* será extremamente relevante. Esta é uma conclusão particularmente adequada para a discussão sobre as UPPs que se pretende empreender.

3 O QUE PODE SER ÚTIL NO DESENHO DE POLÍTICAS PÚBLICAS DE SEGURANÇA?

Sergio busca o que há de mais relevante na literatura para levantar as possibilidades no desenho de programas. Por relevante, ressalto aqui o pouco que se tem em termos de análises de impacto de políticas no Brasil. Não é muita coisa, mas algo de substancial tem sido produzido. Gostaria de levantar um ponto comum a essas experiências, ao qual não foi conferida a devida atenção: a gestão da informação na segurança pública. Informações são o insumo com a qual trabalham as agências de controle, e não há experiência bem-sucedida que não lide de forma mais ou menos sofisticada com as informações. O advento de um sem-número de tecnologias para a gestão da informação, bem como a complexidade da violência e criminalidade, tem induzido crescentemente a essa abordagem. Tal como ocorreu na saúde ou na educação, é crescente a demanda por uma "segurança por meio de evidências".

Não pude depreender do texto o que está sendo feito exatamente em relação a isso, à exceção dos dados de inteligência policial. Se estou correto, ainda é muito incipiente a utilização de informações e dados geoprocessados no planejamento e na avaliação de resultados. Existem dados agregados por AISPs – Áreas Integradas de Segurança Pública que, se são úteis para conferir prêmios, são de pouca valia para o planejamento operacional ou uma avaliação mais densa dos resultados. Além disso, mapas são também ferramentas importantes para a cooperação entre agências, tal como se pretende no futuro com a segunda fase da UPP social. Curiosamente, existe a tecnologia disponível para isso, embora ela não seja empregada. Não hesitaria em afirmar que esse é um dos fatores que explicam o aumento dos crimes violentos e contra o patrimônio no Rio.

Além disso, fica a questão de saber como é feito o diagnóstico detalhado que precede a implantação das UPPs. Tomar grandes unidades para avaliação pode estar ocultando aspectos importantes para o programa, tanto positivos como negativos. O programa pode estar sendo bem-sucedido, mas pode estar ocorrendo uma migração para as áreas limítrofes, por exemplo. Outros componentes oriundos de fontes não policiais podem ser utilizados, tais como os de órgãos da administração pública municipal e estadual, além de informações das comunidades através de encontros e levantamentos com os moradores.

Daí que é fundamental se criarem as instâncias de análise criminal para fins operacionais, e não simplesmente para a confecção de estatísticas. Os departamentos ou centros de análise devem estar diretamente conectados às unidades operacionais, subsidiando as atividades policiais com dados e análises.

4 TRANSVERSALIDADE E GESTÃO EM REDES NAS POLÍTICAS PÚBLICAS

Uma das melhores evidências em favor do projeto das UPPs cariocas é o vasto lastro de experiências nas quais elas se assentam. Existe claramente uma adesão a estratégias que trabalham com a sequência "extirpar e semear" (*weed and seed*), na qual se restaura a ordem preliminarmente para então iniciar os projetos de desenvolvimento social. Sem a retomada dos territórios, as chances de sucesso dos projetos sociais são pequenas.

O vasto repertório de ações inclui estratégias municipais, estaduais e federais, e dirige-se a aspectos de gestão qualificada para integrar e coordenar organizações em diversos níveis e atores distintos. Os grandes empecilhos são sem dúvida a magnitude da tarefa e as vicissitudes decorrentes da coordenação de ações entre agências profundamente insuladas e localizadas em distintos níveis de governo. Integração interagencial é uma ideia fácil de enunciar, mas difícil de implementar. Algumas agências e programas estão mais naturalmente propensos às atividades de extirpar as ervas daninhas do que às de semeadura. Outras, como o citado PRONASCI, ficam mais à vontade com a intervenção social do que com as ações policiais muitas vezes necessárias. Não é trivial, portanto, o gerenciamento da sequência, e a estratégia mais adequada talvez envolva o desenvolvimento de uma metodologia de ação em rede, em torno de problemas bem focalizados, através de câmaras de gestão locais. Não se trata de projeto apenas para os próximos quatro anos, e o maior desafio será assegurar as condições de continuidade e institucionalização.

5 É POSSÍVEL UM PROGRAMA DE SEGURANÇA SEM REFORMA DAS POLÍCIAS?

A discussão do impacto do policiamento nas taxas de crime é uma das mais instigantes no atual contexto brasileiro. Existe uma divisão clara nesse tema: alguns autores acreditam que a polícia pode muito pouco, dado que as variáveis fundamentais estão fora de seu alcance. Bayley (1994) traduz esse ceticismo dizendo que seria como lançar mão de um *band-aid* para curar um câncer. De outro lado, o paradigma da polícia de Nova York em relação aos crimes contra a qualidade de vida[3] conferiu grande importância às estratégias gerenciais desenvolvidas pela própria polícia. Existe uma grande margem de atividades que pode ser desenvolvida pela polícia, desde que adequadamente respaldada por informações e formas de gestão baseada em resultados.

No caso do Rio, no entanto, o tema da reforma antecede esse debate. A corrupção e a violência policial, que se manifestam em graus bastante acentuados, são um condicionante crucial para o processo que se quer empreender. Difícil falar em reengenharia sem uma ampla reforma ocorrendo paralelamente. Ainda temos uma das Polícias Militares mais brutais do mundo, com altos graus de letalidade de civis, e com problemas de corrupção

---

[3] Refere-se aos delitos menores mas que afetam a qualidade de vida da população, tais como camelôs nas ruas, pedintes ou o uso de álcool nas ruas. A ideia é a de que isso contribui para um ambiente criminógeno e está na origem de uma ideia falsa de que se trata de uma tolerância zero. Na verdade, é um princípio conceitual, e não uma estratégia de segurança.

nos mais diversos níveis em ambas as polícias. Colômbia, Nova York e mais recentemente Los Angeles empreenderam reformas profundas antes de colher resultados. México e Rússia iniciaram ambiciosos processos que, no caso mexicano, estão incluindo uma intervenção do exército nas polícias de alguns estados e, no caso russo, uma ampla depuração de quadros, tal como ocorreu na Colômbia. Os casos de Los Angeles e Nova York foram marcados por uma profunda orientação profissionalizante, voltada para um policiamento baseado em evidências e de cunho científico.[4]

A forma hesitante como tem sido tratado o tema da reforma das polícias cariocas, especialmente a PM, bem como a ambiguidade que o tema das milícias introduz no cenário, certamente cobrará seu preço. No caso da reforma, o preço é cotidianamente cobrado nas notícias e queixas da população. As milícias, entretanto, têm um potencial mais profundo de deterioração institucional, e o caso de Medellín que o Sergio ressalta é um cenário possível.

6 EMPIRIA E POLÍTICAS PÚBLICAS

A boa e interessante revisão da literatura no texto de Sergio é reveladora de um dos aspectos mais complicados nas políticas públicas de segurança no Brasil: sua fragilidade empírica. Existe grande carência de muitas coisas, mas sobretudo de massa crítica no interior das polícias, de gestores especializados na administração pública, e até mesmo de conhecimento acadêmico sobre os determinantes da violência. Nos anos 1960, quando os EUA enfrentaram um recrudescimento da violência, montou-se uma comissão presidencial que sugeriu uma série de medidas para enfrentar o problema.[5] Muitas são bastante parecidas com o que se discute no Brasil hoje, mas dois dos eixos propostos são particularmente relevantes, a saber, a necessidade crucial de (a) qualificação de quadros para as organizações do sistema de justiça criminal e (b) pesquisas como elementos centrais para a compreensão do fenômeno criminal, contribuindo para subsidiar políticas públicas e programas mais efetivos.

No Brasil não há sequer uma universidade oferecendo cursos de mestrado ou doutorado em criminologia, ao passo que nos EUA existem hoje 35 cursos de PhDs e 155 de MA ou MS em Criminal Justice. Eles estão voltados para a qualificação em pesquisas de temas de interesse, bem como para a administração e a compreensão de áreas específicas, como as organizações policiais, sistemas correcionais, justiça criminal e a comunidade. Especial atenção é dada à compreensão dos mecanismos de causalidade e às técnicas de análise de dados e avaliação de projetos e programas de prevenção do crime.

---

[4] Uma das dificuldades dessa profissionalização no Rio de Janeiro é que, tal como ocorre em outros estados, ainda se trabalha através de turnos.

[5] *The Challenge of Crime in a Free Society*. A Report by the President's Commission on Law Enforcement and Administration of Justice. United States Government Printing Office. Washington, D.C., 1967.

MEDIDAS FRACAS EM TEMPO DE CRISE: AS POLÍTICAS DE SEGURANÇA PÚBLICA NO BRASIL[1]

Leandro Piquet Carneiro

1 INTRODUÇÃO: UM SISTEMA DE JUSTIÇA CRIMINAL FRACO E POUCO ATUANTE

O Brasil tornou-se uma sociedade democrática na década de 1980 e, por alguma razão que ainda não se entende muito bem, ao mesmo tempo, passou a ser um dos países mais violentos do mundo. O país estava em 2004 entre os 5% mais violentos do mundo, com uma taxa de homicídios que é quase três vezes a taxa média mundial de 9,2 naquele ano (WHO, 2004).

Em todos os 26 estados que existiam em 1980, a taxa de homicídio de 2007 era maior do que em 1980 e em 8 deles a taxa aumentou mais de 200% no período. O problema é particularmente grave nos estados do Nordeste. O estado mais violento do Brasil em 2007 era Alagoas, com 60,4 homicídios para cada grupo de 100 mil habitantes, seguido pelos estados do Espírito Santo e Pernambuco, com taxas acima de 50 por 100 mil.[2]

As razões dessa transformação em um período em que houve uma melhora na distribuição de renda e no acesso a educação ainda não são conhecidas de forma satisfatória. O Brasil não se tornou apenas um país violento, entre 1980 e 2007 mas também um país, relativamente rico, se considerarmos os outros países do grupo dos 5% mais violentos do mundo: Libéria, Rússia, Somália, Venezuela, Guatemala, El Salvador, Angola, África do Sul, Serra Leoa e Colômbia. Nesse grupo, só os países exportadores de petróleo, Rússia e Venezuela, têm renda *per capita* maior do que a do Brasil.[3]

O Brasil, como os demais países da América Latina, tem um sistema de justiça criminal relativamente pequeno e pouco operante dado o nível de criminalidade observado (Soares e Naritomi, 2007). O Gráfico 1, a seguir, ilustra a discrepância entre as ofertas de crime e punição. No eixo horizontal está representada a razão entre as taxas de encarceramento e homicídios por 100 mil habitantes e no eixo vertical, entre a taxa de policiais e a de homicídios. Os pontos representam países e estados do Brasil e dos EUA. De maneira geral,

---

[1] Artigo elaborado para o seminário Agenda Pendente, Casa das Garças. Uma versão anterior e ampliada deste artigo aparece em Carneiro, L. P. (2010), Mercados ilícitos, crime e segurança pública: temas emergentes na política brasileira. CLP *papers*, n. 5, Centro de Liderança Política, São Paulo.
[2] World Development Indicators Database, Banco Mundial, 2009. Disponível em <http://web.worldbank.org/>. World Health Organization (2004). Dimensions of Interpersonal Violence. WHO studies series.
[3] DATASUS. Óbitos p/Residência por Grande Grupo CID10 (X85-Y09) segundo Unidades da Federação.

os países da América Latina, com exceção do Chile, têm um índice de encarceramento e de policiais muito baixo, dado o nível de violência que apresentam. Esses países formam na verdade um *cluster* bastante homogêneo.

GRÁFICO 1

Relação entre as taxas de encarceramento e policiais por 100 mil habitantes ponderadas pela taxa de homicídios

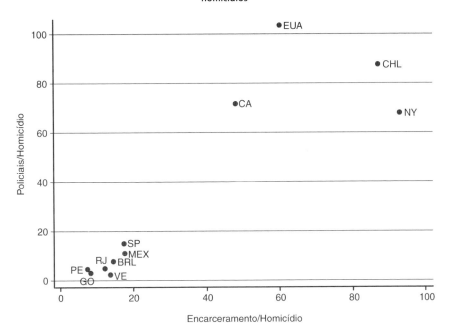

Fontes: População Carcerária: Brasil: Anuário do Conselho Nacional de Justiça de 2005, Ministério da Justiça. Estados Unidos: Bureau of Justice Statistics (2005). Outros países da América Latina: International Center for Prison Studies (2009). International Center for Prison Studies, 2009. World Prison Population List (eighth edition).
População: Brasil: IBGE, Estimativas da População em julho de 2006. Chile: Instituto Nacional de Estadísticas y Comisión Económica para América Latina y el Caribe (2002). Venezuela: Proyecciones y Estimaciones de Población: Total País 1950-2050. Instituto Nacional de Estadística. Proyecciones de Poplación 2000-15. Colômbia: Departamento Administrativo Nacional de Estadísticas. Censo da População 2005.México: Instituto Nacional de Estadística y Geografía, Conteo de La Población, 2005, Síntese de Resultados. EUA: US Census Bureau, Annual Estimates of the Resident Population for the United States (2006).
Dados Criminais: Brasil: SENASP, Ocorrências de homicídios dolosos registrados pelas polícias letais intencionais (homicídio doloso); lesão corporal seguida de morte e roubo seguido de morte (latrocínio). Dados de 2005. Estados Unidos: Bureau of Justice Statistics (2005) e FBI.Colômbia e Venezuela: Centro de Estudios de Justicia de las Américas.

A situação do Brasil ficaria ainda pior se São Paulo fosse excluído do cálculo nacional. Sem São Paulo, a taxa de encarceramento do Brasil só seria maior do que a da Venezuela, país que nos dez anos entre 1998 e 2007 observou um crescimento de 160% na taxa de homicídios por 100 mil habitantes (Briceño-Leon, 2009, p. 31). Estes dados indicam que, de maneira geral, os países da América Latina têm optado por manter um nível muito alto de impunidade penal. Penas de prisão têm sido aplicadas com muito menor frequência do que seria esperado, dado o nível de criminalidade violenta desses países, e a disponibilidade de policiais acompanha a mesma tendência. No Brasil há menos de 10 presos para cada homicídio, enquanto nos EUA há 82,8 e no Chile, aproximadamente 87. Na Itália são 84 presos para cada homicídio e na França, 137. A razão entre a taxa de policiais e a taxa de homicídio também se encontra em um patamar muito diferente dos países da América Latina e mesmo dos EUA, com 411 e 536 policiais por homicídio, respectivamente (Tabela 1). Os valores dos países europeus são tão extremos que não foram representados no Gráfico 1 para não prejudicar a visualização das (pequenas) diferenças entre os países da América Latina e os estados brasileiros.

TABELA 1 Taxas de homicídio, encarceramento e de policiais por 100 mil habitantes em países e estados selecionados

	Taxa de encarceramento por 100 mil hab.[1,2,3]	Taxa de Policiais por 100 mil hab.[4]	Taxa de homicídio por 100 mil hab.[5]	Razão entre a taxa de encarceramento e taxa de homicídios	Razão entre a taxa de policiais e a taxa de homicídios
Brasil[5]	168,8	315,8	23,6	72	13,4
Pernambuco	187,8	312,4	48,0	39	65
Rio de Janeiro	305,5	472,4	40,5	75	11,7
São Paulo	270,7	311,0	18,9	143	165
América Latina[6]					
Chile	305,0	234,7	3,0	101,7	782
Venezuela	78,6	434,0	33,0	2,4	132
Colômbia	149,2	299,6	40,0	3,7	75
México	207,3	303,4	18,0	11,5	169
Outros[6]					
Itália	92,0	452,7	1,1	83,6	411,6
França	96,1	375,2	0,7	137,2	536,0
Polônia	221,2	262,1	1,8	122,9	145,6
Rússia	628,7	564,1	32,9	19,1	17,1
África do Sul	335,3	303,2	43,2	7,8	7,0
Estados Unidos	756,4	355,2	6,0	126,1	592
Califórnia	487,1	325,5	6,8	71,6	479
Nova York	326.1	445.7	4.8	67,9	929

(1) Anuário do Conselho Nacional de Justiça de 2005.
(2) Brasil: Estimativas para dezembro de 2006 com base nos relatórios dos estados encaminhados ao Conselho Penitenciário Nacional. Estados Unidos: Bureau of Justice Statistics (2005). Outros países da América Latina: International Center for Prison Studies (2009)
(3) IBGE – Estimativas da população em julho de 2006. Instituto Nacional de Estadísticas y Comisión Económica para América Latina y el Caribe (2002). Chile: Proyecciones y Estimaciones de Población: Total País 1950-2050. Instituto Nacional de Estadísticas (Venezuela). Proyecciones de Poplación 2000-15. Disponível em: http://www.ine.gov.ve/demografica/distribucion.asp. Departamento Administrativo Nacional de Estadísticas (Colômbia). Censo da população 2005, http://www.dane.gov.co/censo/ Instituto Nacional de Estadística y Geografía, Conteo de la Población, 2005, Síntese de resultados. http://www.inegi.org.mx/ inegi/default.aspx Central Statistical Office (Polônia), Concrise Statistical Yearbook of Poland (2008). http://www.stat.gov.pl/ cps/rde/xbcr/gus/PUBL_maly_rocznik_statystyczny_2008.PDF US Census Bureau, Annual Estimates of the Resident Population for the United States (2006).
(4) SENASP – Tabelas estatísticas com a distribuição do total de efetivo e composição dos efetivos (dados de 2003). Estados Unidos: Bureau of Justice Statistics (2004). Colômbia e Venezuela: Centro de Estudios de Justicia de las Américas. Estados norte-americanos: FBI– http://www.fbi.gov/ucr/cius2006/data/table_77.html. Inclui policiais fardados e civis.
Países da Europa: 3rd Edition (2006) of the European Sourcebook of Crime and Criminal Justice Statistics.
África do Sul: Centre for the Study of Violence and Reconciliation (2007). The Violent Nature of Crime in South Africa.
(5) Brasil: SENASP, Ocorrências de homicídios dolosos registrados pelas Polícias Civis. Dados de 2005, taxas de crimes letais intencionais (homicídio doloso); lesão corporal seguida de morte e roubo seguido de morte (latrocínio). Estados Unidos: Bureau of Justice Statistics (2005) e FBI: http://www.fbi.gov/ucr/cius2006/data/table_05. html. Polônia, Rússia, Itália e França: World Health Organization (2004), World Report on Violence and Health. Outros país: Banco Interamericano de Desenvovimento.
(6) População carcerária: International Center for Prison Studies, 2009. World Prison Population List (eighth edition).

Estas comparações mostram que, se a liderança política do país quer ver confirmado o seu desejo de tornar o Brasil um *global player* na próxima década, terá que levar a sério temas como controle do crime, principalmente o crime organizado transnacional, e seus efeitos na sociedade e nas instituições de justiça criminal, problemas que incidem diretamente sobre a credibilidade do Brasil como um líder nas questões de defesa e segurança

2 O CRIME ORGANIZADO COMO PRINCIPAL AMEAÇA À SEGURANÇA

A percepção de que o crime organizado transnacional (COT) é uma séria ameaça aos países da América Latina, e em particular ao Brasil, não é consenso entre especialistas (Beato *et al.*, 2001; Zaluar, 2002). A exemplo do que acontece na Europa e na América do Norte, apresenta-se um debate dividido em dois campos. Na pequena comunidade de especialistas no assunto há tendência de apresentar o desenvolvimento do sistema de transporte, a melhoria da infraestrutura de comunicação e informática e mesmo a expansão do sistema do comércio mundial com a criação de blocos econômicos nas últimas duas últimas décadas como fatores que geraram oportunidades inéditas para as atividades ilícitas em escala global. Esse processo de expansão do crime transnacional, por sua vez, exerce uma forte pressão sobre os sistemas nacionais de segurança pública. No entanto, a maior parte dos criminologistas permanece cética com relação ao argumento de que o COT constitui um fenômeno efetivamente novo no cenário mundial, ou mesmo que este seja particularmente relevante no contexto brasileiro. O argumento cético defende que as formas mais sérias de crime são basicamente locais, ou que, pelo menos, antes de o crime se constituir como uma atividade transnacional, é necessário que este tenha uma base social local bem estabelecida.

No Brasil, a ação do crime organizado está concentrada principalmente em áreas urbanas, com uma presença crescente também nas regiões de fronteira e nas áreas de cultivo de maconha no interior do Nordeste. Nas áreas em que o crime organizado cresceu sem uma resposta adequada, observou-se o que poderia ser descrito como uma metástase da vida política e social em que a corrupção e a violência submeteram e degradaram todas as esferas da vida pública. Diante dos riscos que essa forma de criminalidade representa para a sociedade, há a necessidade de se definir com clareza uma agenda que permita ao Estado e à sociedade agir de forma eficaz contra essa grave ameaça.

As formas mais organizadas de crime geralmente envolvem a cooperação entre grupos que atuam em diferentes países ou em diferentes regiões de um mesmo país. Temas quase desconhecidos até a última década passaram a ter grande relevância para a atuação tanto das polícias estaduais quanto das Forças Armadas. Surgiram novos nichos de atuação do crime organizado como a biopirataria, o tráfico de órgãos ou mesmo a falsificação de produtos industriais, além da expansão do tráfico de drogas e armas; houve, de forma concomitante à expansão desses mercados ilícitos, um rápido desenvolvimento de novas tecnologias e de redes de comunicação que ampliaram o poder dos grupos criminosos (Werner, 2009; ONU, 2002).

O crime transnacional, por definição, envolve atividades realizadas em diferentes jurisdições, o que acarreta pelo menos dois grandes problemas para as polícias e a justiça estadual. Em primeiro lugar, é necessário dispor de uma razoável capacidade tecnológica e de conhecimento especializado para detectar e reprimir as atividades desses grupos. E em segundo lugar, o sucesso das ações repressivas depende em larga medida da capacidade que os agentes estatais eventualmente demonstram em reduzir os conflitos entre pares que atuam em diferentes níveis, ou que têm diferentes competências (Albanese, 2000). Para fugir de um debate meramente normativo sobre a matéria é muito importante analisar as dinâmicas dos mercados ilícitos e investigar como estas interagem com as diferentes instituições de segurança e justiça.

3 O VETOR DAS DROGAS

A América Latina é um dos grandes centros produtores e consumidores de drogas ilícitas do mundo e também uma das regiões mais afetadas pelas atividades criminosas relacionadas ao tráfico e à distribuição local dessas substâncias. Devido à natureza ilícita da indústria da droga e à sua complexidade intrínseca (por exemplo, a associação com dinâmicas como corrupção, tráfico de armas, lavagem de dinheiro etc.), as estimativas disponíveis sobre a magnitude do mercado variam fortemente.

Segundo o National Drug Intelligence Center dos Estados Unidos, a área de cultivo de coca em 2007 foi de aproximadamente 232 mil hectares nos três principais países produtores (Peru, Colômbia e Bolívia), contra uma estimativa de 181.600 hectares cultivados oferecido pelo UNODC para o mesmo ano e países, uma diferença de 31% a mais na estimativa da agência americana (U.S. Department of Justice — National Drug Intelligence Center, 2006; United Nations Office on Drugs and Crime, 2008).

A América do Sul é a única região produtora de cocaína[4] no mundo, produção essa destinada a abastecer um mercado global com mais de 14 milhões de consumidores que consomem cocaína pelo menos uma vez por ano (World Drug Report, 2007). A taxa mais alta de prevalência no mundo entre a população de 15 a 64 anos é a dos EUA, com 2,2% de consumo anual. Na Europa, a taxa anual de prevalência é de 1,2% na mesma faixa etária, contra 0,8% na América do Sul.

Esses dados simples indicam que a indústria das drogas encontrou um ambiente bastante propício na América Latina e particularmente nos países vizinhos da América do Sul devido aos seguintes fatores: (1) há uma boa infraestrutura de transporte e telecomunicações, principalmente se comparada a outras regiões produtoras da Ásia e África, que facilitam o transporte em direção a grandes centros consumidores que estão relativamente próximos (Smith, 1993); (2) a existência de um mercado consumidor interno expressivo e em expansão

---

[4] A cocaína pode ser consumida na forma refinada, o cloridrato de cocaína, o qual pode ser ser aspirado ou, após dissolvido em água, injetado. A cocaína também pode ser fumada como crack, ou consumida sob a forma base, conhecida como "merla". Há ainda a pasta de coca, que é obtida nas primeiras fases de extração de cocaína. Essa pasta é fumada em cigarros misturada à maconha ou ao fumo e é chamada de "basuko", "basuco" ou "bazooka" nos EUA (CEBRID, 2005).

nas Américas do Sul e Central. Veja, por exemplo, o fato de que a taxa de prevalência de consumo de cocaína em Santiago do Chile (consumo no último ano) entre a população de 15 a 64 anos é igual à média europeia de 1,2% (CONACE, 2007; Observatório Europeu da Droga e da Toxicodependência, 2008); (3) o intenso fluxo migratório da América Latina para os EUA, que permite uma conexão direta entre os grupos que distribuem as drogas nas cidades norte-americanas e aqueles que atuam nas regiões produtoras e no transporte das drogas (U.S. Department of Justice — National Drug Intelligence Center, 2006); (4) a fragilidade institucional, principalmente na área de justiça criminal, que prevalece em boa parte dos países da região.

A distribuição das taxas de homicídio na América Latina revela o enorme custo social que essa combinação de fatores propícios à indústria das drogas ilícitas acarreta. As taxas latino-americanas são mais do que o dobro da média mundial: 15,5 por 100.000 habitantes (média ponderada) contra uma média mundial de 9,3 (World Health Organization, 2005).

A maior parte dessa violência está associada à presença dos grupos organizados que distribuem e traficam drogas pelos países da região. A pressão que esse problema exercerá na agenda pública não será pequena, principalmente em função da magnitude considerável da indústria das drogas na região.

No caso específico do Brasil, a extensa fronteira com os países produtores e a crescente integração do sistema de transporte tornam a tarefa de controle do tráfico de maconha, cocaína e pasta base de cocaína uma das atividades antinarcótico mais complexas na região.

4 ARMAS

Há uma conexão importante entre os mercados ilícitos de armas e drogas que precisa ser detalhada analiticamente (Blumstein, 1995). Como a insegurança jurídica é a principal característica de qualquer atividade ilegal, as organizações que atuam nesses mercados precisam alocar recursos para propinas de autoridades públicas, comprar armas para defesa, contratar 'seguranças', entre outros custos que compõem o 'custo da ilegalidade'. A alocação de recursos nas organizações do crime organizado é determinada, em larga medida, pela necessidade de se combater as organizações rivais que podem expropriar seus negócios sempre que tiverem capacidade para tal. A relação entre armas e violência, no entanto, não é clara. Por um lado, a predisposição para o combate diminui quanto mais armados estiverem os grupos rivais, o que potencialmente contribuiria para reduzir o custo social da violência. Na medida em que o custo de se perder uma luta aumenta com a adoção de armas mais potentes, a propensão ao conflito diminui. Por outro lado, o uso de armas de fogo introduz imprevisibilidade no conflito entre os grupos, fato que beneficia, sobretudo, os contendores mais fracos (Levitt e Venkatesh, 2000; Donohue e Levitt, 1998). A presença desse fator equalizador, a arma de fogo, produz um aumento na disposição para o conflito entre os combatentes mais fracos, o que pode levar a níveis mais altos de violência (Cook, 1998).

Dados simples mostram que à medida que o crime organizado avança, aumenta a participação de armas de fogo nos homicídios. No estado de Pernambuco, em 1980 a razão entre os homicídios causados por armas de fogo e os homicídios causados por outros meios era de 0,94. Ou seja, há 29 anos se morria mais por facadas e agressões do que pelo disparo de armas de fogo. Em 2002, a mesma razão passou a ser de 6,9 — o que significa que a taxa de homicídios por armas de fogo é quase sete vezes a taxa de homicídios cometidos por outros meios.

5 AS POLÍTICAS NACIONAIS DE SEGURANÇA

Desde a proclamação da Constituição de 1988 tem-se acumulado inúmeras tentativas de reforma do sistema de justiça criminal que buscam consolidar e ampliar a autonomia dos estados na matéria. O debate sobre a segurança pública durante boa parte dos anos 1980 e 1990 teve como foco a tentativa de se desconstitucionalizar a matéria, o que, previa-se, abriria o caminho para a unificação das polícias ou para o estabelecimento do "ciclo completo da atividade policial" nas polícias civil e militar dos estados. Esse movimento em prol de reformas nos órgãos de segurança pública parece ter esgotado o seu potencial de mobilização, como irão demonstrar os exemplos analisados a seguir. Outro componente nas iniciativas do Governo Federal na área, durante Fernando Henrique Cardoso e Lula, foi a busca de uma maior centralização no âmbito federal das políticas estaduais de segurança. Esse segundo componente da política, a tentativa de centralização e federalização do problema da segurança, foi o que mais avançou no segundo governo Lula. Ações que procuram, de alguma forma, alterar o arranjo federativo na organização dos serviços de segurança estão, portanto, no centro do debate sobre as políticas nacionais de segurança.

O processo de federalização das políticas de segurança tem marcos bem definidos: a criação do Sistema Único de Segurança Pública em 2003 e, mais recentemente, a criação do Programa Nacional de Segurança Pública com Cidadania em 2007. Essas políticas têm foco normativo e colocam em segundo plano os problemas que dizem respeito diretamente à operação da segurança pública. Em decorrência, alteraram pouco a forma como as polícias funcionam nos estados, entre outros aspectos do sistema de justiça criminal que aguardam por intervenções, e tampouco lograram reduzir o número de crimes. Desperdiçaram uma enorme energia política na tentativa de avançar uma agenda de reformas institucionais sob o argumento difuso de que sem reformas estruturais, ou seja, sem alteração no arranjo institucional, não seria possível diminuir o número de crimes de forma sustentável.

Na proposta original do SUSP, os estados poderiam aderir, desde que assinassem um protocolo de intenções com o Ministério da Justiça. Com isso, o estado signatário deveria elaborar um plano estadual de segurança e criar um comitê de gestão integrada, do qual fariam parte o secretário estadual de Segurança Pública, como coordenador, e representantes das Polícias Federal, Rodoviária Federal e Civil, além das guardas municipais. Na imaginação de seus idealizadores, haveria ainda espaço para um "Comitê de Gestão Integrada Nacional", o qual receberia e normalizaria as decisões dos comitês estaduais. Em troca, os estados receberiam financiamento para implementar as políticas prioritárias da SENASP. Nada disso teve qualquer relevância prática: o dinheiro era muito menor do que o que deveria ser para produzir uma reengenharia institucional dessa magnitude, e, sobretudo, não havia garantias constitucionais que permitissem ao Ministério da Justiça a capacidade de exercer efetivamente o controle dos orçamentos dos estados nessa área, a exemplo do que ocorre nas áreas de educação e saúde, o que supostamente inspirou o modelo do SUSP.

O Programa Nacional de Segurança Pública com Cidadania (PRONASCI) de 2007 é outro exemplo de uma iniciativa federal que também não apresenta um balanço muito convincente até o momento. Esse programa tem uma série de características que em certo sentido marcaram uma ruptura com as iniciativas anteriores na área, mas até o momento é possível dizer apenas que o programa é mais um conceito, um anúncio, do que propriamente um projeto consistente com objetivos viáveis.

O PRONASCI tem um caráter bastante centralizado no que diz respeito à definição das políticas, embora os governos municipais tenham um papel importante na sua execução. O Ministério da Justiça exige, por exemplo, que os municípios participantes criem um Gabinete de Gestão Integrada, sem o qual não será possível receber recursos federais, e estabelece ainda um modelo de policiamento único, de tipo comunitário, para as guardas municipais. O Ministério da Justiça passou também a gerir diretamente projetos sociais como o Mulheres da Paz e o Proteção de Jovens em Território Vulnerável. Outra característica importante do PRONASCI é que ele prioriza os gastos indiretos com programas sociais e projetos 'estruturantes' das polícias — não relacionadas à atividade fim — que preveem gastos em ações como a recuperação de instalações físicas, treinamento, aquisição de sistemas de computadores, entre outras despesas do gênero.

A sustentação política do PRONASCI tem crescido desde que foi lançado em 2007 (sua implementação foi no ano de 2008). O programa tem servido como mecanismo de acomodação dos interesses corporativos das polícias estaduais e dos interesses político-eleitorais de seus formuladores e operadores nos estados e nos municípios contemplados. No entanto, há aspectos do PRONASCI que se constituem até mesmo como um obstáculo à construção de políticas eficazes de redução do crime no nível nacional. São medidas fracas em um contexto de crise. Em quase todos os estados do Brasil há extensa presença de redes de crime organizado, corrupção policial em larga escala, exploração sexual de crianças, epidemia de *crack*, um dinâmico mercado ilícito de armas, roubos e invasões de domicílio em grande número. Há uma dura lógica econômica que motiva boa parte desses crimes, e imaginar que poderemos controlar problemas dessa natureza com medidas de caráter social, com construção de quadras de esporte e atividades culturais para jovens, ou com medidas que têm como foco a participação comunitária na política de segurança, parece uma aposta arriscada contra a mecânica do crime organizado.

Em resumo, os planos nacionais de segurança pública surgidos nos últimos 16 anos não estabeleceram prioridades claras. Faltou, sobretudo, parcimônia: as 'listas de desejos' dos reformadores deveriam mobilizar, literalmente, todos os níveis de governo e um conjunto muito amplo de agentes, sem que, contudo, tivessem sido detalhados os mecanismos institucionais que permitiriam um redesenho tão profundo do sistema. Foram quase sempre metas pensadas sem um sistema de incentivos subjacente que permitisse redirecionar o comportamento dos agentes da forma esperada.

A SENASP tem, não obstante, desempenhado um papel positivo ao promover a competição jurisdicional na área de segurança pública. A organização de um sistema mínimo de informações sobre o crime nos estados e regiões metropolitanas permitiu a realização de comparações que fomentaram a competição e, consequentemente, a troca de inovações entre as polícias e as secretarias de segurança. O efeito dessa competição pode ser o aumento do gasto com segurança em alguns estados, e, uma vez que o crime tem uma relativa capacidade de migração, o aumento localizado dos gastos pode levar ao deslocamento do crime. Estados que investirem menos nos seus sistemas de segurança terão, muito provavelmente, que lidar com mais crimes em um curto período de tempo.

6 OBSERVAÇÕES FINAIS

Serão as novas lideranças eleitas em 2010 capazes de fazer alguma diferença e melhorar o desempenho das polícias, da justiça e do sistema penitenciário, tornando-as instituições mais eficazes no cumprimento de suas metas e mais bem avaliadas do ponto de vista do público? Para se atingir essa meta será preciso vencer antes uma guerra de ideias. Em uma região marcada por altos níveis de desigualdade e pobreza e deficiências marcantes na provisão de serviços de saúde e educação, para darmos alguns exemplos, é muitas vezes difícil aceitar a hipótese de que as políticas de segurança pública têm uma identidade própria como política pública. O argumento de que as ações difusas, apresentadas como preventivas, devem ter primazia sobre as ações dissuasórias não parece uma escolha justa do ponto de vista da atual geração de jovens, que continuariam a ter negado o seu acesso às políticas de segurança e justiça capazes de reduzir os riscos de vitimização aos quais estão expostos enquanto esperam pelos efeitos do desenvolvimento econômico no futuro. Os mecanismos causais acionados por essas políticas difusas são de difícil operacionalização analítica, o que contribui para turvar a capacidade de avaliação e de acompanhamento de seus resultados pela sociedade.

Os recursos que serão necessários para se controlar o crime na sociedade brasileira, sem ilusões de atalhos, certamente farão falta para atender a outras demandas sociais igualmente urgentes. Além de serem escassos os recursos, há dissenso sobre onde alocá-los com vistas a se atingir uma redução consistente no número de crimes no curto prazo. A escolha nos últimos dois governos foi investir em medidas que têm efeito indireto no crime, como a distribuição de bolsas para jovens em "áreas de risco" ou para policiais em busca de "qualificação", como estabelece o PRONASCI. A baixa capacidade de policiar a sociedade e punir infratores continua como metas ainda sem um enquadramento político adequado.

Fases e Tendências no Debate sobre Políticas Públicas de Segurança no Brasil

Denis Mizne

1 INTRODUÇÃO

O artigo de Sergio Ferreira é bastante bem-sucedido no sentido de organizar os esforços públicos e privados realizados nos últimos anos para enfrentar a questão do crime violento no Brasil. O objetivo desta contribuição é identificar as fases e tendências no debate sobre políticas públicas de segurança no Brasil, com especial foco em áreas que me parecem centrais para o trabalho dos próximos gestores públicos. A partir da análise dos marcos construídos nesse debate nas décadas de 1980, 1990 e 2000, espero apontar concretamente alguns dos pontos que deveriam constar da agenda pendente dessa área, especialmente em quatro dimensões da segurança pública: prevenção ao crime, controle de armas, aprimoramento das forças policiais e reforma do sistema de justiça criminal. Longe de abordar todos os aspectos, indicadores ou correntes teóricas a respeito desses temas, tentarei tão somente identificar qual o estágio em que nos encontramos e quais são alguns dos itens centrais que deveriam constar da pauta dos gestores responsáveis por essa área em seus próximos mandatos.

2 EVOLUÇÃO DO DEBATE

O final da década de 1980 foi marcado pelo crescimento intenso do crime nas grandes regiões metropolitanas do Sudeste do Brasil, especialmente Rio e São Paulo. Junto com o aumento das estatísticas, teve início a tomada de consciência da sociedade brasileira sobre o problema. Ainda que de maneira extremamente superficial e presa ao debate de extremos, os meios de comunicação e, em menor escala, governos e instituições acadêmicas começam a refletir sobre a insegurança em nossas cidades. Na agenda governamental, especialmente nos estados governados por políticos ligados à luta contra a ditadura, como Franco Montoro e Brizola, a agenda da segurança é absolutamente subordinada à dos direitos humanos, e a tônica é a da contenção dos abusos cometidos pelo Estado. São dessa época as primeiras mudanças nos sistemas prisionais para discutir direitos dos detentos, com José Carlos Dias e Julita Lemgruber, por exemplo, as mudanças nos currículos das polícias, com ajuda do recém-fundado Núcleo de Estudos da Violência da USP; com Paulo Sérgio Pinheiro, a criação dos Conselhos Comunitários de Segurança, para envolver a população com o tema e outras medidas. Mesmo a agenda de quem já pensava em segurança pública, não era propriamente sobre políticas públicas de segurança, mas sim, corretamente à época, focada na transição democrática das instituições do sistema de justiça criminal. Do outro lado, ainda sob a marca da ditadura, políticos, militares e policiais sustentam o discurso da "Rota na Rua", "bandido bom é bandido morto" ou qualquer outra de suas variáveis, limitando, como se vê, o debate mais aprofundado das maneiras de se prevenir e enfrentar o crime com eficiência.

Na segunda metade da década de 1990, após uma série de movimentos liderados por familiares de vítimas com agendas mais ou menos amplas sobre o tema, alguns grupos da academia e da sociedade civil começam a tomar consciência da necessidade de articular uma agenda específica da segurança, que passa pela cobrança do estado, mas também pela discussão do protagonismo da sociedade civil nessa área e do papel da academia na produção e análise de conhecimento. É dessa época, ainda me atendo ao Sudeste, mas ciente de que muitos outros movimentos surgiram país afora, que surgem o Viva Rio (1993), o Sou da Paz (1997), o ILANUD (1997), o Instituto São Paulo Contra a Violência (1997), o CRISP (1999), o CESeC (2000) e tantos outros atores que hoje são referência nessa área. Se para a imensa maioria da população o que é visível ainda é a escalada do crime e o mesmo debate estéril e histérico da década anterior — potencializado por casos emblemáticos e altamente explorado nos meios de comunicação —, nos meios especializados da sociedade e do governo as coisas começam a mudar de patamar. Experiências como a liderada por Luís Eduardo Soares à frente da Secretaria de Segurança Pública do Rio de Janeiro, de Marco Vinício Petrelluzzi em São Paulo, dos ministros José Carlos Dias e José Gregori no Governo Federal e de várias Prefeituras, por exemplo, emblematicamente a gestão de José de Fillipi Jr. em Diadema, começam a mostrar que há caminhos para se pensar a reforma das instituições policiais e políticas específicas para enfrentar as causas e manifestações mais recorrentes da violência urbana.

É dessa época que surgem os mapeamentos de informações criminais em tempo real, o conceito dos *hotspots*, a experiência da Delegacia Legal, o GPAE (antigo nome das UPPs), o Programa de Policiamento Comunitário de São Paulo, o primeiro plano nacional de segurança pública e a criação do Fundo Nacional de Segurança, a experiência das varas especializadas em Penas Alternativas e as Centrais de Acompanhamento dessas penas, as experiências mineiras de integração das polícias civil e militar, a compatibilidade das áreas de atuação das polícias em São Paulo e no Rio e tantos outros programas. No âmbito da sociedade civil, surgem experiências importantes, como os programas de desarmamento e controle de armas, liderados por Sou da Paz e Viva Rio, o Fica Vivo, do CRISP, o Fórum Metropolitano de Segurança, do Instituto São Paulo Contra a Violência, dezenas de programas de formação de policiais, aproximação de grupos vulneráveis, programas focados nos territórios e dezenas de outras estratégias que já foram devidamente explicitadas no livro *É Possível*, de responsabilidade de Sergio Ferreira e fruto do esforço de análise e da iniciativa da Casa das Garças.

O fundamental a dizer é que entre o final da década de 1990 e a primeira metade desta década não só se ampliou o debate e proliferaram as instituições, mas, concretamente, a sociedade brasileira pôde experimentar e conhecer com mais detalhes quais os pontos que deveriam fazer parte de uma agenda de segurança pública pautada pela democracia, pelo respeito à lei e, não menos importante, pela eficiência de suas medidas na prevenção do crime.

A última etapa da primeira década dos anos 2000 foi marcada por um amadurecimento das experiências relatadas nos parágrafos anteriores, associado a certo esgotamento do debate absurdo entre a velha direita e a velha esquerda sobre como enfrentar a violência urbana. Seja como parte do processo natural de amadurecimento dos atores políticos e formadores de opinião, seja fruto da constatação da falência dos modelos apresentados, a verdade é que os últimos anos no Brasil foram marcados por um processo de convergência nas propostas e debates sobre a segurança pública. Essa convergência, ainda que esteja longe de envolver a opinião pública como um todo, estabeleceu, ao menos entre os principais atores do debate público, certo acordo sobre a necessidade de se combinar medidas preventivas e repressivas qualificadas, focar as ações nos territórios mais afetados pelo problema, estabelecer programas e metas de médio prazo, reduzir os fatores potencializadores, tais como acesso a armas e álcool, envolver a sociedade civil e a comunidade local e pautar as medidas no respeito à lei. Outros temas que ganharam mais recentemente certa aceitação pública foram as políticas de implementação de penas e medidas alternativas, bem como o apoio ao egresso do sistema prisional. Há ainda temas centrais sobre os quais não há acúmulo e/ou acordo, tais como as reformas mais profundas das instituições policiais e do sistema de justiça criminal, além do debate sobre a legalização de entorpecentes. O relativo acordo sobre esses temas ainda comporta uma diferença em sua interpretação e, sobretudo, em sua implementação e priorização. O que pretendo com este ponto é, ao contrário de tentar decretar que não há mais debate público, chamar a atenção para o que considero a maior mudança destes últimos anos: a evolução de proposições, antes limitadas a certos setores das ONGs e da academia, ao centro do debate público.

A criação do PRONASCI, que em sua concepção traz essa visão, bem como os recentes debates eleitorais nas corridas para governador e Presidência, mostraram que já não há, entre as forças políticas dominantes, espaço para discursos que pregam o desrespeito à lei ou aos direitos humanos e proclamam a supremacia da violência para o combate à violência, como tampouco houve espaço para o discurso que ignore a importância das polícias ou do sistema de justiça criminal para o enfrentamento do problema. Considero tais fatos evidências de que foi criado o espaço para que possamos discutir aquilo que é central na "agenda pendente" da segurança pública para os próximos anos: a qualificação das políticas e sua implementação em escala.

3 DETALHANDO ASPECTOS DA "AGENDA PENDENTE"

Ciente das limitações que envolvem toda análise que tenta ser linear do desenvolvimento de concepções e ações referentes a questões tão complexas quanto a da segurança pública, acredito que o capítulo anterior serve para dar o tom do que já enfrentamos e de para onde precisamos e podemos ir nesse processo. Se pudermos perder menos tempo com a decisão macro sobre o que precisa ser feito e pudermos nos apoiar nas experiências governamentais e não governamentais bem-sucedidas desenvolvidas em nosso próprio país, certamente já teremos vencido importantes barreiras reais e psicológicas.

Mais do que focar nossos esforços em convencer os demais atores da necessidade de um plano de ação que seja racional, pautado nos locais e públicos onde há maior ocorrência de crimes, que reconheça a importância das dimensões preventivas e que saiba dar resposta eficiente nos casos em que for necessário enfrentar grupos criminosos, podemos discutir como dar escala às ações existentes, corrigir rumos na implementação de certos programas e preencher as lacunas, relativas principalmente aos processos mais complexos e de longo prazo, de reforma institucional do setor.

Decidi focar em cinco pontos que me parecem relevantes, sem prejuízo de tantos outros importantes e já muito bem cobertos no texto de Sergio Guimarães e em alguns dos outros comentários. Os temas de que tratarei são: vontade política, prevenção do crime, controle de armas e munições, reforma das polícias e reforma da justiça criminal. Não pretendo esgotar tudo que diz respeito a cada um desses pontos, mas somente apontar alguns aspectos que me parecem dever estar entre as prioridades dos governantes e agentes públicos responsáveis por enfrentar a insegurança nos próximos mandatos.

4 VONTADE POLÍTICA

A expressão "vontade política" é uma dessas que parece servir como remédio para qualquer problema nacional. Todo grupo de interesse ou corporação, ao ver demandas suas não atendidas, culpa a falta de vontade política do governante de plantão. Não pretendo aqui cometer o mesmo erro de atribuir ao simples desejo dos governantes a solução de nossos problemas. O que ocorre, contudo, é que na área de segurança vivemos um momento peculiar em que a colocação do tema como prioridade pública poderia trazer resultados impactantes.

Temos hoje, como exposto anteriormente, um razoável consenso entre especialistas de quais os caminhos a percorrer. A população segue colocando segurança no topo de suas preocupações, e os números são mais do que suficientemente absurdos para que o tema ocupe espaço amplo na agenda pública. A falta de posicionamento e priorização por parte da Presidência da República, como sempre foi a norma no país, e a delegação desse problema apenas às autoridades policiais, como ocorre por parte de muitos governadores, impede neste momento avanços mais concretos em direção à redução da violência. Isso se dá porque vários pontos cruciais da agenda pendente dependem de uma liderança clara que possa superar as divergências entre instituições, avançar reformas paradas no Congresso e enfrentar tabus na opinião pública.

É compreensível que lideranças políticas importantes fujam do tema da segurança. Trata-se de agenda complexa que dificilmente será solucionada no tempo de um mandato. Mais ainda, nossa cultura, de prestar atenção ao problema apenas diante de casos emblemáticos, faz com que governantes temam que a ocorrência de um crime espetacular possa desviar a atenção da opinião pública e colocar por terra anos dedicados a uma política consequente. Esses fatores, contudo, podem e devem ser superados através de um diálogo claro com a população, sensibilização de formadores de opinião e dos setores organizados da sociedade e apresentação de um plano sério e concreto.

São raríssimos os exemplos de sucesso no enfrentamento da violência que não tenham contado com liderança política clara. Isso se deu com Rudolph Giuliani em Nova York, Antanas Mockus em Bogotá e recentemente com José de Fillipi Jr., em Diadema, e tantos outros. Recentemente, no caso da ocupação do Alemão e mesmo anteriormente no início do programa das UPPs, ficou clara a liderança política do governador Sérgio Cabral. Imagine se algum secretário de Segurança, por mais poderoso ou qualificado que fosse, poderia tomar a decisão de mobilizar forças inclusive federais e enfrentar a situação de Vila Cruzeiro/Complexo do Alemão. Da mesma maneira, não será obra de um secretário Nacional de Segurança ou comandante de Polícia tratar de temas como a política de drogas, o enfrentamento do crime organizado nos presídios, a reforma legislativa ou propostas de reforma do artigo 144 da Constituição.

Uma vez que boa parte da macroagenda está traçada e que, mais importante, já é possível ver com exemplos, inclusive de estados brasileiros, que é possível reduzir significativamente os índices de criminalidade violenta, está na hora de termos um presidente da República e governadores que assumam o combate ao crime como prioridade alta de seus governos.

5 PREVENÇÃO DO CRIME

Ninguém é contra prevenir o crime. O problema de avançar nessa agenda, muito mais do que enfrentar mitos ou tabus ou vencer resistências de corporações, se dá na capacidade de desenhar políticas efetivamente preventivas e em implementá-las em escala. O primeiro desafio nessa agenda é separar o joio do trigo. Há políticas que são muito importantes para garantir direitos, e elas devem, sem dúvida, ser levadas para as populações que hoje estão à margem de muitas das ações estatais, mas isso não significa que qualquer política implementada para jovens ou para áreas periféricas seja eficaz para prevenir o crime. A confusão entre pobreza e criminalidade não só atrapalha o debate como, fundamentalmente, criminaliza setores inteiros da população, contribuindo para sua estigmatização. Assim, torna-se fundamental identificar exatamente quais fatores de fato podem ajudar a reduzir comportamentos violentos e criminosos e quais apenas fazem parte da agenda de políticas sociais do país.

Além da definição conceitual do que é prevenção, temos ainda que lidar com outros fatores igualmente cruciais: a falta de dados confiáveis, o despreparo de agentes públicos, a inexistência da cultura de avaliação e a dificuldade do Estado de implementar processos muito "customizados". Aponto a seguir algumas medidas que poderiam ser adotadas para minimizar esses gargalos:

- Aprofundar a capacidade dos governos, inclusive em âmbito municipal, de produzir dados sobre os locais, públicos, horários, motivações e condições em que se dão os crimes violentos, bem como sobre eventos não criminosos, mas que influenciam estes, como fatores de ordem pública, infraestrutura urbana, entre outros. Importante ainda a inclusão de dados sobre vítimas e autores identificados. É fundamental que, da mesma maneira do DATASUS, esses dados sejam captados e categorizados de maneira uniforme e que estejam facilmente disponíveis para o público, permitindo que sejam utilizados para o desenho de políticas em todos os níveis de governo e até da sociedade civil. A liderança desse processo tem de ser do Governo Federal, que deve propor as categorias e financiar a capacitação e infraestrutura necessárias para que os gestores de todas as unidades da Federação passem a alimentar os bancos de dados. Pesquisas de vitimização, nos moldes da encomendada pelo SENASP em 2010, devem ocorrer de forma periódica e com amostra suficiente para que os dados possam ser bastante desagregados, permitindo assim que o desenho das políticas não sofra interferência da subnotificação.

- Com base nos dados coletados, desenhar um conjunto de programas de prevenção que possam focar os principais comportamentos ou fatores de risco, colocando-os à disposição dos atores responsáveis. Entre os temas que já poderiam ser trabalhados, a partir dos dados existentes hoje, encontram-se: programas de mediação de conflitos; redução do uso abusivo de álcool e drogas; redução do acesso às armas de fogo; desenvolvimento de lideranças juvenis; ocupação democrática do espaço público; programas de manutenção urbana em áreas afetadas pelo crime; programas de prevenção à violência nas escolas; campanhas de promoção da cultura de paz; reinserção de egressos do sistema prisional; entre tantos outros. Alguns desses programas já estão incluídos no PRONASCI, mas não são implementados na devida escala, em grande parte pelos fatores que abordaremos a seguir.

- Treinar atores públicos e de organizações não governamentais para que sejam capazes de implementar os programas preventivos oferecidos pelo Governo Federal e desenhar novas iniciativas em âmbito local ou estadual. Essa medida tende a corrigir dois problemas hoje bastante presentes. De um lado há vários estados e municípios que colocam a cargo das polícias ou guardas municipais a execução das ações preventivas, o que muitas vezes desloca esses profissionais de seu foco e dificulta a implementação pela falta de treinamento específico dos mesmos para lidar com os temas ou públicos envolvidos. De outro lado, ao tentar tratar a prevenção do crime como tema transversal, os governantes não encontram nas secretarias que lidam com temas correlatos (esporte, cultura, educação, infraestrutura etc.) técnicos sensíveis à importância da prevenção da violência e aptos a implementar programas específicos dessa área. Um programa contínuo de sensibilização e treinamento, com foco nos municípios mais afetados pelo problema, aumenta a capacidade do Estado de responder a esses desafios de maneira muito mais satisfatória.

- Monitorar e avaliar os programas preventivos, aprimorando seu desenho e implementação e oferecendo publicamente os resultados para contribuir com o avanço do debate na área.

- Rever as limitações normalmente impostas à estrutura tradicional do estado para permitir a execução eficiente dos programas de prevenção. Boa parte das ações envolve uma atuação em horários distintos daqueles da maioria dos técnicos das secretarias, especialmente finais de semana e noites, além da necessidade de certa flexibilidade para implantar pequenos projetos adaptados especialmente para os territórios afetados de acordo com suas características. Seja através do convênio com a sociedade civil ou o desenho de estruturas públicas específicas, esse problema pode ser minimizado.

6 CONTROLE DE ARMAS E MUNIÇÕES

De todos os fatores preventivos, o controle de armas e munições tem aparecido no país como o mais eficiente instrumento na redução dos homicídios. Não só o Estatuto do Desarmamento é visto, dentro e fora do país, como uma das leis mais modernas do mundo na área, como seus efeitos na redução de homicídios foram comprovados por estudos do Ministério da Saúde, UNESCO, entre tantos outros. A pesquisa publicada pelo Instituto Sou da Paz em 2010, para avaliar a implementação do estatuto, mostrou que a queda na circulação de pessoas armadas talvez tenha sido o fator mais importante da lei. Outros estudos, com destaque para o de Daniel Cerqueira do IPEA, analisando a queda de homicídios em São Paulo, mostram que, para além da legislação, a capacidade e o empenho das polícias em apreender armas ilegais e da sociedade em organizar campanhas de recolhimento de armas contribuem decisivamente para a queda desses crimes. No caso de São Paulo, aponta Cerqueira, a cada 18 armas tiradas de circulação, uma morte foi evitada.

Se estão claras a centralidade desse tema e a eficiência das medidas adotadas num país como o nosso, onde dois de cada três assassinatos se dão com armas de fogo e mais de 40 mil pessoas são mortas anualmente, também está claro que há ainda uma série de medidas que devem ser adotadas para aprimorar o controle estatal sobre esses artefatos letais. A agenda focada no controle e não na proibição, como indicou a população no referendo de 2005 sobre a proibição do comércio de armas e munições, permite ao Estado exercer forte papel nessa área e requer, de maneira sintética, a adoção das seguintes medidas nos próximos anos:

- Aprimoramento da gestão do controle de armas no país, unificando os dados existentes, hoje divididos entre Exército e Polícia Federal, e colocando sob controle civil todas as medidas que digam respeito à segurança pública nessa área, a saber: controle das armas das instituições policiais, guardas municipais, colecionadores, atiradores e demais pessoas físicas autorizadas, bem como empresas de segurança privada; controle da produção e comércio interno de armas pequenas e leves, bem como das exportações, especialmente aquelas para países que fazem fronteira com o Brasil; edição de regras para marcação de armas e munições de uso permitido, facilitando assim a identificação de autores de crimes.

- Organização de um Gabinete de Gestão do Controle de Armas, reunindo todas as organizações responsáveis por etapas do controle de armas no país, permitindo a troca de informações periódica, a identificação de rotas de tráfico de armas, indícios de desvios, estado dos arsenais, entre outras medidas fundamentais para combater o acesso de criminosos às armas.

- Ampliação das medidas de fiscalização, controle e responsabilização dos grupos com maior acesso a armas de fogo e munição, especialmente empresas de segurança privada, hoje identificadas como alvo preferencial da ação de criminosos em busca de armas de fogo. Tais medidas também devem abranger outros grupos e locais vulneráveis como armas de colecionadores, armas armazenadas em fóruns e arsenais das Forças Armadas e das polícias.

- Adoção de medidas de redução do estoque de armas existentes, especialmente através do estímulo às polícias estaduais para que apreendam armas ilegais, bem como das campanhas, em parceria com a sociedade civil, para entrega voluntária de armas, evitando que armas guardadas anos a fio sem uso em casas particulares possam ser furtadas, roubadas ou usadas em acidentes domésticos.
- Realização de campanhas de conscientização para o risco associado ao uso de armas de fogo, nos mesmos moldes das campanhas sobre cigarro ou álcool, estimulando, portanto, a redução da demanda por armas na população.

7 REFORMA DAS POLÍCIAS

Por maiores que sejam os esforços para que se reduzam os fatores potencializadores da violência, como o acesso a armas de fogo, e para que outros setores do Estado se engajem em atividades preventivas, nenhuma política de segurança pública será efetiva sem instituições policiais eficazes. Parte da agenda para a organização policial está clara e passa pela profissionalização de seus agentes e a adoção de práticas condizentes com uma sociedade pautada pela democracia e os direitos humanos. Temas como o policiamento comunitário, o investimento em inteligência policial, o combate à corrupção e à violência policial já foram citados no artigo e por outros comentadores e são essenciais. Quero chamar atenção apenas para alguns aspectos que dizem respeito à estrutura de nossas polícias e que devem ser enfrentados pela sociedade nos próximos anos.

Um dos focos centrais do debate deve ser a divisão imposta pelo artigo 144 da Constituição Federal entre as atribuições das polícias civil e militar. Mais do que ressuscitar a agenda da década de 1990 da unificação das polícias ou se contentar com a agenda mais recente de integração, o que deve entrar na agenda é uma revisão do modelo que divide ao meio o processo de lidar com os crimes. No sistema atual, são evidentes, mais do que a competição e repetição de estruturas, a falta de acesso das polícias às informações levantadas pela outra instituição e as dificuldades práticas impostas pela existência de uma polícia ostensiva e uma investigativa, completamente separadas. Vários processos são malfeitos, tais como: preservação do local do crime, envolvimento de testemunhas, análise dos fatores criminais, entre outros.

O debate mais recentemente levantado, sobre a separação total em vez de convivência forçada, parece estar mais próximo de uma solução viável. Nesse modelo, chamado de ciclo completo, cada polícia teria responsabilidade por alguns tipos de crime, mas seria, nesses casos, responsável do início ao fim dos processos investigativos, evitando a perda de informações e o retrabalho. Trata-se de debate difícil, tanto pela história e força das corporações como pela falta de clareza e detalhamento das consequências da adoção dessa política especificamente. De todo modo, fica claro que a manutenção de nosso modelo esdrúxulo de repartir ao meio o exercício da atividade policial será um entrave permanente ao avanço real da segurança no país. Nesse caso, me parece que os próximos governantes poderiam colocar esse tema em discussão, encomendar estudos para organizações acadêmicas e também policiais, verificar alternativas e estimar custos e benefícios das várias propostas de reforma, permitindo assim que a médio prazo seja possível passar do debate qualificado à reforma propriamente dita.

A inexistência de uma resposta pronta para a questão levantada não significa, de maneira nenhuma, que não existam pontos concretos que possam ser aprimorados dentro do sistema atual de forma a aumentar a eficácia de nossas forças policiais. Alguns dos temas que merecem ser abordados nessa agenda com maior urgência são:

- Uniformização, por parte do Governo Federal, de um padrão curricular mínimo para formação de policiais, evitando a formação apressada e irresponsável que ainda é feita em vários estados da Federação.

- Adoção, por parte dos governos estaduais, de corregedorias de polícia fortes e subordinadas diretamente ao secretário de Segurança Pública, com carreira própria de seus integrantes. Essa medida, existente em vários outros países, poderia evitar a situação atual em que colegas investigam colegas e quem está na corregedoria amanhã pode estar atuando nas ruas e vice-versa.

- Reforma das escalas de policiais, acabando com os turnos extremamente alongados, improdutivos, desumanos e que só favorecem os "bicos". Estes devem gradativamente ser substituídos por escalas de trabalho normais, de 8h por dia. Medidas como a adotada pela Prefeitura de São Paulo na Operação Delegada, em que a Prefeitura contrata PMs para trabalharem nas folgas, devem ser expandidas. Tais medidas aumentam a segurança do policial, que trabalha fardado e em equipe, reduzindo o absurdo número de mortes fora de serviço, dá uma alternativa legal ao bico, acabando com uma absurda ilegalidade, e aumenta a renda dos policiais.

- Reforma das carreiras, reduzindo o número e permitindo que um policial que entra na categoria, em qualquer uma das polícias, possa, com os devidos cursos e exames necessários, atingir o posto mais alto da carreira.

- Aumento de salário dos policiais, não só para dar mais dignidade aos atuais, mas para tornar a carreira mais atraente para jovens profissionais.

8 REFORMA DA JUSTIÇA CRIMINAL

O último item deste breve artigo é o que trata da reforma da justiça criminal. Mais do que discutir mudanças legais pontuais — sem dúvida necessárias, mas extremamente supervalorizadas —, pretendo apontar alguns temas que me parecem cruciais para evitar que nosso sistema continue sendo ineficiente, violador de direitos e fonte de poder para as organizações criminosas. Dentre as medidas fundamentais, destaco:

- Retomar as prisões para o Estado. É verdade que apenas no Rio de Janeiro existem partes da cidade ocupadas pelo crime organizado, que finalmente começam a ser recuperadas. Mas o que todos se esquecem é que hoje o sistema prisional, em vários estados, é um território de responsabilidade direta do Estado, mas controlado pelo crime organizado. Essa absurda situação fez com que as nossas prisões, que normalmente já não teriam grande serventia para recuperar pessoas, se tornassem uma das principais fontes de poder das facções criminosas. Ao abandonar esses territórios, o Estado dá uma força descomunal aos líderes das quadrilhas e submete milhares de pessoas ao seu poder. Essas pessoas, quando saem do sistema, passam a dever favores e a ampliar o poder de ação do crime em nossas cidades. O processo de ocupação das prisões pelo Estado começa pelo combate à corrupção dos agentes, redução da superlotação, que torna o sistema ingovernável, garantia dos direitos dos presos e apoio aos seus familiares — quebrando a espinha dorsal dos sindicatos do crime — e trabalhando a reinserção do egresso.

- Separar políticas para a imensa maioria dos presos daquela ínfima minoria que realmente controla o crime organizado. Ao misturar o desejo de punir mais as lideranças com regras gerais para o sistema, criamos um sistema prisional caro, ingovernável e desastroso. Medidas severas como o RDD, presídios remotos e penas com poucas possibilidades de progressão devem ser reservadas para os criminosos de altíssima periculosidade, que têm de ser verdadeiramente isolados. Estes não enchem nem uma penitenciária hoje. Os demais, compostos em sua maioria por pequenos traficantes e autores de roubos, devem estar em um sistema penal que não conta apenas com a pena de prisão, mas que usa todas as alternativas penais. Aqueles que necessitarem cumprir pena em regime fechado devem trabalhar e estudar no cárcere, ser acompanhados na progressão de regime e apoiados na volta à sociedade para que rompam com o ciclo do crime.

- Investir na redução do uso da prisão provisória no país, que suga quase metade do orçamento da área e mantém presos mais de 200 mil pessoas que sequer foram julgadas. Sistemas como o monitoramento eletrônico ou a utilização de medidas cautelares como as previstas no projeto do novo Código de Processo Penal permitem um uso muito mais racional dos recursos do Estado e tornam o sistema mais eficiente, já que não ampliam a socialização criminosa de milhares de pessoas. A ampliação das defensorias públicas torna também os processos mais ágeis e contribui para a redução da superlotação.

- Estimular os juízes a realizar as audiências dentro dos presídios. Hoje, nos estados maiores, o gasto com transporte de presos para audiências é absurdo. Além do custo financeiro, centenas de policiais deixam sua função nas ruas para escoltar os presos, que muitas vezes tentam fugas nesse processo. A ida dos magistrados às prisões, além de cumprir a função de controle da execução da pena, hoje ignorada em boa parte dos casos, ajudaria a colocar ordem no sistema, reduziria tortura e abusos e agilizaria os processos.

- Criar e fortalecer as ouvidorias do sistema prisional, permitindo que denúncias de abusos, violações de direitos e corrupção sejam investigadas prontamente, de forma a reduzir essas situações e fortalecer o papel do Estado como responsável por um sistema que atua dentro da legalidade.

- Fortalecer o trabalho do Conselho Nacional de Justiça de impor metas para o aumento da velocidade da justiça, realizar mutirões carcerários e editar medidas que contribuem para a maior eficiência do sistema prisional.

Bibliografia

Aaron, H. (1966). The social insurance paradox. *Canadian Journal of Economics and Political Science*, v. 32, n. 3, p. 371-374.

Abdulkadiroglu, A. et al. (2009a). *Informing the debate*: Comparing Boston's Charter, pilot and traditional schools. Boston Foundation.

Abdulkadiroglu, A. et al. (2009b). Accountability and flexibility in public schools: evidence from Boston's charters and pilots. *National Bureau of Economic Research Working Paper Series. no. 15549*. Disponível em: http://www.nber.org/papers/w15549.

Academia Brasileira de Ciências. (2007). *Evidências sobre métodos de alfabetização*. Rio de Janeiro: Academia Brasileira de Ciências. Trabalho não publicado.

Afonso, J.R.; Junqueira, G.G. (2008). *Reflexões a respeito da interface entre seguridade social e fiscalidade no Brasil*. Centro Brasileiro de Estudos de Saúde.

Albanese, J. (2000). The causes of organized crime. *Journal of Contemporary Criminal Justice*. 16, n. 4, p. 409.

Alkire, S.; Foster, J. (2009). Counting and multidimensional poverty measurement. *Oxford Poverty and Human Development Initiative*. Working Paper n. 32.

Altbach, P.G.; Balán, J. (2007). *World class worldwide: transforming research universities in Asia and Latin America*. Baltimore: The Johns Hopkins University Press.

Andrade, E.C. (2008). "School accountability" no Brasil: Experiências e Dificuldades. *Revista de Economia Política*, v. 28, p. 443.

Andrade, M. et al. (2006a). *Política de transferência de renda e impactos na imunização das crianças: o programa bolsa família*. Belo Horizonte: Universidade Federal de Minas Gerais CEDEPLAR.

Andrade, M. et al. (2006b). *Políticas de transferência de renda e condição nutricional de crianças: uma avaliação do bolsa família*. Belo Horizonte: Universidade Federal de Minas Gerais CEDEPLAR.

Angrist, J. et al. (2002). Vouchers for private schooling in Colombia: evidence from a randomized natural experiment. *American Economic Review*, v. 92, n. 5, p. 1535.

Angrist, J. et al. (2006). Long-term educational consequences of secondary school vouchers: evidence from administrative records in Colombia. *The American Economic Review*, v. 96, n. 3, p. 847-862.

Angrist, J. et al. (2010). Inputs and impacts in charter schools: Kipp Lynn. *American Economic Review*, v. 100, n. 2, p. 239.

Araújo, A. et al. (2009). A educação infantil e sua importância na redução da violência. In: Veloso, F. et al. (Ed.) *Educação básica no Brasil: construindo o país do futuro*. Rio de Janeiro: Campus/Elsevier. p. 95-116.

Assunção, J.; Chein, F. (2009). *Social security and rural poverty in Brazil*. Trabalho não publicado.

Atkinson, A. (2003). Multidimensional deprivation: contrasting social welfare and counting approaches. *Journal of Economic Inequality*, v. 1, n. 1, p. 51-65.

Atkinson, T. et al. (2002). *Social indicators*. Oxford University Press.

Bacha, E.L.; Klein, H.S. (1986). *A transição incompleta: Brasil desde 1945*. Rio de Janeiro: Paz e Terra.

Barber, M.; Mourshed, M. (2007). *How the world's best-performing school systems come out on top*. McKinsey & Company.

Barbosa Filho, F.H. et al. (2010). Evolução da produtividade total dos fatores na economia brasileira com ênfase no capital humano-1992-2007. *Revista Brasileira de Economia*, v. 64, p. 91-113.

Barbosa Filho, F.H. et al. (2009). Um estudo sobre os diferenciais de remuneração entre os professores das redes pública e privada de ensino. *Estudos Econômicos*, v. 39, n. 3, p. 597-628.

Barro, R. (1974). Are government bonds net wealth? *The Journal of Political Economy*, v. 82, n. 6, p. 1095-1117.

Barros, R.P. et al. (2006). Pobreza multidimensional no Brasil. IPEA: Texto para Discussão n.º 1277.

Barros, R.P. et al. (2007). O Papel das transferências públicas na queda recente da desigualdade de renda brasileira. In: Paes de Barros, R. et al. (Ed.) *Desigualdade de renda no Brasil*: uma análise da queda recente. Rio de Janeiro: IPEA. Disponível em: http://www.ipea.gov.br/sites/000/2/livros/desigualdaderendanobrasil/Cap_02_AQuedaRecente.pdf

Barros, R.P. et al. (2009). Sobre as utilidades do cadastro único. IPEA: Texto para discussão n.º 1414.

Barros, R.P. et al. (2010a). *A focalização do programa bolsa família em perspectiva comparada*. Trabalho não publicado.

Barros, R.P. et al. (2010b). *Sobre a evolução recente da pobreza e da desigualdade no Brasil*. Trabalho não publicado.

Barros, R.P. et al. (2010c). *A short-term cost-effectiveness evaluation of better quality day care centers*. Rio de Janeiro. Trabalho não publicado.

Barros, R.P. et al. (2010d). Avaliação de impacto dos programas do instituto Ayrton Senna. In: Fundação Itaú Social, F. I. (Ed.) *VII Seminário Itaú Internacional de "Avaliação Econômica de Projetos Sociais"*. São Paulo.

Barros, R.P.; Carvalho, M. (2006). A efetividade do salário mínimo como instrumento para reduzir a pobreza e a desigualdade no Brasil. In: Levy, P.; Villela, R. (Ed.) *Uma agenda para o crescimento econômico e a redução da pobreza*. Rio de Janeiro: IPEA. p. 9-31.

Bathi, A. (2007). *An information theoretic method for estimating the number of crimes averted by incapacitation*. The Urban Institute. Disponível em: http://www.urban.org/justice/statistics.cfm.

Baxandall, P.; Euchner, C. (2003). Can citistat work in greater Boston? *Rappaport Institute for Greater Boston*. Working Paper 7. Cambridge, MA: JFK School of Government, Harvard University.

Bayer, P. et al. (2009). Building criminal capital behind bars: peer effects in juvenile corrections. *Quarterly Journal of Economics*, v. 124, n. 1, p. 105-147.

Bayley, D. H. (1994). *Police for the future*. Oxford University Press. New York/Oxford.

Beato, C. (2008). Projeto Fica Vivo em Belo Horizonte. In: Veloso, F.; Ferreira, S. G. (Ed.) *É possível: gestão de segurança pública e redução da violência*. Rio de Janeiro: Contracapa. p. 137-166

Beato, C. et al. (2001). Conglomerado de homicídios e tráfico de drogas em Belo Horizonte, Minas Gerais, Brasil de 1995 a 1999. *Cadernos de Saúde Pública*, v. 17, p. 1163-71.

Beato, C. (2006). *Espaço e planejamento estratégico em segurança pública – Brasil*. Campinas: Centro de Gestão e Estudos Estratégicos.

Beltrão, K.I. et al. (2004). Dinâmica populacional brasileira na virada do século XX. IPEA: Texto para Discussão n.º 1034.

Biderman, C. et al. (2010). Dry laws and homicides: evidence from the São Paulo metropolitan area. *The Economic Journal*, v. 120, n. 543, p. 157-182.

Blanchet, D.; Marioni, P. (1996). L'activité après 55 ans: evolutions récentes et éléments de prospective. *Economie et Statistique*, v. 300, n. 1, p. 105-119.

Blumstein, A. (1995). Youth violence, guns, and the illicit drug industry. *Journal of Criminal Law and Criminology*, v. 86, n. 1.

Bourguignon, F.; Chakravarty, S. (2003). The measurement of multidimensional poverty. *Journal of Economic Inequality*, v. 1, n. 1, p. 25-49.

Bourguignon, F. et al. (2003). Conditional cash transfers, schooling, and child labor: micro-simulating Brazil's bolsa escola program. *World Bank Economic Review*, v. 17, n. 2, p. 229-54. Disponível em: http://jolis.worldbankimflib.org/uhtbin2/UMIperiod.pl?37290 e http://wber.oupjournals.org/

Bowes, D.; Ihlanfeldt, K. (2001). Identifying the impacts of rail transit stations on residential property values. *Journal of Urban Economics*, v. 50, n. 1, p. 1-25.

Braga, A. et al. (2000). *The Boston gun project:* impact evaluation findings. Joblessness and Urban Poverty Research Program at the Malcolm Wiener Center for Social Policy, John F. Kennedy School of Government, Harvard University.

Brasil, Governo Federal. (1988). *Constituição da República Federativa do Brasil*. Brasília: Presidência da República, Casa Civil. Disponível em: http://www.planalto.gov.br/ccivil_03/constituicao/constitui%C3%A7ao.htm

Brasil Presidência da República. (1994). *Decreto no. 1232*. Brasília. Disponível em: http://dtr2004.saude.gov.br/susdeaz/legislacao/arquivo/16_Decreto_1232.pdf.

Bratton, W. (1998). *Turnaround: how America's top cop reversed the crime epidemic*. New York: Random House.

Bridgeland, J.M. et al. (2006). *The silent epidemic: perspectives of high school dropouts*. Civic Enterprises, LLC Washington, D.C. (A Report by Civic Enterprises in Association with Peter D. Hart Research Associates for the Bill and Melinda Gates Foundation.)

Brooke, N. (2006). O futuro das políticas de responsabilização educacional no Brasil. *Cadernos de Pesquisa*, v. 36, n. 128, p. 377-401.

Bureau of Labor Statistics. (2006). *Experimental consumer price index for Americans 62 years of age and older, 1998-2005*. Geneve: Bureau of Labor Statistics.

Camargo, J.M.; Reis, M.C. (2007). Lei orgânica de assistência social: incentivando a informalidade. In: Tafner, P.; Giambiagi, F. (Ed.) *Previdência no Brasil: debates, dilemas e escolhas*. Rio de Janeiro; Brasília: IPEA.

Camelo, R. et al. 2009. Alimentação, nutrição e saúde em programas de transferência de renda: evidências para o programa bolsa família. *Revista Economia*, p. 685-713.

Camilo, A.B.; Kahn, T. (2008). Sistemas de informações policiais em São Paulo: Copom on-Line, Fotocrim e Infocrim. In: Veloso, F.; Ferreira, S. G. (Ed.) *É possível: gestão de segurança pública e redução da violência*. Rio de Janeiro: Contracapa. p. 77-88

Campino, A. et al. (1999). *Equity in health in Brazil*. Organização Pan-Americana da Saúde. (Programa de Políticas Públicas e Saúde, Projeto Equidade na Saúde na América Latina e no Caribe.)

Campos, C.J. (2008). O programa Delegacia Legal. In: Veloso, F.; Ferreira, S. G. (Ed.) *É possível: gestão de segurança pública e redução da violência*. Rio de Janeiro: Contracapa. p. 167-184.

Cardoso, E.; Souza, A.P. (2009). The impact of cash transfer programs on child labor and school attendance in Brazil. In: Orazem, P. et al. (Ed.) *Child labor and education in Latin America: an economic perspective*. Palgrave Macmillan.

Carneiro, P.; Heckman, J. (2003). Human capital policy. In: Heckman, J.; Krueger, A. (Ed.) *Inequality in America: what role for human capital policies?* Cambridge, MA: MIT Press.

Carvalho, G. (2004). O governo do PT e a desvinculação dos recursos da saúde e educação. *Abrasco Divulga: Boletim Informativo*. Disponível em: http://www.conasems.org.br.

Carvalho, G. (2010). *Tudo para todos em saúde no Brasil*. Trabalho não publicado. Disponível em: http://www.unidas.org.br/institucional/arq_inst/7_congresso/DrGilsonCarvalho.pdf.

Carvalho, M. (2007). *Efeito das emendas parlamentares ao orçamento na redução das desigualdades regionais*. Brasília: Câmara dos Deputados, Centro de Documentação e Informação. Disponível em: http://bd.camara.gov.br/bd/bitstream/handle/bdcamara/2103/efeito_emendas_carvalho.pdf?sequence=1.

Castro, C.M. (2009). Desventuras do ensino médio e seus desencontros com o profissionalizante. In: Veloso, F. et al. (Ed.) *Educação básica no Brasil: construindo o país do futuro*. Rio de Janeiro: Campus/Elsevier. p. 145-169.

Castro, M. et al. (2004). Regionalização como estratégia para a definição de políticas públicas de controle de homicídios. *Cadernos de Saúde Pública*, v. 20, n. 5. Disponível em: http://www.scielosp.org/scielo.php?pid=S0102-311X2004000500021&script=sci_arttext&tlng=pt.

Castro, M.H.G.; Tiezzi, S. (2005). A reforma do ensino médio e a implantação do Enem no Brasil. In: Brock, C.; Schwartzman, S. (Ed.) *Os desafios da educação no Brasil*. Rio de Janeiro: Nova Fronteira. p. 115-148.

Castro, M.H.G. (2010). A institucionalização da política de avaliação da educação básica no Brasil. In: Colombo, S.; Cardim, P. (Ed.) *Nos bastidores da educação brasileira: a gestão vista por dentro*. Artmed. p. 147-167

Cechin, J. (2005). Reformas e previdência complementar no serviço público: convergência entre regimes. *5º Congresso Brasileiro de Previdência Complementar*. São Paulo.

Cechin, J. (2008). Reformas na arquitetura da previdência social: propostas, textos aprovados e o que precisa ser feito. In: Caetano, M. (Ed.) *Previdência social no Brasil: debates e desafios*. Rio de Janeiro; Brasília: IPEA.

Cechin, J.; Cechin, A. (2007). Desequilíbrios: causas e soluções. In: Tafner, P.; Giambiagi, F. (Ed.) *Previdência no Brasil: debates, dilemas e escolhas*. Rio de Janeiro; Brasília: IPEA .

Centro Brasileiro de Informações sobre Drogas Psicotrópicas. (2005). *II Levantamento domiciliar sobre o uso de drogas psicotrópicas no Brasil: estudo envolvendo as 108 maiores cidades do país*. Universidade Federal de São Paulo, São Paulo. Disponível em: http://www.unifesp.br/dpsicobio/cebrid/.

Cerqueira, D.; Lobão, W. (2003). Condicionantes sociais, poder de polícia e o setor de produção criminal. IPEA: Texto para Discussão nº 957.

Chieffi, A.L.; Barradas, R. (2009). Judicialização da política pública de assistência farmacêutica e equidade. *Cadernos de Saúde Pública*, v. 25, n. 8, p. 1839-1849.

Comissão Latino-Americana sobre Drogas e Democracia (CLADD) (2009). *Rumo a uma mudança de paradigma*. São Paulo: Iniciativa Latino-Americana sobre Drogas e Democracia. Disponível em: www.drogasedemocracia.org.

Coady, D. et al. (2004). *Targeting of transfers in developing countries: review of lessons and experience*. Washington, D.C: World Bank and IFPRI.

Coleman, J.S. (1990). *Equality and achievement in education*. Boulder: Westview Press. (Social Inequality Series.)

Comisión Interamericana para el Control del Abuso de Drogas. (2008). *Primer estudio comparativo sobre consumo de drogas y factores asociados en población de 15 a 64 años*, Lima.

Consejo Nacional para el Control de Estupefacientes. (2007). *Séptimo estudio nacional de drogas en población general de Chile*. Ministerio del Interior, Gobierno de Chile. Santiago. Disponível em:http://www.subsecar.cl/Estudios/7EstudioDrogas.pdf.

Cook, P. (1998). *The epidemic of gun violence*. Washington D.C.: National Institute of Justice. (Perspective on

Crime and Justice: 1997-1998 Lectures Series. Ncj – 172851.)

Cook, P.; Ludwig, J. (2006). Aiming for evidence-based gun policy. *Journal of Policy Analysis and Management*, v. 25, n. 3, p. 691-735.

Cooper, S. et al. (2003). Testing for structural breaks in the evaluation of programs. *Review of Economics and Statistics*, v. 85, n. 3, p. 550-558.

Corman, H.; Mocan, H. (2002). Carrots, sticks and broken windows. *Journal of Law & Economics*, v. 48, n. 1, p. 235-66.

Cullen, J.; Levitt, S.D. (1999). Crime, urban flight, and the consequences for cities. *Review of Economics and Statistics*, v. 81, n. 2, p. 159-169.

Cunha, F.; Heckman, J. (2007). The technology of skill formation. *The American Economic Review*, v. 97, n. 2, p. 31-47.

Cunha, F. et al. (2010). Estimating the technology of cognitive and noncognitive skill formation. *National Bureau of Economic Research Working Paper Series, no. 15664*. Publicado em *Econometrica*, vol. 78(3), p. 883-931. Disponível em: http://www.nber.org/papers/w15664.

Curi, A.; Menezes Filho, N. (2009). A relação entre educação pré-primária, salários, escolaridade e proficiência escolar no Brasil. *Estudos Econômicos*, v. 39, p. 811-850.

Cury, S. et al. (2010). *The impacts of income transfer programs on income distribution and poverty in Brazil: an integrated microsimulation and computable general equilibrium analysis*. São Paulo: Fundação Getulio Vargas. Trabalho não publicado.

Dangerfield, O. (1994). Les retraités en 1993: des situations très différentes selon les parcours professionels. *Solidarité Santé*, v. 4, p. 9-21.

Decker, P. et al. (2004). *The effects of teach for America on students*: findings from a national evaluation. Princeton, NJ: Mathematica Policy Research.

Dee, T.; Jacob, B. (2009). The impact of no child left behind on student achievement. *National Bureau of Economic Research Working Paper Series, no. 15531*. Disponível em: http://www.nber.org/papers/w15531.

Di Tella, R. et al. (2010). *The economics of crime: lessons for and from Latin America*. The University of Chicago Press.

Di Tella, R.; Schargrodsky, E. (2009). Criminal recidivism after prison and electronic monitoring. *National Bureau of Economic Research Working Paper Series, no. 15602*. Disponível em: http://www.nber.org/papers/w15602.

Dias, M.D.M.; Campino, A.C.C. (2000). Mensuração de desigualdades na área da saúde no Brasil: novas dimensões sobre qualidade e resolutividade. *Anais do V Encontro Nacional da ABRES*. Salvador. p. 19-41.

Diniz, B.P.C. et al. (2007). Gasto das famílias com saúde no Brasil: evolução e debate sobre gasto catastrófico. In: Silveira, F. G. et al. (Ed.) *O gasto e consumo das famílias brasileiras contemporâneas*. Brasília: IPEA.

Dobbie, W.; Fryer, R.G. (2009). Are high quality schools enough to close the achievement gap? Evidence from a social experiment in Harlem. *National Bureau of Economic Research Working Paper Series, no. 15473*. Disponível em: http://www.nber.org/papers/w15473.

Donohue III, J.; Levitt, S.D. (1998). Guns, violence, and the efficiency of illegal markets. *American Economic Review*, v. 88, n. 2, p. 463-467.

Donohue III, J.; Levitt, S.D. (2001). Legalized abortion and crime. *Quarterly Journal of Economics,* v. 116, n. 2, p. 377-420.

Draibe, S. (2009). Programas de transferência condicionadas de renda. In: Cardoso, F. H.; Foxley, A. (Ed.) *América Latina desafios da democracia e do desenvolvimento: políticas sociais para além da crise*. Rio de Janeiro; São Paulo: Elsevier; Instituto Fernando Henrique Cardoso. p. 103-143

Durlauf, S.; Nagin, D. (2010). The deterrent effect of imprisonment. In: Cook, P. et al. (Ed.) *Controlling crime: strategies and tradeoffs*. University of Chicago Press.

Edlund, L. et al. (2007). Sex ratios and crime: evidence from China's one-child policy. *Institute for the Study of Labor Working Paper*, v. 3214.

Estrella, J.; Ribeiro, L.M. (2008). Qualidade da gestão das condicionalidades do programa bolsa família: uma discussão sobre o índice de gestão descentralizada. *Revista de Administração Pública*, v. 42, p. 625-641. Disponível em: http://www.scielo.br/scielo.php?script=sci_arttext&pid=S003476122008000300009&nrm=iso.

Feldstein, M. (1974). Social security, induced retirement and aggregate capital accumulation. *Journal of Political Economy*, v. 82, n. 51, p. 905-926.

Felício, F.; Vasconcellos, J. (2007). O efeito da educação infantil sobre o desempenho escolar medido em exames padronizados. *Encontro Nacional da Associação dos Centros de Pós-Graduação em Economia (ANPEC)*.

Fernandes, R.; Gremaud, A. (2009). Qualidade da educação: avaliação, indicadores e metas. In: Veloso, F. et al. (Ed.) *Educação básica no Brasil: construindo o país do futuro*. Rio de Janeiro: Campus/Elsevier. p. 213-238.

Fernandes, R.; Narita, R.D.T. (2001). Instrução superior e mercado de trabalho no Brasil. *Economia Aplicada*, v. 5, n. 1, p. 7-32.

Fernandes, R.; Natenzon, P. (2003). A evolução recente do rendimento escolar das crianças brasileiras: uma reavaliação dos dados do Saeb. *Estudos em Avaliação Educacional*, v. 28, p. 3-22.

Ferraz, C. (2009). Sistemas educacionais baseados em desempenho, metas de qualidade e a remuneração de professores: os casos de Pernambuco e São Paulo. In: Veloso, F. et al. (Ed.) *Educação básica no Brasil: construindo o país do futuro*. Rio de Janeiro: Campus/Elsevier. p. 239-260

Ferraz, C. et al. (2009). Corrupting learning: evidence from missing federal education funds in Brazil. Textos para discussão. *Department of Economics PUC-Rio*.

Ferreira, S.G. (2011). Segurança pública no Rio de Janeiro: o caminho das pedras e dos espinhos. In: Urani, A.; Giambiagi, F. (Ed.) *Rio: a hora da virada*. Rio de Janeiro: Campus/Elsevier, p. 73-99.

Ferro, A.; Kassouf, A. (2005). Avaliação do impacto dos programas de bolsa escola sobre o trabalho infantil no Brasil. *Pesquisa e Planejamento Econômico*, v. 35, n. 3, p. 417-444. Disponível em: http://www.ppe.ipea.gov.br/index.php/ppe/article/view/51/29.

Ferro, A.; Nicollela, A. (2010). The impact of conditional cash transfer programs on household work decisions in Brazil. In: Polachek, S.; Tatsiramos, K. (Ed.) *Child labor and the transition between school and work (research in labor economics)*. Emerald Group Publishing Limited. p. 193-218. Disponível em: http://www.iza.org/conference_files/worldb2007/ferro_a3468.pdf.

Filmer, D. et al. (2006). *A millennium learning goal: measuring real progress in education*. Center for Global Development. (Working Paper 97.)

Fiszbein, A. et al. (2009). *Conditional cash transfers*: reducing present and future poverty. World Bank Publications.

Foguel, M.; Barros, R.P. (2008). The efects of conditional cash transfer programmes on adult labour supply: an empirical analysis using a time-series-cross-section sample of Brazilian municipalities. *Encontro Nacional de Economia (ANPEC)*. Disponível em: http://www.anpec.org.br/encontro2008/artigos/200807211655420-.pdf.

Friedman, M.; Friedman, R. (1980). *Free to choose: a personal statement*. Paw Prints.

Frischtak, C. (2009). O investimento em infraestrutura no Brasil: histórico recente e perspectiva. *Pesquisa e Planejamento Econômico*, v. 38, n. 2, p. 307-348.

Fryer, R.G. (2010). Financial incentives and student achievement: evidence from randomized trials. *National Bureau of Economic Research Working Paper Series, no. 15898*. Disponível em: http://www.nber.org/papers/w15898.

Gall, N.; Guedes, P. (2009). *A reforma educacional de Nova York: possibilidades para o Brasil*. São Paulo: Instituto Fernand Braudel e Fundação Itaú Social.

Gaviria, A. (2002). Who bears the burden of crime and violence in Colombia? In: Velez, C. E. (Ed.) *Colombia poverty report no. 24524-Co*. Washington D.C.: The World Bank, Cap. 4.

Giambiagi, F.; Tafner, P. (2010). *Demografia: a ameaça invisível – o desafio previdenciário que o Brasil se recusa a encarar*. Rio de Janeiro: Campus/Elsevier.

Gibbons, S. (2004). The costs of urban property crime*. *The Economic Journal*, 114, n. 499, p. F441-F463.

Glewwe, P. et al. (2003). Teacher incentives. *National Bureau of Economic Research Working Paper Series, no. 9671*, n. Publicado em *Applied Economics*, vol. 2(3), p. 205-27, July. Disponível em: http://www.nber.org/papers/w9671.

Glewwe, P.; Kassouf, A. (2008). The impacts of the bolsa escola/família conditional cash transfer programa on enrollment, grade promotion and drop out rates in Brazil. *Encontro Nacional de Economia (ANPEC)*. Salvador, Bahia.

Gottfredson, L.S. (2005). Implications of cognitive differences for schooling within diverse societies. In: Frisby, C. L.; Reynolds, C. R. (Ed.) *Comprehensive handbook of multicultural school psychology*. New York: John Wiley. p. 517-555.

Greenberg, W. (1991). *Competition, regulation and rationing in health care*. Ann Arbor, Michigan: Health Administration Press.

Grindle, M. (2004). *Despite the odds: the contentious politics of education reform*. Princeton, NJ: Princeton University Press.

Gruber, J. (2001). Risky behavior among youth: an economic analysis. In: Gruber, J. (Ed.) *Risky behavior among youth: an economic analysis*. Chicago: University of Chicago Press. p. 1-28 .

Guimarães, R. et al. (2010). Where it hurts the most: young male homicides in Brazil and socioeconomic conditions. *Encontro Nacional da ANPEC*.

Hanushek, E.; Rivkin, S. (2006). Teacher quality. In: Hanushek, E.; Welch, F. (Ed.) *Handbook of the Economics of Education*: North Holland. p. 1051-1078.

Hanushek, E.; Rivkin, S. (2010). Generalizations about using value-added measures of teacher quality. *American Economic Review*, v. 100, n. 2, p. 267-271.

Harris, D.N.; Sass, T.R. (2008). *Teacher training, teacher quality and student achievement*. National Center for Analysis of Longitudinal Data in Education Research. (Working Paper 3.)

Hastings, J.S.; Weinstein, J.M. (2008). Information, school choice, and academic achievement: evidence from two experiments*. *Quarterly Journal of Economics*, v. 123, n. 4, p. 1373-1414.

Hirsch, F. (1977). *The social limits to growth*. London: Routledge.

Hoffmann, R. (2007). Medindo a progressividade das transferências. In: Paes de Barros, R. et al. (Ed.) *Desigualdade de renda no Brasil: uma análise da queda recente*. Rio de Janeiro: IPEA. Disponível em: http://www.ipea.gov.br/sites/000/2/livros/desigualdaderendanobrasil/Cap_02_AQuedaRecente.pdf.

Hoxby, C. et al. (2009). *How New York City´s charter schools affect achievement*. New York: New York City Charter Schools Evaluation Project.

Hoxby, C.M.; Murarka, S. (2009). Charter schools in New York City: who enrolls and how they affect their students' achievement. *National Bureau of Economic Research Working Paper Series, no. 14852*. Disponível em: http://www.nber.org/papers/w14852.

Hsieh, C.T.; Urquiola, M. (2006). The effects of generalized school choice on achievement and stratification: evidence from Chile's voucher program. *Journal of Public Economics*, v. 90, n. 8-9, p. 1477-1503.

Ibáñez, A.; Moya, A. (2010). Do conflicts create poverty traps: asset losses and recovery for displaced households in Colombia. In: Tella, R. D. et al. (Ed.) *The economics of crime: lessons for and from Latin America*. The University of Chicago Press. p. 11.

IBGE. (2006). *Estatísticas da saúde*: assistência médico-sanitária. Rio de Janeiro: Instituto Brasileiro de Geografia e Estatística.

IBGE. (2010a). *Pesquisa de orçamentos familiares 2008-2009*. Rio de Janeiro: Instituto Brasileiro de Geografia e Estatística.

IBGE. (2010b). *Pesquisa nacional por amostra de domicílios 2008*. Rio de Janeiro: Instituto Brasileiro de Geografia e Estatística.

IBGE. (2010c). *Síntese dos indicadores sociais*. Rio de Janeiro: Instituto Brasileiro de Geografia e Estatística.

INEP. (2009). *Estudo exploratório sobre o professor brasileiro*. Brasília: Ministério da Educação, Instituto Nacional de Estudos e Pesquisas Educacionais.

Jacob, B.; Ludwig, J. (2008). Improving educational outcomes for poor children. *National Bureau of Economic Research Working Paper Series, no. 14550*. Disponível em: http://www.nber.org/papers/w14550.

Jacobs, J. (1961). *The death and life of great American cities*. New York: Vintage Books.

Jelsma, M. (2009). *Inovações legislativas em políticas sobre drogas*. São Paulo: Iniciativa Latino-Americana sobre Drogas e Democracia. Disponível em: www.drogasedemocracia.org.

Jofre-Bonet, M.; Sindelar, J.L. (2002). Drug treatment as a crime fighting tool. *National Bureau of Economic Research Working Paper Series, no. 9038*. Disponível em: http://www.nber.org/papers/w9038.

Jornal Valor Econômico. (2005). *Plano Delfim pode congelar gastos por 7 anos*. São Paulo: Valor on line 7 de julho.

Kahn, T. (2004). *Estudos criminológicos*. São Paulo: Secretaria de Segurança de São Paulo.

Kane, T.; Staiger, D. (2002). The promise and pitfalls of using imprecise school accountability measures. *The Journal of Economic Perspectives*, v. 16, n. 4, p. 91-114.

Kilsztajn, S. et al. (2003). Serviços de saúde, gastos e envelhecimento da população. *Revista Brasileira de Estudos de População*, v. 20, n. 1, p. 93-108.

Kleiman, M. (2009). *When brute force fails: how to have less crime and less punichment*. Princeton University Press.

Knaul, F.M. et al. (2011). Household exposure to catastrophic health expenditures: a comparative analysis of twelve Latin American and Caribbean countries. *Revista de Salud Pública*, a sair.

Kotlikoff, L.; Hagist, C. (2005). Whos going broke? Comparing growth in healthcare costs in ten OECD countries. *National Bureau of Economic Reasearch, Working Paper 11833*.

La Forgia, G.; Couttolenc, B. (2008). *Hospital performance in Brazil: the search for excellence*. Washington D.C.: The World Bank.

Lavy, V. (2002). Evaluating the effect of teachers' group performance incentives on pupil achievement. *Journal of Political Economy*, v. 110, n. 6, p. 1286-1317.

Lavy, V. (2010). *The effect of instructional time on achievements in math, science and reading: evidence from developed and developing countries*. Jerusalem: Hebrew University.

Leite, M. (2000). Entre o individualismo e a solidariedade: dilemas da política e da cidadania no Rio de Janeiro. *Revista Brasileira de Ciências Sociais*, v. 15, p. 44.

Leme, M.C. et al. (2010). *The impact of structured teaching methods on the quality of education in Brazil*. São Paulo: Escola de Economia de São Paulo, Fundação Getulio Vargas. (Texto para Discussão.)

Leme, M.C. et al. (2009). A municipalização do ensino fundamental e seu impacto sobre a proficiência no Brasil. In: Veloso, F. et al. (Ed.) *Educação básica no Brasil: construindo o país do futuro*. Rio de Janeiro: Campus/Elsevier. p. 261-280.

Levitt, S.D. (1995). Using electoral cycles in police hiring to estimate the effect of policeon crime. *National Bureau of Economic Research Working Paper Series, no. 4991*, n. published as Levitt, S.D. Using electoral cycles in police hiring to estimate the effects of police on crime: reply, *American Economic Review*, 2002, v. 92 (4, Sept.), 1244-1250. Disponível em: http://www.nber.org/papers/w4991.

Levitt, S.D. (1996). The effect of prison population size on crime rates: evidence from prison overcrowding litigation. *The Quarterly Journal of Economics*, v. 111, n. 2, p. 319-351.

Levitt, S.D. (1998). Why do increased arrest rates appear to reduce crime: deterrence, incapacitation, or measurement error? *Economic Inquiry*, v. 36, n. 3, p. 353-372.

Levitt, S.D. (2001). Alternative strategies for identifying the link between unemployment and crime. *Journal of Quantitative Criminology*, v. 17, n. 4, p. 377-390.

Levitt, S.D. (2004). Understanding why crime fell in the 1990s: four factors that explain the decline and six that do not. *Journal of Economic Perspectives*, v. 18, n. 1, p. 163-190.

Levitt, S.D.; Venkatesh, S. (2000). An economic analysis of a drug-selling gang's finances. *Quarterly Journal of Economics*, v. 115, n. 3, p. 755-789.

Levitt, S.D.; Venkatesh, S. (2001). Growing up in the projects: the economic lives of a cohort of men who came of age in Chicago Public Housing. *American Economic Review*, v. 91, n. 2, p. 79-84.

Linden, L.; Rockoff, J. (2008). Estimates of the impact of crime risk on property values from Megan's Laws. *American Economic Review*, v. 38, n. 3, p. 1103-27.

Llorente, M.; Rivas, A. (2005). *Reduction of crime in Bogota: a decade of citizen's security policies*. Washington: The World Bank. (Community Based Crime and Violence Prevention in Urban Latin America and the Caribbean Working Paper No. 35128.)

Lochner, L. (2007). Individual perceptions of the criminal justice system. *The American Economic Review*, v. 97, n. 1, p. 444-460.

Londoño, J.L.; Frenk, J. (1997). Pluralismo estructurado: hacia un modelo innovador para la reforma de los sistemas de salud en América Latina. In: Frenk, J. (Ed.) *Observatorio de Salud*. Mexico: Fundación Mexicana para la Salud.

Lynch, A.; Rasmussen, D. (2001). Measuring the impact of crime on house prices. *Applied Economics*, v. 33, n. 15, p. 1981-1989.

Machado, M.A. (2010). *Acesso a medicamentos via poder judiciário no Estado de Minas Gerais*. (Tese de Mestrado) - Faculdade de Farmácia, Universidade Federal de Minas Gerais.

Macinko, J. et al. (2006). Evaluation of the impact of the family health program on infant mortality in Brazil, 1990-2002. *Journal of Epidemiology and Community Health*, v. 60, n. 1, p. 13.

Marchand, O.; Thélot, C. (1991). *Deux siècles de travail en France: population active et structure social, durée et productivité du travail*. Paris: Institut National de la Statistique et des Etudes Economiques. (Insee Etudes.)

Marshall, T. (1950). *Citizenship and social class and other essays*. Cambridge: Cambridge University Press.

Marx, K. (1982). Crítica ao Programa de Gotha. In: Marx, K.; Engels, F. (Ed.). *Obras escolhidas*. Lisboa: Edições Progresso.

McKenzie, P.; Santiago, P. (2005). *Teachers matter*: attracting, developing and retaining effective teachers. Paris: OECD Publishing.

Medellín como Vamos. (2009). *Mesa de Trabajo Sobre Seguridad*. In: Medellín. Disponível em: http://www.medellincomovamos.org/.

Medici, A. (2000). Las reformas de salud en América Latina y el Caribe. In: Sanchez, H.; Zuleta, G. (Ed.). *La hora de los usuarios: reflexiones sobre economía política de las reformas de salud*. Washington D.C.: Banco Interamericano del Desarrollo. p. 9-26

Medici, A. (2002). *El desafío de la descentralización: financiamiento público de la salud en Brasil*. Washington D.C.: Banco Interamericano del Desarrollo.

Medici, A. (2003). Family spending on health in Brazil: some indirect evidence of the regressive nature of public expending in health. *SDS Technical Paper Series, SOC-129*. Disponível em: http://www.iadb.org/sds/doc/SOC129.pdf.

Medici, A. (2006). Políticas y acceso universal a servicios de salud. In: Molina, C. G. (Ed.) *Universalismo básico: una nueva política social para América Latina.* Washington D.C.: Ed. Banco Interamericano de Desarrollo, Editorial Planeta. Disponível em: http://www.iadb.org/publications/book.cfm?id=1324471&lang=es.

Medici, A. (2010a). Da atenção primária às redes de saúde: futuros caminhos para a gestão do SUS no Brasil. In: Oliveira, F. A.; Kasznar, I. K. (Ed.) *Saúde, previdência e assistência social: desafios e propostas estratégicas.* Rio de Janeiro: Fundação Getulio Vargas - EBAPE .

Medici, A. (2010b). *O que é mais importante em saúde*: igualdade ou equidade? (Blog Monitor de Saúde). Disponível em: http://monitordesaude.blogspot.com/2010/04/o-que-e-mais-importante-em-saude.html.

Medici, A. (2010c). *A saúde em casa e os planos de saúde.* Washington D.C. (Blog Monitor de Saúde). Disponível: http://monitordesaude.blogspot.com/search?updated-max=2010-05-17T07%3A56%3A00-06%3A00&max-results=20.

Medici, A.; Murray, R. (2010). *Desempenho de hospitais e melhorias na qualidade de saúde em São Paulo (Brasil) e Maryland (USA).* Washington: The World Bank. (Serie En Breve, no. 156.)

Melamed, C.; Costa, N.R. (2003). Inovações no financiamento federal à atenção básica. *Ciência e Saúde Coletiva*, v. 8, n. 2, p. 393-401.

Mello, J.M.; Schneide, A. (2010). Assessing São Paulo´s large drop in homicides: the role of demography and policy interventions. In: Tella, R. D. et al. (Ed.) *The economics of crime: lessons for and from Latin America.* The University of Chicago Press. p. 11.

Menezes Filho, N. (2007). *Os determinantes do desempenho educacional do Brasil.* São Paulo: Instituto Futuro Brasil.

Menezes Filho, N.; Amaral, L.F. (2009). *A relação entre gastos educacionais e desempenho escolar.* São Paulo: IBMEC. (Working Paper-109.)

Menezes Filho, N.; Pazello, E. (2007). Do teachers' wages matter for proficiency? evidence from a funding reform in Brazil. *Economics of Education Review*, v. 26, n. 6, p. 660-672.

Menezes Filho, N.; Ribeiro, F. (2009). Os determinantes da melhoria do rendimento escolar. In: Veloso, F. et al. (Ed.) *Educação básica no Brasil: construindo o país do futuro.* Rio de Janeiro: Campus/Elsevier. p. 171-188 .

Merton, R.K. (1968). The Matthew effect in science. *Science*, 159, n. 3810, p. 56-63.

Mesa-Lago, C. (1998). *La privatización de los sistemas de pensiones de la seguridad social en América Latina y el Caribe.* Caracas.

Miki, R. (2008). A experiência de Diadema em políticas públicas e a segurança cidadã. In: Veloso, F.; Ferreira, S. G. (Ed.) *É possível: gestão de segurança pública e redução da violência.* Rio de Janeiro: Contracapa.

Ministério da Educação. (2007). *Aprova Brasil: o direito de aprender. Boas práticas em escolas públicas avaliadas pela Prova Brasil.* Brasília: Ministério da Educação.

Ministério da Educação. (2008). *Redes de aprendizagem: boas práticas de municípios que garantem o direito de aprender.* Brasília: Ministério da Educação.

Ministério da Previdência Social. (2008a). *Anuário estatístico da Previdência Social.* Brasília: Ministério da Previdência Social. Disponível em: http://www.previdenciasocial.gov.br/conteudoDinamico.php?id=423.

Ministério da Previdência Social. (2008b). *Anuário estatístico da Previdência Social – suplemento histórico.* Brasília: Ministério da Previdência Social.

Ministério da Previdência Social. (2009). *Boletim estatístico da Previdência Social.* Brasília: Ministério da Previdência Social.

Ministério da Saúde. (2008). *Cadernos de informação de saúde suplementar.* Rio de Janeiro: Agência Nacional de Saúde Complementar.

Ministério da Saúde DATASUS. (2010). *Caderno de informações de saúde.* Brasília: DATASUS. (Versão eletrônica.)

Miron, J.; Zwiebel, J. (1995). The economic case against drug prohibition. *Journal of Economic Perspectives*, v. 9, n. 4, p. 175-192.

Misse, M. (2007). Mercados ilegais, redes de proteção e organização local do crime no Rio de Janeiro. *Estudos Avançados*, v. 21, n. 61.

Mizala, A.; Romaguera, P. (2005). Teacher's salary structure and incentives in Chile. In: Vegas, E. (Ed.) *Incentives to improve teaching: lessons from Latin America.* Washington, D.C.: The World Bank. p. 103-150

Mizne, D. (2008). De vilão a exemplo: como o Jardim Ângela passou de lugar mais violento do mundo a modelo de prevenção da violência. In: Veloso, F.; Ferreira, S.G. (Ed.) *É possível: gestão de segurança pública e redução da violência.* Rio de Janeiro: Contracapa.

Mocan, H.; Tekin, E. (2003). Guns, drugs and juvenile crime: evidence from a panel of siblings and twins. *National Bureau of Economics Research Working Paper 9824.*

Modesto, P. (2010). *Nova organização administrativa brasileira: estudo sobre a proposta da comissão de especialistas constituída pelo Governo Federal para a reforma da organização administrativa brasileira*. Belo Horizonte: Instituto Brasileiro de Direito Público (IBDF) e Forum.

Monteiro, J.; Rocha, R. (2010). *The impact of drug battles on human capital accumulation*: evidence from Rio de Janeiro's slums. Trabalho não publicado.

Montoya-Diaz, M.D.; Campino, A.C.C. (2000). Mensuração de desigualdades na área de saúde no Brasil: novas dimensões sobre qualidade e resolutividade. *Asociación Latina para el Análisis de los Sistemas de Salud*. Porto.

Naim, M. (2005). *Illicit*: how smugglers, traffickers and copycats are hijacking the global economy. Nova York: Randon House Inc.

Neal, D. (2002). How vouchers could change the market for education. *The Journal of Economic Perspectives*, v. 16, n. 4, p. 25-44.

Neal, D.; Schanzenbach, D. (2010). Left behind by design: proficiency counts and test-based accountability. *The Review of Economics and Statistics*, v. 92, n. 2, p. 263-283.

Neave, G. (1979). Academic drift: some views from Europe. *Studies in Higher Education*, v. 4, n. 2, p. 143-159.

Nery, M.B.; Monteiro, A.M.V. (2006). Análise intraurbana dos homicídios dolosos no município de São Paulo. *XIV Encontro Nacional de Estudos Populacionais, ABEP*. Caxambu.

Nicholson, B. (2007). *A previdência injusta*. São Paulo: Geração Editorial.

Observatório Europeu da Droga e da Toxicodependência. (2008). *A evolução do fenômeno das drogas na Europa*. Serviço das Publicações Oficiais das Comunidades Europeias. Luxemburgo. Disponível em: www.emcdda.europa.eu/.../att_64227_PT_EMCDDA_AR08_pt.pdf.

OCDE. (2009). *Education at a glance*. Paris: Organisation for Economic Cooperation and Development.

Oliveira, A. (2007). As peças e os mecanismos do crime organizado em sua atividade tráfico de drogas. *Dados - Revista de Ciências Sociais*, v. 50, n. 4, p. 699-720.

Oliveira, F. (1980). Proteção social e equidade: uma proposta para o seguro social. *Pesquisa e Planejamento Econômico*, v. 28, n. 2, p. 339-370.

Oliveira, F.E.B. (1992). Proposta de um referencial básico para a discussão da seguridade social. IPEA: Texto para Discussão, n.º 251.

Oliveira, F.E.B. (1993). The challenge of reforming social security in Latin America. IPEA: Texto para Discussão, n.º 299.

Oliveira, F.E.B.; Beltrão, K.I. (2000). The Brazilian social security system. IPEA: Texto para Discussão, n.º 775.

Oliveira, F.E.B. et al. (1997). Reforma da Previdência. IPEA: Texto para Discussão, n.º 508.

Oliveira, F.E.B. (1999). Reforma estrutural da Previdência: uma proposta para assegurar proteção social e equidade. IPEA: Texto para Discussão, n.º 690.

Oliveira, F.E.B. (2004). O idoso e a previdência social. In: Camarano, A. (Ed.). *Os novos idosos brasileiros: muito além dos 60?* Rio de Janeiro: IPEA, Cap. 12. p. 411-26.

Oliveira, J.; Menezes-Filho, N. (2010). *Is increasing school time more effective than reducing class sizes?* Evidence from Brazil. São Paulo: Insper Institute of Education and Research.

Oliveira, J.B.A. (2010). *Os três senhores do Enem*. Rio de Janeiro: Disponível em: http://www.schwartzman.org.br/sitesimon/?p=1929&lang=pt-br. (Site's Simon.)

Paige, R.; Witty, E.P. (2010). *The black-white achievement gap: why closing it is the greatest civil rights issue of our time*. New York, NY: , American Management Association.

Papachristos, A. et al. (2007). Attention felons: evaluating project safe neighborhoods in Chicago. *Journal of Empirical Legal Studies*, v. 4, n. 2, p. 223-272.

Paris, V. et al. (2010). *Health systems institutional characteristics: a survey of 29 OECD countries*. OECD. (Health Working Papers, n. 50.)

Patrinos, H.A. (2006). *Public-private partnerships: contracting education in Latin America*. Washington D.C.: The World Bank.

Peixoto, B. et al. (2008). *Prevenção e controle de homicídios*: uma avaliação de impacto no Brasil. Cedeplar, Universidade Federal de Minas Gerais. (Textos para Discussão.)

Pollack, H. et al. (2010). If drug treatment works so well, why are so many drug users in prison? In: Cook, P. et al. (Ed.) *Controlling Crime: strategies and tradeoffs*. University of Chicago Press.

Pruitt, B.H. (2001). *The Boston strategy, a story of unlikely alliances*. Boston: Mediawrights. Disponível em: http://www.bostonstrategy.com/

Pshisva, R; Suarez, G. (2010). Capital crimes: kidnappings and corporate investment in Colombia. In: Tella, R. D. et al. (Ed.) *The economics of crime*: lessons for and from Latin America. The University of Chicago Press.

Quadros, W.L. (2000). *A renúncia fiscal ao segmento de assistência médica suplementar: a experiência brasileira em perspectiva comparada*. Rio de Janeiro: Agência Nacional de Saúde Suplementar.

Quetelet, A. (1835). *Sur l'homme et le developpement de ses facultés*. Paris: Bachelier.

Ramos, F.R.; Monteiro, A.M. (2009). Territories, inequalities and violence: Spatially varying relationships between homicides rates and socio-economic conditions using geographically weighted regression for the São Paulo Metropolitan Region. Apresentação no Seminário *Environmental Criminology and Crime Analysis (ECCA)*. Brasília.

Raphael, S. (2010). Improving employment prospects for former prison inmates: challenges and policy. In: Cook, P. et al. (Ed.) *Controlling crime*: strategies and tradeoffs. University of Chicago Press.

Rawlings, L.B.; Rubio, G.M. (2005). Evaluating the impact of conditional cash transfer programs. *The World Bank Research Observer*, v. 20, n. 1, p. 29.

Rawls, J. (2001). *Justice as fairness, a restatement*. Cambridge, MA: The Belknap Press of Harvard University Press.

Receita Federal. (2007). *Demonstrativo dos gastos governamentais indiretos de natureza tributária 2008*. Brasília: Receita Federal.

Rehem, R. (2002). *Construindo o SUS: a lógica do financiamento e o processo de divisão de responsabilidades entre as esferas de governo*. (Tese de Mestrado) - Instituto de Medicina Social, Universidade do Estado do Rio de Janeiro, Rio de Janeiro.

Reimers, F. et al. (2006). *Where is the "Education" in conditional cash transfers in education?* UNESCO Institute for Statistics. Montreal. Disponível em: http://gseacademic.harvard.edu/~reimers/WhereIsTheEducationInConditionalCashTransfersEducation.pdf.

Reis, M. (2009). *Public primary health care and child health in Brazil: evidences for siblings*. Rio de Janeiro: IPEA.

Rhoades, G. (1990). Political competition and differentiation in higher education. In: Alexander, J. C.; Colomy, P. B. (Ed.) *Differentiation theory and social change*. New York: Columbia University Press. p. 187-221.

Rivero, P.; Rodrigues, R. (2009). Favelas, pobreza e sociabilidade violenta no Rio de Janeiro. *Latin American Studies Association*. Rio de Janeiro: IPEA.

Rocha, R. (2008). *Três ensaios em análises de intervenções sociais com o foco comunitário e familiar*. (Tese de Mestrado) - Departamento de Economia, PUC, Rio de Janeiro.

Rocha, R.; Caetano, M. (2008). O sistema previdenciário brasileiro: uma avaliação de desempenho comparada. In: Caetano, M. (Ed.) *Previdência social no Brasil: debates e desafios*. Brasília; Rio de Janeiro: IPEA. p. 30-78 .

Rockoff, J.E. et al. (2010). Subjective and objective evaluations of teacher effectiveness. *American Economic Review*, v. 100, n. 2, p. 261-266.

Rockoff, J.E. (2010). Information and employee evaluation: evidence from a randomized intervention in public schools. *National Bureau of Economic Research Working Paper Series, no. 16240*. Disponível em: http://www.nber.org/papers/w16240.

Rosenfeld, R. et al. (2005). Did Ceasefire, Compstat and Exile reduce homicide? *Criminology & Public Policy*, v. 4, n. 3, p. 419-449.

Salmi, J. (2009). *The challenge of establishing world-class universities*. Washington, D.C.: The World Bank.

Salmi, J.; Saroyan, A. (2007). League tables as policy instruments: uses and misuses. *Higher Education Management and Policy*, v. 19, n. 2, p. 24-46.

Sánchez, F. et al. (2003). *¿Garrote o zanahoria? Factores asociados a la disminución de la violencia homicida y el crimen en Bogotá, 1993-2002*. Bogotá: Universidad de Los Andes.

Sapori, L. (2008). A reforma gerencial da segurança pública em Minas Gerais no período 2003-2006. In: Veloso, F.; Ferreira, S. G. (Ed.) *É possível: gestão de segurança pública e redução da violência*. Rio de Janeiro: Contracapa.

Saviano, R. (2008). *Gomorra: a história real de um jornalista infiltrado na violenta máfia napolitana*. 2. ed. Bertrand Brasil.

Schwartzman, S. (2008a). O "conceito preliminar" e as boas práticas de avaliação do ensino superior. *Estudos - Revista da Associação Brasileira de Mantenedoras de Ensino Superior*, v. 38, p. 9-32.

Schwartzman, S. (Ed.) (2008b). *Universidades e desenvolvimento na América Latina: experiências exitosas de centros de pesquisa*. Rio de Janeiro: Biblioteca Virtual de Ciências Sociais. Disponível em: http://www.bvce.org.

Schwartzman, S. (2010a). Benchmarking secondary education in Brazil. *International Seminar on Best Practices of Secondary Education*. Brasília: Banco Interamericano de Desenvolvimento e Ministério da Educação. Disponível em: http://schwartzman.org.br/simon/bench2010.pdf.

Schwartzman, S. (2010b). *Nota sobre a transição necessária da pós graduação brasileira*. Brasília. Disponível em: http://schwartzman.org.br/simon/capes2010.pdf.

Schwartzman, S. (2010c). A questão da diversidade no ensino médio. Seminário *"Como aumentar a audiência do ensino médio?"* São Paulo: Instituto Unibanco. Disponível em: http://www.schwartzman.org.br/simon/divmedio.pdf.

Schwartzman, S.; Christophe, M. (2005). *A Sociedade do conhecimento e a educação tecnológica*. Rio de Janeiro: SENAI - Departamento Nacional. (Série Estudos Educacionais). Disponível em: http://www.schwartzman.org.br/simon/pdf/2005_senai.pdf.

Sen, A. (1970). *Collective choice and social welfare*. San Francisco: Holden-Day.

Sen, A. (1979). Equality of what? *The Tanner Lecture on Human Values*. Stanfrod University. Disponível em: http://khup.com/download/0_keyword-amartya-sen-equality-of-what/equality-of-what.pdf.

Sen, A.K.; Foster, J.E. (1973). *On economic inequality*. Oxford; New York: Clarendon Press. Oxford University Press.

Serra, J.; Afonso, J.R. (2007). *Tributación, seguridad y cohesión social en Brasil*. Santiago: CEPAL, División de Desarrollo Social. (Serie Políticas Sociais, 133.)

Sherman, L. et al. (1989). Hot spots of predatory crime: routine activities and the criminology of place. *Criminology*, v. 27, n. 1, p. 27-56.

Silva, S. (2010). *Análise dos efeitos de programas educacionais: o caso projeto jovem de futuro do Instituto Unibanco* (Mestrado em Economia) - Escola de Economia de São Paulo, Fundação Getulio Vargas, São Paulo.

Silveira, A. et al. (2010). Impacto do programa Fica Vivo na redução dos homicídios em comunidade de Belo Horizonte. *Revista de Saúde Pública*, v. 44, n. 3, p. 496-502.

Silveira, F. et al. (2007). Dimensão, magnitude e localização das populações pobres no Brasil. Brasília: IPEA: Texto para Discussão n.º 1278.

Smith, P.H. (1993). La economia política de las drogas: cuestiones conceptuales y opciones de política. In:

Smith, P. H. (Ed.) *El combate a las drogas en América*. México: Fondo de Cultura Económica. p. 37-66.

Soares, L.E. (2000). *Legalidade libertária*. Rio de Janeiro: Lumen Juris.

Soares, L.E. et al. (2009). *Espírito Santo*. Rio de Janeiro: Editora Objetiva.

Soares, R.R.; Naritomi, J. (2007). Crime, development and welfare in Latin America. *Conference on Confronting Crime and Violence in Latin America: Crafting a Public Policy Agenda*. John F. Kennedy School of Government, Harvard University.

Soares, R.R.; Viveiros, I. (2010). *Organization and information in the fight against crime: an evaluation of the integration of police forces in the state of Minas Gerais, Brazil*. Belo Horizonte. Disponível em: http://virtualbib.fgv.br/ocs/index.php/sbe/EBE10/paper/viewPDFInterstitial/2262/1107.

Spence, M.; Lewis, M. (2009). *Health and growth*. Washington D.C.: The World Bank. (Commission on Growth and Development.)

Tafner, P. (2005). *Brasil: o estado de uma nação: mercado de trabalho, emprego e informalidade*. Rio de Janeiro; Brasília: IPEA. Disponível em: http://www.en.ipea.gov.br//index.php?s=11&a=2006.

Tafner, P. (2007). Simulando o desempenho do sistema previdenciário e seus efeitos sobre pobreza sob mudanças nas regras de pensão e aposentadoria. IPEA: Texto para discussão n.º 1264.

Tafner, P. (2008). Previdência no Brasil: debates e desafios. In: Caetano, M. (Ed.) *Previdência social no Brasil: debates e desafios*. Brasília; Rio de Janeiro: IPEA. p. 103-142.

Tafner, P.; Giambiagi, F. (2007). *Previdência no Brasil: debates, dilemas e escolhas*. Rio de Janeiro: IPEA.

Taggart, R. (1995). *Quantum opportunity program opportunities*. Philadelphia: Industrialization Center of America.

Takayama, N. (1992). *The greying of Japan: an economic perspective on public pensions*. Tokyo: Kinokunya; Oxford: Oxford University Press.

The Economist. (2010). *Crime and punishment in America*. July 22.

The World Bank. (1993). *Investing in health (investindo em saúde)*. New York: The World Bank, Oxford University Press. (World Development Report.)

The World Bank. (2010). *Achieving world class education in Brazil: the next agenda*. Washington, D.C.: The

World Bank. (Human Development Sector Management Unit, Latin America and the Caribbean Regional Office.)

Thernstrom, A.M.; Thernstrom, S. (2003). *No excuses: closing the racial gap in learning.* New York: Simon & Schuster. Disponível em: http://www.loc.gov/catdir/bios/simon052/2003054439.html.

Thoumi, F.E. (2009). La normatividad internacional sobre drogas como camisa de fuerza. *Nueva Sociedad*, v. 222, n. Agosto, p. 42-59.

Tierney, J.; Grossman, J. (1995). *Making a difference: an impact study of big brother/big sisters.* Philadelphia: Public/Private Ventures.

Todos pela Educação. (2008). *De olho nas metas: primeiro relatório de acompanhamento das 5 metas do movimento todos pela Educação.* São Paulo: Movimento Todos pela Educação.

Tupinambás, G. (2010). Grade escolar recebe mais disciplinas, além do ensino de música. *Jornal Estado de Minas.* Disponível em: http://tinyurl.com/235s7f.

Uga, M.A.D.; Soares S.I. (2007). An analysis of equity in Brazilian health system financing. *Health Affairs*, v. 26, n. 4, p. 1017.

Ulyssea, G. (2005a). Imposto sobre trabalho e seu impacto nos mercados de trabalho. IPEA: Texto para Discussão n.º 1096.

Ulyssea, G. (2005b). Informalidade no mercado de trabalho brasileiro: uma resenha da literatura. IPEA: Texto para Discussão n.º 1070.

Ulyssea, G. et al. (2006). O impacto do Fundef na alocação de recursos para a educação básica. *Pesquisa e Planejamento Econômico*, v. 36, n. 1, p. 109-36.

Ulyssea, G.; Foguel, M. (2006). Efeitos do salário mínimo sobre o mercado de trabalho brasileiro. IPEA: Texto para Discussão n.º 1168.

Ulyssea, G.; Reis, M.C. (2005). Cunha fiscal, informalidade e crescimento: algumas questões e propostas de políticas. IPEA: Texto para Discussão n.º 1068.

United Nations. (2002). *United Nations global program against transnational organized crime: results of a pilot survey of forty selected organized criminal groups in sixteen countries.* United Nations Office on Drugs and Crime. New York.

United Nations. (2008). *World population prospects: the 2008 revision.* New York: Population Division of the Department of Economic and Social Affairs of the United Nations Secretariat.

United Nations Office On Drugs And Crime. (2008). *World Drug Report.* New York: The United Nations.

United Nations Office on Drugs and Crime; The World Bank. (2007). *Crime, violence and development: trends, cost, and policy options in the caribbean.* New York: The United Nations. (Report no. 37820.)

US Department of Justice. (2006). *National drug threat assessment.* National Drug Intelligence Center. Washington.

US Government Accountability Office. (2008). *Plan Colombia: drug reduction goals were not fully met, but security has improved; U.S. Agencies need more detailed plans for reducing assistance.* Disponível em: http://www.gao.gov/products/GAO-09-71.

Valverde, G. (2009). Padrões e avaliação. In: Schwartzman, S.; Cox, D.C. (Ed.) *Políticas educacionais e coesão social: uma agenda Latino-Americana.* Rio de Janeiro; São Paulo: Elsevier, iFHC. p. 49-80 .

Van Vught, F. (2008). Mission diversity and reputation in higher education. *Higher Education Policy*, v. 21, n. 2, p. 151-174.

Veloso, F. (2009). 15 anos de avanços na educação no Brasil: onde estamos? In: Veloso, F. et al. (Ed.) *Educação básica no Brasil: construindo o país do futuro.* Rio de Janeiro: Campus/Elsevier. p. 3-24 .

Veloso, F.; Ferreira, S.G. (2008). Reforma gerencial da segurança pública e experiências bem-sucedidas de redução da criminalidade violenta. In: Veloso, F.; Ferreira, S.G. (Ed.) *É possível: gestão de segurança pública e redução da violência.* Rio de Janeiro: Contracapa.

Wagstaff, A.; Doorslaer, E. (2003). Catastrophe and impoverishment in paying for health care: with applications to Vietnam 1993-1998. *Health Economics*, v. 12, n. 11, p. 921-933.

Waiselfisz, J.J. (2010). *Mapa da violência, 2010: anatomia dos homicídios no Brasil.* São Paulo: Instituto Sangari.

Werner, G.C. (2009). *O crime organizado transnacional e as redes criminosas: presença e influência nas relações internacionais contemporâneas.* (Tese de Doutorado) – Faculdade de Filosofia, Letras e Ciências Humanas, Universidade de São Paulo.

Whitehurst, G.; Croft, M. (2010). *The Harlem children´s zone, promise neighborhoods, and the broader, bolder approach to education.* Washington, D.C.: Brookings Institution. (Research Report.)

Willian, C. (1984). "Poverty, inequality and city homicide rates: some not so unexpected fidings." *Criminology*, 22, 531-550.

Wilson, J.; Herrnstein, R. (1980). *Crime and human nature*. New York: Simon and Schuster.

World Health Organization. (2000). *The world health report 2000 – health systems: improving performance*. Geneve: The World Health Organization.

World Health Organization. (2004). *Dimensions of interpersonal violence*. WHO studies series.

World Health Organization. (2008). *World health statistics*. Disponível em: http://www.who.int/statistics.

Xu, K. et al. (2003). Household catastrophic health expenditure: a multicountry analysis. *The Lancet*, v. 362, n. 9378, p. 111-117.

Yashiro, N.; Oshio, T. (1999). Social security and retirement in Japan. In: Grubber, J.; Wise, D.A. (Ed.) *Social security and retirement around the World*. Chicago: The University of Chicago Press.

Zaluar, A. (2002). Violence related to illegal drugs, easy money and justice in Brazil, 1980-1995. In: Geffray, C. et al. (Ed.) *Globalization, drugs and criminalization: final research report on Brazil, China, India and Mexico*. Paris: UNESCO.

Zimmer, R. et al. (2009). *Charter schools in eight states: effects on achievement, attainment, integration and competition*. Santa Monica, CA: RAND Corporation.

ÍNDICE

A

Academic drift, 255

Accountability, 222, 278

Agenda social, 2

Aplicativo para a Melhoria de Qualidade (AMQ), 84

Aposentadoria

  benefícios previdenciários e assistenciais e seu
    impacto sobre a pobreza, 148

  igualdade de piso, 143

  impacto da mudança demográfica sobre os gastos
    previdenciários, 153

  indexação ao salário-mínimo, 145, 157

  pensão por morte, 138

  reformas

    acúmulo de benefícios, 164

    critérios, 157

    regras

      para as pensões, 163

      para novos entrantes, 158

      para os atuais ativos (transição), 162

  regras de acesso, 134

    fixação do valor do benefício assistencial, 140

  ritmo de crescimento do valor dos benefícios, 147

B

Bolsa família, 12

Brasil

  armas, 331

  como acelerar o desempenho educacional, 272

  contexto internacional, 44

  crime organizado, 329

  desenvolvimento econômico, 1-20

  determinantes do desempenho educacional, 219

  dimensão da violência, 290

  estimativas da magnitude do gasto em saúde, 49

  fases e tendências no debate, 335-344

  financiamento da saúde, 44-52

  fontes e usos no financiamento, 46

  gastos com planos privados de saúde, 50

    Pesquisa de Orçamentos Familiares (POF), 51

  história dos planos de saúde, 78

  políticas de segurança pública, 326-334

  programas assistenciais de distribuição de renda, 167

  proposta de melhoria da educação, 215-253

  quadro educacional, 216

  segurança pública nas grandes cidades, 287

  síntese dos problemas de saúde, 92-93

  sistema educacional, 229

  vetor das drogas, 330

  viés acadêmico na educação, 254-269

C

Constituição Federal, 4, 114

Contrato social da redemocratização, 204-211

  evolução do gasto público, 204

  limitações à transição, 209

Controle da criminalidade, 18

D

Desenvolvimento econômico, 1

Direitos legais, 3

E

Educação

  básica, 2-17

    recomendações, 15

    políticas de. *Veja* Políticas de educação

Eficiência na saúde, 23-93

ENEM disfuncionalidade, 261

Ensino médio, 270-275

  causas dos avanços recentes, 270

  como acelerar o desempenho educacional, 272

  recentes melhorias de desempenho, 271

  resultados positivos do Chile e de Xangai, 272

Evolução do gasto público, 204

F

Financiamento da saúde no Brasil, 44-52

contexto internacional, 44

estimativas da magnitude do gasto em saúde, 49

fontes e usos no financiamento, 46

gastos com planos privados, 50

Pesquisa de Orçamentos Familiares (POF), 51

melhorando a eficiência, 86

Fundo Nacional de Saúde (FNS), 28

G

Governo Federal no combate à violência nas cidades, 313

I

Índice de Desenvolvimento da Educação Básica (IDEB), 14, 230

Índice de Gestão Descentralizada (IGD), 12

L

Lei Orgânica da Saúde, 29

M

Manual Brasileiro de Acreditação Hospitalar, 55

Modernização social, 1

O

Organização(ões)

Mundial de Saúde (OMS), 43

Pan-Americana de Saúde (OPAS), 43

Sociais (OS), 31

de Interesse Público (OSIP), 37

regime de, nos hospitais de São Paulo, 31

P

Pesquisa de Orçamentos Familiares (POF), 51

Plano(s)

de saúde no Brasil, 78

diretor de regionalização, 36

Política(s)

de educação, 213-283

accountability, 222, 278

avaliação, 270-275

básica

causas dos avanços recentes, 270

como acelerar o desempenho educacional, 272

recentes melhorias de desempenho, 271

resultados positivos do Chile e de Xangai, 272

determinantes do desempenho educacional, 219

ensino médio, 270-275

avaliações, 276-283

desafios, 276-283

evolução recente , 215-253

horas-aula, 270-275

lições das experiências de reforma educacional, 221

descentralização e autonomia escolar, 226

escolha e competição, 224

pré-escola, 270-275

propostas para a melhoria da educação no Brasil, 215-253

quadro educacional no Brasil, 216

sistema educacional brasileiro, 229

experiências recentes de reforma, 241

experimentação e inovação, 245

financiamento e gasto público em educação, 232

participação do setor privado e organizações não governamentais, 238

planejamento e gestão, 250

políticas específicas, 252

professores

formação inicial e continuada, 248, 250

retenção, 248

seleção, 248

recomendações, 244

avaliação de políticas educacionais, 245

criação de escolas experimentais, 247

estimulação de experiências inovadoras, 246

utilização de contratos de gestão com organizações sociais para criar *charter schools*, 247

sistema nacional de avaliação da educação básica, 230

sistema nacional de avaliação da educação básica, 230

viés acadêmico

crise de qualidade no ensino médio, 257

diferenciação e bens posicionais, 255

disfuncionalidade do ENEM, 261

na educação brasileira, 254-269

na pós-graduação, 268

superior, 264

técnica e profissional, 263

de renda, 2, 7-13, 109-211

custos, cobertura e focalização dos programas, 169

impactos distributivos dos programas, 173

medidas, 13

programa(s)

assistenciais de distribuição de renda no Brasil, 167

bolsa família, 174

custo fiscal, 174

impactos

de curto prazo sobre pobreza e desigualdade, 175

de longo prazo na formação do capital humano, 177

de segunda ordem, 178

propostas e programas sociais, 181

de Benefício de Prestação Continuada (BPC), 169

propostas e programas sociais

ações

de aprimoramento dos programas atuais, 185

de implementação e gestão, 181

Renda Mínima Vitalícia (RMV), 169

de saúde, 21-108

aperfeiçoando a regulação e a governabilidade, 74

implantação de redes de saúde, 74

instituições de saúde autônomas e governáveis, 77

Aplicativo para a Melhoria de Qualidade (AMQ), 84

articulação financeira, 79

cobertura, 23-93

definir prioridades, 24

eficiência, 23-93

financiamento da saúde no Brasil, 44-52

gastos catastróficos, 104-108

história dos planos de saúde, 78

incentivos, 82

iniquidade, 104-108

judicialização, 60

melhorando

a eficiência do financiamento setorial, 86

a qualidade dos serviços, 83

o acesso, 83

monitoramento e avaliação dos resultados, 86

níveis de acreditação. *Veja também* Manual Brasileiro de Acreditação Hospitalar, 55

princípio da integralidade do SUS, 94-103

problema(s)

corrupção e falta de transparência, 59

de cobertura, 52

de governança, 52

de regulação do sistema, 52

eficiência dos serviços, 52, 57

equidade, 62, 68

legais, 52, 58

organização dos serviços, 52, 57

qualidade, 52, 55

resolutividade dos serviços, 52, 56

proposta de reformulação, 104-108

qualidade, 23-93

regressividade das fontes de financiamento, 66

síntese dos problemas de saúde, 92-93

Sistema Único de Saúde (SUS), 26-44

de segurança pública, 285-318

características de criminalidade

zonas

de baixa violência, 321

de criminalidade tradicional, 321

de expansão de violência, 320

metropolitanas de violência urbana, 320

defesa social, 310

desenho útil de programas, 323

dimensão da violência, 290

efeitos econômicos e sociais da violência urbana, 294

empiria, 325

estratégias de policiamento em base local, 303

fases e tendências no debate, 335-344

controle de armas e munições, 341

evolução, 335

prevenção do crime, 339

reforma

da justiça criminal, 343

das polícias, 342

vontade política, 338

governança corporativa na polícia, 297

medidas francas em tempo de crise, 326-334

armas, 331

crime organizado, 329

políticas nacionais, 332

sistema de justiça criminal fraco, 326

vetor das drogas, 330

nas grandes cidades, 287

papel do governo federal, 313

programa de segurança e reforma das polícias, 324

regionalização e diversidade da criminalidade, 319-325

transversalidade e gestão de redes, 324

urbanização e violência, 322

Previdência social, 2, 7-13, 109-211

custos administrativos, 190

desempenho demográfico, 119

no Brasil em perspectiva comparada, 120

o que esperar para o futuro, 123

sobrevida pós-benefícios, 131

dos servidores públicos, 194

e questões de equidade, 195

prós e contras da previdência complementar, 197

economias de escala, 201

fatores que elevam os custos previdenciários, 134

benefícios previdenciários e assistenciais e seu impacto sobre a pobreza, 148

fixação do valor do benefício assistencial, 140

igualdade de piso, 143

indexação ao salário-mínimo, 145

pensão por morte, 138

ritmo de crescimento do valor dos benefícios, 147

gastos previdenciários e assistenciais

brasileiro, 114

perspectiva internacional, 113

impacto da mudança demográfica sobre os gastos previdenciários, 153

possibilidades na esfera administrativa, 194

privada

complementar, 187

possibilidades e limites, 187-203

reformas infraconstitucionais, 187-203

pública

complementar, 187

possibilidades e limites, 187-203

reformas infraconstitucionais, 187-203

reformas, 111-165

acúmulo de benefícios, 164

administrativas , 192

critérios, 157

regras para

as pensões, 163

novos entrantes, 158

os atuais ativos (transição), 162

regime

Geral de Previdência Social (RGPS), 114

Próprio de Previdência (RPP), 115

próprio dentro dos limites da legislação federal, 199

regras de acesso à aposentadoria, 134

por idade (AI), 134

por invalidez, 135

por tempo de contribuição (ATC), 134

Princípios constitucionais do SUS, 69

acesso

igualitário × equitativo, 70

integral, 72

universal, 69

Programa

bolsa família, 174

custo fiscal, 174

impactos

de curto prazo sobre pobreza e desigualdade, 175

de longo prazo na formação do capital humano, 177

de segunda ordem, 178

fecundidade, 179

oferta de trabalho dos adultos, 179

trabalho infantil, 179

propostas e programas sociais, 181

ações

de aprimoramento dos programas atuais, 185

de implementação e gestão, 181

de Agentes Comunitários de Saúde (PACS), 41

de Benefício de Prestação Continuada (BPC), 169

de Saúde da Família (PSF), 41

Q

Qualidade na saúde, 23-93

R

Redemocratização, 204-211

evolução do gasto público, 204

limitações à transição para um novo contrato social, 209

Regime

Geral de Previdência Social (RGPS), 114

Próprio de Previdência (RPP), 115

Regras de acesso à aposentadoria

por idade (AI), 134

por invalidez, 135

por tempo de contribuição (ATC), 134

Relatório

da Organização Mundial de Saúde (The World Health Report), 25

sobre o Desenvolvimento Mundial (World Development Report), 25

Renda Mínima Vitalícia (RMV), 169

S

Saúde. *Veja também* Políticas de saúde, 2, 4-7

Segurança pública nas grande cidades, 287

defesa social, 310

dimensão da violência, 290

efeitos econômicos e sociais da violência urbana, 294

estratégias de policiamento em base local, 303

governança corporativa na polícia, 297

papel do governo federal, 313

regionalização e diversidade da criminalidade, 319

Setor público, 3

Sistema(s)

educacional brasileiro, 229

de educação básica

avaliação centralizada, 276

critérios de financiamento definidos pela Federação, 276

descentralização na oferta dos serviços educacionais, 276

experiências recentes de reforma, 241

experimentação e inovação, 245

financiamento e gasto público em educação, 232

participação do setor privado e organizações não governamentais, 238

políticas específicas, 252

recomendações

avaliação de políticas educacionais, 245

criação de escolas experimentais, 247

de política educacional, 244

estimulação de experiências inovadoras, 246

melhoria do processo de formação, seleção e retenção de professores, 248

avaliação da qualidade dos professores, 248

remuneração com base na qualidade, 249

planejamento e gestão

currículo, 250

elevação do grau de autonomia das escolas públicas, 251

formação inicial e continuada, 250

integração com a avaliação, 250

material pedagógico, 250

metas de aprendizagem, 250

utilização de contratos de gestão com organizações sociais para criar *charter schools*, 247

viés acadêmico, 254-269

nacional de avaliação da educação básica, 230

Único de Saúde (SUS), 26-44

aperfeiçoando a regulação e a governabilidade, instituições de saúde autônomas e governáveis, 77

arcabouço jurídico, 27

articulação financeira, 79

avanços legais, 30

Fundo Nacional de Saúde (FNS), 28

gastos

catastróficos, 104-108

per capita em saúde, 43

implantação, 40

incentivos, 82

iniquidade, 104-108

inovações, 30

gestão dos estabelecimentos de saúde, 37

na descentralização e regionalização, 35

no âmbito do financiamento, 32, 34

Lei Orgânica da Saúde, 29

melhorando

a qualidade dos serviços, 83

o acesso, 83

monitoramento e avaliação dos resultados, 86

normas operacionais, 28

Organização Pan-Americana de Saúde (OPAS), 43

plano diretor de regionalização, 36

princípio(s), 26

da integralidade, 94-103

Programa de Agentes Comunitários de Saúde (PACS), 41

proposta de reformulação, 104-108

trajetória do Programa de Saúde da Família (PSF), 41

viabilizando os princípios constitucionais, 69

T

Tabela Única Nacional de Equivalência de Procedimentos (TUNEP), 79

Trabalho infantil, 178

Tráfico de drogas, 19

U

Urbanização e violência, 322

V

Viabilizando os princípios constitucionais. *Veja também* Princípios constitucionais do SUS, 69

Viés acadêmico

na educação

superior, 264

técnica e profissional, 263

na pós-graduação, 268

Violência urbana, 2, 17-20

Sobre os Autores

André Medici é economista, focalizado em temas de saúde e desenvolvimento social, com extensa publicação e larga experiência acadêmica e no gerenciamento de projetos sociais no Brasil e no exterior.

André Portela Souza é doutor em Economia pela Universidade de Cornell, professor da Escola de Economia de São Paulo da Fundação Getulio Vargas (EESP/FGV), coordenador do Centro de Microeconomia Aplicada da mesma instituição e pesquisador do CNPq.

Antonio Carlos Coelho Campino é professor titular da Faculdade de Economia, Administração e Contabilidade da Universidade de São Paulo (FEA/USP). Foi presidente da Associação Brasileira de Economia da Saúde (2000-2002), diretor de pesquisas (1983-1987) e de cursos (2001-2005) da Fundação Instituto de Pesquisas Econômicas, chefe do Departamento de Economia da FEA/USP (1987/1989) e assessor regional em economia da saúde da Organização Pan-Americana da Saúde (1990-1994).

Claudio Beato é coordenador do CRISP – Centro de Estudos em Criminalidade e Segurança Pública da Universidade Federal de Minas Gerais. É professor titular do Departamento de Sociologia e Antropologia da UFMG e do Programa de Doutorado em Sociologia. Autor de mais de quarenta trabalhos científicos, atua no desenvolvimento de projetos, programas e políticas públicas em segurança.

Denis Mizne é fundador e diretor executivo do Instituto Sou da Paz. Bacharel em Direito pela Universidade de São Paulo, professor visitante da Universidade de Colúmbia e *World Fellow* da Universidade de Yale. Participa de diversos conselhos nas áreas de segurança pública, incluindo o Conselho Nacional de Segurança Pública e o Conselho do Fórum Brasileiro de Segurança Pública.

Edmar Lisboa Bacha é fundador e diretor do Instituto de Estudos de Política Econômica da Casa das Garças. Entre 1996 e 2010 foi consultor sênior do Banco Itaú BBA. Foi membro da equipe econômica do governo, responsável pelo Plano Real. Foi também presidente do BNDES, do IBGE e da ANBID, professor de economia na PUC-Rio, EPGE/FGV, UnB, UFRJ, Colúmbia, Yale, Berkeley e Stanford, além de pesquisador no IPEA, Harvard e MIT. Bacharel em Economia pela UFMG e Ph.D. em Economia pela Universidade de Yale.

Fabio Giambiagi é economista do BNDES, onde ocupa a posição de chefe do Departamento de Risco de Mercado. Foi professor da Faculdade de Economia na UFRJ e na PUC-Rio, ex-membro do *staff* do BID em Washington e ex-assessor do Ministério de Planejamento. É colunista regular do jornal *Valor Econômico* e escreveu ou co-organizou mais 15 livros sobre economia brasileira.

Fernando Veloso é Ph.D. em Economia pela Universidade de Chicago e pesquisador do IBRE/FGV. Secretário executivo da Sociedade Brasileira de Econometria. Autor de diversos artigos publicados em revistas acadêmicas nacionais e internacionais nas áreas de educação, desenvolvimento econômico e políticas públicas. Foi co-organizador dos livros *É possível: gestão da segurança pública e redução da violência* e *Educação básica no Brasil: construindo o país do futuro*. Assina uma coluna quinzenal no jornal *Folha de S.Paulo*.

Kenya Noronha é professora do Departamento de Economia e do Centro de Desenvolvimento e Planejamento Regional da Universidade Federal de Minas Gerais. Entre 2006 e 2008 foi bolsita de pós-doutorado do programa FORGATY na University of Wisconsin e Northwestern University nos Estados Unidos. É doutora em Economia pelo CEDEPLAR e trabalha com temas de política de saúde, desigualdade social e envelhecimento populacional.

Leandro Piquet Carneiro é professor do Instituto de Relações Internacionais e pesquisador do Núcleo de Pesquisa de Políticas Públicas da Universidade de São Paulo. Foi pesquisador visitante do Taubman Center da John F. Kennedy School of Government em 2007. Economista formado pela UFRJ e doutor em ciência política pelo IUPERJ.

Marcelo Abi-Ramia Caetano é economista do IPEA desde 1997 e membro do conselho editorial do *Journal of Social Policy* publicado pela Cambridge University Press. Concluiu sua graduação em Economia pela UFRJ em 1991 e atualmente é doutorando em Economia pela Universidade Católica de Brasília. Entre 1998 e 2005 foi coordenador geral de atuária, contabilidade e estudos técnicos do Ministério da Previdência Social.

Mônica Viegas Andrade é professora do Departamento de Economia e do Programa de Pós-Graduação em Economia da Universidade Federal de Minas Gerais – CEDEPLAR, com doutorado pela Escola de Pós-Graduação em Economia Fundação Getulio Vargas e pós-doutorado em Economia da Saúde pela Universidade Pompeu Fabra. Suas áreas de pesquisa incluem economia do bem-estar social com ênfase em economia da saúde, economia da criminalidade e avaliação de políticas públicas. É líder do grupo de pesquisa em economia da saúde e criminalidade do CNPq.

Naercio Aquino Menezes Filho é professor titular e coordenador do Centro de Políticas Públicas do Insper Instituto de Ensino e Pesquisa e professor associado da Faculdade de Economia e Administração da Universidade de São Paulo. Doutor em Economia pela Universidade de Londres, é colunista do jornal *Valor Econômico*, consultor da Fundação Itaú Social e publicou vários artigos em revistas acadêmicas nacionais e internacionais.

Paulo Tafner é economista, pesquisador do IPEA e professor da UCAM/RJ. Foi chefe da Assessoria Econômica da Secretaria das Finanças de Prefeitura de São Paulo, assessor do Ministro do Planejamento, diretor do IBGE, diretor adjunto do IPEA/RJ e superintendente da ANAC. Foi Coordenador do Grupo de Previdência do IPEA/RJ e, em parceria com Fabio Giambiagi, produziu dois livros sobre o tema. É, atualmente, subsecretário geral da fazenda do estado do Rio de Janeiro.

Reynaldo Fernandes é professor titular de economia na Faculdade de Economia, Administração e Contabilidade de Ribeirão Preto (FEA-RP) da Universidade de São Paulo (USP) e membro do Conselho Nacional de Educação (CNE). Entre 2005 e 2009, foi presidente do Instituto Nacional de Estudos e Pesquisas Educacionais Anísio Teixeira (INEP), Ministério da Educação e, entre 2003 e 2005, diretor geral da Escola de Administração Fazendária (ESAF), Ministério da Fazenda.

Samuel de Abreu Pessoa é doutor em Economia pela Universidade de São Paulo (USP), sócio da Tendências Consultoria Integradas e pesquisador associado do Instituto Brasileiro de Econômia da Fundação Getulio Vargas.

Sergio Guimarães Ferreira é doutor em Economia pela Universidade de Wisconsin-Madison, diretor da Diretoria de Informações da Cidade do Instituto Perreira Passos (IPP – Rio), economista licenciado do Banco Nacional de Desenvolvimento Econômico e Social (BNDES) e professor do Departamento de Economia do Ibmec-Rio. Exerceu no período 2007-2010 as funções de subsecretário de estado da fazenda e de subsecretário de estado da assistência social e direitos humanos do Rio de Janeiro.

Simon Schwartzman é presidente do Instituto de Estudos do Trabalho e Sociedade do Rio de Janeiro. Entre 1994 e 1998 foi presidente do Instituto Brasileiro de Geografia e Estatística e, antes, professor e pesquisador da Universidade Federal de Minas Gerais, Universidade de São Paulo, Fundação Getulio Vargas e Instituto Universitário de Pesquisas do Rio de Janeiro. Doutor em Ciência Política pela Universidade da Califórnia, Berkeley, foi professor visitante nas universidades de Columbia, Califórnia / Berkeley, Harvard e Stanford.

A marca FSC é a garantia de que a madeira utilizada na fabricação do papel com o qual este livro foi impresso provém de florestas gerenciadas, observando-se rigorosos critérios sociais e ambientais e de sustentabilidade.

Serviços de impressão e acabamento
executados, a partir de arquivos digitais fornecidos,
nas oficinas gráficas da EDITORA SANTUÁRIO
Fone: (0XX12) 3104-2000 - Fax (0XX12) 3104-2016
http://www.editorasantuario.com.br - Aparecida-SP